商海风云

①

李立◎著

九州出版社
JIUZHOUPRESS

图书在版编目（C I P）数据

台海风云.（1）/ 李立著. -- 北京 ：九州出版社，
2010.7
ISBN 978-7-5108-0552-3
Ⅰ．①台… Ⅱ．①李… Ⅲ．①台湾问题－研究 Ⅳ．
①D618
中国版本图书馆 CIP 数据核字(2010)第 110909 号

台海风云(1)

作　　者	李　立　著
出版发行	九州出版社
出 版 人	徐尚定
地　　址	北京市西城区阜外大街甲 35 号(100037)
发行电话	(010)68992190/2/3/5/6
网　　址	www.jiuzhoupress.com
电子信箱	jiuzhou@jiuzhoupress.com
印　　刷	北京市通州富达印刷厂
开　　本	710 毫米×1000 毫米　16 开
印　　张	19
字　　数	360 千字
版　　次	2011 年 10 月第 1 版
印　　次	2011 年 10 月第 1 次印刷
书　　号	ISBN 978-7-5108-0552-3
定　　价	38.00 元

序

张铭清

同事李立抱着厚重的《台海风云》大样，放到我的案头，十分谦虚地让我“指正”，接着又十分诚恳地提出让我作序的要求。

我犹豫了一会，最后还是从命了。

之所以犹豫，是因为我觉得自己不够格。自忖序的主要作用应该有二：一是推介作品；二是介绍作者。前者要求作序者对作品有准确、权威的评价，后者则要求对作者有较为深刻的了解并能作出恰如其分的介绍。二者兼备，方具作序资格。但我以这个要求衡量自己，觉得差距不小。

“知人者智，自知者明”，我虽然作为李立的同事，但与他交往不多，知人之智更是谈不上，自知之明还是有一点的。我对他的了解仅限于文字方面。因为工作关系，我经常拜读他的人物专访，他做的专访谋篇布局取舍得当，字里行间文采焕然，显露出他的较扎实的文字功底和一定学养。我也曾对他的大作提出过浅薄的修改意见，他都虚怀若谷，觉得有理便欣然接受，有可商榷之处，他也会提出不同意见。从工作上的接触中，觉得他勤奋好学，工作努力，也善于接受别人的意见。他在书中写的人和事，大多与他在做编辑、记者时的成果有关，可见他是个有心人。

评论作品，应当有专家的学养。而我只是个做对台宣传工作的人，离专家的标准相去甚远，难以对此书作出权威的评论。好在对序的要求，除了对作品的评论和对作者的介绍外，还可以对有关问题加以阐发。因此，我可以结合自己的工作，谈一点粗浅的看法。因为一是有据可依；二是有感而发。

近年来，台海风云变幻，海峡波翻浪卷。台湾问题越来越成为人们关注的焦点。不仅海峡两岸的中国人关注，遍及世界的华人华侨关注，全世界人民也程度不同地向台湾海峡投去关注的目光。个中原委不难理解：台湾问题程度不同地涉及人们的切身利益。对中国人来说,台湾问题涉及13亿中国人根本的民族利益,事关中华民族的伟大复兴,牵动着中国人的民族感情。对中国人来说,现在没有比解决台湾问题、实现国家统一更为重要,更为神圣的事了。“台独”已成为中国的心腹大患,台湾问题不能和平解决,中国不能实现和平统一,直接影响亚太地区的和平与稳定,进而危及世界和平,也就不难理解世人对台湾问题的关注了。

变幻的风云后面有人,翻卷的波浪后面有事。人们对台湾海峡的关注,无一不是关注相关的人和事。换言之,只有对相关的人和事有了全面、深刻的了解,才能了解台海风云变幻的原因,才能清楚波诡云谲的事件的底蕴。唯其如此,对海峡两岸的人和事,不可不察。李立同志的《台海风云》,就是了解海峡两岸重大事件及其相关的人和事的一个窗口。

目击,自然并非作者本人的亲见亲历,而是有关当事人的亲见亲历。比如,在周恩来身边工作过的童小鹏;与蒋经国过从甚密的贾亦斌;炮击金门的一线指挥叶飞和石一宸将军;为李宗仁归来奔走的程思远;曾为张学良将军部下的吕正操;见证两岸体育交往的何振梁等,都是这些重大事件的主角。其亲见亲历,耳闻目睹,几可作研究两岸关系的历史资料。至于两岸秘史、“华航事件”等台前幕后的人和事,更是两岸间的重大事件。有的事件或过去语焉不详,或人们闻所未闻。本书依据翔实的史料和当事人的目击,真实可信地再现了这些重大事件的来龙去脉。既具有相当的权威性,又具有很强的可读性。

“后之视今,犹今之视昔。”今天,我们徜徉在海峡两岸的人和事的历史长廊里,放眼当今台湾海峡,抚今追昔,真是感慨万端。

“以人为鉴,可以知得失;以史为鉴,可以知兴替。”温故才更有助于知新。我们从《台海风云》这扇窗口看到了历史的烟云,更有助于我们立于历史厚重的基础上审视今天的两岸。邓小平同志在1989年5月说过,“我这一生只剩下一件事,就是台湾问题,恐怕看不到解决的时候了。”他的遗憾和叹喟,言犹在耳。往者已矣,来者可追。续写台海风云的后来人,应该思考,如何让小平先生的遗憾,画上一个完美的句号?

（张铭清,海峡两岸关系协会副会长）

目录
Contents

蒋经国亲历蒋介石败退台湾内幕

蒋经国（1910～1988），浙江省奉化人。蒋介石长子。1925年去苏联，先后进莫斯科中山大学、列宁格勒红军中央军事政治研究院学习。1937年返国后，先后任江西省保安处副处长、新兵督练处处长、江西第四行政区督察员兼赣县县长、三民主义青年团江西支团部主任、三青团中央干部学校教育长、青年军政治部主任、国防部预备干部局局长。1948年任上海经济区督导办事处助理督导，同年底任国民党台湾省党部主任委员。到台湾后，历任国民党改造委员会委员、“国防部总政治部主任”、“中国青年反共救国团主任”、“国防会议副秘书长”、“行政院退除役官兵辅导委员会主任委员”、“国防部副部长”“部长”兼“国家安全会议国家总动员委员会主任委员”、“行政院副院长”兼“经济合作发展委员会主任委员”、“行政院院长”。1975年任国民党中央主席。1978年任“总统”，兼任“国家安全会议主席”、“国民大会宪政研讨委员会主任委员”、“革命实践研究院主任”。1987年7月宣布解除“戒严令”，同年11月开放台湾同胞赴大陆探亲。1988年1月13日在台北病逝。

1948至1949年是蒋介石输得最惨的一年，东北被关门打狗、华北平津尽失、中原淮海惨败，1949年4月23日总统府也被人民解放军占领。国民党大溃退，共产党大追击，真是兵败如山倒。12月10日，在成都凤凰山机场，蒋介石父子登上“美龄”号专机，向着渺茫的海岛飞去。从此，再也没有回过大陆。作为蒋介石的长子，蒋经国在1949年一直陪伴蒋介石左右，亲历了蒋介石败退台湾的台前幕后。

奉化溪口，蒋介石对送行的父老乡亲，伸出三根手指头……

1948 年底，蒋经国奉蒋介石之命赴上海实施经济管制，蒋经国雄心勃勃，想以铁腕手段挽救上海行将崩溃的经济，最后还是失败了。上海经济管制的失败对蒋经国的打击相当大，他对国民党政权和自己的前途感到一片茫然，悲观消极，情绪极度低落。回南京后，每日借酒浇愁，常常喝得酩酊大醉。蒋经国的重要助手贾亦斌到励志社去看他时，他一边喝酒，一边烧文件档案，甚至连印好的请柬也付之一炬。贾亦斌问他："你烧请柬干什么?"他回答说："亡国了，还请什么客?"绝望情绪溢于言表。

1948 年 12 月 29 日，蒋经国被任命为台湾省党部主任委员。蒋介石发表这项任命说明他已经看到败局已定，大陆即将不保，派其子赴台协助爱将陈诚经营台湾，使国民党日后尚有立足之地。然而蒋经国并未立即赴台就职，而是始终陪侍其父共渡危难。1949 年，蒋经国随蒋介石奔走大陆和台湾各地，为挽救蒋家王朝，做垂死挣扎。

1949 年 1 月下旬，蒋介石与孙科（右一）在浙江奉化妙高台

1949 年 1 月 21 日，蒋介石被迫第三次下野。蒋介石下野后循惯例返溪口老家反思，寻找重返政治舞台的捷径。

1 月 21 日下午，蒋经国随其父乘专机飞抵杭州。当晚下榻在笕桥机场的天健北楼。因心情沉重，蒋介石久久不能入睡，便将蒋经国叫到床前，自我解嘲地说："这样重的担子放下来了，心中轻松多了。"

蒋经国听后感慨万千。

翌日上午 10 时，蒋介石全家乘机离杭。35 分钟后，飞机降落在栎社机场。然后乘车进入了于右任亲笔手书“武岭门”三字的故里溪口。蒋经国在日记中写道：“悠然度过了那多年来未曾有过的宁静的一夜。上午10时，全家随伴父亲乘机离杭，于10时35分抵达栎社机场。回到家乡的奉化溪口，突然又体味到十分温暖的乡情，而且尽量享受了天伦的乐趣。这是父亲第三次引退的一段简单经过。”

“父亲于‘引退’后，对于这回革命失败的原因，曾在‘日记’中作如下的检讨：‘此次失败之最大原因，乃在于新制度未能成熟与确立；而旧制度先已放弃崩溃。在此新旧交接紧要危急之一刻，而所恃以建国救民之基本条件，完全失去，是无异失去其灵魂，焉得不为之失败?’父亲对于本党改造方案，特加研讨。自谓：‘当政20年，对其社会改造与民众福利，毫未着手，而党政军事教育人员，只重做官，而未注意三民主义之实行。今后对于一切教育，皆应以民生为基础。亡羊补牢，未始为晚。’同时，认为：‘党应为政治之神经中枢与军队之灵魂，但过去对于军政干部无思想领导，驯至干部本身无思想，而在形式上，党政军三种干部互相冲突，党与军政分立，使党立于军政之外，乃至党的干部自相分化。干部无政治教育，不能使全党党员理解中央之政策，而且对于干部亦未能有集体的、配合的、系统的领导与运用。于是，领导之方向不明，而无力贯彻政策之执行；使每一个干部只感觉受其拘束，无权力；于是心存怨望，且诿卸责任。要改正上述缺点，应拟定具体纲要实施才行。’并应‘一切以组织为主，纪律为辅。故组织应在纪律之先。组织的对象：第一为人，第二为事与物（包括经费在内）。至于干部训练与重建之方针：必须陶冶旧干部，训练新干部。其基本原则：（一）以思想为结合；（二）以工作为训练；（三）以成绩为黜陟’。”

“这是失败原因的深刻检讨，亦是重整革命的正确方针；我们必须随时随地、至诚至谨加以领略，服膺与力行。”

从蒋经国的日记中可以看出，蒋介石对于失败的原因还是没有清醒的认识。其实，蒋介石失败的根本原因是失去人心，人心的向背才是决定因素。

与前两次下野返乡相比，蒋介石这次重返故里，除了伪装成闲人、破坏和谈与另谋东山再起良策之外，实际上含有向家乡父老告别的意思。同时，他带领全家（宋美龄在美未归）返乡，也有利用在大陆的最后时日，对常年在外的两个儿子、儿媳及孙辈进行一次乡情教育的含义，以增进后辈对家乡和祖宅的印象、感情。

返乡翌日，蒋经国率子侄陪蒋介石游藏山公园。蒋经国在日记中写

1949 年，蒋介石抛开政治上的失意，在踏青中开怀一笑

道："上午，天气晴朗，侍父游藏山公园，山水幽丽，心旷神怡。复至乐亭旧址，伫立武岭潭畔，白鹭不惊，深得忘机之乐。下午游白岩，顺道往显灵庙，则已成兵栅矣。傍晚回家，余助家人制年糕，父亲颇为欣赏，食芋头亦津津有味，每含笑视孙儿，盖父亲一生最喜过平淡的生活也。"

三天后，蒋经国携次子蒋孝武陪蒋介石登武岭。蒋介石站在山顶极目远眺，久久不忍离去。他感慨地对儿子说："此次下野，得返溪口故乡，重享家园天伦之乐，足为平生快事。"

除夕之夜，蒋介石全家在丰镐房团聚度岁，这是蒋介石 1913 年以来 36 年间，第一次在老家度岁。大年初一清晨，蒋经国率妻儿老小上山向其父拜年。蒋经国在日记中写道："农历元旦，黎明即起，在溪岸四望山景。念一年又过，来年如何，实难想象；更不知有多少人在痛苦和忧愁中度此年节。目前整个社会，充满了血和泪，我纵欲新年言吉语，但事实如此，又如之何！清晨同全家妻儿上山，向父亲拜年。上午在各祖堂祭祖，并游武岭公园。父亲上午往宁波城内金紫庙（即宋代蒋祖基'金紫园'），祭祖后，回溪口，亲赴宗祠及大、二、三、四各房祖堂祭祖。下午在慈庵读书散步，未见宾客。溪口五十里内乡人，纷纷组织灯会，锣鼓彻天，龙灯漫舞，向父亲致敬祝福。风俗纯朴而有充分的人情味者，其唯农村乎！"

正月十五那天，蒋家祠堂上摆了许多桌酒席，蒋介石邀请地方官奉化县长、武岭学校校长和族里的人及亲邻参加，蒋经国和蒋方良在下敬酒。蒋介石强作颜欢地开言："今天请诸位来喝杯淡酒。以后么——"他停了一下，"请诸位到南京喝去。"席间，蒋介石接到密友戴季陶自杀身亡的消息，悲愤异常，酒宴不欢而散。"戴季陶先生于上午 10 时逝世，父亲闻耗悲痛，故人零落，中夜欷歔。"蒋经国如此写道。

蒋经国与其父有同感，深觉来日无多，故在溪口期间带妻子儿女赴葛竹外太婆家扫墓探亲，后又到岩头外婆家扫墓辞亲。清明节那天，蒋经国率全家陪父到白岩山祭扫蒋母墓。蒋介石在墓前躬身下拜，喃喃祈祷，涕泪横流。拜毕，连声嘱咐儿孙多磕几个头。但蒋经国的俄籍妻子蒋方良却只在墓前鞠了一躬。蒋介石大为生气，怒目而视，斥责“俄国人不懂礼节”。接着，蒋介石又命堂弟蒋周峰及族人挑了祭品到挑坑山祭扫了父亲之墓。其后，蒋介石全家还赴宁波南郊柳亭巷祭扫蒋姓祖坟，以示孝心。

正当父子二人逗留家乡之际，中国人民解放军在国共谈判破裂后挥师南下，4 月 23 日占领南京。国民党军兵败如山倒，浙东地区已有人民解放军在活动。蒋氏父子害怕家人成为共产党的俘虏，遂将妻儿送至台湾暂住，以免后顾之忧。

蒋家妻儿飞离溪口后，父子二人甚感凄凉。蒋经国奉父命令部下准备好船只，随时准备撤离溪口。蒋经国当时问其父去什么地方，蒋介石未予回答。奉命报到的是“太康”号军舰，舰长黎玉玺问蒋经国此行目的地点何在，蒋答：“我也不知道，不过以这次取道水路看来，目的不外两个地方：一是基隆，一是厦门。”

1949 年 4 月 25 日，浙江奉化溪口。

慈庵，位于溪口北侧白岩山腰上，是国民党总裁蒋介石生母王采玉的墓地。这里有一幢中西合璧的小型建筑，蒋介石每次回故乡都要在此下榻，以尽孝道。

已宣布“下野”的蒋介石身着长袍马褂，手持礼帽，臂挂拐杖，久久呆立墓前，沉默不语。

蒋介石是个孝子，他非常爱母亲，母亲也非常疼爱他，希望他能够出人头地，光宗耀祖。蒋介石也的确没有让母亲失望。然而，母亲在他人生得意之际就已故去，今日若地下有知，看到儿子如此落魄凄凉，该是多么伤心……

蒋介石最后一次祭拜祖先

想到此，两行热泪从蒋介石脸上缓缓流下。

是啊，世事无常，人生如梦。就在 4 年前，历时 8 年的抗日战争胜利结束，蒋委员长也迎来了个人政治生涯的巅峰时刻。毕竟，在他的手上实现了收复失地、重整河山的民族梦。他身着戎装前往开罗会晤罗斯福和丘吉尔，成为联合国的创始人之一，为中国争得了安理会常任理事国的席位。丘吉尔曾高度称赞蒋介石：

“在美国人眼里，他是世界的一支主要力量。他是‘新亚洲’的头号人物。”

客观地讲，蒋介石能够在中国近现代政治舞台上叱咤风云几十年，尤其是在20世纪二三十年代，他通过一系列的讨伐军阀的战争，使此前一盘散沙的中国得到了空前的统一，说明他绝非庸碌之辈。但他遇到了一个比他更高明的对手——毛泽东。

在蒋介石整个政治生涯中，几乎没有停止过征战，几乎战胜了所有对手，却唯独输给了毛泽东和他的战友。当1946年内战全面爆发之时，蒋介石信誓旦旦地宣称：要在3个月内消灭共产党！然而，蒋介石错误地估计了形势，他的将领们也太不争气，纵有400多万美式装备的大军，却在小米加步枪的“土八路”面前屡战屡败。

“匪越剿越多，兵越打越少，仗越打越背”。仅仅过了两年，国民党统治区的政治、军事、经济、社会生活面临全面崩溃，而中国人民解放事业正以不可阻挡之势迎来了收获季节。人民解放军愈战愈强，到1948年底，辽沈战役解放了东北全境，淮海战役解放了华东大部。胜利在即，华北地区除北平、天津几座孤城外均已解放，国民党军精锐被消灭殆尽，蒋介石的统治已是风中残烛，摇摇欲坠。

屋漏偏逢连夜雨。正当蒋介石为战场上的连连失利而焦头烂额时，后院又起火了。国民党桂系白崇禧、李宗仁等人乘势而起，以“吁和”为名，仿效古人“逼宫”。

1949年元旦，对蒋介石来说，没有一丝节日的喜悦。解放军已兵临城下，渡江作战只是时间问题，国民党在中国的败亡命运已无可挽回。

当日，新华社发表新年献词，提出“打过长江去，解放全中国”的响亮口号。蒋介石也发表元旦《文告》，发出了“和平果能实现，则个人的进退，绝不萦怀”的哀鸣，并声称为“以冀弭战消兵解人民倒悬于万一”而甘愿“引退”。

1月5日，毛泽东为新华社起草评论《评战犯求和》，明确将蒋介石列为战犯，拒绝以蒋为谈判对手。而国民党党内要蒋介石下台的呼声日益高涨。更为严重的是，美国人已经看出蒋介石对他们再无多大价值，开始在国民党内物色新的代理人。

种种迹象表明：蒋介石已无退路，只有下台。

20天后，内外交困的蒋介石在写下“冬日饮寒水，雪夜渡断桥”的诗句后，黯然神伤地离开总统府，回老家奉化溪口——这个他政治上失意时总要回去的避风港，“归隐”去了。

现在老家也不能待了，只得另择隐地。

送别的乡绅问：“总统几时再回来?”

蒋介石略微迟疑了一下，便伸出3根手指头，肯定地说：“最多3年!”

4月25日下午2时，蒋介石一行来到象山附近的头江口。因为水浅，只得先上竹排，再换乘汽艇，到达早就停在头江口外清江上的“太康”号军舰。

站在甲板上，蒋介石不愿再回头望一眼故乡，只是望着涟涟水波，默默无语。此次离乡，蒋介石是何感触，就不得而知了。但从此，他就和家乡永别了。

蒋介石告别家乡

还是蒋经国一语道出了蒋介石当时的心情：

“大好河山，几无立锥之地！且溪口为祖宗庐墓所在，今一旦抛别，其沉痛心情，更非笔墨所能形容。”

谁说国民党没远见！蒋介石早就选好了退路——退守台湾

在国共双方的角逐鹿死谁手已露端倪的情况下，蒋介石虽不断默念“庄敬自强，处变不惊”的古训，但暗中已不得不开始寻找“退路”了。

放眼神州，哪里才是他东山再起之地呢?

蒋介石曾有多种打算：一是将国民党军队转到西康，建立以西昌为中心，以西南广大地区为依托的“根据地”，在大陆上继续同中共顽抗到底；二是将国民党撤到海南岛并以此为中心，以东南沿海地区为依托，坚守国民党最后的阵地；三是将国民党撤退到台湾，以台湾作为存身之地，进而经营“反攻大陆、复兴党国”的基地。经过再三斟酌、反复比较以及后来战局发展的影响，蒋介石最终选中了被美国人誉为“不沉的航空母舰”的台湾，作为今后的退身之所。

台湾，中国第一大岛，与福建隔海相望，是一个南北长东西窄、酷似香蕉叶的岛屿，总面积约3.6万平方公里。

蒋介石和宋美龄

在败退大陆之前，蒋介石曾去过一次台湾。也就是那一次，他对台湾的战略地位有了更深刻的认识。

那是1946年10月21日，蒋介石偕夫人宋美龄飞抵台北，参加台湾光复一周年庆祝大会，受到数十万近似疯狂的民众的夹道欢迎，享受着如雷如潮的欢呼和掌声。27日，蒋介石在台北召开记者招待会。会上，他兴奋地说："台湾尚未被共产党分子所渗透，可视为一片净土，今后应积极加以建设，使之成为一模范省。则俄、共虽狡诈百出，必欲亡我国家而甘心者，其将无如我何乎!"

那一年，蒋介石首次赴台，正逢他60寿辰，易地祝寿别有一番情趣，为台湾之行增添一层色彩。前来祝寿的国民党中央和南京政府的代表、司法院长王宠惠送上的贺寿词则称："仁者无敌，德必有邻，吹嘘所及，禹甸同春，寿考作人，康强逢吉，宏开太平，永奠基石。"祝词和现实毫无共同之处，辽阔的中华大地正因为蒋介石的反共内战政策而布满血雨腥风。尽管社会上找不到一点"仁、德、同春、太平"，可祝寿却使得"巡视"更加热闹。

蒋介石到台湾正是他4个月来指挥"国军"各路主力全部出动、连下各解放区城池的时期，这本是中共领导的武装力量为保存实力、拖垮国民党军队的运动战战略战术所致，南京方面却兴高采烈，以为全线胜利近在眼前，已经准备在11月中旬单方面召开非法的"国民制宪大会"。虚假的军事胜利刺激着蒋介石的神经，情绪高涨的"国府主席和国民党总裁"的台湾之行，自然也有"扬威布道"的意思。

对于台湾之行，蒋介石在回到南京后的日记中写道："巡视台湾之收获，较之巡视东北之收获尤大，得知全国民心之所向。"巡视台湾的收获之大可以说，蒋介石在1948年底决定把台湾作为国民党最后的去处，其中的原因之一就是因为有第一次赴台湾的感性认识，当然此时他的收获只是把台湾当做支援大陆内战的基地，还没想到会在海岛度过后半生。至于“民心所向”则是蒋介石的错觉，台湾人民当时欢迎蒋介石，是出自祖国收复台湾、使台湾同胞摆脱50年殖民统治的心情，当南京政府在台湾地区横征暴敛、危及民生时，台湾人民也会起来反抗反动统治。所以在蒋介石视察后不到半年，台湾即爆发“二二八事件”。

三年苦短，南柯一梦。

如今到了山穷水尽之际，蒋介石自然把目光投向了东海中的宝岛。蒋介石认为台湾的好处是退可守，进可攻。与大陆隔着一条海峡，万一大陆被共产党拿了去，凭借海峡天险和自己掌握的海、空军力量，完全可以与当时尚无海、空军的共产党周旋，以延续香火，积聚力量，待国际形势发生了于己有利的变化时，渡过仅有130公里宽的海峡，从厦门、福州登陆，反攻大陆，卷土重来，再圆自己的帝王梦。

蒋介石在第三次下野时说：“我之所以下野，还有一个重要考虑，就是台湾地位的重要。在俄帝集团侵略下，宁可失了整个大陆，而台湾是不能不保的。如果我不下野，死守南京，那台湾就不能坚守，亦然不能成为反共抗俄的坚强堡垒。1946年我到台湾看了以后，在日记上记着这样一句话，‘只要有了台湾，共产党就无奈我何！’就算整个大陆被共产党拿去了，只要保着台湾，我就可以用以恢复大陆。因此，我就不顾一切，毅然决然地下野。”

为有朝一日东山再起作准备，“下野”之前，蒋介石抓紧时间进行部署。

早在1948年12月29日，国民党行政院院长孙科就曾发布命令，正式任命蒋介石的亲信陈诚为台湾省政府主席，“大太子”蒋经国为台湾省党部主任，以便在最后时刻退守台湾，作为“反攻大陆”的基地。这道命令，连时任副总统的李宗仁和台湾省主席魏道明都事先毫不知情。

陈诚得令后，仅用一个星期的时间便迁入台北主持政事，其办事效率之高在国民党历史上可谓“前无古人”。随后，蒋介石又任命陈诚为台湾省警备区总司令、国民党台湾省党部主任。这样，陈诚总揽了台湾的党政军大权，开始替蒋介石苦心经营台湾。

蒋介石深知，若在台湾建立自己的小朝廷，没有物资基础作保证是万万不行的。

蒋介石令蒋经国速往上海与中央银行总裁俞鸿钧洽谈，火速将中央银行库存的美元和黄金白银统统运往台湾。蒋经国日记写道：“今日父亲派我赶至上海访俞鸿钧先生，希其将中央银行现金移存台湾，以策安全。”

当时，国民党经过所谓的“币制改革”，发行金圆券，强行将民间的几乎所有黄金和美元收归国库，仅中央银行就有库存黄金390万盎司以及7000万美元的外汇和相当于7000万美元的白银，合计约5亿美元。

在蒋介石的精心策划下，这笔巨额财富背着“代总统”李宗仁，由海军舰只全部抢运到台湾。每到黄昏时分，就有军舰停泊在靠近中央银行的黄浦江上，沿途是荷枪实弹的士兵。一个个大箱子从中央银行的大楼里抬出来，然后搬到军舰上。夜深人静后，军舰便悄悄离开码头，径直朝南开去。

据台湾媒体报道，1948年12月1日午夜，一艘看起来破烂不堪的货船，停靠在上海外滩江边。衣着褴褛的船员们，都是从海军中挑选出来的人伪装的。这便是上海解放前夕蒋介石密令往台湾抢运黄金的船。当时，中央银行的几位行长已得到大批贿赂，并取得乘坐这艘货船驶往安全地带的许诺，条件是打开金库。

据当时的中央银行稽核处处长李立侠回忆，这次抢运的黄金前后分成三批：第一批，也是最主要的一批，是1948年午夜由上海装运，总数为200多万两，直接运到台湾省基隆港；第二批劫走52.2万余两，先运到厦门，然后转达台湾；第三批是在俞鸿钧辞职之后，刘攻芸继任中央银行总裁，由汤恩伯亲临央行劫走19.8万两，这时离上海解放已不到10天了。前后三批，共劫走黄金277万多两。同时抢运到台湾的还有3526.9万银元，另有1537万美元则存进了美国银行的国民党政府账户。

1949年1月28日，美国国务卿艾奇逊收到上海总领事恰伯特的一份电报：“上海市长吴国桢在本日会谈中透露，200万盎司黄金已转移台湾。上海尚存80万盎司，其中50万盎司以上正在运输中。”

这批曾被蒋经国称为“全国同胞血汗之结晶”和“国脉民命”的黄金、白银在台湾所发挥的作用，蒋氏本人曾作过如下评述：“政府在搬迁来台的初期，如果说没有这批黄金来弥补财政，经济状况早已不堪设想，哪里还有今天这样稳定的局面!”

纸终究包不住火。李宗仁得知此事，雷霆大怒，将俞鸿钧撤职查办，命令陈诚把已运到台湾的黄金白银和外汇如数运回大陆。但这位李代总统自己也明白，此事的幕后主使是蒋介石，自己下的命令只不过是一张废纸，他只能眼睁睁地看着国库“大搬家”。

事实上，被抢运到台湾的还远不止金钱。在上海解放前的几个月里，蒋介石动用军舰将大批机器设备、原料、药品、棉纱等物资和一批技术专家向台湾

蒋介石命令国民党海空军主力南移，以台湾为中心，把经营的重点放在上海、福建沿海及西南地区

转移，仅从上海一地就装走了1500多船。国民党方面到底从祖国大陆搬走了多少物资，民间一些对中共不了解、不信任的工商界人士和富豪把多少财富带往台湾，难于计数。其中，仅由蒋经国过问下，抢运走的中央银行金库的库存就有黄金90吨左右、银洋1500万元、美钞15亿元。蒋介石还逼迫国民党资源委员会委员长孙越崎将一些重要的工厂拆迁运台。他将珍藏在南京故宫博物院的原北京故宫所藏历代古玩字画精品，包括铜器、瓷器、玉器、字画等1424箱，图片画册1334箱，历史档案204箱，合计文物23万多件全部抢运到台湾，成为现在台北故宫博物院的镇院之宝。对于搬不走的或来不及搬走的水电站、发电厂等，蒋介石则命令统统炸毁。总之就是一句话，绝不能留给共产党。

蒋介石、陈诚还亲自安排台湾兵力的调整，先后把蒋纬国主管的装甲兵、周至柔主管的空军、桂永清主管的海军、各特种兵部，以及在战败过程中又将刘安祺指挥的青岛守军、刘玉章的第52军、刘汝明的第8兵团、李良荣的第21兵团、胡琏的第12兵团残部、陈济棠和薛岳的海南守军残部，以及后来逃往越南的黄杰的第1兵团，在上海战役中败北后撤到舟山群岛的陈大庆、石觉部调运到台湾，加强台岛的防卫。期间，在1949年9月21日成立台湾防卫司令部，由孙立人任司令，负责台湾地区总体防卫。

1949年3月1日，台湾省政府公布“台湾省入境军公教人员及旅客暂行办法”，开始办理“入境证”，限制出入台湾的人员。5月20日，陈诚以台湾“省主席”、“警备总司令”名义，发布“戒严令”，“戒严”期间，除基隆、高雄、马公3港在“警备司令部”的监护下继续对大陆来台人员开放外，其余各港口一律封闭，禁止出入。控制去台人员主要有两个方面。一是不利于国民党在台湾统治和社会稳定的人员不能去，这样一大批被国民党认为在政治上不能保持一致的人员被排除在岛外；二是不愿意去台湾但又关系到国民党政权形象和生存的人员必须去，其中有同情民主和爱国、不愿意离开祖国大陆的一些元老重臣和“中央民意代表”，有科技界精英、各类专门人才、工商实业界人士，他们则被裹胁去台湾。在这两类去台湾的人中间，国民党老臣到台后不久大部即被当局所冷落，科技人才、工商人士则成为台湾经济起飞的人力和科技资源。

1949：蒋介石“最悲惨的一年”

1949年，对于蒋介石来说可谓流年不利。新年的钟声刚响，内外交困中的他便不得不违心地宣布下野，由李宗仁任代总统。但蒋介石是不甘心退出历史舞台的。因为，他一生最大的兴趣就是追逐权力，对他来说最为痛苦的事莫过于失去权力。当年蒋介石曾两度“下野”，尔后卷土重来。有过这两次经验，蒋介石认为自己还会第三次“复出”。

蒋介石下野回到了家乡溪口，表面上像闲云野鹤，游山赏水，但他并非真的退而为山野之人，只不过是由前台转到了幕后。这和当年袁世凯削职回项城、段祺瑞下野回合肥一样，是职退权未退，退而不休。代总统李宗仁只不过是一具空壳，要不到钱，调不动兵，命令出不了南京城。“上午，奉父命电告顾总长墨三，建议其通知刘安祺将军，‘在未奉命令之前，暂勿撤离青岛’。”蒋经国日记透露出蒋介石并没有放权，实权还掌握在这位下野的总统手里。

在溪口小镇，蒋介石架设了七部电台，昼夜不停地作情报联络，继续进行军政遥控指挥。而国民党党、政、军要员奔赴溪口请示总裁面谕的人也不绝于道。溪口小镇取代了六朝粉黛的故都南京而成为国民党新的政治中心，蒋介石也成为世界上最忙的“闲人”。

且看蒋经国的日记记载：“3月1日，阎百川先生到溪口来，我奉命接他上妙高台过夜。他同父亲谈他对今后党、政、军等改造的意见。当日，张道藩、谷正纲两先生来溪口。”

“3月3日上午10时到栎社机场接张治中，彼携李宗仁来函，商谈父亲对‘和平的条件和限度’之意见，并谓：‘中共虽已微开和平之门，但前途困难重重。’下午，吴礼卿先生来溪口。”

“3月4日下午，陪同客人至仰止桥观瀑，复经隐雪桥到第三隐潭游二览。本日，吴铁城先生派李惟果来溪，转告其望父出洋之意。”

“3月9日，袁守谦主任带白崇禧求见父亲之函件来溪口。”

可见，蒋介石名为下野，实则继续遥控一切，李宗仁不过顶个名义而已。

按照蒋介石的设想，尽管东北、华北、华东已尽为共军所据，但他手中仍有最后一搏的本钱：70万美械装备的大军、占绝对优势的海空军力量和“固若金汤”的长江防线。这足够阻挡共军南下的步伐，维系半壁江山。

长江，在历史上多次大动乱的时期都成为政权相持的界河。1949年仲春，蒋介石集团仍希望它能成为阻止人民解放军南进的天然屏障，但稳操胜券的中国共产党人却坚信：这一次，长江不会再成为政权相持的界河了！

4月21日，毛泽东主席、朱德总司令发布《向全国进军的命令》，号召人民解放军将士“奋勇前进，坚决、彻底、干净地歼灭中国境内一切敢于抵抗的反动派，解放全国人民，保卫中国领土主权的独立与完整”。人民解放军百万雄师随即强渡长江。蒋介石苦心经营达3个月的长江防线一夜间便崩溃了。

眼见“首都”随时有失陷之虞，蒋介石再也坐不住了，他抛开“引退”的外衣，于4月22日以国民党总裁的身份召集李宗仁、何应钦、白崇禧、张群、吴忠信等一班文臣武将在杭州笕桥机场举行紧急会议。

会议室内气氛紧张，蒋介石首先开口：

“南京危在旦夕，沪宁线已被共军切断，大家看如何是好。”

诸位要员互相注视着，无人发言。

“把所有部队，都撤到沪杭一带，坚守淞沪。”蒋介石下令。

会后，蒋介石心神不定地回到了溪口，时刻关注着南京的情况。事实上，这位蒋总裁心里十分清楚：南京“失陷”不过是早晚的事。但他没有想到这一天来得也太快了。仅仅过了一天，4月23日，人民解放军就占领了南京，敲响了蒋家王朝的丧钟。

得知这一噩耗的蒋介石万念俱灰，不吃不喝，要效仿希特勒“杀身成仁”。后经蒋经国等人的苦苦相劝，才打消了自杀的念头。

“宜将剩勇追穷寇，不可沽名学霸王。”人民解放军渡过长江后，一路高歌猛进，以秋风扫落叶之势，追歼国民党残兵败将，前锋直逼蒋介石的老家溪口。

关于“敌军”神速推进的电报一封封来到溪口，蒋介石气急败坏，把电报往地上一扔，骂道：“娘希匹！敌军！敌军！为什么只报敌军进攻不见国军抵抗！”

老巢已去，溪口朝不保夕，蒋介石自然不敢久留，只好另择“隐居”之地了。

4月25日，蒋介石乘军舰离开家乡溪口，当军舰起锚后，蒋介石才说

蒋介石和他的文臣武将

到上海去，蒋经国听后立即劝阻其父不能去上海，因为人民解放军已经渡过长江，正对上海形成包围之势，“此时到上海去，简直是重大冒险”。蒋经国的劝说未能奏效，蒋介石不甘心自己的失败，他到反共前线去继续鼓吹保卫大上海，争取英美支持。

26日下午1时，军舰抵达上海黄浦江的复兴岛。当天，蒋介石先后面见了国防部长徐永昌、参谋总长顾祝同、空军总司令周至柔、海军总司令桂永清、保密局局长毛人凤、参谋次长郭寄峤、上海市政务主任谷正纲、上海市市长陈良、京沪杭警备总司令汤恩伯、上海防卫总司令石觉、上海警备司令陈大庆等人，部署防卫。

为了进一步鼓动反共士气，蒋介石将住所搬到市区。蒋经国再次表示反对意见说：“时局已经这样严重和紧张，市区内危险万分，怎么还可以搬进市区去住呢?”蒋介石生气地说：“危险！你知道，难道我还不知道?”

4月30日，蒋介石气势汹汹地赶到上海指挥部署淞沪决战。他之所以要亲自指挥淞沪战役，“保卫”大上海，是有他的打算。蒋介石年轻时就是在上海发迹的，在这里他得到了爱情、名气和权力。在如今灾难临头之际，他想到了一个疯狂的计划。淞沪战役一打响，美英等国便不会再袖手旁观，坐视国民政府败北，所以他发誓要打好“第三次世界大战导火线”——淞沪决战。

于是，蒋介石在上海集中了40多万大军，由心腹爱将汤恩伯率领，作最后顽抗。他如此安排还有一个鲜为人知的目的，就是“一旦中国大陆发生意外，可有一支可靠的军队随政府迁来台湾，免使台湾受到亲共阴谋的威胁，而以该省作为政府最后坚守与力图复兴之基地”。

汤恩伯，蒋介石的老乡，生于浙江武义。早年留学日本，就读于陆军士官学校。回国后任中央陆军军官学校军事教官，期间著有《步兵中队（连）教练之研究》，博得蒋介石的赏识，自此成为蒋的心腹爱将，平步青云，官至陆军中将。汤恩伯打仗不怎么样，却绝对效忠于蒋介石，就在不久前，他还曾将恩师陈仪准备投共一事密报蒋介石。蒋介石也正是看重此点，才将镇守上海的重任交于他。

蒋介石在汤恩伯的陪同下，还亲自巡视了上海街头，为部下鼓气：

"共产党问题是国际问题，不是我们一国所能解决的，要解决必须依靠整个国际力量。但目前盟国美国要求我们给他一个准备时间，这个时间也不会太长，只希望我们在远东战场打一年。因此，我要求你们在上海打6个月，就算你们完成了任务，那时我们二线兵团建成了，就可以把你们换下去休息。"

蒋校长亲自坐镇指挥，汤恩伯更是豪情万丈，牛皮吹得震天响，扬言一定要把上海变成"第二个斯大林格勒"，并不惜血本地在市区与郊县构成外围、主体、核心三道阵地。其中，钢筋水泥筑成的主碉堡阵地3800个，碉堡间战壕相连，壕沟内还可行驶吉普车，半永久性的掩体碉堡1万多座。中央社誉为"固若金汤"。阎锡山视察阵地后，颇有信心地认为至少可以守上一年。蒋经国则称其可与"马其诺防线"媲美。

5月中旬，蒋介石部署完上海决战后，乘军舰抵达普陀。父子二人游山时，遇一老和尚，他对蒋氏父子二人说："寺中有一处名'云水堂'者，专供来此朝拜的和尚食宿之用，因为'云'飘来飘去，总是不断地流向他方而不知去处的，和尚行踪与此相类，故以云水名堂。"蒋经国听后感慨万千，他在日记中写道："窃念岂独和尚如云水，世人熙来攘往，亦莫不如云水也。韶光若白驹过隙，踪迹若水上浮萍，今日父子相依，海上漂泊，何去何从，得毋贻'云水'之诮乎?"

就在这段时间，国共在上海的殊死战斗开始了，从华盛顿传来的消息却越来越令人失望：美国不会继续卷入中国内战。蒋介石这才突然醒悟："淞沪决战已经没有意义了。"

5月25日，人民解放军占领上海，汤恩伯的几十万精锐部队被消灭殆尽。

上海失守，"江南半壁业已风声鹤唳，草木皆兵"。蒋经国在日记中描绘道："国事不堪设想，只有向天祷告，保护我父的安全和健康。"

思之良久，蒋氏父子"打消遁迹远隐之意"，决计去台湾重振"复兴大业"。5月底，蒋氏父子飞抵台湾，先后就住于阳明山（原名草山，因蒋介石推崇明朝哲学家王阳明，乃将草山改名为阳明山）和高雄寿山。"今晨在台北拜访吴稚晖老先生后，即登机飞冈山，途中遇大风雨，下午1时

蒋介石在权力顶峰时，手执军刀，神采焕发

抵达。傍晚随父视察高雄要塞，登寿山岭视察形势，西为左营军港，南为高雄商淮，壮丽雄峻，诚不愧高雄之称。”蒋经国写道。

初到台湾期间，蒋氏父子的心情受大陆败局的影响，一直很颓丧。烦闷之余，蒋氏父子开始拟定防台计划，以舟山、马祖、金门澎湖一线为前哨，并确定今后以台湾防务为第一。蒋经国在日记中是这样描写自己的心情：“昨夜月色澄朗，在住宅前静坐观赏。海天无际，白云苍狗，变幻无常，遥念故乡，深感流亡之苦。夜中梦见溪口住屋被共军所焚，而先祖母与先母坟墓亦被掘毁，惊呼而醒，不知是何征兆也。”

尽管此时的蒋介石处境艰难，但他对一个中国仍很坚守。蒋经国在日记中写道：“近来台湾地位问题，以及联合国托管的谣言，甚嚣尘上。父亲对此有其坚决的主张与立场。‘英、美恐我不能固守台湾，为共军夺取而入俄国势力范围，使其南太平洋海岛防线发生缺口，亟谋由我交还美国管理，而英则在幕后积极怂恿，以间接加强其香港声势。对此一问题最足顾虑，故对美应有坚决表示，余必死守台湾，确保领土，尽我国民天职，决不能交归盟国。如彼愿助我力量共同防卫，则不拒绝。’”

“父亲接获我驻日本东京代表团来电报告，略称‘盟总对于台湾军事颇为顾虑，并有将台湾由我移交盟国或联合国暂管之拟议’。父亲极为忧虑，立即复电，请该团负责人就此事与麦克阿瑟元帅详谈，并郑重申说我政府之立场与父亲之态度以及对麦帅之期望。并指示谈话要点如次：‘（一）台湾移归盟国或联合国暂管之拟议，实际上为中国政府无法接受之办法，因为此种办法，违反中国国民心理，尤与中正本人自开罗会议争回台、澎之一贯努力与立场，根本相反。（二）台湾很可能在短期内成为中国反共力量之新的政治希望，因为台湾迄无共产党力量之渗入，而且其地理位置，今后政治防疫工作亦较易彻底成功。（三）美国政府即令单从实际的利害上考虑，亦决不能承认中共政权，因为承认中共，决不能化中共为狄托，亦不能范围中共的行动。美国于1949年曾经抛弃在伦敦之波兰合法政府，承认苏联所制造控制之波兰政府，其结果只巩固了波共政权，毁灭了波兰反共力量。此事可为殷鉴。至于中国政府，无论在大陆与海岛，皆有其广大根据地，与中共持久作战到底，决不会成为类似伦敦波兰政府之流亡政府，余敢断言。（四）基于以上考虑，余及中国政府深盼麦帅本其在东亚盟国统帅之立场，以其对于赤祸与东亚前途之关系，极力主张两事：甲、美国政府决不考虑承认中共政权，并应本其领导国际之地位与力量，防阻他国承认。乙、美国政府应采取积极态度，协助中国反共力量，并应协助我政府确保台湾，使成为一种新的政治希望。’父亲之如此公忠谋国，我想任何历史学家都不能否认的。”

蒋介石与蒋经国合影

蒋介石父子离开高雄，飞抵桃园，转至大溪。大溪镇有山有溪，风景与气氛很像家乡溪口，气候也比较凉爽，蒋经国“一夜安睡，精神更觉愉快。晨起，至溪边公园散步”。

“上午9时，随父离大溪，10时到台北，参加东南区军事会议。今日迁居草山。下午，父亲访吴稚晖先生。彼虽八六高龄，而谈吐自若，对政治、经济、外交等等之观察研究。皆能深入毫芒，决非任何人所可及，而其诙谐取譬，尤能引人入胜，敬仰无已。见稚老后，父亲决定‘总裁办公室’之设置。上午10时，整理党务会议开会，讨论党的改造方案，直至下午2时30分方毕。父亲力主本党的性质应为‘革命’，政党一面不能纯粹为‘民主’政党，方案大体已定，复决定‘总裁办公室’组织大纲。父亲认为：‘此时一切必须以重新做起为要旨；尤其着重于一点，即由小处做起，不必为外物与现状所眩惑。故对于各事应以制度与人事为根本要图，不必斤斤计较一时之得失与成效。’”

蒋介石为了挽回败局，仍在军事上做垂死挣扎。蒋经国写道：“赣南及福州的军事情况已日渐紧张，共军可能于短期内南犯。我军之颓势已难挽回，无法阻止共军之进攻。本日李宗仁和阎院长百川联电父亲，坚请莅穗主持大局。李此时对内对外已深感束手无策了。”

1949 年 7 月 5 日，新政治协商会议筹备会常务委员在北平中南海合影

7 月 22 日，蒋介石父子乘船抵厦门，翌日召见汤恩伯及福建省主席朱一民，并主持军事会议，决定建立以台湾为中心的东南长官公署，以陈诚为长官。该机构于 8 月 15 日成立。同时决定守住福州，巩固台湾，支持到明年春天。但是，部署归部署，行动归行动，不堪一击的福州守军朱绍良部 6 万余人，在中国人民解放军的凌厉攻势下溃不成军。8 月 17 日，人民解放军占领福州。

毫无疑问，失败已成定局，谁也挽救不了国民党的命运。

且看国民党在其他战场的败绩：

7 月，盘踞陕西的国民党军胡宗南主力基本被歼，残部退入川北、川东地区。

8 月 4 日，“华中剿总”副总司令、湖南省政府主席程潜和国民党军第 1 兵团司令官陈明仁在长沙起义。

9 月，盘踞青海、宁夏的马步芳、马鸿逵部全军覆没。随后新疆和平解放，蒋介石又丢掉了西北战场。

……

10 月 1 日，毛泽东在北京宣布中华人民共和国中央人民政府成立。

看着自己的对手站在象征中华民族形象的天安门城楼之上，用湖南味十足的乡土话向全世界宣布：“中华人民共和国成立了。”蒋介石心中当然不是滋味。

当晚，蒋介石久久不能入睡，反复调换着收音机频率。尽管收音机里杂音很大，但他还是耐着性子听着，这时收音机里报道了一则北京破获一起国民党特务破坏开国盛典的消息：“阴谋在人民政协开会期间进行捣乱活动的国民党反动派特务分子木剑青，于20日为北京市人民政府公安局逮捕。该犯为国民党中统局特务，化名王建坤，于9月2日来京……经北京市公安局连日侦审，特务匪犯木剑青已初步供出该案为国民党中统局有计划之捣乱活动……”

蒋介石的如意算盘再次落空，一股无明火直蹿上脑门，不由得大发雷霆，“一群废物！”骂得身边的人半天没敢吱声。

“10·1”一过，国民党当局的日子顿觉难过。10月6日，中秋之夜，厦门告急，蒋介石从基隆港赶到鼓浪屿，以求保住面对台湾、金门的大陆前沿阵地。下午4时左右，他的座舰“华联号”还未靠岸，已经听到前方隆隆的炮声，吓得不敢久留，只是在座舰上召集团长以上军官训话。晚上8时就离开厦门而去。10天后，解放军经激烈的战斗消灭未逃走的蒋军后开进厦门市。

蒋介石离开厦门，同时接到南面广州、北面舟山告急的报告，10月11日飞临定海，见舟山已成孤立之势，周围岛屿大部被解放军占领，进攻定海已成定局。蒋介石改变原来死守舟山、等待死亡的战略，数月后就把舟山守军撤往台湾。

蒋介石在台湾亲自坐镇指挥，他要把台湾作为自己安身立命的最后一块阵地。所以，蒋介石要尽量将有生力量撤往台湾，确保台湾不被解放军攻占。

忙忙碌碌中，蒋介石迎来了他63岁生日。

名人避寿，就是在生日的那一天，主人要离家出走，不接受亲朋好友的祝贺。这种风俗不知起于何时，清朝时已开始盛行。蒋介石也不能免俗，曾多次避寿。

1949年11月5日，是蒋介石63岁的农历生日。此时，国民党军主力已被消灭殆尽，中华人民共和国也已正式宣告成立了。

“金陵王气黯然收，一片降幡出石头”。众叛亲离的蒋介石如丧家之犬惶惶然逃到台湾，“总统”职位尚未恢复，其处境之狼狈，心情之沮丧，是难于言表的。他决定以避寿为名，去台湾名胜阿里山一游，借以宽慰百结之愁肠。

11月4日上午9时，蒋介石身穿深灰色长袍、黑呢子马褂，头戴旧式礼帽，面带倦容，心事重重地走下阳明山，飞往嘉义，然后转乘森林铁路专车登山。

下午 1 时许，蒋介石一行到达阿里山。蒋经国对前来迎接的阿里山林场场长说：“‘总统’年逾花甲，到阿里山上来一方面是为避寿；一方面也是为找个幽静的地方好好休息两天，同时看看阿里山风光。”

11 月 5 日，蒋经国在日记中写道：“今日为父亲六三华诞，阿里山上天气晴朗。凌晨 3 时 30 分起身，向父行礼祝寿后，即随父在月光下步行，复蜿蜒登祝山。明月高照，清光无极，如入水晶世界，美丽无比，难以笔墨形容。自住所至祝山徒步 8 华里。父亲直行至山顶，毫无倦意。5 时 20 分在山顶远望，正落月西沉，东方发白，相映成趣，历半小时，旭日初升，鲜艳夺目，红光渐满大地，似从新高山山巅腾空而上也。父亲东向肃立，对天地祷告，随员亦在祝山向父祝寿。旋回阿里山寓所。”

蒋介石在当天的日记中沮丧地写道：“本日为余 63 岁初度生日，即将过去之一年，实为平生所未有最黑暗、最悲惨之一年。”

11 月 6 日大清早，蒋介石一行便匆匆下山，返回台北。

在此期间，人民解放军于 10 月 14 日占领广州，西北和贵州、广西也先后解放，蒋介石把注意力集中到四川、西康一线。“国民政府”再迁重庆，把西南作为最后挣扎之地。

蒋介石从当年的“剿匪”变成了被剿，其中滋味他是再清楚不过了。但他不甘心国民党政权就这样从手中失落，决心同共产党来一次最后的较量。

11 月 14 日，蒋介石飞到重庆，只见军情一片混乱，根本无法阻挡解放军的进攻。为挽回败局，蒋介石召见胡宗南、宋希濂等西南军政要员，密谋固守西南。蒋介石说：“必须保住西南地区，作为复兴基地，将来才能与台湾及沿海岛屿相配合，进行反攻。”

然而，历史的进程是不可抗拒的，时局已经不以蒋介石的意志为转移了。

毛泽东早已明察蒋介石的意图，命令刘伯承、邓小平、贺龙统率 60 万解放大军，从东、南、北三个方向包围西南诸敌，并力求全歼胡宗南集团于国境线之内。

11 月 29 日解放军兵临重庆城郊，国民党政府再迁成都。当时因为逃跑，重庆城内慌乱不堪，蒋介石在逃往机场途中，车队数次被堵，最后不得不步行前往，午夜才赶到白市驿机场，当夜只好在专机上过夜。蒋经国在日记中是这样描写的：“前方战况猛烈，情势危急，重庆已被包围。而父亲迟迟不肯离渝，其对革命的责任心与决心，感人之深，实难笔墨形容。10时，林园后面已枪声大作，我只好向父告实情希望早离此危险地区。同时罗广文自前线回来报告，知其军力已披共军击散。而周围各兵工厂爆炸之声又四起，连续不绝。此时山洞林园前，汽车拥挤，路不通行，混乱嘈杂，前所未有。故不能再事稽延，乃决定赴机场宿营。途中为车辆阻塞者三次，无法前进。父亲不得已，乃下车步行，通过后改乘吉普车前进，午夜即时达机场，即登美龄号专机夜宿。”

国民党军败退台湾

11月30日，重庆解放，蒋介石带着从广州来渝还不到50天的“国民政府”，匆匆乘飞机逃往成都。

重庆既失，成都已无险可守，蒋军兵败，势如山倒。那些早就不愿为蒋介石卖命的国民党高级将领，争先恐后与解放军接触，联系起义事项。云南的卢汉和川康的刘文辉、邓锡侯、潘文华、王伯勋等相继起义。国民党各部起义高潮迭起，解放军推进日行几百里。

12月10日，蒋介石在蒋经国的陪同下，离开已经守不住的成都城。临行前，这位国民党总裁三次接见从汉中赶来的胡宗南，要其打完、打好最后一仗，守住国民党在祖国大陆的最后大都市。要不是蒋介石逃得快，恐怕又一件西安事变将在成都上演。因为12月10日，已经起义的云南省主席卢汉给在成都的西康省主席刘文辉发电，要求刘文辉会同四川将领将蒋介石扣留。此时，蒋介石的侍卫人员发现军校附近有可疑人物出现，侍卫副官党春明紧急向蒋介石报告，建议道：“情况危急，还是从后门走吧。”

蒋介石恼火地说：“我是从前门进来的，还是从前门出去，看他刘文辉能把我怎样。”

在蒋经国与党春明等人的护卫下，蒋介石乘车直奔凤凰山机场。下午2时，在解放军隆隆的炮声中，目睹“确保大西南”方针没有任何希望的蒋介石冒着初冬凄冷的寒风，一头钻进“美龄”号专机，从成都凤凰山军用机场仓皇起飞……

4个小时后，“美龄”号飞至台湾上空。蒋介石黯然无语，心中仓皇无比。想到一旦逃离大陆，丧师失地，台湾也将不保，更觉满怀凄凉。

蒋介石只要再待几个小时，他恐怕就别想离开大陆了。蒋经国在1949年12月10日的日记中对此有所记载："今晨，渝昆电讯复通，而第一封电报却是卢汉拍致刘文辉的，要刘会同四川各将领扣留父亲，期向共军戴罪图功。"

"父亲返台之日，即刘文辉、邓锡侯公开通电附共之时。此次身临虎穴，比西安事变时尤为危险，祸福之间，不容一发。记之，心有余悸也。"

蒋介石第三次"复职"，从幕后再次走向台前

4个小时后，"美龄"号专机降落在台湾松山机场。

再次踏上这块土地，没有欢呼，没有鲜花，没有礼炮，没有军乐，蒋介石可能意识到，这里大概就是他最后的栖身之所和归宿地。

败退台湾，蒋氏父子泛舟日月潭，排遣郁闷心情

但他不会轻言认输，纵观一生，他的性格确像一根高强度弹簧，千拉万扯也难改其坚韧的特性。于是，在他的字典中又多了一个新名词——"反攻复国"。

1949年的圣诞之夜。从台湾南投县乘火车往南往东行20公里到达水里乡，再往前几公里就是鱼池乡，那里有最著名的风景地——日月潭。离开大陆不过半月余的蒋介石来到湖旁的涵碧楼，在一片秋寒中，哀叹自己多舛的命运，思索着自己的下半生和国民党的再复兴。

蒋经国全家陪蒋介石一起赴日月潭，他写道："今日为圣诞节的前夜，西南保卫战已近尾声。父亲对一切军事部署与措施，可说已竭尽心力与人事。'谋事在人，成事在天'，这实在是具有深厚历史经验的名言。"

"上午9时50分，全家自台北往日月潭。午餐后，随父游光华岛，潭水涟漪，环山幽翠，人间天国也。返涵碧楼，已暮霭沉沉矣。晚间8时，在旅寓全家团聚，共度圣诞之夕。"

1949年的圣诞节，正在日月潭涵碧楼的蒋介石，无心欣赏如画般的风光。他在当晚的日记中记下的正是他自己当时所想的："'从前种种譬如昨日死，今

后种种譬如今日生’。过去一年间，党务、政治、经济、军事、外交、教育已彻底失败矣。如余仍能持志养气，贯彻到底，则应彻悟新事业，新历史，皆从今日做起。”要实现上述目标，首要之务是立即从后台走上前台。

蒋经国在12月30日的日记中写道：“下午，父亲在涵碧搂召集陈立夫、黄少谷、谷正纲、陶希圣、郑彦棻等先生，讨论本党的改造问题。父亲准备从新造党，决定改造方针。认为若不如此，则现在中央委员400余人之多，不仅见解分歧，无法统一意志，集中力量，以对共产国际进行革命，且如不毅然断行，是无异自葬火坑，徒劳无功。对‘复行视事’问题，父亲亦重新作切实之考虑，认为：‘允宜缓图，应以李宗仁先行回国为要旨。’不可造次。”

自第三次下野起，蒋介石就以搞垮李宗仁为己任，为创造重新上台的时机，面对国民党的全线溃败，蒋介石、蒋经国一面制造舆论，把国民党的失败责任推向李宗仁，声称李宗仁不配领导“政府”；一面则把“代总统”甩在一边，自己开始行使领导权。为实施名正言顺的领导，从未在国民党中央党部办过公的蒋总裁，竟挖空心思地于1949年6月筹备起蒋记领导中心——“总裁办公室”，同年8月11日在台北草山正式成立。这一机构既没有法律可依，也未经党中央讨论，只是为了给蒋介石复职“总统”铺路。

早自上海解放后，在蒋介石支持、由蒋经国出面进行的“倒李”背景下，国民党内不少“有识之士”则开始断断续续地呼吁，“恭请”蒋介石复出视事。到10月18日，蒋介石召见张其昀及举行中央设计委员会会议，研究“复职”问题及程序，这是“下台总统”首次谈及复职事宜。其中规模较大的是11月11日“行政院长”阎锡山、13日70余位“立法委员”致电蒋介石，请他由台北去重庆主持工作，“挽救危局”。12月2日，蒋介石、蒋经国与“西南军政长官”张群、“行政院长”阎锡山商量后，“决心复行视事为不二之道，时间放在待法定手续完成后”。为完成“法定手续”，在成都的“国民大会代表”以及为国民党政权帮腔助威的民社党、青年党纷纷出面请“下台总统”复出。

12月4日，李宗仁在香港宣布将去美国“治胃疾”，蒋介石表面上予以批评，事实上暗自窃喜，因为李宗仁赴美为他重新上台开通了道路。在没有李宗仁的台湾，蒋介石可以随心所欲地实施他的独裁统治了。

作为蒋介石的长子，蒋经国尽力协助蒋介石扫清障碍，有效地管理台湾，维持蒋家在台湾的小朝廷。他在1949年的最后一天，12月31日的日记中写道：“上午，父亲仍在涵碧楼与本党同志继续讨论党的改造问题。父亲认为：改造要旨，在湔雪全党过去之错误，彻底改正作风与领导方式，以改造革命风气，凡不能在行动生活与思想精神方面，彻底与共党斗争者，皆应自动退党，而让有为之志士革命建国也。’父亲抱着破釜沉舟的决心，来改造本党，无非欲重整旗鼓，自力更生，以达成反共复国之使命。”

“决定国家生死存亡的一年，就在今夜过去了。流光逝水，马齿徒增，仆仆风尘，自间所作何事？往者不忍回忆，来者更必艰难，抚今察来，能不奋励前进乎！时间不允许我们再犹豫了，事急寇深，坐而言，不如起而行！”

1950 年 2 月 13 日，蒋介石以国民党“非常委员会”的名义，向滞留美国不归的李宗仁发电，限其 3 日内回台，否则视为自动放弃职权。李宗仁根本没有回台的打算，很快写信给台湾当局的“监察院”表示拒绝。

李宗仁不可能行使“代总统”职权，但台北当局要完成蒋介石复职的“法定手续”并非易事。因为，选举“总统”和修改“宪法”的“国民大会代表”，在大溃败过程中已经各奔东西，离法定人数相差甚远，如果按照原有的规定，蒋介石绝对无法“复职”。借“法定手续”完成蒋介石“复职”视事的可能性根本不存在，唯一的办法就像一年多前未经任何正式的法律手续把“总统”职位让给李宗仁一样，现在要回“总统”一职又何必受“法定手续”的限制。1950 年 2 月 23 日，国民党中常会和非常委员会决议蒋介石复出。

2 月 28 日，蒋介石在草山举办国民党中央常委、非常委员会成员、中央政治会议委员茶话会，在会上称：“现在国家情势危机非常，如果我再不负起政治军事的责任，3 个月之内，台湾一定会完结，我出来之后，可以自保。”

1950 年 3 月 1 日，蒋介石宣布“复职”，并称其复任“总统”是为了“扫除中共、光复大陆”，重建“三民主义之民有、民享、民治国家”，提出国民党在台湾地区的四大政治纲领是：“在军事上巩固台湾基地，建国光复大陆”；“在国际上先求自力更生，再联合民主国家共同反共”；“在经济上提倡节约，奖励生产，推行民生主义”；“在政治上保障民权，厉行法治”。他自我解释说一生中下野三次，第一次复职的使命是“完成北伐，统一全国”，第二次复职的使命是“抵抗日本侵略，争取最后胜利”，此次复职的使命是“恢复中华民国，解救大陆同胞，而最后的目的乃是在消灭共产国际，重奠世界和平”。

随着蒋介石重新登场，其他人事也进行了部分调整：“立法院”正、副院长是刘健群、黄国书；“司法院”正、副院长是王宠惠、谢冠生；“考试院”正、副院长是钮永建（代）、罗友伦；“监察院”正、副院长是于右任、刘哲。这些“院长”因为存在换届问题，所以任职时间不一。

蒋介石在台湾

3月8日，蒋介石改组“行政院”，由陈诚取代阎锡山出任“行政院长”，张厉生任“副院长”，黄少谷任“行政院秘书长”。新“内阁”既决定了国民党逃台后的“行政院”体制和基本队伍，也决定了陈诚在今后一个时期内将成为蒋介石的主要助手。

蒋介石从台后跑到台前，继续他那没结束的第一届“总统”任期，重新恢复了以蒋氏家族为核心、追随蒋而去的大陆亲信官僚为主体，联合台湾地区部分地方政治势力代表人物参政的庞大专制机器。

贾亦斌与蒋经国的恩怨情仇

贾亦斌，1912年出生，湖北省阳新县人，18岁辍学从军，从国民党军的士兵升至少将。抗日战争时期先后参加淞沪、徐州、武汉、鄂西、长沙等大战役。战后在青年军复员管理处与蒋经国共事，遂成至交。经蒋经国力荐任国防部预备干部局副局长、代理局长。1949年春领导了震惊东南的嘉兴起义。新中国成立后，历任民革中央副主席、名誉副主席，全国政协常委。

贾亦斌曾经是蒋经国的主要助手，后来毅然起义，与蒋经国彻底决裂。一个冬日暖阳的下午，我终于见到了这位传奇式的人物。亲聆他讲述与蒋经国当年的私情公谊。

初识蒋经国，彼此投缘

贾亦斌与蒋经国的相识很偶然，话得从1946年说起。那年，贾亦斌从国民党最高军事学府——中央陆军大学毕业，因反对内战，没去原所在部队任军参谋长，去向未定。而蒋经国刚好在组建“青年军复员管理处”机构，正是用人之际。贾亦斌3年前任师参谋长时的老上级军长彭位仁，就在蒋经国那里任副处长，他力邀贾亦斌去青年军复员管理处担任少将组长，负责第一组（管就学）工作。贾亦斌原想留在“陆大”从事研究工作，但又不好拒绝老上级的盛情邀请，于是，就接受了。但贾亦斌言明只干3个月，到时再回“陆大”从事研究工作。

“青年军”的由来是这样的：1944年，日寇为了“打通大陆交通线”，大举进犯湘桂，威胁重庆。为抵抗日军的进攻，蒋介石以“十万青年十万军，一寸河山一寸血”，号召全国各大、中学校学生报名从军，同日寇作最后决战。并许诺胜利后复员可享受优待条件，同时颁布优待办法。当时从军人数达 10 万左右，并成立青年远征军编练总监部。罗卓英（军政部次长）任编练总监，彭位仁（73 军军长）、黄维（军委会督训处副处长）为编练副监，下设 9 个师。青年军设有政治部，蒋经国任政治部中将主任，各师政治部主任和团督导员均由蒋经国挑选，甚至营、连政工人员，他也要亲自过问。所以有人称“青年军”为“太子军”。

江西第四区行政督察专员蒋经国

“青年军”还没来得及同日寇最后决战，日军即已投降。这就有了个“青年军复员管理处”，陈诚兼任处长，蒋经国、邓文仪、彭位仁为副处长。实际上由蒋经国负责。

在彭位仁的引荐下，贾亦斌成了蒋经国的直接部下，贾就这样认识了蒋经国。有一次，在听取了贾亦斌对第一组的工作汇报后，蒋经国感到满意，认为第一组的工作最难做，却做得有声有色，还当众表扬了贾亦斌。同时，贾亦斌写的《论预备干部制度》一文也先后在《曙光》和其他一些报刊上发表。当时，贾亦斌最先提出预备干部制度，引起了蒋经国对贾亦斌的重视。

1946 年 5 月初，一次处务会议后，蒋经国走到贾亦斌面前，对贾亦斌说：“请你留下来，我们谈谈吧！”那时，蒋经国 35 岁，贾亦斌 33 岁，都是血气方刚的年龄。开始，贾亦斌还有些拘束。后来，贾亦斌见他态度谦和，语气亲切，便放松下来。

蒋经国开门见山地说：“你抗战勇敢，彭诚一（即彭位仁）向我介绍了很多，胡宗南大哥和第一军的朋友也都向我称赞过你。我有一问题想问你，为什么能做到如此的不怕死？”贾亦斌回答说：“其实我只做了我该做的。‘天下兴亡，匹夫有责’，我在战场上只有一个决心：宁死不当亡国奴。这个决心也是日本鬼子逼出来的。我亲眼看到日本鬼子对我军民的残杀，这激起我极大的愤慨，我无数军民英勇抗战的光辉事迹对我是极大的激励和感染。”贾亦斌的这番话，似乎引起了他的共鸣。蒋经国心有同感地点点头说：“这就是中国人的国格。我的母亲被日本的飞机炸死，我悲

1941年12月，时任国民党第73军77师少将参谋长的贾亦斌，在对日寇第三次长沙会战取胜后的留影

痛至极，只好在我母亲墓碑上写上‘以血洗血’四个大字，以表示我的哀悼和报仇的决心。看来我们抗日爱国是人同此心，心同此理。”接着他又说：“我最近看到你写的《论预备干部制度》的文章，感到有新意，请你谈谈对这个制度的认识和设想。”贾亦斌说：“我在‘陆大’就开始研究这个制度，现在也只是初步设想。我所以要研究这个问题，主要是根据抗战的经验教训。抗战伤亡多，军官少，胜利复员后感到军官多，无处安排，结果到处闹事。要解决这个矛盾，只有培养预备干部。我认为，现代战争要全国动员，真正做到官皆将，民皆兵，平战合一，文武合一，战时征文为武，平时转武为文。古代就有这样的军事思想，现代美国和土耳其培养预备干部也有这方面的经验。”最后，蒋经国又问贾亦斌：“你对青年军就学问题为何如此热衷和积极工作?”贾亦斌深有体会地说：“首先是因为我担任第一组组长，主管青年军就学，我要履行职责。同时，政府有优待办法，我要积极贯彻，不能失信于民。其次是我过去饱受失学的痛苦。在‘陆大’时，看到青年学生在国破家亡的严重关头，志愿放弃学业，甚至准备牺牲性命报效国家，这种爱国精神值得尊敬。现在抗战胜利，应该让他们有读书的机会。再次是在我们这个社会里，资格与资产是成正比例的，小有钱的读小学；较有钱的读中学，很有钱的读大

学，甚至出国留学。而资格又与做官成正比例，学历越高，官做得也越大，这种官僚哪里懂得穷人的痛苦，哪里会做人民的公仆！所以我要努力让这些爱国青年服役后能再就学，真正做到文武合一，战时能报国，平时能为民服务。”蒋经国听了贾亦斌这段发自内心的话连连点头，拍着贾亦斌的肩说：“你这些见解，讲到我的心里去了，今后我们必定会成为长期合作的同志。”这次谈话，贾亦斌和蒋经国彼此都留下了愉快的印象。

蒋经国为贾亦斌主持婚礼

自从贾亦斌与蒋经国那次恳谈后，他对贾亦斌更加关心，无论在工作上，还是在个人生活上。他还主动为贾亦斌与谭吟瑞的婚事操劳，为他们当证婚人，并负责主持他们的婚礼。

谭吟瑞还是名人之后，她是著名的“戊戌六君子”之一谭嗣同的孙女儿。贾亦斌是经同事徐思贤的介绍认识她的。蒋经国知道贾亦斌要与他素来敬仰的谭嗣同烈士的后代结婚，很是高兴。本来贾亦斌准备婚事简办，并没有把举行婚礼的事告诉他。后来，蒋经国主动找到贾亦斌，在办公室当着众人面对贾亦斌说：“你们结婚为什么不告诉我啊！”接着又说：“这样吧，我来为你们作证婚人，你们的婚礼事宜，也一应由我们机关来筹办，不用你们自己操心了。”这话一出，简直就是命令，同事们都很热情地为他们操办婚礼而忙碌起来。

贾亦斌回忆道：婚礼那天，蒋经国、徐思贤、郑果、徐恒瀛等和青年军管理处的全体人员百余人全部来参加我们的婚礼。蒋经国以主婚人的身份发表了讲话，态度亲切而又极为幽默，博得全场的阵阵掌声和欢笑声。我当时比较兴奋而又紧张，事隔多年，竟然怎么也回想不起他当晚讲话的内容，只是当时欢乐、热闹的情景还一直深深地留在我的记忆中，像昨天一样鲜活生动。这样的婚礼，可真是别有情趣，在当时的条件下也算不容易了。

婚后，蒋经国又派了一辆吉普车将贾亦斌夫妇俩送到北碚温泉度蜜月。第二天，重庆的《大公报》、《和平日报》还报道了贾亦斌结婚的事。同事们都认为，贾亦斌的婚礼得到了蒋经国如此重视，是难得的荣耀，因而表现出对贾亦斌异乎寻常的尊重。贾亦斌也觉得蒋经国确实对他厚爱，也因此对蒋经国非常感激。

一个月的蜜月刚过了一星期，彭位仁就派司机接贾亦斌夫妇俩回重庆。原来，国民政府要还都南京，青年军复员管理处正筹备改组工作，事务非常繁忙。贾亦斌一回重庆，马上投入紧张的工作。

抗战胜利后，国民党政府还都南京，并筹建国防部。1946 年 5 月 30 日，国民党国防最高委员会通过决议，决定裁撤军事委员会及其下属各部，并在行政院下设立国防部。6 月 1 日，国防部在南京正式成立，白崇禧为国防部长，陈诚任参谋总长。青年军复员管理处此时亦奉命撤销，该处的三位副处长各自承担不同任务：彭位仁负责筹建国防部监察局；邓文仪负责筹建国防部新闻局（仿美国体制，后改为政工局）；蒋经国负责筹建国防部预备干部管训处（后改为国防部预备干部局）。蒋经国要贾亦斌帮他筹建，同时要求贾亦斌对青年军的复员工作做一次全面检讨，以总结经验。就这样，中断了贾亦斌度蜜月。1946 年 7 月，贾亦斌先飞南京。

初到江西的蒋经国与儿子孝文合影

一个月后，贾亦斌夫人谭吟瑞也随青年军复员管理处办公厅主任戴奇之等人同机来南京。第二年（1947 年）6 月 1 日，贾亦斌的第一个孩子出生了。蒋经国知道后，当即向贾亦斌道喜，并特派人送来 50 元礼券，以示祝贺。

没过多久，贾亦斌接母亲来南京带孩子。那时，南京的物价飞涨，通货膨胀严重，贾亦斌一家人的生活始终很清苦。贾亦斌的一个堂哥贾肇先曾来他家住了几个星期，当时贾亦斌的生活很艰苦，实在拿不出什么东西招待他。他回家后常对人说，在亦斌那里简直饿得发慌，没有东西吃，菜里放几片肉，薄得像纸一样，风都吹得起来。可见贾亦斌的生活之清苦。

蒋经国见贾亦斌生活太拮据，养家不易，每逢过节，总要派人送来一二百元补助费。钱虽不多，但情意可感。

当时，蒋经国在南京手头也不宽裕。他和秘书住在励志社 2 楼，只有两间房，一间办公室，一间会客室兼宿舍，而蒋方良和孩子住在杭州，所以生活很不方便。贾亦斌曾问他为什么不把家眷接来一起住？他说："没有房子。"贾亦斌信以为真，想办法为他找到了一套房子。可蒋经国仍然没有把蒋方良接来，反而又把房子让给了留苏同学刘汉清等人居住。贾亦斌感到迷惑不解，后来才知道让方良住在杭州是宋美龄的主意。因为方良是苏联人，当时南京设有苏联大使馆，宋美龄担心方良与苏联大使馆发生联系，而蒋经国又是留苏学生，易于造成美国人的猜忌，会影响到美蒋关系。至此，贾亦斌才恍然大悟。

蒋方良在杭州平时无事可干，就由秘书陪着她打麻将。方良没什么钱，打麻将只能赢不能输，秘书没有办法，只好让着她。方良钱用完了，就跑到南京来找宋美龄，开口喊"妈妈"，喊得很亲热。宋美龄很高兴，就给方良一些钱。每次都这样，时间一长，大家都知道，方良来南京找宋美龄喊"妈妈"，就知道方良又缺钱花了。这成了当时南京一个趣闻。

见证庐山风云

1946年夏秋之交，烈日炎炎，南京正热得像火炉一般，而庐山却十分凉爽。蒋经国陪同其父蒋介石在此"避暑"，其他南京国民党军政人员及三青团骨干也多汇集于此，马歇尔也在此时八上庐山，一时间政治烟云笼罩着这个避暑胜地。

这里正准备同时召开两个重要会议，即三青团第二次全国代表大会和青年军复员检讨会。这两个会对蒋经国的前途都将产生重大影响，因而备受瞩目。蒋经国没有要贾亦斌参加三青团二全大会，因为蒋经国知道贾亦斌对此不感兴趣，况且贾亦斌也不是三青团员。所以蒋经国要贾亦斌全力负责筹备同时召开的青年军复员检讨会。为筹备这个会议，贾亦斌曾数上庐山，奔波于宁、赣之间。贾亦斌的同事开玩笑说："马歇尔八上庐山，贾亦斌也五上庐山。"

贾亦斌在庐山期间，虽然忙于青年军复员检讨会的会务工作，但近在咫尺举行的三青团二全大会的情况，也不断通过各种渠道传到贾亦斌的耳朵里，使贾亦斌亲身感受到国民党内部政坛的波诡云谲。

贾亦斌从各种消息中得知，蒋介石为培植爱子蒋经国，可谓是煞费苦心。他为蒋经国设计了一条从青年工作入手、由培养干部起家、从地方到中央、最后掌握军队的发展道路。这样，蒋经国一开始就与三青团结下了不解之缘。1938年7月，三青团在武汉成立，陈诚负责，康泽管组训工作。当时，蒋介石没有安排蒋经国进中央团部工作，而是交给江西的熊式辉，先后任江西省保安处副处长、赣南专员兼三青团江西支团主任。在江西期间，蒋经国大办青干班和青年夏令营，以培植干部，发展势力，扩大影响。通过4年多的苦心经营，蒋经国抵制了康泽对江西团务的插手，控制了江西支团，建立起自己派系的第一批班底——“赣南系”，为今后的发展打下了基础。蒋经国在江西站稳脚跟后，开始向重庆中央扩张。当时在重庆中央团部任书记长的张治中与康泽的矛盾非常尖锐，按照蒋介石的旨意，同时也为了限制康泽的势力，张治中主动推荐蒋经国到中央团部工作。1943年春，三青团一全大会在重庆召开，蒋经国当选为三青团中央常务干事。在会上他被视为“地方政治建设之实行家”，代表们“多询以新赣南建设近况”，他“辄娓娓叙述，令人忘倦”。同年12月，三青团中央干部学校成立，蒋经国担任教育长，由蒋介石本人亲自兼任校长。在三青团中央干校期间，蒋经国亲自抓研究部学员的学习和训练，与学员同吃同住，想培养一批嫡系干部，形成一个忠于他个人的干部系统。1944年10月成立了青年军，又由蒋经国任政治部主任，负责青年军的政治工作。蒋经国的势力扩张终于导致了康泽的垮台。1945年8月，康泽被迫“奉命出国考察”，三青团的组织训练大权落入蒋经国之手。由蒋经国取代康泽成为三青团的组织重心，这是三青团后期不同于前期的重要特点。

蒋经国具有特殊的背景，由赣南到三青团中央干校，再到青年军，羽毛渐丰，在政治上崭露头角。但国民党内部派系复杂，蒋经国的发展并非像人们想象的那么容易。就在庐山会议筹备期间，国民党中常会决定，将中央政治学校和三青团中央干部学校合并，成立国立政治大学，由蒋介石任校长，蒋经国任教育长。这一措施剥夺了CC派控制近20年之久的中央政治学校，并将国民党的干部培训大权完全交给蒋经国掌握，可以看做是蒋介石培养其爱子的又一个重要步骤。但遭到了陈果夫、陈立夫兄弟的强烈抵制。二陈指使学生闹事，反对蒋经国担任教育长。学生贴出标语，“欢迎蒋经国担任政大总务科长”，嘲讽蒋经国不够当教育长，只配当总务科长。蒋经国感到很难堪。蒋介石知道后，痛骂陈氏兄弟。事后蒋经国对贾亦斌说：“今天领袖把他们骂得都哭了！”显然是出了一口恶气。但蒋经国经此挫折后，便不愿再担任此职，最后由段锡朋出任“政大”教育长。

蒋经国遭到的另一个重要挫折就是在三青团的工作上。经过7年的发展，到抗战结束时，三青团已发展到124万人。三青团的各级骨干大多是原来的复兴社成员，他们与以 CC 为主的各级国民党党部原来就有矛盾。所以在工作中极力强调三青团组织的特殊性和独立性，鼓吹三青团是“新生的革命集团”，企图后来居上，党团矛盾愈演愈烈，终于在这次庐山三青团二全大会上，上演了一场要求组建新党的闹剧。

1946 年 9 月 1 日至 12 日，三青团二全大会在庐山举行。会议的主要议题就是确定三青团的地位和前途。会上绝大多数代表反对将三青团隶属于政府之下；有 12 个支团和许多代表进一步提出：为加强三青团的“革命性”和政治性，必须使三青团成为一个“独立政党”。“独立组党”的潮流来势凶猛，席卷整个大会，使实际主持大会的蒋经国处于一种十分为难的境地。从内心讲，蒋经国对 CC 派把持国民党组织一事早就不满，因此对组党积极分子猛烈攻击党部的言论不无同情之处。但独立组党一事关系重大，他看出团内许多干部热衷于此，大都别有用意所在，组党运动前途难以预料，在蒋介石没有发表意见之前，他不便表态。因此当二全大会代表兴致勃勃、川流不息地到他的住处征求意见时，蒋经国的态度慎重而又暧昧，他只是简单表示：组党问题可以研究，但要以领袖的意见为准。在对自己亲信的私下谈话中，他还提醒他们要防止受人利用。

三青团要组党的消息一传到南京，顿时震惊了 CC 和国民党的一些元老。陈立夫拉着戴季陶赶上庐山，竭力说服蒋介石加以劝阻。蒋介石也察觉到组党运动背后的真实意图，因而表示他“绝没有改团为党的意思”，“尤其不主张另外成立一个新的政党”，并警告说：如果“以成立新党相号召”，“那不仅是绝对的错误，而且是极端的危险”。独立组党的建议遭到蒋介石的否定，无疑泼了三青团一头冷水，一场轰轰烈烈的组党运动被迫戛然中止。

三青团的许多干部并不甘心，二全大会后，他们继续与国民党组织相对抗，党团双方到处发生公开冲突，甚至为竞选而斗殴，进而暗杀、武斗，已到了不可收拾的地步。蒋介石无奈之下，只好将自己亲手建立的三青团撤销，实行党团合并，三青团终于黯然收场。蒋经国掌管全团组训工作也未能挽救三青团分崩离析的命运。

三青团二全大会的情况已经令贾亦斌触目惊心，但贾亦斌没有料到，青年军复员检讨会上还有更加令人震惊的内容。

青年军复员检讨会比三青团二全大会略晚几天开幕。这个会主要是总结第一期青年军 7.3 万余人的复员工作，研究征集编练第二期青年军中存在的问题。出席这次会议的有青年军 3 个军的军长刘安琪、钟彬、黄维和下属 9 个师的师长戴之奇、潘华国、罗又伦、吴啸亚、覃异之、萧劲、罗泽闿、黄珍吾、温鸣剑以及军、师政治部主任共30人。令贾亦斌意想不到的是，蒋介石竟然在这个会上大谈打内战。他针对有些青年军将领认为既然要准备打内战，为什么要让青年军复员的疑问说："你们要知道，我让第一期青年军复员，是让他们复员回到学校和社会上去，其作用不仅不会减弱，相反只会增强，一个人可以发挥几个人的作用。同时，又可以重新征集新的第二期青年军入伍，真是一举几得的事。"他还提高嗓门说："你们不要看到我下令停战，你们也不要看到马歇尔八上庐山，搞什么调停，你们的任务只有一个，那就是——打，只要我们打，美国是会支持我们的，会给我们大量军火和经济援助。凭国军的陆海空优势，只要6个月，中共就会被我们彻底消灭！"

贾亦斌当时正在作记录，被蒋介石的话惊得连笔都掉到地上了。那时在马歇尔调停下国共双方签订了停战协定，蒋介石也亲自下了停战令，还成立了张治中、周恩来、马歇尔三人军事小组负责监督停火，何况毛泽东还亲赴重庆与蒋介石谈判，并签订了《会谈纪要》。人民好不容易有个休养生息的时间，而蒋介石竟然要发动内战。这位国民党三军统帅、平日满口"仁义道德信义和平"的蒋介石，竟在下令停战的同时，又在会上大谈要打，简直把国家存亡和人民生死当儿戏。而且言而无信，耍两面派手法，这样的人怎配当领袖，就连做人的起码道德都不具备。顿时，蒋介石的所谓"抗日领袖"形象在他心中黯然失色，并开始痛恨起蒋介石来。贾越想越气，情绪一落千丈，与会前简直判若两人。

1946年9月，贾亦斌在庐山与蒋介石合影

会后，与会人员都到海会寺前的一棵参天大树下同蒋介石合影。先拍集体照，然后分别同蒋介石拍二人照。贾亦斌拍了集体照后，不想与蒋拍二人照，就躲到人群后以求蒙混过去。其他人都高高兴兴地同蒋合影，最

后蒋介石喊，“还有谁没有拍吗？快来。”贾亦斌没有作声，可蒋经国却应道：“还有贾亦斌。”说完赶紧过来催贾说：“快去啊！”贾亦斌不得已，只好过去同蒋介石拍了这张他生平最不愿意的合影。事后，贾亦斌也没有保存这张照片。还是半个世纪后，旅居美国的贾亦斌的老友徐思贤偶然在旧箱中找到了一张，并远隔重洋寄给了贾亦斌。

晚上，蒋介石在其别墅“美庐”设宴招待全体与会者。6 时许，贾亦斌随蒋经国到了宴会厅。此时，许多青年军将领已坐在厅里等待。不一会儿，宋美龄过来打招呼，她热情地对大家说：“今天光临的各位都是经国的客人，本来我应当作陪，但马歇尔将军刚上庐山，我要去陪他，实在抱歉，恕不奉陪了。”说完，她同与会者一一握手道别，言辞礼貌，颇有“第一夫人”的风度。过了一会儿，蒋介石来了，他点了几个人的名，还特意点到贾亦斌，问他，“你好吗？很忙吧！”贾回答说：“还好！”当晚，大家都很高兴，贾亦斌却怎么也高兴不起来，情绪低落。

贾亦斌一直反对打内战，而蒋介石在讲话中却大谈打内战，因此心里十分苦闷。当晚，贾亦斌躺在床上，思前想后，难以入眠。贾亦斌说：“我想到自己婉拒韩浚的邀请和接受彭位仁之邀来此任职的情景，想到从与蒋经国认识到受蒋经国器重，再想到淞沪、武汉、鄂西和长沙等会战中一堆堆牺牲和死难同胞的尸体，又仿佛听到他赴重庆报考陆军大学途中轮船上那些被抛入长江的伤兵的惨叫声……一幕幕往事与现实交织在一起，我痛苦极了，决心辞职。”

第二天，贾亦斌找到彭位仁，对他说：“我来时答应帮你 3 个月的忙，现在 3 个月已过，青年军复员安置工作也已完成，我该回陆军大学了。”彭位仁对贾的辞职感到很吃惊，他愕然地说：“蒋先生（指蒋经国）不是很器重你吗？当时我可以介绍你来，但现在你要走我可决定不了，你得自己找蒋先生说去。”贾亦斌随即去找蒋经国，蒋对贾的辞职也极为惊讶，满脸疑惑地问道：“你为什么要辞职？辞职以后准备去干什么呢？”贾亦斌当然不敢明说是听了蒋介石讲话后不满的缘故，只好回答：“我想回陆军大学继续研究‘新国防论’和教学。”蒋听了呵呵一笑，恳切地挽留贾，劝贾打消辞意，他亲切而又激动地对贾说：“亦斌兄，你哪能走啊！你是我这儿的台柱，你走了，这里岂不垮台了吗？……”贾亦斌听了蒋的这番话，心里很是感动。联想到同事向贾介绍蒋经国很能识人、用人、容人的许多事例，今天贾倒确实亲身领略到了。贾亦斌与蒋经国毫无渊源关系，相处也只有短短几个月，而今贾亦斌贸然要求离他而去，他非但没有半点责备，反而如此真诚地挽留贾。显然蒋经国不同于他的父亲和其他国民党高级官员，他要比蒋介石高明。贾亦斌看蒋经国这么挽留，想到“士为知己者用”，于是就不再坚持辞职。当时，贾亦斌还天真地认为：“蒋经国能知我用我，我留下来，或许可以影响蒋经国。然后再通过蒋经国影响蒋介石，使形势朝着我所希望的方向发展，更有利于实现我的抱负。”

蒋经国见贾亦斌愁容渐展，很是高兴，连声说：“好！好！你不要走了。如果我有不是之处，你尽可以直说，我就喜欢敢于提意见的人。”贾亦斌也随即向他表示：“既然这里需要我，我可以留下来继续任职。可我是个军人，喜欢直来直去，从脸上可以看到内心，意见我会提的，如提的不妥，万望当面指正，冒昧之处，请予海涵。”蒋经国听了连声说：“这样好！这样好！”贾亦斌心里的疙瘩虽然尚未完全解开，但心情确实舒畅一些了。

与蒋经国的第一次冲突

庐山青年军复员检讨会不久，青年军复员管理处就正式改为“国防部预备干部管训处”。当时陈诚已担任国防部参谋总长，所以不再兼任处长。他亲自打报告给蒋介石，保荐蒋经国任该处中将处长。呈文送到蒋介石处，蒋介石批阅“同意”，但在处长前加个“代”字。这样蒋经国任代处长，贾亦斌担任负责预备干部训练和学生集训的第一组组长。

为了使培训预备干部工作正规化，贾亦斌拟订了一个比较庞大的建造10个师营房的计划，由“管训处”办公室主任俞季虞加盖蒋经国图章后，上报参谋总长陈诚。陈诚未置可否，即转呈蒋介石审核。蒋介石看了这份预算计划很生气。因为他无心建立预备干部制度，只想把财力物力用在打内战上。遂把蒋经国招来斥责了一通：“既要打仗，还造这么多营房？搞那么大的预算！”蒋经国挨了骂，憋了一肚子气，立即开车赶到“管训处”，一进门便满脸怒色地问贾亦斌：“这个预算是谁造的？”贾亦斌马上回答：“是我们第一组造的。”“你是怎么搞的，这不是使领袖（指蒋介石）为难吗？”蒋经国怨气难遏。

贾亦斌一下子火气也上来了，他说：“这怎么是为难领袖呢？不建训练基地，既扰民，又搞不好训练。况且预算报告上你也盖了章，怎么能只怪我们拟订报告的人呢？”蒋经国皱起了眉头，反问贾亦斌：“怎么是我盖的章？”原来，蒋的图章由办公室主任俞季虞代管。“你既然把自己的图章给了他，就表示完全信任他，他盖了你的章，你岂可不负责任呢?”贾亦斌毫不退让。蒋经国知道贾亦斌的话在理，满脸涨得通红，但仍怒气未消，贾亦斌也很生气，结果两人不欢而散。

贾亦斌回到家里，气得都不想干了，连续3天没去上班。第4天一早，蒋经国亲自开车登门找贾亦斌来了。他一进门就对贾亦斌说：“喂，你怎么像小孩子一样！那天我发脾气不对，但也不是冲着你来的。”接着他像兄长对待弟弟一样拍了拍贾亦斌的肩膀说：“上班去！上班去！”

在路上，蒋经国对贾亦斌说：“这样吧！办公室主任由你来当，为便于你工作，俞季虞我调他到三青团任主任秘书，办公室副主任林谷屯，我也把他调到监察局去当少将监察官，办公室里的工作你尽可以放手去干。”

在赣南时的蒋经国

从职务上说，由组长到办公室主任是一种提升。贾亦斌到任不久又和他这样争吵，怎么可能提升呢?可事实上蒋经国说到做到，很快就叫俞季虞向贾亦斌办了交接手续，蒋经国的图章也交给贾亦斌掌管了。

这件事使贾亦斌联想到抗战期间与上司的那场冲突。贾亦斌长期在41师丁治磐师长部下任职，拼死拼活，险些丢了性命，当然主要是为了救国打日本鬼子，可也为41师争得了荣誉，还为丁本人解了围。丁师长对贾亦斌屡历战功不次提拔，由上尉队长而升为营长、团长。但丁要求别人只有服从，不能提不同意见。贾亦斌为了运送一位因抗日而阵亡的营长的灵柩回他老家枣阳安葬，向师部借支自己两个月的工资，并拿出团部的全部结余，作为运灵柩和丧葬费用，恳求师部拿出400元钱抚恤其家属。丁师长竟不肯拿出分文。贾亦斌感到他太不近人情，顶了他几句，他当即翻脸不认人，妄加贾亦斌“企图造反”的罪名，还关了贾亦斌的禁闭。后来又怕激起兵变，便以“性情桀暴，忤逆长官”的罪名，将贾亦斌撤职，驱逐出境了事。可贾亦斌在蒋经国手下任职，时间不长，就因工作问题而发生争吵，蒋经国不但不计较，反而亲自登门，请贾亦斌去上班，而且还将深得他信任的留苏同学俞季虞调离办公室主任之职，提升贾亦斌继任。两次争吵，结果迥然不同，怎不令贾亦斌感慨万分呢！贾亦斌感到蒋经国是知人又能用人，更能倾听逆耳之言的不曾多见的领导。贾亦斌与蒋经国的情谊更进一步了。

贾亦斌当了办公室主任后，蒋经国曾要贾亦斌以办公室主任的身份代表他出席高级军事会议。贾亦斌难以推却，但签名时总是先签上蒋经国，再在后面写了贾亦斌代。这类会议有三种：一是蒋介石亲自主持的“最高作战会议”；二是国防部长白崇禧主持的“部务会议”；三是参谋部长陈诚主持的“最高参谋会议”。

贾亦斌说，他印象比较深的是两次。一次是1947年2月，由当时管作战的参谋次长刘斐代表陈诚主持最高参谋会议，主要是汇报山东莱芜战役情况。因为参加这一战役的73军军长韩浚是贾亦斌的老上级，所以我特别注意听。莱芜战役正是国民党重点进攻山东的开始。汇报中说开战时国民党军自信占有优势，迷信蒋介石只要3个月至多半年就能全部消灭解放军的宣传，大胆推进，但结果却遭到解放军的包围夹击，不到4天，即全部被消灭，连司令官李仙洲、军长韩浚也都被俘了。会议充满了沮丧的气氛，参加者在哀叹之余，对几万装备精良的部队，在如此短的时间内即被全歼，均表惊异，认为不可思议。而贾私下则深为韩浚的个人安危担心。

另一次是同年的四五月间，由蒋介石主持召开最高作战会议。当说到山西运城失守，丢失了很多军用车辆时，蒋介石十分恼火，怒斥联勤总司令郭忏和参谋长赵树森等人无能。对郭、赵答不出车子的新旧更是气得咬牙切齿，痛骂不止，说：“你们真是混蛋，连新旧也不知道。”一骂就骂了两个小时。当时，我正坐在赵旁边，实在忍不住了，便递了张“不新不旧”的纸条给赵，赵看后赶紧转给郭，郭就照着回答：“不新不旧。”蒋介石才停止痛骂，宣布散会。

正是参加了这些会议，贾亦斌亲眼看到了蒋介石和国民党当局的无能，了解到国民党军队打败仗的真相，更加明确地认识到，国民党发动的这场内战不得人心，必然失败，因而对国民党更加失去信心。

陪同蒋经国视察青年军

1946年冬，蒋经国偕同贾亦斌和徐恒瀛（原任赣南专署科长，一直是蒋的亲信）等人去北平、东北地区视察青年军。这是贾亦斌第一次陪同他外出视察工作。先到北平，后到长春。在此之前一年，即1945年10月12日，蒋经国出任东北行辕外交特派员新职。当时东北行辕主任熊式辉很想像在抗战初期提议蒋经国到江西赣南任职一样，推荐蒋经国到东北行辕任秘书长，以此再度讨取蒋介石的欢心。不料蒋介石在熊式辉送上去的报告上，偏偏将秘书长的“长”字圈掉了，这一招使熊大伤脑筋，他私下里对亲信说：“蒋经国这样的人怎么可以当我的秘书呢！”他后来终于想出了一个两全其美之策，就是在长春东北行辕之下特设一个“外交特派员公署”，请蒋经国出任外交特派员。这样总算名正言顺了。

到东北行辕任外交特派员，主要任务是做苏联的外交工作。蒋经国在苏联学习、生活了12年，精通俄语，了解苏联情况。请他这个俄国通来做这个工作，当然是再适合不过的了。

蒋经国意气风发

蒋经国也很自信，认为自己了解苏联并见过斯大林，相信斯大林对他当面表示的“东北三省为中国之一部分，中国在东三省享有充分主权”的承诺不会改变。由他担任这项外交工作，可以说是熟门熟路，并可以借此在国人面前显示其外交才能，为其父和他自己建功立业。

但实际情况远非如此简单。苏联对东北有自己的打算。1945年8月8日，苏联对日宣战，出兵东北，日本宣布无条件投降后，苏军乘势占领了整个东北。从此东北成为美苏争霸角力的热点。美国海军迅速将国民党军队运送到东北，苏军则处处阻挠，结果国民党军队只占领了沈阳、长春、吉林等几个主要城市。

根据《中苏友好同盟条约》（1945年8月14日签订），在日本投降以后，苏联军队在3个月内撤完，即1945年12月3日前，苏军应完全撤出中国。可到嘴的肥肉，苏联怎肯轻易吐出来呢！势必要有一番激烈的讨价还价，这就注定了蒋经国的外交使命的艰巨。经过中苏双方9个月22次会议（大部分均由蒋经国和董彦平中将分别参加），苏军始在完成自己的安排之后，于1946年5月23日撤回本国。

蒋经国在东北的外交使命算是完成之后，卸任返回南京，但雄才未展，宏图被撕得粉碎，留下了一大堆问题。

这次，蒋经国以国防部预备干部管理处代处长的身份，偕同贾亦斌等到北平和东北视察青年军的情况，心情是不平静的。在飞机上，他同贾亦斌谈起在东北那段同苏军将军打交道的情景。他说到 1946 年 1 月 22 日蒋介石派宋美龄偕同周至柔、董显光和他一起飞往长春，向苏军表示慰问，苏军以仪仗队隆重迎接，完全是表面一套；也谈到苏军撤出东北时，拆走了大量工业设备，在电力工业方面，相当于东北总发电量 65% 的电力供应设备被苏军拆走；此外鞍山、本溪等钢铁工厂设备的 80% 被搬走，抚顺、本溪、阜新、北票等处煤矿都被劫掠而受害甚大。而且苏联军纪很坏，奸淫掳掠，无所不为。谈到这些，他心情十分愤慨。接着感叹道："和苏联方面说理是没有用的，弱国无外交呀！不知何日能使我们的国家也富强起来啊！"说着，说着，他从行囊中取出了希特勒的《我的奋斗》和《曾国藩家书》两本书，翻了一翻，若有所思。贾亦斌问他为什么要带这两本书，他回答说："是领袖（指蒋介石）要我经常读的。"并要他从书中领悟出道理来。

飞机抵达北平后，驻西苑的青年军 208 师师长吴啸亚等冒雪前来迎接。然后在驻地举行了阅兵式。蒋经国身着便装但很精神，频频向受检阅的官兵招手致意，还连声说："我是代表领袖来看望你们的。"接着还亲自深入营房，察看内务，询问士兵生活情况，召开士兵代表座谈会，听取意见，处处显得他把青年军看成是自己的"子弟兵"。这一套确实博得了不少士兵的好感。当时，北平行辕主任是李宗仁，蒋经国曾去向李宗仁作了礼节性拜访，贾亦斌也陪他同去。

在北平待了 3 天，他再偕同贾亦斌等一行飞往沈阳。他将贾亦斌等人安排进了旅馆歇息后，自行去探望了正在患病的东北保安司令部总司令杜聿明。因为天下大雪，在沈阳住了两三天。接着飞往长春到东北行辕外交特派员公署看了一下。蒋经国故地重游，徒增"房舍依旧，人事全非"之叹。最后一站是抚顺，青年军 207 师驻扎于此。师长罗又伦陪同蒋经国检阅了 207 师部队，察看了营房内务，并召开了士兵座谈会和军官座谈会，听取意见，还同一些官兵举行会餐。由于这个师是唯一没有按期于 6 月 3 日复员的第一期青年军部队，士兵强烈要求让他们复员并享有其他各师复员青年军同样的待遇，蒋经国当即同意，并指定由贾亦斌负责办理这个师的青年军士兵复员安置工作。决定在长春市办一所长春青年中学，安置复员士兵入学。任命从赣南起就一直跟随蒋经国的胡昌骐为校长。这是为安置复员士兵就学而设立的第 6 所青年中学，不久因时局紧张而南迁，与嘉兴青年中学合并。

这次外出视察，先后共两个多星期。蒋经国对贾亦斌说，这次只是到部队去看看情况，但很明显他是为了了解前线军心士气，收集资料，为他父亲提供作抉择的依据。自苏军撤出东北后，国民党军一度占领四平、公主岭和长春，当时国民党将领对形势估计都过分乐观。但好景不长，共产党的武装力量迅速发展壮大，国民党军处处被动挨打。美国将军魏德迈曾向蒋介石提出，东北幅员广大，兵力难于集中，守住东北非常困难，建议将国民党军队撤回关内防守。但蒋介石却认为东北与华北唇齿相依，东北不保，华北垂危，坚持要国民党的精锐部队固守东北。但熊式辉、关麟徵、杜聿明等都不是民主联军的对手。因为共产党领导的民主联军虽装备较差，但组织严密，军纪严明，深得民心；而国民党军虽然装备较好，但军纪废弛，到处拉夫，强占民房，致使民怨沸腾，军心不稳，一些接收大员，更是争权夺利，损公肥私。两相对比，谁胜谁负，征兆已明。也许在这次视察中，蒋经国对此已有所了解。这可能就是此次视察之后，他更加经常痛骂治军不严的将领和贪官污吏的原因吧。

蒋经国力荐贾亦斌

1947 年 4 月，国防部预备干部管训处改为国防部预备干部局（下简称预干局），成为与国防部新闻、监察等局平行但规模更大的一个局。局长由蒋经国担任。他的留苏同学和赣南系亲信及三青团中央干校的得意门生对此都甚为高兴。不少人都很想在局内觅取要职，一展身手。

在酝酿是否要建立预干局的阶段，国防部内部分歧颇大。拥护的、反对的和持保留态度的皆有。由于蒋经国从担任青年军总政治部主任起，政治工作就独树一帜，被认为是要把青年军作为发展自己力量的政治资本，议论颇多。加上青年军享有比其他一般部队较高的待遇，不少军官也感到不平。此时就连蒋经国同陈诚的关系也变得微妙起来。陈诚是蒋介石最信赖之人，而且很有可能成为蒋介石的继承人。蒋介石在培养陈诚的同时，也希望陈诚同样培养和扶植蒋经国。当时蒋经国主要有两个职务：一是三青团中央组训处处长，一是预备干部管训处处长。而陈诚担任三青团中央书记长和总参谋长，恰恰都是蒋经国的顶头上司。蒋介石作这样的安排，无非是希望陈诚对蒋经国高抬贵手，开放绿灯。蒋经国以前对陈诚一直是十分恭敬的。但随着蒋经国势力的发展，两人之间的矛盾便不断增多，并趋于表面化。

有一次蒋经国突然对贾亦斌谈起陈诚说：“陈辞修他做得对的我们当然服从，但做得不对的，我们又怎么能服从呢？”所谓“不对的”，就是指陈诚对蒋经国或明或暗的钳制。实际上这种矛盾早在争夺青年军的人事安

蒋经国对父亲永远是毕恭毕敬的样子

排上就已经表现得相当明显（青年军刚成立时，蒋经国撇开旧的政工系统，别树一帜，尽量用中央干校的学生充当青年军政工干部，陈诚对此相当不满）。后来当蒋经国在青年军中不断扩大影响，用各种方法，使高级将领走“太子路线”，要把青年军更紧密地直接抓在自己手里时，遇到的钳制就更大。自然在蒋经国要将所控制的“处”改为“局”时，有人表示反对是不足为奇的。而贾亦斌为了实现预备干部制度是极力主张建立预干局的。在一次由陈诚主持的厅局长会议上讨论成立预干局的问题时，贾亦斌根据他从陆军大学起就已开始研究的预备干部制度的心得，针对与会者的不同意见，作了长篇发言。从古今中外的军事制度、各党派对军制的共识到现代战争的特点，全面阐述了实行“文武合一，战时征文为武，平时转武为文”的预备干部制度的优越性和重要性，指出要在现代战争条件下，掌握战争的主动权，达到克敌制胜的目的，就必须实行预备干部制度。要实行预备干部制度，成立预备干部局当然就是很有必要的了。由于贾亦斌的立论有据，论证有力，使一些原来持反对意见者表示赞成，就是一些仍坚持反对的也提不出反对的理由。因而，成立预备干部局最后成了定论。

会后，贾亦斌回到办公室，同事们问及讨论情况。贾亦斌说了一句：“诸葛亮是舌战群儒，而我这次是舌战群猪。”当时贾亦斌年轻气盛，这仅是随口说出的一句戏言。其实参加会议者多为国防部各厅、局长和各军种总司令部的主管。只因贾亦斌讲得在理，他们才予赞同的。但善于用心计的王升却以为抓住了贾亦斌的什么把柄，向蒋经国告了贾亦斌一状：“贾亦斌鄙视国军高级将领，恐有反意，宜加注意。”好在王升的意见，无人支持，蒋经国也未介意，不了了之。

预干局成立后，副局长一职由谁来担当呢？蒋经国力保贾亦斌来担任。这是他经过深思熟虑后的一着。按资历说，当副局长贾亦斌是不够资格的。预干局要负责全部青年军的人事、编制和训练工作，责任很重，规格较高。青年军的军长、师长多是所谓“资深优秀”的黄埔前期生，级别大都是中将，都是随时可以直接晋见蒋介石的。如 201 师师长戴之奇原来是陈诚的 18 军副军长，202 师师长罗泽闿原来是胡宗南的第一战区参谋长，203 师师长钟彬和 205 师师长刘安祺原来分别是 71 军和 57 军的军长。但如任命这一类“资深优秀”的黄埔系军官来担任，蒋经国不能不考虑难于驾驭和不易展开工作的问题，可是任命对军事缺少研究、级别太低的人，又怕各军师长对这样的副局长不放在眼里，无法工作。而贾亦斌既非黄埔出身，不存在他所顾虑的难于驾驭的问题，又有陆军大学毕业的资格，而且还是国内预备干部制度的首倡者，在抗日战争中又被称为作战勇敢、屡建战功的人，不乏作战的实际经验。也许还有其他一些因素使他感到满意。因此，他最终选中了贾亦斌。

当蒋经国确定以贾亦斌为预干局副局长人选之后，急于要找贾亦斌的履历表，以便上报批准。而贾亦斌却正巧同几位好友外出春游去了。他见贾亦斌人不在，急不可待，竟将贾亦斌办公室窗门敲开，翻窗而入，取走了贾亦斌的履历表，然后立刻写报告上报。为了怕在陈诚那里通不过，就绕过陈诚，直接向蒋介石当面推荐。得到了蒋介石的同意后，他又请蒋介石直接下达手令任命贾亦斌为预干局的副局长。

贾亦斌被任命为预干局副局长后，蒋经国与贾亦斌在工作上做了明确分工。他告诉贾亦斌有两件事必须经过他的批准：第一是青年军干部的任免，军官少校营长以上，政工人员上尉连指导员以上，都必须得到他的同意，由他向国防部上报；第二是关于各省市及各大学的复员青年军联谊会，贾亦斌不必过问，由他直接掌握。除此之外，一切都交给贾亦斌负责。预备干部局成立后的人事如下：

局　长：蒋经国

副局长：贾亦斌（后升为代局长）

办公室：主任　徐思贤

人事科长　萧昌乐

文书科长　周振武

总务科长　黄德芳

机要科长　楚崧秋

财务科长　王伯璜

第一处：处长　郑　果

副处长　杨圣泉（该处负责青年军和预备干部的训练）

第二处：处长　黎天铎

副处长　江国栋（该处负责政治工作和青年军联谊会）

预干局的干部年纪比较轻，大多是二三十岁的青年；学位也比较高，军事干部都是军官学校、步兵学校或陆军大学毕业，文职干部很多是中央干校研究部毕业的，容易产生优越感。所以贾亦斌对预干局的管理抓得比较紧，对干部的要求也比较严格。规定每天早晨8点钟上班必须准时到达，到了以后先做早操。贾亦斌每天总是坚持提前赶到，和大家一起做。为了督促干部学习，还规定每星期六上午，请一些著名教授、专家给干部讲课。所请的人中有张汇文先生，他是中央大学部聘教授，有名的国际法专家。贾亦斌和张汇文就是这样认识的，解放后他们同在上海民革工作，成了很好的同事和朋友。预干局平时工作很忙，有时晚上还要加班。有一天晚上，有紧急事务要处理，贾亦斌从家里自己开着吉普车去机关。快到国防部时，那条马路很窄，贾亦斌脑子里想着别的事情，为了给对面的汽车让路，一不小心，吉普车翻到路边的沟里去了。贾亦斌的胸部被车子压了一下，人受了轻伤，在医院里住了几天。蒋经国闻讯后，还特地赶到医院来看望贾亦斌。

1948年春，贾亦斌任副局长不到一年，蒋经国为了在台湾的一名青年军师长开小差，提出辞去预干局局长职务。一天，蒋经国将贾亦斌叫到励志社，对贾说："领袖的意思，我不当局长了。我想由你当代理局长，并请领袖亲自下手令。"贾亦斌很惊讶地说："连你都干不了，我还能干得了吗？我更不能当了。"蒋经国说："你当好了，军务局（即前侍从室）会支持你的。你有什么问题可以去找军务局长俞济时，还有军务局副秘书长周宏涛也会支持你的工作。万一还不能解决问题的话，你还可以直接来找我。当然，青年军联谊会的事仍旧归我管，其他青年军的事务都由你管。"蒋经国决定保贾升任代局长的消息一传出，在蒋经国的留苏同学、赣南亲信、中央干校学生中间，顿时引起强烈反响，他们纷纷起来表示反对。原先提贾亦斌做副局长时他们就不赞成，现在要做代局长他们更不能接受。在他们看来：贾某何许人也？与蒋经国毫无渊源关系，竟得到如此的信任，短期内连获破格提升！包括王升等都表示想不通。

为了打消他们的思想疑虑，蒋经国亲自出面做解释工作，对他们说："贾亦斌为官多年，官居少将，却身无半点积蓄，极为少见。且贾在抗日战争中参加过诸多重大战役，作战勇敢，几度负伤，将生死置之度外，实为难以多得的文武兼备的将才。"他又说："中国有两句老话：'文官不要钱，武官不怕死，则天下太平矣！'这两者贾亦斌兼而有之。这种人不用，我还用谁？"王升等人听了无话可说。蒋经国又亲自向蒋介石力保，并由蒋介石下手令任贾亦斌为代局长。

贾亦斌看到木已成舟，又感到盛情难却，只好答应勉为其难，并希望蒋经国继续关心预干局的工作。后来他对预干局和贾亦斌的确仍很关心，贾亦斌说，我记得蒋经国有好几次询问他的工作有无困难，还想帮我把代局长的"代"字去掉，并按编制级别晋升中将待遇。我当时看到国民党大势已去，垮台在即，对此索然无味。我更不愿意蒋经国为他个人升官费那么大的力气，搞得不好，他又会为此去找蒋介石，弄得满城风雨。经我竭力劝阻，他才作罢。

1947 年，国民党政府为了伪装民主，建立所谓的"行宪政府"，在各地举行了"国民代表大会代表"选举，由蒋管区每县选举一名国大代表。出乎贾亦斌的意外，贾亦斌被他的家乡——湖北省阳新县提名参加竞选。得知消息后，贾亦斌特地赶到励志社向蒋经国报告，问他如何处理，蒋毫不经意地回答说："你对政治素来不感兴趣，现在却找到你头上来了。可顺水推舟，看情况发展吧！如真能选上，也是一件好事。"很快，贾亦斌从家乡来人得知：选举国大代表，不仅先要花很多的钱去买票，而且那些为贾亦斌助选的人都是要他为他们谋一官半职的。贾亦斌听后大吃一惊，心想这种政治交易实在太肮脏了，不要说贾亦斌一文莫名，就是有钱，贾亦斌也不屑一顾；何况还要满足那些助选者的官瘾，更使贾亦斌感到恼火。贾亦斌随即写了一封《告阳新父老兄弟书》，公开宣布退出竞选，终于没有被卷入这个政治漩涡。事后贾亦斌又告知蒋经国，他像早就料到，又有些无可奈何地苦笑着对贾亦斌说："我早就知道你对政治勾当是搞不来的，能够早点退出竞选也好。"

与蒋经国同吃同住

1947 年，抗日战争胜利后爆发的内战进入第二年，国民党军在所发动的全面进攻破产之后，又集中兵力重点进攻陕北和山东。但由于国民党发动的内战违背民心，士气低落，加之战线过长，后方兵力空虚，所以不断被动挨打，损兵折将，逐渐从优势转化为劣势。而一些国民党官吏却醉生梦死，贪污腐化，巧取豪夺，造成国统区物价飞涨，民不聊生。在这种情况下，国统区的群众特别是青年学生忍无可忍，掀起了声势浩大的“反饥饿、反内战、反迫害”的群众运动，对国民党政权形成了猛烈的冲击。但国民党当局仍然执迷不悟，不思反省，却一味归咎于共产党的“煽动”，对国统区学生的爱国民主运动采取高压政策，以各种手段进行镇压。

5月20日，南京、上海、杭州、苏州等城市16所专科以上学校学生代表数千人齐集南京，举行联合大游行，向国民党政府请愿，要求增加学生公费和全国教育经费，并提高教职员工待遇。他们高呼“反对饥饿、反对内战”的口号，向南京政府所在地进发。国民党政府出动大批军警予以镇压，造成了震惊全国的“五・二〇”惨案。

接着，5月30日，国民党政府又在上海逮捕大批进步学生。上海学生不畏镇压，包围了市政府，手持国民党自己的《六法全书》与当局辩论，质问道：“反对饥饿、要求吃饭，犯什么罪？反对内战、主张和平，又犯什么罪？”国民党官员无辞以对。当被捕学生向上海淞沪警备司令宣铁吾提出：“宣司令，你说我们都是共产党，你就应该把证据拿出来。拿不出证据，就说明我们不是共产党，你就应该立刻释放我们才对！”宣铁吾拿不出任何证据，理屈词穷，只好回答：“兄弟是军人，以服从命令为天职，委员长叫我抓人我就抓，叫我放人我就放。”

“五・二〇”运动对青年军也产生了强烈冲击，使其内部出现了分化。事件发生后，各大学的复员青年军学生因观点不同出现了两派。有一部分倾向于国民党，赞成当局的做法，并参加了反对学运的活动；另外一部分则对当局的做法表示不满，对学运予以同情。这两部分学生之间的矛盾不断激化。蒋经国对“五・二〇”运动，很伤脑筋。一次，贾亦斌到励志社去找蒋经国，他正在与上海宣铁吾通电话，只听他最后说了一声：“打！”就把电话挂了。贾亦斌马上问他：“打什么？”他回答贾亦斌：“你是军人，不懂政治，你不要管。”贾亦斌心情沉重地对他说：“别的事我不管，但如果是打学生，你可要重新考虑考虑。”蒋经国显得很不耐烦，以“算了！算了！不要谈了！”回答贾亦斌，弄得彼此都不愉快。

“五・二〇”学潮发生后不久，大约在6月间，一天蒋经国写了一张字条给贾亦斌，上面说他决定在北平和嘉兴两地举办“青年军夏令营”。

两个营的主任，都由他本人担任，指定由贾亦斌和胡昌骥（嘉兴青年中学校长）任嘉兴营的副主任；吴啸亚（青年军208师师长）和范魁书（208师政治部主任）任北平营副主任，并要贾亦斌立即去嘉兴筹备。

蒋经国在当时那种形势下，决定举办夏令营，其目的是明显的：就是要为国民党政府呐喊助威，对付蓬勃发展的学生运动，并借此考察青年军学生的思想，对青年军内部来一次“整肃”，将不可靠的分子清除出去，使原来忠实于他的学生通过集训对他更加拥护，以缓和和平息青年军内部的矛盾。此时，三青团已处于解散的前夕，原定当年举行的夏令营已全部取消，现在由青年军单独出面举办夏令营，更显得与众不同，引人注目。为了达到上述目的，夏令营从组织编制到活动内容都作了精心安排。

嘉兴夏令营除营主任和副主任外，下设两个组，一是训育组，负责训导和考察等工作。训育组长王升（嘉兴青年中学训育主任），组员有潘振球、江国栋、陈志竞等。一是教务组，负责教务工作安排。教务组长彭灿（嘉兴青年中学教务主任）。夏令营实行军事编制，分为大、中、区队。大、中、区队长由预干局调配，负责对学员实行军事训练管理。学员来自上海、南京、武汉及浙江、福建、四川等地各大学的复员青年军学生，约一千人。夏令营活动内容多种多样：有大课、小课，有大组、小组讨论，有“乡村调查”和文艺体育活动，等等。

青年蒋经国

——大课有三种：一、营正副主任讲课。蒋经国主讲《一次革命，两面作战》，贾亦斌主讲《论预备干部制度》。二、临时请一些所谓国民党名流如陈立夫、邓文仪等人上时事教育课。三、请上海、杭州等地大学校长来介绍学校情况，以争取他们对复员青年军学生的同情与支持，缓和矛盾。

——讨论分小组大组。先小组然后大组，就所听报告联系自己思想和社会现实展开讨论，最后召开大会交流，由蒋经国和王升等作总结。

夏令营的活动看上去安排得新颖充实、丰富多彩，对外宣传上也声称要“使青年学生过一个集体的愉快暑假”。但其背后往往都隐藏着一个政治目的，即通过各种活动“考察”学员的思想，借此机会实行鉴别。对于思想比较进步的学员来说，这种夏令营的生活很难说有什么愉快而言。

蒋经国在贾亦斌完成筹备工作之后，就来到了嘉兴，和贾亦斌住在同一个房子里（他住在里面一间，贾亦斌住在外面一间）。工余饭后，两人常常随便聊天，从个人生活谈到国家大事，从军队情况谈到官吏贪污腐化，几乎无话不谈。他也谈到了当年赴苏联留学的事。他说他那时很年轻，看到国家受到列强蹂躏，很气愤，很想出去寻求救国之道，他父亲也支持他去苏联见见世面。当时他父亲对孙总理提出“以俄为师”很佩服，也高呼过：“我们党的前途端赖‘以俄为师’。”在到了莫斯科孙中山大学之后，他很狂热。北伐军进入南京、上海时，留苏学生和苏联人都为之狂欢，但上海“清党”一出，形势完全改观，气氛顿时为之一变，对他形成了极大的压力。在苏联学习、生活期间，他也不能不卷入政治的漩涡，政治的陷害、生理的疾病都几乎使他丢掉了生命。那段留苏生涯使他既感慨又留恋。在谈起“建设新赣南”时，他最为兴奋，说那时的赣南虽然很贫困，但他是自己找上去的。说自己在那里搞了一次很有意义的实验。并对他在那里反对恶势力和禁赌、禁烟、禁娼的成功津津乐道。他的结论是：“革命的成败，绝对不是决定于演说或议论，而取决于两个对立力量的生死斗争。”在谈到国民党内官僚的贪污腐化，巧取豪夺，恨不得敛聚天下财富于一身，不顾百姓死活的恶劣行为，他几乎到了咬牙切齿的地步，说国家败就败在这些人手里。对“军统”、“中统”的横行不法，也怨恨满怀。他认为今天社会的动乱根源，既有共产党的煽动，但更主要的是国民党派系林立，互相倾轧，对有些事处置失当，大小官僚又贪污腐化，以致丧失民心。说他之所以提出“一次革命，两面作战”的理论，既反对共产党，也反对国民党内的贪官污吏即源出于此。还说如果国民党内的贪污腐败不除，即使没有共产党的煽动，也会有别的什么政党起来反对，也会自我毁灭的。他把“一次革命，两面作战”的希望寄托于青年军。在当时，他这种标榜既非共产党路线，也非国民党路线的“第三条路线”，的确在青年军中颇有市场。对反对国民党内种种腐败现象，贾亦斌和他是有同感的，一谈起来，几近发牢骚，充满愤慨、不满情绪。

在夏令营期间，多数活动蒋经国均亲自参加，或作大报告，或听取汇报，或参加小组讨论，或带领学员到乡间搞调查，或早操时带领学员一同跑步，可以说事必躬亲。在生活上，他同学员打成一片：同在一个大饭厅和学员吃一样的饭菜；晚上还要搞夜间紧急集合一同操练；如遇天气凉爽，还去学员宿舍为学员盖上被单。特别有一次，他以营主任名义邀请一些 60 岁以上的老人到营里来开敬老会，博得了许多人的好感。

对蒋经国的这套做法，有人说他“师承共产党”，也有人说他“收买人心”。而贾亦斌当时对此却有好感，认为不管怎么说他这么做总远比那些养尊处优的国民党官僚强得多，与贪污腐化的官僚更是不可同日而语，倘使国民党中做官的特别是大官僚都能如蒋经国那样，也许不至于会把国家弄到这般境地。至于说他“师承共产党”，贾亦斌心里想这岂不等于说共产党名师出了高徒，没有什么不好，但贾亦斌没有说出口。

蒋经国的休闲时光

嘉兴夏令营从 7 月初开始至 9 月初结束，为时约两个月。在此期间蒋经国主要做了三件事：一是以“一次革命，两面作战”为口号和行动纲领，标榜非共非国的中间路线，以争取青年人。二是成立青年军联谊会，他自任会长。各省市和各大学凡有复员青年军者设分会或小组，以加强对青年军的控制，镇压进步学生运动。三是对复员青年军学生中有倾向于共产党和“民盟”观点的加以“整肃”，甚至开除出去。在夏令营结束那天晚上，举行了一次通宵狂欢大会，称作“不夜天”，上海一些“影星”、“歌后”也应邀出席“献艺”，看来蒋经国对嘉兴夏令营举办结果是满意的。

蒋经国还兼北平夏令营主任，但他没有去，全权交由副主任吴啸亚、范魁书代理。大约在 8 月中旬的一个深夜，贾亦斌睡着了，蒋经国把贾亦斌喊醒，小声对贾亦斌说：“北平夏令营青年军和三青团之间矛盾很大，闹得无法上课，不知为什么。请你以讲学名义去走一趟，设法解决他们的矛盾，至于这个营的正副主任职务仍然不变，继续由吴、范两人负责。”贾亦斌当即答应照办。

第三天，贾亦斌由上海乘飞机到了北平，向两位副主任传达了蒋经国的指示精神。然后分别了解发生矛盾的双方情况，随即召集双方再开大会辩论，要求他们双方把问题摆到桌面上来说清楚。贾亦斌坐在台下静听，结果发现他们之间的矛盾，表面上是由于发毛毯给青年军学员而没有给三青团学员引起的，实际上政治倾向不同是发生矛盾的焦点。青年军和三青团中有一部分人倾向进步，他们能独立思考问题，敢于发表不同意见，对国民党政府不满，大发牢骚，活动能力也强，特别是北大、清华来的学生受进步思想影响更大。但另一部分人，虽占多数但很保守，死抱着国民党正统观点不放，人云亦云，盲从性较大。听了双方代表发言后，大家高声嚷叫，要贾亦斌上台讲话。贾亦斌上台后，简单讲了几句话："双方代表的意见我和大家都已听清楚了，你们觉得哪方的意见对，就接受，还可以继续保留自己的意见，但要立即复课。你们如果问我赞成哪一方的意见，我是赞成张道德等（即进步一方）的意见的。"贾亦斌这句话音刚落，竟获得全场热烈的鼓掌。因为贾亦斌赞成进步同学的意见，进步同学当然满意，而保守的同学也不敢反对蒋经国派来的代表。至于发毛毯之事，贾亦斌说："发完为止，如果不够的话，则应先人后己，都以谦让为好。"他们对贾亦斌这个意见也表示赞同。事后贾亦斌还分别找了一些人个别谈话，并与他们一起游玉泉山，问题就此解决了。

夏令营即将顺利结束，贾亦斌准备回南京。在贾亦斌临行前，北平夏令营训育组长李中（蒋经国的亲信学生）托贾亦斌带封亲启信给蒋经国。贾亦斌知道国民党有些人就爱打小报告，而贾亦斌又讲了不少不满意国民党的话，说不定信中就有告贾亦斌状的内容。于是贾亦斌问他："你信内写了些什么？"开始他支支吾吾不肯直说。贾亦斌说："你托我带信，又不肯告诉我内容，那是不信任我，我也不带了。"说着要把信还给他。他只得向贾亦斌直说了："其中有几个青年军有思想问题，有亲共倾向。"贾亦斌问有谁，他结结巴巴说出张道德等数人的名字。贾亦斌说："张道德和你点名的几个人同我都有过接触，分别谈过话，我觉得他们还不错，只是心直口快，发点牢骚而已。"于是贾亦斌特意提醒张道德等人注意，并准备回京向蒋经国说明实情。

贾亦斌回到南京以后，看到有 3 个复员青年军学生被扣押在国防部。经了解，他们是上海暨南大学的学生黄开、戴新民、郑华山，都是与"五·二〇"事件有关，在嘉兴夏令营受训时被捕的。因为他们不满现实，发了牢骚，被认为是共产党。实际上根本拿不出任何证据，显系随意捕来的。再根据贾亦斌在北平夏令营所了解的情况，贾亦斌向蒋经国汇报时，就说："北平夏令营的矛盾解决了，其实不是什么青年军和三青团学员之间的矛盾，而是进步学生与保守学生之间的矛盾，依我看如果这样搞下去，国民党非亡不可。”

蒋经国听贾亦斌这么一说，猛然一怔，问贾亦斌：“为什么?”贾亦斌说：“国民党用人是‘喂猪驱虎’政策，用钱是‘肥强瘦良’的政策。凡能干的人，只要对国民党不满，发点牢骚，就认为是共产党，或者是民盟，把他们看成老虎，驱赶出去。只要口头上反对共产党，不管是庸人，都看作忠贞之士，升官发财，喂的都是猪。这不是‘喂猪驱虎’是什么?”蒋经国眼睛紧盯着贾亦斌，贾亦斌也不管他高兴与否，继续说：“用钱的政策，凡是奉公守法的好人，个个穷得要命，骨瘦如柴。那横行霸道的贪官污吏、大贾富商却个个肥得要命。这不是‘肥强瘦良’是什么？实行这样的政策，非亡国不可！你对国民党满意呀？我对国民党满意呀？你、我都常发牢骚，如果发牢骚的就是共产党，那么你、我岂不都是共产党了吗？我们这里关押的黄开等3个暨南大学的学生都很年轻，只是对现实有点不满，发了牢骚，就把他们关押起来，很不应该呀！应赶快放掉!”蒋经国听了贾亦斌这番话不住地点头，连声说：“你写，你写，把它送到领袖那里去。”于是贾亦斌就将自己的意见照写了，交给蒋经国送上去。不久，黄开、戴新民、郑华山3人也就由蒋经国下令放了。

对美军顾问团说“不”

美国是第二次世界大战的最大受益者，在战争中它的实力得到了极大发展，成为空前的超级大国，它对外扩张的欲望也因此大为膨胀，企图由它出面来“领导世界”。抗战胜利以后，美国出于与苏联争夺世界霸权的全球战略考虑，在中国采取了扶植蒋介石国民党政府的政策。它派出飞机军舰将50万国民党军队，分别运往华东、华北和东北，抢占战略要地，并向国民党军队提供了大量的武器装备。在随后进行的国共谈判中，美国以调停者的面目出现，对国民党一方采取偏袒的态度，使国民党有恃无恐，在和谈的掩护下发动进攻，最终导致谈判破裂。全面内战爆发后，美国更加明目张胆地干涉中国内政，公开扶蒋反共，不仅出钱出枪，并且派遣军事顾问，帮助国民党打内战。为此，美国通过了《军事援华方案》，成立了以巴大维为首的美国军事援华顾问团，以训练、指导国民党军队。在南京的美国军事顾问趾高气扬，到处发号施令，俨然成了太上皇。

然而，蒋经国与美国的关系却相当紧张。蒋经国个性倔强，办事我行我素，不肯人云亦云，青年时代又曾在苏联生活过，参加过共青团，还娶了苏联妻子，那一段生活经历对他影响很大。蒋经国回国后，在自己的活动中，总是有意无意、或多或少地模仿苏联的方式，这使他与一般的国民党官僚比较起来，总显得与众不同。因而在美国看来，蒋经国比较难以控制，不可相信。所以，美国对蒋经国势力的发展，始终抱着猜忌和怀疑的态度，这特别明显地表现在对青年军的歧视上。青年军成立时，蒋介石为了鼓励青年从军，给了青年军比较特殊的地位和较高的待遇。蒋经国为了树立自己的影响，又大抓青年军的政治工作，以此控制青年军，使青年军成为名副其实的“太子军”。但美国认为蒋经国所搞的一套是从苏联学来的，对此或明或暗地加以指责，并在装备青年军问题上予以多方刁难。抗战结束前，美国原本计划装备包括青年军在内的国民党军60个师，组成士兵文化技术水平较高的远征军，开赴印缅反击日军。由于青年军是受蒋经国控制的部队，美国就宁肯以先进武器装备国民党的一般部队也不肯给青年军，并且散布舆论称青年军是与“国大代”和“军官总”并列的中国“三害”之一。此举使蒋经国极为恼火，但又无可奈何。

不仅如此，美国还采取分化政策，扶植毕业于美国西点军校的孙立人来压制蒋经国，制造了所谓的“洋太子（孙立人）与土太子（蒋经国）之争”。蒋经国与孙立人的矛盾到1948年已经相当严重。是年3月，青年军第206师在洛阳被歼灭，师长邱行湘被俘。为了鼓舞青年军的士气，蒋介石决定立即重建该师，师长人选尚未决定。孙立人趁蒋经国在外出差的机会，直接向蒋介石推荐自己的亲信部属唐守治（黄埔五期）担任，得到了蒋介石的批准。蒋经国回来之后发现唐任师长一事木已成舟，无法改变，很不高兴。他立刻找贾亦斌询问：“谁让唐守治来当师长的?”贾亦斌回答：“我不知道是谁推荐的，是由领袖（指蒋介石）亲自下手令任命的。”当他后来得知是孙立人保荐的之后，更为不满，对贾亦斌说：“从今以后，206师的事，我们预干局一概不管，要钱、要枪，概不负责。”蒋介石也看出了美国扶植孙立人的用心，并对此有所提防。在第二次世界大战期间，艾森豪威尔和马歇尔未经中国方面同意，就邀请孙立人（孙在美国留学时期曾与他们同学）去欧洲战场观战3个月。蒋介石很不高兴，孙回来后，蒋曾予以严厉训斥，并问他：“你究竟是我的部下，还是美国人的部下?”因而迟迟不肯重用孙立人。只是由于蒋介石要依赖美国，最后才让孙当了新38师师长和新一军军长，赴缅甸指挥对日作战。后来任命孙立人为陆军副总司令也是出于同一原因，并非心甘情愿。

甚至蒋经国本人也受过美国人的气。1944 年初，蒋经国受父命自行驱车去坐落在重庆复兴关的美军大楼，找美国空军志愿援华大队（飞虎队）陈纳德通报情况。门口的美军哨兵见其是中国人，就不让进去，双方发生争执。美国哨兵不问情由蛮不讲理，一拳打来，大有非把他打倒之势。好在蒋经国学过少林武术，反倒使那个哨兵跌了个仰面朝天，后来被人劝开。由于这种种原因，蒋经国对美国顾问的态度极为冷淡。当时，美国在南京政府设有军事顾问团，有的给参谋总长做顾问，有的派到国防部各厅、局做顾问。预干局也配备有两名美国顾问，一位是贝乐上校，他与贾亦斌的个人关系不错，贾亦斌写的《论预备干部制度》一书中，关于美国预备干部制度的情况，有许多资料就是他提供的；还有一位是罗伯特中校。他们两人经常上预干局来了解情况，但蒋经国平时根本不愿见他们。有一天，蒋经国来预干局，碰巧那两个美国顾问也在，堵在办公室门口一定要见蒋经国。蒋正在和贾亦斌谈话，见此情况，马上对贾亦斌说："亦斌兄，你去敷衍敷衍！"贾亦斌只好出来会见两位美国顾问，说蒋经国现在有紧急事情要处理，实在没有空，用这种办法把他们对付走了。这件事给贾亦斌的印象很深，说明蒋经国对美国顾问没有什么好感，且存有戒心。

蒋经国在赣南时和他的同事合影

虽然贾亦斌与有的美国顾问保持着较好的个人关系，但对美国干涉中国内政、支持蒋介石打内战的政策是历来反对的。美国在国民党军队内部拉一派打一派、压制蒋经国、歧视青年军的做法，更使贾亦斌反感。贾亦斌始终认为，中国的事情应当由中国人来管，美国有什么权力以主人自居，对中国人和中国的事情指手画脚、发号施令？如果美国以为仅凭财大气粗就可以做太上皇，使中国人俯首帖耳，那他们就完全错了。在这种思想感情支配下，贾亦斌很快同美军顾问团发生了一次正面冲突。

1947 年 9 月，在南京召开了由美军顾问团参谋长柏宁克准将主持的

"中美军事联席会议"。参谋次长林蔚、陆军副总司令余汉谋、孙立人及国防部6个厅的厅长等均出席了会议。国防部所属8个局的局长列席，贾亦斌也应邀列席。会上，柏宁克与国民党国防部的某些人预谋，提出了一个所谓"议案"。其主要内容为：一、取消青年军作为培训预备军官的训练计划，将其全部调往前线同解放军作战；二、将青年军待遇降低到与一般部队的同等水平。对这一议案，林蔚、余汉谋等人均当即表示同意。而贾亦斌认为这是使内战升级、把青年军充当炮灰的阴谋，也是美国人一贯钳制蒋经国和青年军的意图的又一表露。而且如此重大的事情，他们事先并没有同主管青年军事务的预备干部局作任何商量，贸然在这样的会议上由美国人提出这样的议案，本身就是荒唐的。因此，贾亦斌当即站起来表示坚决反对。柏宁克一贯傲慢自大，从来没有把中国军人放在眼里，又见只有贾亦斌一个人敢于表示反对，即大光其火，竟当场打断贾亦斌的发言，声称贾亦斌是列席代表没有发言的资格。贾亦斌当即予以严词驳斥："讨论中国的事，我们作为中国人当然有发言权，而且我们中国人对中国的事比美国人更了解，自然更有发言权。我不能容忍外国人如此干涉中国的内政!"也许这个美国佬认为在中国不管谁，包括中国的将领都得听他的，现在竟然遭到中国人的顶撞，气得他连连吼叫"NO！NO!"大有非把贾亦斌压下去不可之势。这时会场上气氛骤然紧张，许多双眼睛都盯着贾亦斌，从不同的眼神可以看出：有的人在担心贾亦斌会被他压倒；有的认为贾亦斌对这位"美国老大哥"不该如此；更多的人在为贾亦斌担心，不知如何收拾局面。贾亦斌当时义愤填膺，认为柏宁克不仅是对他个人的无礼，而且是对我们中国人的无礼。是可忍，孰不可忍！贾亦斌决定豁出去了，无论如何要为中国人出口气！于是柏宁克喊贾亦斌也喊，柏宁克喉咙粗贾亦斌比他更粗，柏宁克嗓门高贾亦斌比他更高，彼此大吵大闹起来。结果议案也讨论不成了，柏宁克只好悻悻然宣布："散会！散会!"贾亦斌说："散会就散会!"拿起皮包头也不回，大步走出会场。

走出会场后，孙立人迎面向贾亦斌走来，紧紧握着贾亦斌的手说："亦斌兄，你今天总算为我们中国人出了一口气啊!"由此可见，孙立人虽然为美国军方所青睐，但他和其他许多中国军官一样，平时也受了不少美国人的闷气，对美国人傲慢自大、不把中国人放在眼里心怀不满，只是不敢轻易表示。贾亦斌今天的抗争确实得到了包括孙立人在内的大多数在场中国军官的支持和同情。

会后，贾亦斌立刻就这次会议发生之事写了一封信给蒋经国。信中除了告诉他贾与柏宁克发生争执的经过之外，还倾诉了贾自己满腹忧虑和不平之气。贾亦斌指出："中国人长期受尽了日本人的气。经过8年抗战，牺牲了无数同胞，好不容易刚刚把日本鬼子打垮，取得抗日战争的胜利，却不料'前门驱虎，后门进狼'，又受美国人的气。我确实难以忍受了。"

蒋经国很快给贾亦斌回信，不仅毫无责备之辞，反而流露出赞赏之意。在信的结尾他充满感情，意味深长地写道："岁寒而后知松柏之后凋，今日岁己寒矣！"表明他已深感内忧外患之严重，鼓励贾亦斌像苍松翠柏一样，傲霜雪，斗严寒，坚持到底，对贾亦斌寄予了无限的希望。

替蒋经国查办贪污案

杭州青年中学是1946年第一期青年军复员时，在全国设立的7所青年中学之一，全称为国防部预备干部局特设杭州青年中学。学生皆是青年军第209师的复员士兵。校址设在杭州市净慈寺、柳浪闻莺处。

这所中学的第一任校长袁侠民曾因贪污学生给养，被学生轰下了台。由蒋经国另派吴宝华（中央干校一期学生）接任校长。吴接任校长之初，聘用了一些水平较高的教师，如许钦文（鲁迅的学生）等来校任教，学生还比较满意。但他自恃蒋经国对他很信任，在校内独断专行，作风粗暴。学生提出意见，反映伙食质量下降，饭里沙子很多，不堪下口。他视而不见，听而不闻，反而一口咬定学生中有坏人煽动，扬言要进行清查，伺机报复，造成校方与学生矛盾的尖锐化。1947年秋，学生揭发他有贪污行为，大闹起来，在校内外张贴标语，甚至上街游行，一时弄得满城风雨。

这一事件，分别由校长和学生报告到预干局。吴校长认为杭州青年中学的学潮和社会上浙江大学的学生运动有关，背后有人煽动，要求开除为首闹事的几名学生，以示惩罚。而学生则揭发、控告吴校长贪污枉法，坚决要求撤换校长。双方各执一词，针锋相对。蒋经国得知消息后派贾亦斌前去查处，他对贾亦斌说："你立刻去调查处理，学生闹学潮，随便赶校长，这还了得！"虽未明言，但他同情校长，认为咎在学生的态度很明显。

贾亦斌到了杭州青年中学之后，先组织力量清查了账目，发现吴校长有贪污行为，证据确凿。随后贾亦斌又分别召开学生代表和教职员代表座谈会，听取各方面的意见。学生纷纷指出：同样的伙食标准，为什么这几天上级来调查了，伙食就变得好了？前个时期，我们吃的是什么？务请彻查！学生们还端出一碗保存了几天已发了霉的饭来，气愤地说："请看看这是什么饭！"贾亦斌发现饭中确有不少沙子和石子。学生还说：应发的蚊帐为什么不发？提出了一连串的问题。教职员慑于校长的压力，比较沉闷，不敢揭发，但倾向同情学生。

特别在一次学生骨干座谈会上，学生谈得很激愤。有的说："蒋局长去年来我们学校号召我们要'一次革命，两面作战'，既反对共产党，也反对国民党的贪污腐化。现在我们响应蒋局长的号召，反对我们学校的校长贪污，竟被指责为'有意煽动闹事'，这不是与蒋局长的指示背道而驰吗？"有的说："前校长袁侠民贪污，证据确凿，为什么不将对袁校长的处理结果告诉我们学生，而让他一走了之？"有的说："吴校长这几天穿着少将制服，对学生大显威风。照理官职越高越要模范地按蒋局长指示办事，为官清廉才对。'物必自腐，而后虫生。'自己内部的贪污问题，都不能好好解决，还有什么资格去让老百姓相信我们啊？"还有的说："蒋局长在赣南大反贪官污吏、土豪劣绅，老百姓尊敬他；如果今天他仍然支持我们反对贪污，同样会受到我们的尊敬……"学生们一个个争先恐后，抢着发言，有理有据。在贾亦斌所接触到的学生中，无一例外地反对校长贪污，众口一词，可见人心所向，根本不像有什么人从中煽动。贾亦斌对杭州青中学潮的原因及其是非曲直有了一个明确的认识。

贾亦斌回到南京之后，将调查结果向蒋经国作了全面汇报。指出："查账证明吴宝华校长确有贪污行为。校长贪污，学生才起来闹事。因此，我认为不仅不应该开除闹事的学生，相反的贪污的校长一定要撤职，这样才能说服学生，收拾局面。"蒋经国听到贾亦斌的汇报完全为学生一方说话，很不高兴，马上对贾亦斌说："不行！学生一闹事，要撤换校长就撤换，那秩序还怎么维持呢？带头闹事的学生决不能留！"贾亦斌当即予以反驳："校长贪污，你不开除，却反而要开除为反对贪污而闹事的学生，完全没有道理！这样倒因为果的做法，后果不堪设想。我们天天喊反贪污，反腐败，结果是你的学生贪了污，你却不反了，说得过去吗？我们应当是重法而不徇私情，不正己何以正人？我是不同意开除学生的，现在只有两个办法：一是撤吴校长的职；一是撤我的职！否则我何以向学生作交代！"他见贾亦斌说得在理，而态度又那么坚决，最后只得接受了贾亦斌的意见。他不无勉强地对贾亦斌说："好吧！我把吴宝华调走。"结果他将吴宝华降为中校，调到预干局当中校视导员，另行委派潘振球担任校长。开除为首闹事的学生一事，也就作罢了。

在处理杭州青中事件上，尽管蒋经国终于听从了贾亦斌的意见，但可以看出他在处理贪污问题上是有局限性的，有时甚至是自相矛盾的。从贾亦斌与他交往几年来，贾亦斌发现蒋经国本人确实同许多国民党官员不同。他不贪污，穿着、饮食、居住同普通官员差不多，自律较严。但他在对部下贪污问题的处理上，却有时严，有时宽。他在赣南和以后都曾雷厉风行地严厉打击过贪污，有些贪污罪犯，甚至被他毫不留情地枪毙。因此，一些犯有贪污罪的人很怕落入蒋经国之手，或一有风吹草动就逃之夭夭。但蒋经国有时却很讲人情。他有一个学生叫伍瑞云，因挪用公款做生意、走私，被国防部军法局逮捕，决定判处死刑。在征询他的意见时，他心情十分矛盾，最后勉强表态说："是我没有教育好，他背叛了我，按国法办事吧。"在执行死刑以后，他竟坐在办公室里凄然泪下，然后又关照中央干校校友会的萧涛英和徐贵庠、江国栋等人买棺安葬，还给了死者妻子一笔钱，叫她回乡好好安顿生活。在对杭州青中校长吴宝华贪污问题的处理上，也表现出很浓的感情色彩。

考虑到蒋经国已具有较高的地位和握有较大的权力，他在用人问题上过于感情用事将会造成严重的恶果，贾亦斌觉得作为一个部下和朋友，应该就此问题向他提出一些建议和忠告。于是贾亦斌给他写了一封长信，郑重向他提出了关于敢于用人、善于用人所要特别注意的四个"不"：

——贪求升官发财者，不能用。

自古以来，贪官污吏为社会一大祸害。先总理孙中山倡导"要做大事，不做大官"，"为民公仆"，即欲铲除此害。你提出"要做官的，莫进来；要发财的，请出去"，也是这个意思。当今为官者，以权谋私，贪污受贿，敲诈勒索，搜刮民脂民膏者多，致使国力消耗日殆，民怨不断上升，亡国危机日促。故贪官不除，国无宁日。故我郑重建议：为官必须清廉，贪官必须清除出去。这是用人首须考虑的问题。

——对上谄媚，对下欺压者，不可用。

"以古为镜，可以见兴替；以人为镜，可以知得失。"历来昏君，爱谄谀，喜逢迎，小人趁机而入，对当道者形成包围圈，沉湎于酒色淫乐，耳目闭塞，不闻民间疾苦与社会弊病，最终导致杀身亡国，教训甚为惨痛。今日谄媚者、逢迎者比比皆是，瞒上欺下，招摇于官场，得势于高层，令人堪忧，不迅予纠正，前途危殆矣。

——只图个人享乐，不顾他人死活者，不可重用。

当此国家贫困、民生凋敝之日，上层却盛行享乐之风。有的人活着只图花天酒地，声色犬马，极尽享乐之能事，对国家兴衰、人民疾苦全然不顾，拔一毛以利天下而不为。这种人越多，对社会危害则越大，它是腐败的重要根源，并造成“朱门酒肉臭，路有冻死骨”的社会两极分化现象，导致社会的动乱。切不可让这种人官运亨通。

——目光短浅、谨小慎微者，不宜多用。

这种人往往胸襟狭窄，缺乏进取心，容易跟在别人后面，墨守成规，亦步亦趋，不可能有大的作为。这种人用多了，只能使事业停滞不前。相反，如多用目光远大，有理想、有抱负，敢于提出不同意见的人，则可以充分发挥人的聪明才智，避免“偏听则暗”的结果，吸引众多智勇之士，形成群贤汇集的局面。

贾亦斌的意见是针对当时的社会风气和蒋经国在用人问题上的某些偏向而写的，蒋经国读后似有所触动，并啧啧称赞。贾亦斌希望他认真思考，予以采纳，但当时国民党及其政权早已是日薄西山，暮气沉沉，在这种情况下，蒋经国个人能有多大的作为，贾亦斌不敢抱过高的奢望。

首赴台湾，领略宝岛风光

1948 年初，驻台湾凤山的青年军第 37 军（由青年军第 205 师扩编而成），发生了两件大事情。一是军长刘某某（原 205 师师长，黄埔四期）被人控告走私，而刘自我辩护系为改善部队生活待遇所为；但当蒋介石决定要抓他时，刘接到一封通风报信的电报，即迅速逃往香港隐藏起来。蒋介石大为恼火，下令一定要查清此案。二是 37 军新任军长廖慷（广东人，黄埔五期）赴台接任时，遭到该军不少军官的抵制，无法上任，形成僵局。

为此，蒋经国决定派贾亦斌赴台湾处理以上问题。他将贾亦斌找到励志社亲自向贾亦斌交代任务：第一，查清给刘某某通风报信的电报来源；第二，促使廖慷顺利接任。

贾亦斌在接受任务的第二天，即从南京乘飞机抵达台北。贾亦斌首先拜会了台湾省保安司令彭孟辑（湖北人，黄埔五期）。彭与贾亦斌是同乡，且 37 军又属他指挥，贾亦斌向他通报了赴台肩负的两项任务，取得了他的支持与协助。

抵台后贾亦斌的第一项工作，是到台北电报局查明泄密电报底稿。一查方知电报系曹圣芬所发。曹是蒋介石的侍从秘书，每天不离蒋介石左右，此种机密，除随身秘书外，他人不易得知。且曹与刘为湖南益阳同乡又是表兄弟，关系密切。电报用语“母亲病重，速归”经查纯属虚构之事，因此曹发此电报以密语向刘通风报信，可肯定无疑。但此事却使贾亦斌感到相当棘手，因曹系蒋介石贴身秘书，如何汇报？蒋介石提出要追查，结果却又查到他自己身边去了。不过好在事实既已查明，贾亦斌也不难向蒋经国交代了。

贾亦斌的第二项工作即促成廖慷顺利接任军长一事，解决也比较顺利。贾亦斌先到凤山 37 军军部驻地，召集该军师长以上军官开会听取意见。他们很坦率地说：“廖慷与青年军没有关系，是杜聿明系统的人，所以我们不同意他出任 37 军军长。”在听取意见之后，贾亦斌感到要解决问题还是以个别交谈为好。于是在会上，贾亦斌未作具体说明，就宣布散会。会后，贾亦斌以视察为名，秘而不宣地分别进行工作。先到台中找了该军师长邓文僖，向他转达了蒋经国的话，并说明任命廖慷为军长是蒋介石下的命令。邓的思想通了以后，贾亦斌再分别找其他各师师长，同样加以传达和说明；还到各师师部及各团，从上而下，区别对象，逐级分别做工作，目的是避免让士兵知道新军长不能及时上任的原因而产生不良影响。通过这样自上而下的疏通工作，廖慷上任的问题也就解决了。

廖慷上任以后，很是高兴，亲自陪同贾亦斌在台北、基隆、台中、台南、高雄等处参观访问，并游览了阿里山、日月潭等名胜古迹。在日月潭他们度过了一个晚上，两人开怀畅谈，颇为投机。贾亦斌向他了解在河南与解放军作战的情况及其感想。他说：“这个仗根本无望，士兵都不愿意打。”贾亦斌问他是什么原因，他说：“有的士兵看到共军占领的地方，也到处挂有孙中山的像，就说：‘共产党对孙总理也很尊敬，我们还打什么仗呀?’”从他的谈话中，贾亦斌了解到前线的国民党士兵也同贾亦斌一样厌恶打内战。

贾亦斌在台湾历时 3 周，完成了两项任务后就乘机返回南京。见了蒋经国，贾亦斌向他如实作了汇报，在说到给刘通风报信的电报时，贾亦斌只说据查是由总统府发去的，没有直接点曹圣芬的名。他反问了一句：“电报你看是由谁打去的?”没等贾亦斌回答，他又心领神会地自言自语：“喔！我知道了!”蒋经国知道曹圣芬是他父亲的近臣，关系密切，追查不会有什么结果，只会使其父亲和自己处境难堪，所以没再追问。贾亦斌还把廖慷所说士兵不愿意打仗的话，一句不漏地向他作了反映。看来蒋经国对此情况也有所了解，因此只是叹气不语，但他对贾亦斌顺利促成廖慷上任的工作还是满意的。

37军军长因走私而畏罪潜逃一案，经军事法庭审查，查出乃系该军参谋长彭启超和政治部副主任伍瑞云（中央干校学生）与军长互相勾结所为，最后由军事法庭判处彭、伍死刑。蒋经国对此案感到难以交代。在他所管辖的青年军中一位高级将领畏罪潜逃，而其参谋长和自己的学生也共同贪污，实在不太光彩，于是他向蒋介石提出辞去预干局局长的职务，并建议由贾亦斌担任代局长。

台湾之行是贾亦斌终生难忘的一次旅行，贾亦斌从亲身经历中认识到台湾的富饶美丽，及它与祖国大陆不可分离的密切关系，更增加了贾亦斌对“祖国宝岛”台湾的热爱。但另一方面，通过此次清查案件，也更增添了贾亦斌的忧虑。贾亦斌感到国民党政权贪污腐败成风，查不胜查，像一个患了痼疾之人，病入膏肓，无可救药了。

反对成立“铁血救国会”，裂痕初现

1948年春，蒋介石发动的反共内战败局已定。国民党军在东北、华北战场完全处于劣势，江淮战场也是危机四伏；更为严重的是蒋介石的部下和亲信也开始众叛亲离。对此蒋介石焦虑不安，经常发怒骂人，他把唯一的希望寄托在爱子蒋经国身上，希望以他为核心，重新纠集力量，建立一个新的秘密组织，发挥控制和指挥的作用。他亲自给蒋经国下达手谕：“着即成立一个能行动有力量组织严密的青年组织”。蒋经国临危受命，自知意义非同寻常。他平时爱读《俾斯麦传》，很想效法普鲁士宰相俾斯麦，用铁和血的手段，克服危机，挽救蒋家王朝摇摇欲坠的命运。为此，蒋经国召集亲信江国栋、王升等人开会研究，决定成立“铁血救国会”（代号社会问题座谈会）和“中正学社”（代号青年问题座谈会）两个秘密组织，作为核心领导机构。这些情况，贾亦斌都是事后逐步知道的。

1948年4月中旬，蒋经国亲自打电话通知贾亦斌，要贾亦斌第二天（星期六）下午2时到黄埔路励志中学参加重要会议，但并未说明会议的内容。第二天，贾亦斌准时抵达励志中学，校园里显得特别冷清，每个路口都有专人指路，显得很神秘。会场设在一教室里，布置得森严肃穆，正中挂着蒋介石的像，每个人座位上放着一份油印的《铁血救国会章程》和《誓词》。出席会议的有胡轨、王升、李焕、江国栋、方庆延、萧涛英、许功锐等30多人。其中多数是中央干校第一、二期学生，少数为蒋留苏同学和赣南时期的骨干。相比之下，贾亦斌显得像是局外人。大家的脸上表情都很严肃，似乎都在等待一个重大事件的发生。贾亦斌一见到这种场面，自然感到不同寻常，知道要成立秘密核心组织，贾亦斌陷入了沉思。蒋经国特意通知贾亦斌参加这样的会议，自然是表示他对贾亦斌的特殊信任，在别人也许会感恩戴德。但贾亦斌想起平日蒋经国经常与他谈到国民党内形形色色的小组织太多，派系林立，相互倾轧，钩心斗角，造成分裂的现象，蒋经国对这种小组织极为反感。贾亦斌也有同感，认为国民党之所以纪律涣散、四分五裂，同这些小组织的存在和相互倾轧有重要关系。贾亦斌看到一些失势了的小组织成员惶惶然如丧家之犬，有的到处奔走投靠新主子，有的沦落为无人理睬的“政治寡妇”，可恨可叹而又可怜。蒋经国今天为什么要重蹈覆辙呢？难道教训还不够深刻吗？

正当贾亦斌在沉思之时，突然听到有人喊道：“教育长到!”（蒋经国曾任中央干校教育长，中央干校学生一直这样称呼他）所有与会者都起立热烈鼓掌欢迎。蒋经国当时住在励志社二楼二号，励志社与励志中学，各有大门，内部却是相通的。他从住处到会场只需要一二分钟。蒋经国和平时一样，穿着一套半新的中山装，但很精神。一进会场，他显得分外高兴，客气地招呼大家坐下，旋即登上讲台，对大家发表了基调阴郁但又饱含激情的讲话：“亲爱的同志们，你们都是我一直最信任、最肯干、最忠诚于领袖和三民主义伟大事业的骨干。值此革命大业面临存亡绝续的关头，生死搏斗的时刻，这正是考验每个人的灵魂和良知的时候。我希望大家成为疾风劲草和中流砥柱，要永远忠于三民主义，忠于领袖；要做孤臣孽子，坚决执行校长的政策和指示，不成功便成仁，至死不渝……当前国民党内部腐化，共产党恶化，都不能成功，我们主张‘一次革命、两面作战’，既反对共产党的恶化，也反对国民党的腐化，两大革命毕其功于一役……”

接着他又说：“为了完成这个伟大使命，就必须发展第三种势力，今天成立‘铁血救国会’，就是以此作为领导反共的核心组织。你们各位都是这个组织的成员，所负的任务既光荣而又艰巨，大家务必努力奋斗！”

他讲完话之后，征询大家的意见，特别点名要贾亦斌和胡轨发言。胡轨是黄埔四期毕业生，蒋介石的忠实门徒，当时是“戡建总队”中将总队长，与贾亦斌一起被称之为蒋经国的左右手。在蒋点到贾亦斌名之后，贾亦斌沉思了一会说：“如果照我的想法，我不赞成成立这个组织。试看今天国民党内许多小组织，有几个是好的？它们之间你争我夺，钩心斗角，名声不佳。今天我们也成立这样的小组织，弄得不好，成事不足，败事有余，使一些纯洁的青年成为‘政治寡妇!’”蒋经国听了贾亦斌的这番话，脸上顿时通红，虽未加反驳，但看得出来他对贾亦斌的发言相当不满。接着他要胡轨发言。胡则持折中主义态度，他说：“经国兄讲得很有道理，我赞同；亦斌兄所说也值得我们思考，其他我也讲不出什么了。”其他人则纷纷对蒋的讲话表示坚决拥护，对贾亦斌的发言均回避一字不提，算是“一致”通过了蒋经国成立“铁血救国会”的建议。接着，举行了宣誓。蒋经国自己担任领誓人，他举起右手，要大家起立跟着他一起宣誓：

“余以至诚，忠于三民主义革命事业，坚决拥护校长的反共救国政策，服从组织，服从命令，保守机密，如有泄露违反，甘受最严厉之制裁……永矢不渝，此誓!”

在宣誓时，贾亦斌虽不得不与大家一起起立，但内心更加反感，觉得这完全是在走“复兴社”等反共秘密小集团的老路，逆历史潮流而动，决不能吸引广大青年，断然没有前途。所以听着听着，贾亦斌即把誓词捏成一团，塞在裤袋里，散会后走出会场，贾亦斌就把它撕成碎片扔了。从此以后，他们再也没有来找过贾亦斌，而贾亦斌也根本不屑于过问这个秘密组织的事。

30 多年后，贾亦斌才从方庆延（安徽人，“铁血救国会”负责人之一）处得知，那次成立大会散会之后还发生了一个小插曲。会后，王升、江国栋等人在清点“申请书”和“誓词”时，发现“誓词”少了一张，意味着其中必有人违反纪律将其带走了，在这一秘密组织成立时就出现这种情况，是绝对不能允许的。他们分析有嫌疑的人，但由于誓词并未填写姓名，所以很难肯定是谁拿走的。王升断定是贾亦斌，要去追赶搜查，江国栋和方庆延等都不赞成，认为这样做后果不好，想来想去只得作罢。但这件事却使蒋经国对贾亦斌产生了疑虑，从此他对贾亦斌一直采取明亲暗疏的办法，指示所有“铁血救国会”的活动，都有意避开贾亦斌，还要王升和江国栋等开始对贾亦斌进行暗中监视。这些情况贾亦斌当时都一无所知。

1948 年夏，蒋经国在嘉兴以青年军联谊会的名义，组织了一个“浙东暑期服务队”，其负责人有俞季虞、徐季元、许功锐、陈志竞等。由上海、南京、浙江等大学调来 100 多名青年军学生参加，他们均为各地青年军联谊会负责人。由于这次活动由青年军联谊会主办，所以贾亦斌没有过问。以后贾亦斌因其他公务到嘉兴出差，他们就临时请贾亦斌去讲课。贾亦斌讲的题目是“预备干部制度的理论与实践”，在讲课中，贾亦斌针对当时的形势，强调要立于不败之地，首先要自己站的正，不腐化、不贪污才行，并对国民党内的腐败现象进行了猛烈抨击，博得了一阵阵掌声。后来

1948 年，蒋经国一家

贾亦斌才知道，蒋经国办这个“暑期服务队”的实际目的，也是为“铁血救国会”培训干部和发展组织。

在“铁血救国会”成立后不久，蒋经国又成立了他的秘密核心领导组织“中正学社”，以江国栋、王升、李焕和方庆延等人负责。王升把它叫做“希特勒的智囊团”，蒋经国对之大为赞赏。“铁血救国会”和“中正学社”这两个秘密组织的成员都是蒋经国熟悉、亲自挑选的亲信，是蒋经国“嫡系的嫡系”。虽然人不多，但精明强悍，活动能力较强。其中不仅有胡轨、俞季虞一类老谋深算者，而且有王升、李焕一类比较年轻的后起之秀。他们对于后来蒋经国在台湾继承蒋介石的地位，掌握国民党政权的最高权力，起了一定的作用。

蒋经国上海“打老虎”，最后决裂

1948 年，国民党政府的财政经济状况如同军事一样，也已处于崩溃的境地。这是由于蒋介石国民党坚持打内战，军费开支空前庞大，南京政府便滥发纸币，以弥补巨额财政赤字，造成恶性通货膨胀，致使物价如脱缰之马，持续猛涨；再加上四大家族与贪官污吏、奸商互相勾结，营私舞弊，囤积居奇，强取豪夺，使国统区出现了百业凋敝、经济破产、民生艰困的景象。

其中通货膨胀对人民生活的影响最为严重。至 1948 年夏，法币发行额竟达到 660 万亿元，等于抗战前夕发行额的 47 万倍，而物价则较抗战前上涨了 600 余万倍。6 月份，上海的米价竟上涨到每石 1800 万元，而当时一般公教人员工资低微，小学教师每日收入仅够买四五副大饼油条，平民百姓的生活更是难以言状。许多人真是到了饥不得食，寒不得衣，病不得医的地步，生活痛苦到了极点。国统区到处出现了反饥饿、反内战运动的浪潮。为了防止国统区经济出现总崩溃，1948 年夏，国民党政府经过一番酝酿，决定实行包括发行金圆券、限制物价和收兑人民所持金银、外币等内容在内的所谓“经济改革”，企图依靠行政力量对国统区经济实行管制，以此来摆脱政治、经济危机，维持其摇摇欲坠的统治。7月下旬，蒋介石召集高级幕僚会议，提出了币制改革的初步方案。8月中旬，蒋介石在庐山与美国驻华大使司徒雷登会谈，就经济改革一事取得了美国的认可。8月19日，国民党政府颁布了《财政经济紧急处分令》和《金圆券发行办法》等法令，正式宣布实行币制改革。蒋介石与行政院长翁文灏联合招待所谓民意代表及宁沪金融界人士，要求经济界人士支持政府的经济改革措施；同时宣布在行政院下设经济管制委员会，负责实施经济管制和推行币制改革。紧接着南京政府发布俞鸿钧（当时任中央银行总裁）和蒋经国为上海经济管制正、副督导员并即时赴任。上海是当时全国的经济、金融中心，蒋介石派蒋经国担负此重任，这一不同寻常的任命表明：蒋介石在“经济改革”上下了很大的赌注，抱有“只准成功，不准失败”的决心。

然而，当时的舆论对用行政手段管制经济，强制推行币制改革的前景却忧虑重重，并不乐观。《中央日报》在社论中表示：“我们切盼政府以坚毅的努力，制止少数人以借国库发行，以为囤积来博取暴利的手段，向金圆券头上去打算。要知道改革币制譬如割去发炎的盲肠，割得好则身体从此康强，割得不好则同归于尽。”

这个割盲肠的任务，实际上落到了蒋经国的身上，俞鸿钧名义上是正职，但只是挂个名而已。蒋经国有蒋介石给他的尚方宝剑，声势煊赫，来头不小，但他深知在当前的情况下推行经济改革困难重重，而此次币制改革的成败又关系着国民党政府的命运和他个人的前途，势成骑虎，只有干到底。他在8月26日的日记中写道：“……目前工作是相当吃力的。但已经骑在虎背上了，则不可不干到底了。”蒋经国不是个轻易退让的人，他对自己的那一套颇为自信，相信充分运用所谓的“革命手段”，就可以达到目的。他宣称：“此次经济管制，是一次社会改革运动，具有革命意义，不仅是经济的。”“如果用革命手段来贯彻这一政策的话，那么，我相信一定能达到成功。”

在正式宣布蒋经国出任上海经济管制副督导员的前一天，贾亦斌到南京励志社去找他，请他出席苏州青年军夏令营结业典礼。出乎贾亦斌的意料，蒋经国对贾说：“我另有重要任务不能出席，你代表我去吧！”贾亦斌惊奇地反问：“这不是早就说好了的吗！又有什么更为重要的任务呢？”他有些激动地说：“这次领袖委派我去上海负责执行经济管制和推行币制改革、发行金圆券的工作，任务是艰巨的。但我一定要排除任何阻挠，只要是违犯国法者，不论其官职有多高，财力有多厚，我都将坚决依法惩办，不徇私情，相信成功可期……”贾亦斌未等他把话说完，就急忙问他："发行金圆券的基金从何而来?"他回答说："只需四五千万美元就够了，数目不多，好解决。"贾亦斌见他说得如此自信，还是有点半信半疑，但认为如果能由此使贪官污吏和奸商得到惩处，物价能得到平抑，这对饱受物价暴涨之苦的人民还是有好处的，所以也感到高兴，当即对蒋提出了八个字的希望和祝愿："秉公执法，早日成功!"然后握手告别。

蒋经国一到上海，就在九江路中央银行大楼三层设立了经济督导员办公室，亲自坐镇指挥上海的经济管制，立刻雷厉风行、大张旗鼓地行动起来。

首先，公布了有关的经济管制法令和物价管制办法，规定：一、从8月19日起，发行金圆券，以取代法币，限于10月22日前收兑已发行的法币；二、限于9月30日前，收兑人民持有的黄金、白银、银元和外汇，逾期任何人不得持有，违者严办；三、限期登记管理本国人存放外国银行的外汇资产，违者制裁；四、一切商品不得超过8月19日的物价水平（俗称八・一九限价），以稳定物价，平衡国家总预算和国际开支。

同时，蒋经国以《上海向何处去?》的醒目标题发表告上海人民书，以上海人民保护者的口吻宣称："投机家不打倒，冒险家不赶走，暴发户不消灭，上海人民是永远不得安宁的。""天下再没有力量比人民力量更大，再没有话比人民的话更正确"，"人民的事情，只有用人民自己的手可以解决，靠人家是靠不住的，要想将社会翻过身来，非用最大的代价，不能成功!"他再一次向上海人民表示自己的决心："本人此次执行政府法令，决心不折不扣，决不以私人关系而有所动摇变更!"他借用北宋政治家范仲淹的名言"宁使一家哭，不使一路哭"，表明自己对豪门巨室决不留情，扬言要用高压手段来实行限价："不惜以人头来平物价!"还提出了"打祸国的败类，救最苦的同胞"，"打倒豪门资本"，"铲除腐化势力和地痞流氓"，"打倒奸商和投机倒把"等一系列的口号。这些动听的言词，一时确实打动了许多人的心，认为蒋经国与其他国民党官员大为不同，由他来实行经济管制或许有成功的希望，更多的人则等待着观察他下一步采取什么实际行动。

为了执行经济管制法令，蒋经国立即在上海组织自己的"执法"队伍。他将赣南系、青干校和青年军的干部从全国各地纷纷调往上海，一时上海成了"太子系"紧张活动的中心，王升、李焕、江海东、江国栋等蒋经国系重要分子云集上海。蒋把"戡乱建国总队"第六大队调往上海，由王升担任大队长；后又在此基础上成立了"大上海青年服务总队"。蒋经国对亲信说："'大上海青年服务总队'，正像上海国际饭店的招牌一样，虽然不大，但名气很响，全国和全世界都知道。”9月22日，“大上海青年服务总队”在上海复兴公园举行成立大会，共有队员1万人，编成20个大队，分布在上海各个区，由王升任总队长。蒋经国邀请贾亦斌出席了成立大会，但贾未讲话。为了加强对经济问题的研究，蒋还抽调一部分大学生，成立了一个经济研究小组，由江国栋负责。为了开展工作，蒋经国还将中央干校校友会和青年军联谊会的基金调到上海，以便集中使用。

接着，蒋经国法出令行，果真轰轰烈烈地打起“老虎”来。他接连召见上海经济界的头面人物刘鸿生、荣尔仁、钱新之、李馥荪、周作民、杜月笙等人，软硬兼施，要他们拥护政府措施，交出全部黄金、外汇，否则即勒令停业；甚至声色俱厉，拍桌大骂，扬言：“你们不要敬酒不吃吃罚酒，谁手里有多少黄金美钞，我们都清楚。谁不交，就按军法办理!”上海青年服务总队也四处出动，设立岗哨，检查行人；并与警察局、警备司令部人员混合编队，组成许多三人或五人小组，检查商店、工厂和仓库，登记囤积物资。对违反规定者蒋经国采取了严厉的措施。米商万墨林、纸商詹沛霖、申新纱厂大老板荣鸿元、中国水泥公司常务董事胡国梁、美丰证券公司总经理韦伯祥等60余人，均因私逃外汇，私藏黄金，或囤积居奇，投机倒把，被捕入狱；荣、胡、韦三人后经托人疏通，分别罚款100万、30万和35万美元，才得以交保获释。连上海大亨杜月笙的儿子杜维屏也因“囤货炒股”的罪名被捕入狱，判了8个月的徒刑；财政部秘书陶启明因泄露经济机密也被判刑。蒋经国还大开杀戒，以贯彻他“用人头平物价”的主张，借此威慑人心。林雪公司经理王春哲因私套外汇被处死，报上还刊登了王被处死时的大幅照片；上海警备司令部科长张亚民、大队长戚再玉因勒索罪被枪决；后来还杀了破坏经济管制的宪兵大队长姜公美。蒋经国还杀气腾腾地宣称：“在上海应当不管你有多少财富，有多大的势力，一旦犯了国法，就要毫不留情地送你进监狱，上刑场。”

蒋经国的“铁腕”暂时发挥了作用，上海的物价在一个时期内保持了稳定，岌岌可危的财政金融危机也似乎有所缓和，一时舆论出现了一片赞扬之声。有的报纸称蒋经国是国民党的救命王牌；有的甚至称颂蒋经国为“蒋青天”、“活包公”；有的外国记者则称之为“中国的经济沙皇”。

蒋经国为暂时的胜利所陶醉，想趁热打铁，借机在上海扎根，因而考虑先取代宣铁吾出任上海警备司令，等条件成熟再取代吴国桢，出任上海市长。这时，蒋经国想到了贾亦斌这个对他反贪官污吏仍存怀疑的人。他几次打电话到南京找贾亦斌，要贾亦斌立即到上海，一方面要贾亦斌看看他的“打虎”杰作，体验一下他反对贪官污吏和豪门奸商的决心；同时也想探询一下如他被正式任命为上海警备司令时，贾亦斌是否愿意充当他的副手出任副司令之职。还有一件事，就是要贾亦斌为他筹备双十节“十万青年大检阅”。

贾亦斌于9月中旬到达上海，先在扬子饭店住下，旋即去外滩附近的中央银行看望他。但在那里，他忙于接待许多客人，无暇与贾亦斌交谈，于是他对贾亦斌说：“这里不好谈话，还是今天晚上8时到我家（林森中路逸村二号）来谈为好。”

当时，贾亦斌对他在上海大刀阔斧、雷厉风行“打老虎”，博得舆论广泛赞扬，也感到高兴，但觉得那只是个开头，困难还在后头，成败尚难定论，特别担心他虎头蛇尾。当晚贾亦斌按时到了逸村，蒋经国显得十分高兴，两人握手就座之后，他得意地问贾亦斌：“你看怎么样？”想听听贾亦斌对他在上海政绩的评价，并且满以为贾亦斌也会像别人那样称颂他。而贾亦斌却毫不隐讳地回答：“开头还不错，但我怕你后劲不足！”这不啻给他泼了一瓢冷水，他微露不悦之色，但也似乎有所触动。贾亦斌接着问他：“CC方面怎么样？”他的脸色由不悦转为愠怒，骂道：“他妈的，他们在上海控制着大小15家银行，我要同他们干到底！”贾亦斌相信他的话，因为蒋经国同CC派之间早存芥蒂，他们的明争暗斗路人皆知。但贾亦斌最担心的还不是CC派，而是宋美龄，因此贾亦斌又问：“夫人（指宋美龄）呢？”此问一出，他顿时呈现难言之状，站了起来，口含烟斗，紧锁眉头，踱来踱去，近半个小时，一言不发。贾亦斌坐在沙发上，感到局促不安，最后贾亦斌说：“今天不谈了，以后再说吧。”他说“好，我派车送你回旅馆。”谈话就此不欢而散，贾亦斌感到他一定遇到了棘手的问题，有一种不祥的预感。

事后贾亦斌听说，蒋经国在这段时间里确实碰到了难以克服的障碍。9月下旬，蒋经国在浦东大楼召集许多工商巨头开会。会议开始，蒋经国照例客气地表示感谢诸位对币制改革的支持，接着话锋一转，带着威胁的口吻说：“有少数不明大义的人，仍在冒天下之大不韪，投机倒把，囤积居奇，操纵物价，兴风作浪，危害国计民生。本人此次秉公执法，谁若囤积物资逾期不报，一经查出，全部没收，并予法办！”他的话音刚落，老奸巨猾的杜月笙却不紧不慢地说道：“犬子维屏违法乱纪，是我管教不严，无论蒋先生怎样惩办他，是他咎由自取。不过——我有个请求，也是今天到会各位的一致要求，就是请蒋先生派人到扬子公司查一查。扬子公司囤积的东西，在上海首屈一指，远远超过其他各家。希望蒋先生一视同仁，把扬子公司囤积的物资同样予以查封，这样才能使大家口服心服。”此时满座的目光都对着蒋经国，看他如何反应。杜的这番话反守为攻，指名道姓，完全出乎蒋的预料，他不由得一愣，但随即表示：“扬子公司如有违法行为，我也一定绳之以法！”

蒋经国话虽然这么说，但回到办公室之后却感到事情棘手万分。因为扬子公司的董事长和总经理是孔令侃，他是前行政院院长和中国的大财阀孔祥熙之子，其姨母则正是“第一夫人”宋美龄。宋美龄没有生儿育女，故对孔令侃视如己出，倍加宠爱，精心培植，孔、宋两家早已联为一体，密不可分，大有“一荣俱荣，一损俱损”之势。而且扬子公司还在纽约、伦敦等地设有分公司，与美、英、法等国各大财团及国民党政府许多机构都有密切关系。因此，孔令侃自认为靠山硬，谁也奈何他不得。蒋经国固然来头大，但又能把他怎么样？所以他没有把“太子”放在眼里。明明有令规定，午夜12时以后实行宵禁，不准行人通行，孔令侃偏在这时开车闯关，扬长而去；明明规定，禁止囤积居奇，扬子公司偏偏乘机大搞囤积物资。大上海青年服务总队长王升和其手下人为此向蒋告状，蒋经国为之勃然大怒，但也不敢轻易在“太岁”头上动土。但如今杜月笙在会上这么一逼，他无法回避，不得不表态。扬子公司违法乱纪的事实路人皆知，整个上海都在拭目以待，看他如何动作。事情到这一地步，蒋经国只好横下一条心，向孔令侃开刀，于是命令经济警察大队长程义宽搜查并查封了扬子公司，但迟迟不对孔令侃本人采取进一步的行动，表明他手下留情，仍留有余地和后路。

查封扬子公司成为一时的重大新闻，引起舆论的普遍关注。10月3日，上海、南京、北平等地各家报刊争相报道“扬子公司案”消息，有的表示欢欣鼓舞，呼吁“清算豪门”；有的则因处理此案拖泥带水，缺乏前一阶段的雷厉风行作风，表示不满，指责是“只拍苍蝇，不打老虎”。各种议论都有。

贾亦斌看到这种情况，预感到自己所言蒋经国“后劲不足”可能不幸而言中，因而很着急。于是在一次会见时，贾亦斌问他：“孔令侃案办不办？”他像没有听见一样，不予置答。此时蒋经国用行政手段勉强维持的上海经济秩序已出现崩溃之兆。物价开始飞涨，物资缺乏，生产停顿，到处出现抢购风，老百姓怨声载道。贾亦斌陪同他到申新九厂了解生产和原料供应情况及工人的情绪，看到沿途市面上出现了一片抢购风潮，贾亦斌与他的心情都很沉重。贾亦斌又追问他：“孔令侃案你准备办不办？”他却王顾左右而言他，说：“塔斯社发表了一篇文章，评论上海‘打老虎’，说用政治手段去解决经济问题是危险的。”接下去就不再说什么。

回到旅馆之后，贾亦斌反复琢磨他这句话的含义。觉得他是借此向贾亦斌暗示：他要后退了。对此贾亦斌想了很多很多。本来贾亦斌对实行经济管制能否奏效，并不抱有多大的希望，但认为在当时打击豪门、严惩贪官污吏和奸商，平抑暴涨的物价，对老百姓也不失为有利的一着。特别是当遇上真正囤积居奇、横行不法的“豪门资本”，全国人民拭目以待之时，贾亦斌认为绝不能退缩，应当大义灭亲，依法严惩。否则，无以向人民和历史交代。如果口号喊得震天响，一遇见真正的“老虎”就偃旗息鼓，那上海“打老虎”不成了一场具有讽刺意义的骗局了吗？对于国民党，贾亦斌早就失去了希望，但对于蒋经国，贾亦斌还抱有一线希望，认为他是一个有抱负有能力的领导，几年来他对贾亦斌恩遇甚深，无论以公以私，无论作为部下和朋友，在此关键时刻，贾亦斌都有责任有义务向他进言，提醒、劝告他：坚持原则，不要犹豫不决，消极退缩。为此，贾亦斌主动到逸村二号去见他，开门见山地向他提出：“你对孔令侃一案究竟办不办？如果不办，那岂不真像报纸上所说‘只拍苍蝇，不打老虎’了吗？”他本来情绪就不好，见贾亦斌又提起这个他最不愿意谈的话题，顿时发火了，他本来就沙哑的喉咙放得特别大，以训斥的语气嚷道：“孔令侃又没有犯法，你叫我怎么办？”贾亦斌见他不仅不承认自己软弱、不敢碰孔令侃的事实，反而竟然以孔令侃无罪的口实为孔洗刷，为自己辩护，一种从未有过的失望和愤怒驱使贾亦斌拍案而起，一掌击在桌上，大声说：“孔令侃没有犯法，谁犯法？……你这个话不仅骗不了上海人民，首先就骗不了我！”这就是江南所著《蒋经国传》中说到的“为了‘扬子案’，经国的爱将贾亦斌曾和他拍过桌子”的一幕。尔后，他终于平静下来，叹了一口气，又无可奈何地说：“亦斌兄，你是有所不知，我是尽孝不能尽忠，忠孝不能两全啊！”他以个人须尽孝来为不能为国尽忠辩护，明显是把个人和家族的利益放在国家利益之上，贾亦斌根本不能接受，于是便进一步对他说：“你有对你父亲尽孝的问题，而我只有对国家民族尽忠的问题。如不处理孔令侃一案，何以服国人，又何能救国家？”说罢贾亦斌便拂袖而去。回到饭店，贾亦斌连夜给他写了一封长达 14 页的长信，再次予以敦劝，结果自然仍是失望。

事后贾亦斌才得知扬子公司一案的内幕。原来开始时，蒋经国也想对孔令侃案进行处理，但受到了宋美龄的干预。扬子公司被查封后，孔令侃发现来势太大，便到南京向姨妈求救。宋美龄专程到沪，乘中秋节日把蒋经国、孔令侃约到永嘉路孔宅面谈，企图缓和两人的关系。宋美龄劝说道："你们是表兄弟，我们一家人有话好说。"蒋经国对孔令侃说："希望你顾全大局！"孔大吼一声说："什么？你把我的公司都查封了，还要我顾全大局？"最后两人大吵起来，蒋临走时说："我蒋某一定依法办事！"孔令侃回答说："你不要逼人太甚，狗急了也要跳墙！假如你要搞我的扬子公司，我就把一切都掀出来，向新闻界公布我们两家包括宋家在美国的财产，大家同归于尽！"宋美龄一听，顿时脸色发白，手脚发抖，见他们不听劝告，各走极端，只好连忙打急电给在北平的蒋介石，说上海出了大问题，要他火速乘飞机南下。当时，北平形势紧张，蒋介石正在北平主持军事会议和亲自督战，闻讯后立刻要傅作义代为主持，自己即乘飞机赴上海。傅作义对此极为不满，对人说"蒋先生不爱江山爱美人"！

蒋介石一到上海飞机场，宋美龄即带孔令侃首先登机，抢先向他告了蒋经国的状。然后由警备司令宣铁吾、市长吴国桢及蒋经国等陪同蒋氏夫妇到达天平路蒋宅，大家正准备坐下向蒋汇报情况并聆听指示，宋美龄却宣布："总统长途南下，很疲乏了，一切事情明天再说。"蒋经国及文武官员只得悻悻告退。经宋美龄向蒋介石多方说明原委，说两家属于姻亲，有共同利害，家丑不可外扬等等，得到蒋的首肯。第二天蒋介石召蒋经国进见，痛骂一顿，训斥道："你在上海怎么搞的？都搞到自己家里来了！"要他立刻打消查抄扬子公司一事。父子交谈不到半小时，蒋经国就垂头丧气地出来了。接着，蒋介石又召见上海文武官员，亲自为扬子案开脱说："人人都有亲戚，总不能叫亲戚丢脸，谁又能真正铁面无私呢？我看这个案子打消了吧！"大家一听此言，只得唯唯诺诺而退。

在这一幕之后，上海警察局发言人也出面为孔令侃开脱，对外宣布："扬子公司所查封的物资均已向社会局登记"，使其披上了合法的外衣。而曾经积极报道"扬子案"的上海《大众夜报》、《正言报》却很快被勒令停刊了。扬子公司一案风波就此平息，不了了之。

上海经济管制虽然已是强弩之末，但蒋经国为了给自己壮大声势和炫耀力量，又准备于10月10日在上海举行双十节十万青年大检阅，他要贾亦斌负责筹备。贾亦斌将当时驻守苏州的青年军203师和驻守上海郊区的青年军209师调来上海，加上杭州、嘉兴两所青年中学的学生和"戡建队"、大上海青年服务总队以及各大专院校青年军复员学生，约七八万人，对外号称十万。检阅仪式在上海虹口体育场举行，由陆军副总司令关麟徵陪同蒋介石进行检阅。10月10日清晨，蒋经国要贾亦斌驱车前往东平路蒋宅迎接蒋介石。等贾亦斌赶到东平路，才得知蒋介石已乘飞机前往虹口。贾亦斌万万没有料到：近在咫尺的虹口体育场，蒋介石还要坐飞机去！事后听说这是军务局长俞济时临时出的一着妙计：先从东平路驱车到虹桥机场，坐飞机到大场机场，再坐汽车到虹口体育场，这样可以绕过上海闹市区，以避免遭愤怒的群众拦阻包围。如此草木皆兵，贾亦斌听了只觉得啼笑皆非。当天的大会主席是蒋经国，尽管内心空虚，他还是装出充满信心的样子，态度慷慨激昂。队伍经蒋介石检阅后，举行了游行，由精兵作先导，接着是摩托部队、炮兵和荷枪实弹的步兵，后面是大上海青年服务总队和各界人士。游行队伍出虹口公园后，沿四川路、外白渡桥、外滩、南京路行进，一路有气无力地呼喊口号，最后到跑马厅（现人民广场）宣布解散。明眼人都能看出：这次检阅纯粹是虚张声势，它预示上海的这场闹剧就要落幕了。

曾经轰动一时的上海经济管制只维持了70天。被人为控制的物价又开始以更惊人的速度扶摇直上，金圆券价值一落千丈，很快变成了废纸，到处是疯狂的人群和抢购狂潮，许多人被挤死、踩死，情况混乱到了极点，一幅“世界末日”的景象。10月31日，南京政府行政院被迫宣布将限价改为抑价，行政院长翁文灏、财政部长王云五相继辞职，国民党的经济管制政策宣告彻底破产。

随着经济管制政策的失败，蒋经国在上海的使命也宣告结束。结束那天，贾亦斌陪同他乘车前往上海广播电台发表广播讲话，他以沙哑、悲哀的声音宣读了《告别上海市父老兄弟姐妹书》，向上海市民致以深切的歉意，并向大家告别。宣读完毕，蒋经国黯然泪下。在返回的途中，他沉默良久，最后对贾亦斌说：“上海经管失败比济南失守的后果更为严重。”蒋经国离沪前召集亲信开会，情绪低沉地说：“现在我们失败了，今后我们究竟到哪里去工作，做什么工作，现在都不知道，以后再说。你们自己要守纪律，多保重。”并指示王升将大上海青年服务总队“组织保存，活动停止”。11月6日，蒋经国悄然离沪，返回杭州寓所，旋又转赴南京。上海“打老虎”的闹剧至此结束。

上海经济管制的失败对蒋经国的打击相当大，他对国民党政权和自己的前途感到一片茫然，悲观消极，情绪极度低落。回南京后，每日借酒浇愁，常常喝得酩酊大醉。贾亦斌曾到励志社去看他，他一边喝酒，一边烧文件档案，甚至连印好的请柬也付之一炬。贾亦斌问他：“你烧请柬干什么？”他回答说：“亡国了，还请什么客？”绝望情绪溢于言表。贾亦斌感到他的无力和可怜，心中有说不出的滋味。

上海“打老虎”给贾亦斌以深刻的认识，贾亦斌对蒋、宋、孔、陈四大家族的腐朽黑暗内幕有了进一步的了解，国民党政权由他们掌握，只有走向灭亡。贾亦斌曾寄希望于蒋经国，希望他能有所作为，但事实证明：他也不能摆脱其父亲和家族的决定性影响，最后终于同他父亲合流，贾亦斌对蒋经国所抱的幻想最终破灭了。在贾亦斌的面前摆着两条道路：或者随波逐流，跟着蒋经国，作蒋家王朝的殉葬品；或者毅然决然，弃暗投明。贾亦斌陷入了痛苦的抉择。贾亦斌从小读孔孟之书，儒家忠孝节义的思想对贾亦斌影响甚深。想到蒋经国对贾亦斌的知遇之恩，一旦要弃他而去，心中确实不忍，又担心被人指责为“忘恩负义”，为此一再踌躇不决。经过反复的思想斗争，贾亦斌终于认识到：忠于个人是小忠，忠于国家民族乃是大忠，如因小忠而弃大忠，就是无原则的“愚忠”，两者不能俱全之际，只能牺牲前者，而选择后者。国民党执政20多年，腐败无能，弄到天怒人怨，为民所弃，已是不争的事实。民心所向即是个人选择的最好指南。贾亦斌不愿意执迷不悟，为这个腐朽的政权去殉葬，决心同蒋家王朝决裂，同蒋经国分道扬镳，去寻找新的道路。

掌握武装，积蓄力量

1948年秋，贾亦斌应蒋经国之邀到上海去看他“打老虎”的成绩，可看到的却是蒋经国对孔令侃一案优柔寡断，最后“放虎归山”的事实。蒋经国以“尽忠不能尽孝，忠孝不能两全”为自己辩护，拒绝了贾亦斌的忠告，使贾亦斌对他完全失望了。两人的观点渐行渐远，立场也发生变化，贾亦斌最终选择人民的立场，痛下决心与国民党决裂，与蒋经国分手，弃暗投明奔向人民的怀抱。

贾亦斌为了组织武装起义，于1948年10月，曾从上海到镇江等地，接触过不少军政要人，其中不少故旧好友掏出真心话，认为在战场上国民党节节败退，而共产党则节节胜利，不但东北、华北、华东广大地区相继解放，而且大城市如济南、石家庄、长春、沈阳等也已先后到了人民手里，从中领悟到中国的希望在共产党一边。有的甚至表示渴望有机会投向共产党。贾回到南京后，即自行开吉普车将在国防部军务局任职的段伯宇接到中山陵，登上半山腰与段密谈。在谈了镇江见闻之后，贾问段：“国民党已反动透顶，腐败不堪，正在准备向南方逃之夭夭了。你看我们该怎么办?”段回答:“要自己抓住武装才有办法,光靠杂牌军不行。”段的话,真是指点迷津,一语千金。彼此想到一处了,于是商定了一个自行组建武装的初步计划。

在段贾商定组建武装起义的初步计划不久,长期担任过蒋介石侍从室主任、当时任国防部中将参谋次长的林蔚,为贯彻蒋介石在长江以南建立30个新军,利用长江天堑固守江南,隔江而治的意图,将贾亦斌请去商量有关解决组建新军所需的干部问题。林对贾说:“在江南建立30个新军,兵源尚好征集,就是没有干部。”进而问贾:“预备干部局能召集多少干部?”贾自忖这是难得的机会,必须抓住不放,就将计就计回答:“第一期复员的青年军共有7.3万余人。在嘉兴、杭州、重庆、汉中等地办了四所青年中学,学生都是第一期复员的青年军,取得少尉预备军官资格的,有1万多人;在南京、镇江等地还有一批为数不少的要求就业的预备干部。如果把分散于这些地方的预备干部召集起来,至少1万人不成问题。”并毛遂自荐地表示:“如能解决编制和装备问题,我愿意负责动员召集和组织训练。”林听了大为高兴,并表示赞同贾的意见。当即说:“你要什么,尽可能给你满足。”贾为了早日建立这支表面属于蒋家“勤王之师”而实际为起义作准备的武装部队,迅速以预备干部局名义草拟了一份计划,经国防部报到总统府军务局。在军务局任职的段伯宇当即加注意见送给局长俞济时转报蒋介石,顺利地获得了批准。决定于1948年11月初组建预备干部第一总队,作为第一步,以后逐步扩充。训练时间预定为3个月。训练期间享受准尉待遇,毕业以后分配到拟建的30个新军各部任排、连长和连指导员。贾亦斌被任命为兼第一总队总队长。贾在取得这一合法身份之后,组建武装的工作比较顺利,仅用10多天时间,于11月初预干第一总队就如期正式宣告成立了。其组织概况如下:

第一总队(前期驻南京孝陵卫原陆军大学旧址,后期驻嘉兴东西两个军营):

总队长:贾亦斌(兼);副总队长:黎天铎、林勉新、潘振球(后增);总队附:祁宗汉、文承山。下辖三个组和四个大队,每个大队辖四个中队,共16个中队。

——三个组:

军事教育组:组长李馥斋,其下又设教育、参谋、技术三个股。

辅导组:组长刘异,其下设宣传、康乐股,还配属一支文化宣传队。

总务组:组长周大公,其下设军需、财务、军械三个室。

——四个大队：

第一大队：大队长李恺寅，下辖第1、2、3、4中队。

第二大队：大队长邓道三，下辖第5、6、7、8中队。

第三大队：大队长兰弼，副大队长胡岳宣。下辖第9、10、11、12中队。

第四大队：大队长李士廉，副大队长陈国骅。下辖第13（交通）、14（通讯）、15（工兵）、16（政工）中队。

还设有一个直属文化区队，区队长由刘汝沧担任，有队员70余人。一个驻上海办事处，主任为李达祥。另设一个联络组，组长为张维（分别公开与国防部有关机关联络，秘密与地下党联络）。

全总队16个中队，每个中队有学员180人左右，加上在总队服务的学员，共有学员3500余名，多来自嘉兴、杭州两所青年中学，有一部分是青年军206师的伤病人员，连同各级官佐，全总队总共有4000余人，军事装备齐全。每个大队四个中队中，两个属步兵中队，一个迫击炮中队，一个重机枪中队。配备有美式步枪、冲锋枪、手榴弹、轻重机枪和60、82迫击炮，弹药配备也充足。

后来扩充为预备干部训练团，团长由贾亦斌兼任，辖三个总队。第二、第三总队于1949年2月先后建立。

——第二总队（驻重庆复兴关原重庆青年中学校址）：

总队长徐云胜，副总队长杨锦枫系贾亦斌的亲信，由贾任命。其学员来自重庆青年中学和在四川要求就业的第一期复员的青年军预备干部，共约3000余人。（由于嘉兴起义被迫提前，无法及时联络同时起义，被蒋军包围缴械）。

——第三总队（驻汉中原青年中学校址）：

总队长：蒋得，系蒋经国的亲信。其学员来自汉中青年中学，共约2000余人。

第二、第三总队的组织编制和装备，与第一总队大体相同。（这两个总队未能参加起义，但在嘉兴起义的影响下，引起蒋的猜忌，将第二总队包围缴械，第三总队也瓦解了。）全预干团共一万人左右。

贾为了组织这支部队起义，与段伯宇商定，对干部作了慎重的选择。其来源有三：一是跟随贾多年的老部下；二是对时局不满而思想进步的原青年军军官；三是曾被解放军俘虏教育释放后在国民党中央训练团受训的军官（对这批军官，国民党空军总司令周至柔曾主张全部杀掉。在一次参谋会议上，周公然说，对这些人如不杀掉，将来亡国就亡在这些人身上。因与会的其他人担心这样干会引起乱子而表示反对，才未执行）。凡担任要害部位官职的如总队各组长，各大、中队长，辅导员等，贾均作了亲自审查，除个别是照顾关系外，尽可能选择最可靠者予以任命。其中有李恺寅、邓道三、文承山、胡岳宣、陈国骅、刘异、杨今、陈济光、彭少怀、张维、李达祥、吴文简、杨兴华、刘耀成、刘汝沧、冯一、王家骏、张若虚、边疆、杨步舟、寇雄、李德厚、王书山等均在起义斗争中起了重要作用，刘异、李德厚、陈全、曹景、吴苏义、胡树炳等许多人甚至献出了宝贵的生命。

酝酿南京“西安事变”

第一总队成立之初驻守南京时，全总队学员仅千余人。当时贾亦斌获悉国民党政府准备南逃广州，在一次贾奉命参加的国防部参谋会议上，参谋次长李及兰公然提出将国防部秘密档案装上大轮船，沉入长江江底，贾当即表示反对，指出毁坏历史档案，将成为民族的千古罪人。而李非但不听，反而气急败坏地说：“成则为王，败则为寇，不能管什么国家民族了。”贾感到必须打乱其南逃和毁坏档案的罪恶图谋，不让这些将国家弄到这步田地的民族败类轻易逃掉，因而紧急约同段伯宇、刘农畯等到其南京干河沿109号寓所密商对策。贾建议在南京举行反蒋起义，制造第二次“西安事变”，由他率领预干总队占领紫金山，刘农畯率伞兵占领两路口飞机场，把蒋介石等大战犯捉住送往解放区，使内战早日结束。但段伯宇认为当时南京有蒋军重兵把守，戒备森严，而自己能调动的兵力则很有限，且准备又不充分，不能贸然行事。

经过反复讨论取得共识，段归纳为三条：一、搞革命不能感情用事，不能盲目行动，更不能快意于一逞；二、要反蒋得有充分准备，有组织、有计划、有领导地进行；三、要抓部队工作，积蓄实力，待机行动。并决定：团结一致，掌握军队，坚决反蒋。因此，将南京起义一事暂时搁置起来。会后，根据各自的条件，分头抓军队的策反工作，争取多掌握点武装力量，选择解放军渡江前的适当时机起义。

在淮海战役刚胜利结束，平津战役正在进行时，蒋介石就令其残部大部分退守长江以南，在国际势力支持下，以扼守长江天堑，同时又妄图利用和平谈判来赢得在长江以南扩充编练所谓新军的时间。毛主席及时地发表声明并提出了八项和平条件作为谈判基础，揭穿了蒋的骗局，使国民党政府内部矛盾加剧，反蒋行动接踵而来。贾从总统府侍从人员处获悉国民党华中“剿总”副司令兼河南省主席张轸，于1月1日宣布河南独立；国民党湖南省主席程潜已通电蒋介石，要蒋早日引退；桂系军阀、国民党华中“剿总”总司令白崇禧暗地串通搞所谓“五省联盟”，并打电报逼蒋下野，扶李上台。限蒋于2月1日前提出辞职，否则将采取三项措施：一、把华中“国军”全部交李济深（当时任中国国民党革命委员会中央执行委员会主席）指挥；二、2月1日起，华中地区停止使用金圆券；三、凡从重庆东运的武器弹药将予以截留。当蒋介石接到此电报时，气得发抖，竟当即拔出手枪把传送电报的机要人员打死。宋美龄为此吓得魂不附体，抱着她的洋狗跑到孔祥熙家，对宋霭龄说：“不好了，老头子发疯了！”这就是所谓“南京逼宫”。贾为此十分振奋，进一步坚定了在南京起义的决心，加速了策反工作的步伐。

但由于形势发展很快，蒋介石于1月20日宣布“引退”，回老家溪口，由李宗仁代理总统。分别派往第二野战军（河南）和中共中央上海局（上海）联系的人员未能按时回归，南京起义计划未能付诸实施。

积极准备，等待时机

蒋介石回到溪口后，实行“隐”而未退，倒是以溪口代替南京，以国民党总裁身份继续操纵国民党军政大权。国民党国防部秉承蒋的旨意，将刘农畯的伞兵第三团调驻安亭，贾亦斌的预干总队调驻嘉兴。但形势仍朝着有利于贾继续组织起义的方向发展。蒋加速了组建30个新军的步伐，指令将嘉兴、杭州两所青年中学的学生编入第一预干总队，使这个总队扩充到了4000余人，在此基础上扩充为预备干部训练团，再委任贾亦斌兼任团长，并负责建立第二、第三总队。三个总队的学员合计已达万人。蒋家父子满以为在江南建立30个新军的干部训练工作已部署就绪，正在做着依靠新军坚守长江天堑与解放军隔江而治的美梦的时候，在嘉兴，酝酿更大规模起义的准备工作，又继续开始进行了。

由于1948年冬，在南京期间，段伯宇就通过在上海复旦大学读书的表弟温尚煌（新入党的地下党员）与中共中央上海局策反委员会接上了联系。1949年元旦，在上海市中心一家饭店楼上，策反委员会书记张执一接见了段伯宇。段即将贾亦斌等要求率部起义并请党组织派员领导工作的愿望，以及起义已进行的各项准备工作包括策反其他部队起义等情况，向张执一作了全面汇报。经策反委员会分析研究，决定将策反委员会委员李正文介绍给段伯宇，并指派李负责联系预干总队的工作。从此嘉兴起义的准备工作就有了党组织的直接领导了。为了使起义的准备工作更顺利地展开，段伯宇选定上海港口司令部少将副司令、上海市政务委员会委员段仲宇（段伯宇之弟）坐落上海宝山路的公馆（有卫兵守卫比较安全）作为地下党与贾（亦斌）、刘（农畯）等经常秘密商议工作的联络站。开始议论的起义计划规模很大，拟在苏、浙、皖三省，特别是宁、沪、杭三角地带同时行动，策应解放军渡江，作为里应外合。准备同时行动的有：1. 贾亦斌领导的预干总队；2. 刘农畯领导的伞兵第3团；3. 段仲宇领导的上海港口司令部及其附属汽车队3个团；4. 王海峤领导的工兵第4团；5. 驻守扬中县的41师；6. 驻守上海的青年军209师；7. 驻守浦镇的96军；8. 驻守芜湖的106军；9. 齐国楮旅长领导的江苏省保安第一旅；10. 江苏省保安三个旅；11. 国民党装甲兵第×营。对此，上海局策反委员会既十分重视也很慎重。先由段伯宇陪同李正文亲自去各部队了解情况，后又派联络员到这些部队帮助工作。经张执一等领导人仔细分析研究，认为这样大规模的起义不适宜，还是各自利用有利时机，适时行动为妥。张执一特别指出贾亦斌的预干总队是蒋经国的嫡系部队，如它在蒋的心脏京沪杭地区起义，可以达到动摇蒋的总后方基地的作用，其政治影响极大；即使起义不能取得军事上的胜利，拖垮这支嫡系部队，也可以打破蒋介石建立30个新军的计划。李正文根据这个意见，召集贾、段、刘三人在宝山路联络站研究了预干团第一总队起义的具体问题。会上争论激烈。根据当时敌我形势分析，有的同志认为在嘉兴周围有国民党重兵驻守，起义很难冲出包围圈，与我游击队联系上；如孤军作战，起义较难成功；以等待解放军渡过长江，里应外合起义为好。而贾亦斌却认为在京沪杭地带起义，虽然危险性确实很大，但即使不能在军事上完全取胜，也可达到三个目的：一、嫡系部队起义对蒋政治上是个重大打击；二、在大后方起义，造成人心惶惶，动摇其军心；三、打破它建立30个新军的计划。因此表示：“干革命不能不冒点风险，既然组织上叫干，就应当干。”最后商定抓紧做好起义准备，待机行动。会后，李正文将讨论情况向张执一作了汇报。

张执一肯定了贾亦斌的意见，并决定加紧预干总队起义的准备工作。对其他各部队，则根据张执一有关各自利用有利时机，适时行动的指示，仍与党保持联系，相机行动。刘农畯 1949 年 4 月 14 日率领伞兵第 3 团（当时蒋只有 3 个伞兵团）在海上起义开到了连云港解放区。毛主席、朱总司令曾致电祝贺，“希望你们努力于政治上和技术上的学习，为建设中国的新伞兵而奋斗”；段仲宇除了将自己的公馆作为上海局策反委员会与起义部队将领的联络站之外，还为我地下党一些人员出入上海火车站免遭敌方军警宪特盘查，提供了特别通行证。而在解放上海战役中又把他所部三个特种汽车运输团及时交给了解放军作战使用；王海峤则根据党的指示故意把铁甲车弄坏，堵住浙赣铁路，使国民党军队无法顺利向台湾撤退，蒋介石为此大发雷霆，下令逮捕王海峤，王只得随同地下党联络员撤往香港后转解放区；齐国楮在解放军渡江后率领江苏省保安旅万余人在金坛、溧阳一带投向人民；有的部队虽未起义成功，但在解放军渡江后均未进行什么抵抗而自行瓦解了。张执一说：“这对我军作战，也是有利的。”

1949 年初，中共上海局策反委员会为加紧预干总队各项起义准备工作，又将从香港执行任务回到上海的张文藻派到预干第一总队，担任贾亦斌的秘书，直接在贾身边工作，李正文也常到驻地指导。在嘉兴，还有时畅舟南湖听取贾的汇报，传达中共上海局的有关指示。这样，各项起义的组织准备工作和活动，都及时地得到了中共上海局的指示。贾亦斌从此得到了强有力的依靠，方向明确，干劲更大，一往无前。

接着根据中共上海局的指示，贾在宝山路联络点同段伯宇、李正文一起，首先研究制订了起义的行动方案，按地理环境和当时的条件，在京沪杭地区起义，只有海路或陆路可走，而以海路比较安全。因为部队上了船，只要能控制船的航向，在海上起义，突然调转船头开往解放区，敌人就是追也措手不及。贾本可以有机会在海上组织起义，因为蒋家父子曾要贾率部乘船开往福建。贾原拟趁此机会在船开出长江口后再向北开往解放区。但后来刘农畯也奉命率伞兵第 3 团乘船开往福建厦门鼓浪屿。经贾考虑决定放弃在海上起义的打算，并在制订起义行动方案时，提出在陆地上起义。当时段伯宇对贾不选择比较安全的海上起义，深为诧异。即问贾为何如此。贾亦斌回答：“我的部队，自己有把握控制得住，而刘农畯是刚上任不久，掌握部队困难较大。如果我部先在海上起义，那必然会引起蒋介石父子的警惕。这样，刘部再要在海上起义，就可能不行了。为了让这两支部队都能起义成功，我宁冒危险在陆地上起义，而把在海上起义的机会让予刘部。”段、李赞同了贾的意见并作出了贾部在陆地上起义的决定。后来，贾又再同有关同志共同商量提出了在陆地上起义的两种方案。即：

一、在嘉兴就地起义与上海浦东游击队会合；二、在嘉兴就地起义，向西天目山挺进。应当说不论执行这两种方案中哪一方案，都是十分危险的。因为从嘉兴到浦东或者上西天目山，都在蒋政权的心脏地区之内。从局部角度来看，这里它在军事、经济上占有绝对优势，驻守这一地区的，仅用美式武器装备的正规部队就有四五十万，加上交警、保安部队和宪特警，总数号称七八十万以上；其次，嘉兴地处杭嘉湖平原，水网纵横，湖沼满布。在这里起义，无可依之山，却有水网重重之阻，且敌人据有浙赣铁路、京杭国道等交通线，可以迅速调遣部队对起义部队围追堵截，而起义部队则只能靠两条腿走。三、嘉兴起义的预干总队仅有4000人，又难于得到解放军和地方游击队的接应，处于孤立无援的境地。以区区的4000人去对抗成百倍以上的敌军，加上其他许多不利因素，要在军事上取胜，恐孙膑、吴起再世也难乎其难。然而经过仔细分析，全面权衡，确认在这个地区起义，即使在军事上不能取胜，但在政治上的影响是不可估量的，且还可以为解放军渡江做内应，对迅速摧毁蒋家王朝将产生巨大作用，肯定可以达到上面所讲的三个目的。因此，决定敢闯生死路，不怕做第二个丁锡山（国民党将领，起义后被俘牺牲——笔者注），按在陆地上起义的方案，作起义前的各项准备工作。

——在政治上加强宣传鼓动，揭露黑暗，指示光明。主要采取以下做法：

一是召开各种大中小型讨论会、座谈会，了解思想动态，特别是带倾向性的问题，因势利导，取得共识。

二是集中大家关心的“和”与“战”的问题，组织大型辩论会。2月初，在西大营操场举行一次全总队大会，辩论“和”与“战”的问题。以学员张若虚等为代表发表的“主和论”博得了台下一阵阵掌声，而另一些人发表的“主战论”，却被台下不断响起的嘘声所打断，不得不灰溜溜地走下讲台。足见“主和”大得人心。在预干总队学员中同样如此，而戎马半生的总队长贾亦斌竟然是个主和派。最后，他以铿锵有力的声音表示赞同主和，无疑起了导向作用。

三是举行各种报告会。贾亦斌在一次总队报告会上，很策略地、又毫不含糊地揭露国民党政府派系林立，争权夺利，贪污腐化，昏庸无能，盗窃国家财产，过着荒淫糜烂的生活，有的甚至把金银财宝运往美国，准备在美国做百万富翁；还滔滔不绝地叙述了在前方军事上节节失败，在后方却民不聊生的现实，而矛头所指为谁，却又不予以指名，以留有余地。这些报告感染力极强，进一步激发了学员对现实的强烈不满。

四是总队出版《甦生报》（以示自力更生之意）和各大中队出版墙报。组织官佐、学员自由发表文章，见解。由于其政治性强，又有趣味性，人人爱读，催人奋进，富于启迪。

五是编唱《总队队歌》。歌词是："新的时代，新的觉醒，新的任务，新的行动。我们的后盾——人民；人民的前卫——我们。为主义，肯牺牲；为人民，争生存。新军到处，大众欢腾，把握时机，准备新生。像海燕穿过那暴风雨，像雄狮怒吼在山林中。要慷慷慨慨的死，要轰轰烈烈的生。划时代的史诗由我们写，光荣的凯旋属我们。"尽管由于当时条件的限制，歌词只能是含蓄的，但已强调点出要"把握时机，准备新生"，同样起到了导向的作用。

由于大张旗鼓地开展了上述一系列的宣传鼓动活动，整个总队的官佐、学员思想起了巨大的变化。多数人仍保持着抗日战争时期那种为挽救祖国危亡舍得献身的爱国热情，表示拥护贾的主张，要同腐败官僚斗争到底；极少数对国民党政府原来抱有幻想、持怀疑观望态度的人，也感到国民党政权腐败日甚，大势已去，暗中在考虑何去何从的问题；而个别坚持反动立场者，则极为恐慌。但又以为贾亦斌是蒋经国的得力助手和亲信，对贾这么干迷惑不解。有的以为贾是在执行蒋经国的"一次革命，两面作战"，"走第三条路线"。也有的极力想从贾最亲近的人中探听究竟。好在这样的人不多。整个总队思想发生变化，对起义是极为有利的。

——在组织上，除配备可靠者担任要害部位负责人外，为避开蒋经国派政工人员进入总队的一着，全总队不设专职政治指导员，而在区队以上设由学员自行选举产生的辅导员。为把全总队学员最广泛地发动和组织起来，采用了多种方式方法，公开的有时事座谈会、学术研究会、同学会、同乡会、读书会等；秘密的有同结金兰、依靠骨干发展"三·三"秘密小组等。通过这些方式方法，迅速地把骨干学员组织起来，而且又通过骨干学员最广泛地团结了多数。如第 12 中队队长陈济光先发展了张健行等三人组成"三·三"秘密小组，并到曹王庙里举行一次歃血结盟：誓同生死共患难，永不背叛。又通过张健行等三人每人联系三个学员，层层发展联系，很快将全中队 170 余各学员的 90% 以上组织在联络网中。这样做的目的，就是准备在起义行动中有"进"与"退"两套方案，如遇到特殊情况需要"退"时，可以化整为零，分散作战。在运用这套组织办法前，曾先向中共上海局作了汇报。张执一、李正文等领导人均表示赞同，并指示要团结一切可以团结的人，最广泛地扩大统一战线。

——在军事上从实战出发，加强了军事操练、作战演习和掌握兵器的技术技能训练。由各级队长带领，每天坚持“三操二讲”，风雨无阻。总队长贾亦斌非外出时几乎每天坚持同学员一起出操，共同生活，还深入各大中队队部检查，及时肯定好的或指出问题，从而使学员的军事素质有了迅速的提高。

溪口“考察”，化险为夷

随着起义准备工作的逐步深入，溪口方面似乎也发现了什么蛛丝马迹，感到贾亦斌在嘉兴预干总队的活动有些“异常”。国民党内早就有人认为贾亦斌对时局一直持悲观态度，却对办预干总队如此热心，当时就表示怀疑，现在更是疑窦丛生，因而开始对贾亦斌进行暗中监视。他们派出特务在预干总队驻地日夜监视。蒋经国也对贾亦斌产生了怀疑，他派亲信江国栋（预干局二处副处长）来监视贾亦斌。江国栋携带大量银元来到嘉兴，四处活动，在预干总队军官学员中大搞拉拢收买，暗中调查贾亦斌的言行，窃听学员的各种讨论会、辩论会，收集情报，直接向蒋经国汇报。1949 年 2 月底，国防部曾向保密局（原军统局）嘉兴站发出电示：“贾亦斌言行偏激，应予慎防。”这给起义的准备工作造成了不少困难。但起义已如在弦之箭，无论阻力和危险有多大，都势不可止，必须继续进行。地下党掌握了上述情况后，及时通知了贾亦斌，贾亦斌立即采取必要的防备措施，并提高警惕，加快了准备工作的步伐。

1949 年 3 月初，蒋经国突然电召贾亦斌去溪口见蒋介石。贾亦斌知道这是“鸿门宴”，说明蒋经国已对贾起了疑心，想借此考察贾。去还是不去，贾亦斌颇为踌躇，因为此行关系到嘉兴起义的成败，必须请示汇报上海地下党组织领导。贾亦斌迅速赶到上海宝山路联络站，同李正文、段伯宇急商对策。经过全面分析，认为蒋经国不可能掌握贾亦斌与地下党联系的真凭实据，贾亦斌并没有暴露身份，蒋经国对贾亦斌也只是怀疑。因为当时地下党与贾亦斌只是单线联系，在预干总队内部也没有发展组织。在这种情况下，如果不去，反倒引起蒋氏父子增加对贾亦斌的怀疑，并可能先采取行动，将起义扼杀在摇篮中。只有冒着危险，毅然前往，以行动消除蒋氏父子的疑虑，才有可能挽救正在酝酿的起义，因此会议决定贾亦斌以去为好。

于是，贾亦斌便装着十分坦然的样子，随同国防部监察局长彭位仁一起前往溪口。到达溪口已近傍晚，他们俩住进了武岭学校。当天晚上，蒋经国没有露面。贾亦斌躺在床上反复告诫自己，遇事要冷静、沉着、克制，对蒋氏父子的态度要表现得与其他将领一样自然。贾亦斌还琢磨着可能发生的各种情况及应付之策。想到地下党和同志们的信任与期待；想到起义是顺应民心的正义之举，贾亦斌内心充满了大无畏的勇气和信心。

第二天清晨，先期来此谒蒋的预干团上校主任秘书楼锡源趁彭位仁外出散步，房内只有贾亦斌一个人时，进来悄悄告诉贾亦斌：“有人向蒋先生告密，说你有思想问题，准备带领队伍投共。”他接着又对贾亦斌说：“蒋先生今天8点找你谈话。谈得好没有事，谈得不好就别想回去了。”贾亦斌很感激同事的提醒。果然不出所料，蒋经国对贾亦斌已起疑心，想借溪口之行来考察贾亦斌，如果贾亦斌应对时一语不慎，漏出破绽，顷刻之间便会招来杀身之祸。贾亦斌望着窗外，初春的溪口显得山清水秀，贾亦斌却感到杀气重重。贾亦斌又想，“蒋经国不干脆把我抓起来，说明他没有拿到确凿证据，还在犹豫迟疑之中，只要我处理得当，沉着应付，有可能使局面转危为安。”生死存亡，在此一举。关键时刻，贾亦斌的头脑反而更加冷静清醒。

贾亦斌在练习书法

贾亦斌想到彭位仁是自己的老上级，彭始终器重和信任贾亦斌，贾亦斌进陆军大学和到青年军复员管理处工作，都是他推荐和介绍的。现在贾亦斌要争取他的同情，使他向蒋经国进言，也许可以解贾亦斌之危。所以等彭位仁散步回来，贾亦斌即满怀委屈地向他诉说，蒋经国听信告密而对他产生怀疑之事。彭听后，埋怨贾说：“你这个人呀！遇到不满意，就发牢骚，现在问题来了吧！”看得出来，彭并不相信外面关于贾亦斌的传言，对贾亦斌的处境抱有同情之心。

8时许，蒋经国果然约贾亦斌到丰镐房二楼会客室见面。贾亦斌已经有两个多月没见蒋经国了，这时他已经从上海“打老虎”失败后的颓丧中恢复过来。这次见面没有了以往朋友之间的热情，他态度严肃，话语不多，两只明亮的眼睛始终在打量贾亦斌。一见面，蒋经国劈头就问：“你在嘉兴待的时间很久啊！部队怎么样？”贾亦斌神态坦然地回答道：“时间不长，只有两个多星期。部队思想问题很多，官兵们都很想念领袖（指蒋介石），可否请领袖去训训话，以安军心。”他很干脆地回答：“不可能。”贾亦斌又问：“领袖没空，你能否去？”他又简短地回答：“我没有空。”蒋经国停了一下，好像漫不经心地突然说：“预干总队开往福建建阳。”边说边紧盯贾亦斌，看贾亦斌的反应。贾亦斌知道他在试探，于是毫不犹豫地回答：“好！我回去就带部队开往福建建阳。”并建议他告知参谋总长顾祝同，因为顾祝同曾表示预干总队学员经短训后，即分配到新建的30个军去当下级军官。蒋经国听后说：“可以，我会打电报给顾祝同的。”为了早日脱离虎口，贾亦斌顺势提出：“我可否早点回去作准备？”“不行，你可以住几天，这里还有重要事情，领袖还要找你谈谈。今天就谈到这里。”蒋经国说完，即起身送客。

接下来的几天里，蒋经国派他的机要秘书萧涛英陪贾亦斌游山玩水，实则监视考察，形同软禁；同时还派人到嘉兴预干总队进一步调查贾亦斌的情况。贾亦斌知道自己已落入樊笼，只好表面上装着兴致勃勃，随人到处游山玩水，以消磨时光。当时贾亦斌的处境十分危险，只要嘉兴稍有风吹草动，贾亦斌就再也难以脱身。那几天真是度日如年，焦急万分。贾亦斌曾想趁机逃出虎口，到四明山上去找中共游击队，但监视甚严，无法脱身。贾亦斌在心里告诫自己：要忍耐下去，坚持到底。

大约过了三四天，蒋经国突然通知贾亦斌：“今天晚上，领袖请来了上海京剧团，在武岭学校演出《龙凤呈祥》，约你和我们一家人一同看戏。”“请我看戏，要我到溪口来就是为了看戏？莫非是戏中有戏？”贾亦斌暗忖，耳边仿佛响起了荆轲刺秦王的一首悲壮歌曲——“风萧萧兮易水寒，壮士一去兮不复还”，心里也做好了最坏的打算。如果他们要对贾下毒手，贾亦斌决不会束手待毙，一定要像荆轲那样与他们拼个你死我活。

出乎贾亦斌的意料，看戏现场很温馨。蒋介石坐在第一排，他的长孙和孙女坐在两旁。贾亦斌和蒋经国及夫人方良安排在第二排，身后坐的全是侍卫。在看戏过程中，贾亦斌曾动念想学荆轲刺秦王那样，拔出手枪打死蒋介石，然后再自杀，以谢天下。但贾亦斌想到中共上海地下党组织的嘱咐，“我们无产阶级革命不主张暗杀”。于是放弃杀蒋行动。整个看戏过程很平静，看完了戏，蒋氏父子对贾亦斌未作任何表示。

这场“戏”演完了，蒋氏父子对贾亦斌的考察似也告一段落，显然他们没抓住贾亦斌什么把柄，但蒋经国仍然不放贾亦斌回去。贾亦斌担心日久生变，一直在寻找机会争取早日跳出这个牢笼。机会终于来了。

3月11日上午，贾亦斌照例又由人陪着“游山玩水”，自雪窦寺妙高台下山途中，正巧遇见蒋经国陪同阎锡山上山。那天，蒋经国显得情绪很好。贾亦斌趁机向他提出，溪口风景已游遍，想回嘉兴为部队开往福建作安排。也许蒋经国经过八九天的监视考察，未发现贾亦斌有什么“异常”情况，在嘉兴预干总队也没抓住贾亦斌什么把柄，一时无法处置。今天见贾亦斌要求返回嘉兴，趁着高兴，就爽快地答应了。贾亦斌得到他的允许，如同出笼之鸟，一刻也不敢耽搁，当天就同彭位仁一起离开溪口经宁波回上海了。

此次溪口之行，是贾亦斌同蒋经国的最后一面。很多年过去，贾亦斌才从方庆延处得知，蒋经国从上海“打老虎”失败后，就已对贾亦斌产生了怀疑。据方来信说，1948年11月上海“限价”失败后，蒋经国去奉化前，回到南京励志社2号住处。那天天气阴沉，蒋经国打电话到预干局找方有事。大约上午10点左右，方庆延到了励志社。蒋经国一个人在房间里，埋着头坐在沙发上。方进去后，蒋一摆手指着对面沙发示意他坐下，一手拿起一支烟，一手拿火柴点着了烟，深深地吸了一口，慢慢地说：“简直是众叛亲离了！你知道贾亦斌……这个人的情况。……你要主动接近他。必要时全权负责处理他。”方对蒋这一指示采取了淡然处之的态度。不久，方随预干局去广州，遂不了了之。由此可见，此次溪口之行确系险象环生，千钧一发。由于贾亦斌机智沉稳，才得以化险为夷。

断然起义，义无反顾

3月12日，贾亦斌回到上海，即到华楼饭店向地下党领导人李正文、段伯宇、张文藻等作了汇报。党组织对贾在溪口善于应付各种事态，安然回来，作了很高的评价和慰勉。同时贾也再向党组织提出了加紧准备起义的设想和可能遇到的问题。经过党组织讨论研究，作出了几项决定：一、把住在花园饭店的贾夫人谭吟瑞及其儿子贾宁送到鸿福里17号楼下一朋友家隐蔽起来，对外则声言送到福建去了，以减少国民党对贾的注意。实际由谭继续担任秘密联络工作。二、加速对驻京沪地区的国民党军队几个军师和江苏省的几个保安旅进行策反工作，并分别派宋健人、李炳琳等到有关司令部联络，其他人也分头去做策反工作。第一项决定对免去贾的后顾之忧确实起了很大作用。贾夫人谭吟瑞由于受其祖父谭嗣同的思想影响很深，具有强烈的爱国爱民之心。她也深知贾已下决心去干的事是不可能轻易改变的，既为丈夫选择走起义之路而自豪，但也因其子还只有两岁，不能不有所顾虑。在组织上作了安置之后，就更坦然支持贾一心投入起义斗争了。

当贾和李正文、段伯宇等为执行党组织决定，到上海一个蒋军部队进行策反取得了进展，又转到南京再做另一部队的策反工作时，上尉军需张维从上海匆忙赶来报告："国防部已将贾所任本兼三职都撤掉了，调为国防部部员，派往南京卫戍总司令部服务（实际将贾看管起来），并派黎天铎继任总队长。李、段对此事态和贾的安全深表关切，感到工作刚刚做好又被敌人破坏了。但贾却向党表示："只要我还能活着，就一定能在党的领导下，率领这支队伍起义，请组织放心。"并即告诉张维："为防止国民党强加我'拒不移交'或'交代不清'等莫须有的罪名而把我关押起来，请叫有关人员尽速办理好移交事宜。"随后贾即同李、段一起从南京赶到上海，向中共上海局有关领导汇报了上述事态。上海局对此立即做了研究，并决定由贾亦斌执行原拟定的第二种方案——在嘉兴就地起义向西天目山挺进。在到达西天目山之后，同中共苏浙皖边区游击队会合，并用"苏浙皖边区民主联军"的番号开展活动。起义时间定于4月15日，以便策应解放军渡江。贾毅然接受了党的这一决定，向党组织仅提出："这样的起义十分危险，万一自己牺牲了，请党组织批准我成为一名共产党员。"经中共上海局审查，批准了贾亦斌为中国共产党党员，同时对其妻小也立即作了妥善安置，进一步免除了贾的后顾之忧。

贾亦斌全家福

当贾被国民党撤去本兼各职的命令传达到了总队之后，官佐、学员大哗。有的贴出标语："谁叫我们的贾总队长离开我们?""谁剥夺了我们的温暖?""谁打掉了我们的火车头?"等等；很多学员自动罢操、罢课；有的准备上南京请愿或表示要上山打游击。闹了几天，且越闹越激烈，弄得国民党，特别是黎天铎感到众怒难犯，无法收拾。黎不得不求助于贾亦斌，想借助于贾在全总队的崇高威望，去稳住学员的情绪。于是以欢送为名，邀请贾亦斌回到嘉兴去出席欢送贾总队长大会。为平息学员的愤怒情绪，还决定聘请贾为名誉总队长。当时地下党鉴于如果这样大闹起来不利于起义，也指示贾立即接受邀请赶赴嘉兴去稳定局势，同时相机指示骨干注意斗争策略，要等待时机，切勿乱动。当贾步入欢送大会主席台时，全场欢声雷动，掌声经久不息，许多人甚至热泪盈眶，出现了感人肺腑的场面。贾在这个大会上给全体学员上了"论预备干部制度"最后一课，并接受了"名誉总队长"的聘书。这既是对国民党"撤职"的否定，也为起义作了再一次的思想动员。

3 月下旬，贾从嘉兴回到上海，住进吴宫饭店，发现有特务盯梢。贾机警地摆脱了盯梢，即赶到宝山路段仲宇住处，与段伯宇一起研究起义的具体事项。4 月 3 日凌晨，贾偕同副官孙效武又秘密回到嘉兴，在北门钮家滩一家可靠又便于隐蔽的老百姓家中住下。按与段商定的办法，着手组织力量，分头做起义的具体准备工作：1. 派出总队直属文化区队队长刘汝沧等人，按照预定的起义部队经过路线绘制地图，并侦察沿途驻军状况；2. 派出人员去与地下党指定的朱专员接上联系，以便部队起义后及时得到接应；3. 请张文藻将起义各项具体准备工作及进展情况向上海局领导请示汇报；4. 派人到上海催修并尽快取回无线电收发报机；5. 贾则在秘密地点，与亲信人员保持经常接触，掌握动态，处理问题。

为了进一步深入对骨干作一次动员，以便更好地发挥骨干的作用，4 日深夜 12 时，贾在另一秘密地点——秀成桥畔一个槽坊里，召开有 30 多名骨干参加的会议。当贾讲了这次采取行动的意义时，有个湖南口音重的学员站了起来提出："何时行动？到何处去？与共产党有无联系?"等三个问题。而这三个问题属于核心机密，恰恰正是地下党一再指示秘而不宣的问题。贾注意到这一点，就用制止的语气说："到时候会告诉你的。"原来这是一个伪装积极混入骨干队伍居心叵测之徒。由于对其了解不彻底，未对他采取果断的措施，后即出现秘密被泄露的种种迹象。尽管此人知道的情况不多，涉及不到核心机密，但已造成形势骤变，十分危急。这时犹豫不决，有可能招致起义夭折。因此贾果断决定提前起义。4 月 5 日，李正文赶到嘉兴，在车站附近一家药店与贾会面，后又到南湖登上游艇听取贾的汇报。李正文根据当时预干总队内出现的情况和贾的建议，代表党组织同意了贾的行动计划。

好在这时候起义的准备工作已大体完成，只是无法将提前起义的信息及时传送给原来约定或已派人去约定同时起义部队。这样就无法相互声援和牵制敌人，从而给这次起义增添了许多困难。

贾在秀成桥畔召开骨干会议的情况被泄露之后，黎天铎即到处寻找贾亦斌。6 日清晨早操时，黎直接追问李恺寅："听说贾局长到了嘉兴，你不会不知道。"尽管李斩钉截铁地回答："不知道。"但黎还是纠缠不休。接着又假惺惺地说："我要去拜访贾局长，请你告诉我他的住处。"李不予答复，黎就缠住不放。直到下午四时，李才乘隙摆脱纠缠，奔到贾处告急。贾见事已败露，即当机立断决定：提前于 4 月 7 日凌晨起义。当时李焕阁旅长已派车来接贾去平望商讨协同起义问题，也只好婉辞了。

为了力争有一两天时间，免遭敌军围追堵截，贾机智地决定起义分两个步骤。第一步迫使新任总队长黎天铎签署命令：率部到莫干山去进行军事演习，以取得合法名义，瞒过国防部和京沪杭警备总司令部及当地驻军，以便于起义部队安全越过京杭国道；第二步在越过京杭国道之后，等到了我地方游击队经常出没的地区——天目山，再昭告天下——起义反蒋，并打出地下党给予的"苏浙皖边区民主联军"的番号与当地游击队会合，策应解放军渡江。为了走出第一步，采取了以下措施：一、向各大中队下达命令，迅速准备好武器弹药，饱餐一顿，率领所部到西大营操场集中待命出发行军演习；二、立即在东西两大军营实行戒严措施；三、将黎天铎等包围于总队部办公室，由贾亲自出面与黎谈判。垂暮时分，李恺寅、邓道三派了几十名全副武装的学员给贾当警卫，陪同贾到达总队部，与黎短兵相接开始谈判，以先礼后兵的办法，对黎晓以大义，劝导他识时务，立即签署到莫干山去进行军事演习的命令。如遭拒绝，则立即予以就地处决。在谈判过程中，黎迟迟不肯表态。快到午夜时分仍僵持不下。考虑到时间不容再拖，贾即向黎发出最后通牒："我是共产党派来的，你现在有两条路可走，一条是把我送到国防部去，可以升官发财；另一条是跟我们走，下令行军到莫干山演习，限你五分钟内回答。"

这时总队部已被学员团团围住。沈正发、王正斌、万少甫等学员即以刺刀对准了黎的胸膛，另一些学员用手枪对准了黎的脑袋，吓得黎瑟缩发抖，满头冒汗，才对贾说：“你是我的老长官，你带我走的路不会错，我听你的。”接着拿起笔来签发了到莫干山行军演习两天的命令，并立即对外作了宣布。

很快，驻西大营的第二、第三大队和驻东大营的第一大队全部集中到西大营操场。第四大队只来了第14、第15中队，而第13、第16中队未能按时到达。这两个中队同住一幢楼房。由于第13中队队长林荫（黎天铎的亲戚〉乘学员还躺着睡觉之际，手持冲锋枪堵住大门，口里狂叫：“不准动，谁敢动就打死谁！”然而林这么干，只能吓唬胆小的，第16中队不少学员见门被堵，就从二楼窗口跳楼，其中边疆、王国炳、杨步舟就是跳楼的带头人。接着东大营响起了少数枪声和手榴弹爆炸声。为了避免林荫带队捣乱造成恶果，贾亲自率领两个中队并押着黎天铎一起到东大营附近，责令黎命令林荫将队伍带到西大营集中，但林拒不从命，又僵持了近三个小时。这时已近黎明，形势迫使所有部队必须迅速离开嘉兴。鉴于林荫中队也有一些人自行投入了起义大部队，又不宜用武力解决林荫的问题，不能因小失大。贾当即回到西大营指挥所有部队迅速离开嘉兴，并指定值星中队长曹仲如率队为前卫，领先向天目山方向前进，自己带队断后。一场震惊中外的嘉兴起义，就于1949年4月7日凌晨爆发了。

蒋经国痛哭流涕作检讨

起义部队出了嘉兴城之后，林荫即到嘉兴国民党城防司令部报告。该部又立即分别急电国民党国防部、京沪杭警备总司令部和浙江省警备司令部。这对国民党政府自是一个心脏起爆，顿时慌乱一团。当天凌晨，住在溪口小洋房的蒋经国收到嘉兴、上海同时发出的寥寥数字的急电：“贾亦斌昨晚叛变，总队长黎天铎下落不明”时，整个溪口一片惊恐沮丧。蒋经国犹如心头被剜了一刀，悔恨交织地“为此痛哭流泪向乃父检讨”（蒋经国亲信蔡省三语）。蒋介石气得暴跳如雷，痛斥其子“无能”，“用人失策”。他们都知道这场起义非同一般，对他们将是致命的，非镇压下去不可。蒋介石手令国防部调兵遣将，迅速调集了蒋军25师、105师、108师、36师和87军一部分以及江浙皖三省的保安部队、交警部队，甚至不惜调动防守“长江天堑”的陆军和空军。以几十倍于起义部队的兵力，对这支起义部队设下重重包围和一道道堵截线。于是一场包围堵截与反包围堵截的恶战在乌镇及其附近地区打响了。

7日下午5时许，当起义部队抵达桐乡县茅盾（沈雁冰）的故乡——乌镇时，国民党的围追堵截部队已在乌镇及其附近的吴兴、武康等地布下包围圈和堵截线。起义部队面临的形势是十分严峻的。但贾亦斌临危不惧，冷静指挥，包括避免乌镇毁于战火，殃及茅盾故居和乡镇居民生命财产的事都考虑到了。命令起义部队绕过乌镇市区，从乡间道路，到乌镇附近一个空旷场地集中，然后举行庄严誓师。他以简短的语言，慷慨激昂地向全体起义人员揭露国民党的罪恶图谋，指出起义部队面临的严峻形势，将起义行动的第二步提前宣布："举行反蒋起义！快速越过京杭国道之后，就有中共苏浙皖边区游击队接应我们，胜利是属于我们的！"全体起义军官学员，报之以震耳的口号声："坚决反蒋起义！拥护贾指挥！"接着贾按"轻"（卸掉笨重行李，只拿武器），"快"（快速冲过京杭国道），"散"（分散突围）三字方针，号召只拿武器，丢掉行李和书籍，轻装对敌；还强调宣布了几条纪律，其中有："我们的后盾——人民，我们为人民而起义，决不能扰民、害民，决不能拿群众一针一线。"同时派出人员就近征集船只近百艘，让一夜未眠，一天未进食，加上一天强行军而异常疲惫的学员乘上船，准备乘夜开航西进。这样好让学员在船上稍事休息，穿过水网，估计如果顺利，翌日天明，就可到莫干山和天目山麓。那时再同国民党追兵作战，会更有精神。但一入夜，国民党围追部队的枪声就从乌镇四周打响了。一发炮弹正在贾的坐船旁边爆炸了，有些船只被炸沉了，干部学员均有死伤，其中杨兴华（区队长，伤）、胡树炳（学员，死），就是最先死伤的人员。气愤填膺的干部学员纷纷登岸，用迫击炮、轻重机枪等各种武器坚决予以回击。贾亦斌为了将敌人压住，亲自率领一、三大队，在迫击炮、重机枪的炮火掩护下向敌人的炮兵阵地发起冲锋。敌人的炮火被暂时压住了。但疏忽了对黎天铎等人的看管，他们趁机逃跑了。

敌人的进攻虽被暂时压住了，但形势仍然极为严峻，贾利用间隙同几位大队长和其他一些主要骨干商量决定分三路突围：

第一路约800人，由贾亦斌亲自率领，边打边掩护撤退。经过二昼夜激战，转移到了双林镇，再前进到达菱湖。

第二路1000余人，由辅导组长刘异任指挥，冯一（原名冯廷耀）、王家骏任副指挥，率领部队朝莫干山进发，经过三昼夜冲破敌人的阻击，10日到达离莫干山15里的三桥埠。当夜再突破敌人的封锁线，冲上了莫干山。由于当天大雨滂沱，起义人员衣履尽湿，加上从7日起已有两三天未曾进食，空腹行军，十分疲惫，有的学员甚至随地一躺就睡着了。这时国民党武康县长兼莫干山管理局局长王正谊见起义部队上了山，又显得疲惫，一方面假装表示同情，招待膳食，安排住宿，麻痹起义部队；同时暗地里派人下山向奉令围追的敌军赵荡辉部报告，很快赵部即冲上了莫干山，封锁了各个山口道路，将这路起义部队层层包围。11 日凌晨，再向起义部队进逼，形成短兵相接，迫令缴械。由于寡不敌众，无力抵抗，这路起义人员均被俘虏。对此，国民党大做文章。浙江省主席周品还以王正谊“有功”，又是亲自接见，又是通令“嘉奖”。但是起义人员反蒋之志，是难以征服的。尽管被俘人员被押送回嘉兴关押，刘异惨遭杭州军法处长杨万昌秘密装进麻袋，沉尸于钱塘江底，但冯一、王家骏、沈正发等许多人则先后乘隙逃脱归队，继续奋勇作战。

第三路约 700 人，由第一大队大队长李恺寅率领，冲破了多道堵截线，到达德清、武康一带之后，追赶的敌军，曾派出特务武装青年救国团团长胡轨带领数十人来向起义部队喊话：“你们不要受贾亦斌的骗，不要受共产党的骗，回来吧！”“贾亦斌有野心，别再上当啦！”他企图借他原来在青年军中的身份，花言巧语，来软化起义人员。但起义的学员分得清谁是骗人者，回答他的是仇恨的子弹！可惜没有命中。这些喊话者还是不知趣地不停地喊着：“你们就是把我打死，我还是要告诉你们，只有蒋局长才是关怀你们的，他不咎既往……”回答他的是更加密集的子弹。寇雄一声令下：“打！”其中一名喊话最起劲的少校，就被学员张德选开枪打倒了。这路人马除极少数疲惫不堪掉了队的被抓了回去外，绝大部分都采取边打边退的办法，摆脱了敌人。

在这几个昼夜交战中，陆地上，有数以万计的敌军围追堵击，哨卡盘查，挨户搜捕；空中，从 8 日起，白天一直有敌机侦察，机枪扫射，散发传单。出阵飞机，每天少则七八架次，最多的达 12 架次之多。这对仅有 4000 人的起义部队，实在不相称。从他们散发的传单，可以看出其用心之良苦。且看看其主要内容：1. 捕送或击毙贾亦斌归来者重赏；2. 胁从不问，希速归来；3. 国军已布下天罗地网，你们欲逃无路；4. 你们不要再为有野心的贾亦斌卖命了；5. 悬赏 5 万银元购缉贾亦斌。从这些内容不难看出，他们以为金钱可以买得一切。殊不知他们正是因为刮钱，刮穷了天下的老百姓，弄得民怨沸腾，人心丧尽，被人民称之为“刮民党”，最后落得个“失人心者，失天下”。也许是他们的本质决定他们不可能知道这支起义部队的成员正是不肯与之同流合污，摒弃了他们可能赐予高官厚禄的机会而投奔不重金钱而全心全意为人民服务深得民心的共产党的。用金钱收买怎不枉费心机呢！

正如后来贾亦斌诗作所说：“革命从来不惜命，买头枉自费精神。”这既概括了贾本人的品格，也歌颂了革命者不爱爵禄爱人民的精神。同他一同起义者决不会贪财去出卖爱国爱民之士和自己的灵魂。尽管起义后形势十分严峻，但没有任何人出卖贾亦斌，而是千方百计去寻找贾亦斌，与之共同战斗。贾还与部属互相接济。当贾看到一名学员因体力不支无法跟上部队时，他当即从口袋里掏出几枚银元给他作暂避民间的盘缠；在最危险的时候，副大队长陈国骅脱下手上的戒指交给贾亦斌，说也许你会用得着的。当贾率领的第一路突围部队到达双林镇之后，第三路突围部队由李恺寅率领前来会合了。这两路部队，由于遭到敌人的连续追赶和重重堵击，几乎每前进一步都要付出重大的代价，减员不少，检点人员合起来也只有300余人了。经过召开骨干会议，分析形势：起义部队只有突破京杭国道，才有可能与当地游击队会合。而京杭国道沿途有敌军36师用装甲车和汽车不停地巡逻，防备严密。起义部队要冲过去，只有在“出其不意”上下工夫。于是决定：一、起义部队利用夜行军，从敌人可能认为我们不敢去的地方突破；二、起义部队冒充敌军36师的部队由袁副团长（由贾冒充，并化装袁瑞）率领去追剿“叛军”。吴兴城内设有吴兴联防处，防守甚严，料敌人认为“叛军”不敢从此通过。起义部队决定偏偏要大摇大摆地从这里闯过去。当起义部队开抵吴兴南门外道场山时，山头已被浙江省的保安团占领。于是起义部队学着蒋军看不起保安团部队的神情，对他们大声喊叫：“我们是36师前来追剿嘉兴‘叛军’，捉拿贾亦斌的，你们还不赶快下来！否则老子毙了你们。”他们信以为真，立即派总务科长颜修汉带领二名士兵下山来同起义部队联系。等他们一接近，起义部队突然命令：“把枪放下！”并以手枪对准他们的脑袋，责令他们把山上的保安团队伍喊下来。他们出于无奈，只得向山上喊道：“是自己的部队啊！你们快下来吧！”就此起义部队把他们缴了械，还要他们为起义部队筹集了一些粮食，搞来了一批船只。使起义部队从吴兴城南顺利地渡过了河，突破了京杭国道封锁线。

良村血战，死里逃生

起义部队在越过京杭国道之后，并不像原来设想的那样很快就能与中共苏浙皖边区游击队接上联系，取得支援，处境仍然是极其困难的。因为在过去几天的战斗、奔驰中，昼夜行军，又没有给养。自7日以来，几乎没有正常进过食，饿极了，倦极了，走不动了，有的掉队了。他们有的躺在村里的稻草堆里，有的在田埂、水沟旁就睡着了；实在饿极了，也顾不得体面，只好向老百姓讨点吃的，甚至在路旁拔根竹笋，放在嘴里咬着嚼着充充饥，似乎这比平常吃鸡鱼肉还更有味儿呢！饥饿、日晒、雨淋，几天不能睡觉，敌人不停地追赶袭击，这对过惯了学生生活的学员来说，实在难熬。用他们自己的话来说，真是从娘肚皮里生下来之后没有吃过的苦啊！可是他们仍然只有一个信念：就是跟上贾亦斌的队伍，跟着贾走向光明。当他们充了一点饥或睡上一觉醒来，只要不被敌人捉住，总是朝西走，因而跟在贾亦斌周围的队伍人数少了又增加。当贾亦斌在行军中不幸碰伤了脚，趾甲外翻，步履艰难时，学员就抬着他继续向西挺进。

好不容易，队伍冲过京杭国道终于到达了妙西山良村，满以为比较安全了。上山以后，就自然地坐在一起，稍作休息，心里都很高兴。李恺寅风趣地说："现在请袁副团长（指贾）给我们讲话……"贾刚讲了两句："我们天天想上山打游击，现在我们终于到达山里了……"埋伏在附近的敌人，又围上来了。起义部队虽极疲惫，但不得不迅速应战。敌人居高临下向起义部队射击，一次又一次发起冲锋。这时，能压住敌人的火力点，就能掌握战场上的主动权。于是贾当即命令陈国骅带领30多名勇士，冒着弹雨冲向离起义部队集结点不到100米的敌人机枪阵地。敌人的机枪被打哑了。又发现远处有一骑马的指挥官来往奔驰，指挥敌军冲锋。打蛇要打七寸，贾手一指，叫机枪狙击手："先打死他！"这个凶恶的敌人倒下去了。残敌被迫溃退。这一仗，敌人丢下的武器，仅轻重机枪就有七八挺，死伤了几百人。队伍也伤亡了近百人。这是队伍起义以来打得最艰苦最悲壮的一仗。也说明了队伍进山以后，并未脱离危险境地。很可能敌人已察觉贾亦斌的所在，会有更艰苦的战斗，需要认真对付。

贾亦斌看到战斗越来越艰苦，跟着自己的部属一个个牺牲，心里十分沉痛，但作为主要的指挥者又不能不强忍自己内心的悲痛，沉思着如何对付敌人，内心里发誓：只要自己能活着，定为牺牲的战友报仇！

良村一仗之后，跟随在贾周围的起义队伍仅剩下80多人，而敌人并没有因为良村一仗弃尸丢械而放松对起义部队的追击围困。为了摆脱困境，贾决定对敌人采取新的对策：一、在沿途散布贾亦斌已在良村被打死了，借以迷惑敌人，分散其注意力。果然这一着起了作用。国民党在得知这一消息以后，信以为真，喜出望外。很快在国民党报纸上以大幅标题登出：

贾亦斌向笔者回忆过去的战斗岁月

“贾亦斌在良村被击毙”。香港报纸也转载了这一消息。从此穷追之敌稍有减弱。二、更加注意争取老百姓的支持和协助。由于起义部队纪律严明，即使挨饥受饿，一路上也未发生过任何扰民害民事件，与国民党军队形成鲜明的对照，博得了广大老百姓的好评和同情。这点连国民党的报纸也不得不承认，并对老百姓支持起义部队表示忧虑。在起义部队更加注意了争取工作之后，老百姓对起义部队的支持更多了。良村一仗之后，起义部队就在老百姓的支持和指点下，找到了抗日战争期间新四军开辟的一条隐蔽小道。他们自愿给起义部队带路，使起义部队连夜翻越了几座山头。三、进一步化整为零，能乔装者乔装前进。在这一部分起义部队到达安吉之后，贾和李恺寅等在一家老百姓家里换上了便衣，走在前面，一方面带路，一方面侦察敌情，与部队保持一定的距离。在行军的路上，李对贾说：“无论如何要保住你，有你在，我们总有一天能和共产党再接上关系。万一我们两人都被敌人捉住，我承认自己是贾亦斌，你想办法脱身去找共产党。”还说：“我走在前面，可保护你。”这是多么崇高的感情，既体现了李为了起义不惜献身的精神，又表明贾率部起义是深得部属拥护的。就这样，他俩一前一后走出了村口。走了不到半里路，就遇上了隐蔽在山沟杂树丛中的敌人。当时贾身穿旧布长衫，声称自己是小学教师，被“叛军”拉来带路的。一个带队的保安中队长说：“我们县长就在后面，马上就到，你们先等一等。”贾想这些人并不知道他是谁，但是他们的县长可能掌握着通缉他的照片，如果遇上了县长，可能就糟了。这伙保安部队强搜去了贾一只手表和一些钱，然后问道：“要你们带路的叛军在哪里？”贾用手向相反方向一指，说：“就在前面那个村里，我们刚从那里逃出来。你们需要，我们带你们去。”那个中队长说：“只准去一个，一个留下（实际扣押作为人质）跟我们在这里等着。”李恺寅也担心那个县长赶来之后对贾更危险，就以目示意对贾说：“你带他们去吧！我留在这里。”于是这个中队长派了一个班押着贾向那个村子走去进行侦察。刚走近村子时，突然四面枪炮声大作。原来是几部分头来包围起义部队的敌军发生了误会，互相打起来了。贾趁机摆脱了敌人，跑回到了自己的部队。原来担心贾的安全的部属，见贾出现在自己的面前，自是十分高兴，还向贾毕恭毕敬地敬礼。贾将严重的敌情告诉了他们，并指示作好应战的准备，同敌人周旋，等待黑夜降临，进一步化整为零，各自为战，冲出困境。不一会，战斗果然又打响了，而且很激烈。

1989 年 4 月 7 日至 10 日，贾亦斌（右）、李恺寅一行到嘉兴参加“嘉兴起义四十周年”纪念活动，两人在南湖烟雨楼前合影

这一仗之后，贾的随行人员分散了。贾一人继续前进，走到了一家小铺店门外，向店内一位妇女问路。这位妇女打量了一下之后，指点他穿过她铺店的后门登山，循着陡峭的羊肠小道爬上去。并告诉贾只要过了山，再走一段路，就可以到达梅溪。贾沿着那小路往上爬，由于天越来越暗，又遇上大雨，苔青路滑，不幸滑下山崖，人昏了过去。等到苏醒过来，天已破晓。由于折裂了几根肋骨，走不动了。但只能忍着痛楚和饥饿，在这深山谷地辗转，三天中只摘点竹笋充饥，看不到人影，也听不到敌军的动静。到 4 月 14 日，贾的伤痛好了一点，继续朝着游击区方向前进。一天早上，贾发现一座守山人的草棚，走了进去，守山人打量着贾是个受了伤的人，又浑身湿透，面有饥色，知道贾为“落难者”，很表同情，叫坐下来休息，还烧饭给贾吃，又给贾烤干了衣裳。贾向他表示想到游击区去，请他指点。这位守山人关切地给贾指点了一条下山的道路，并说沿着这条路走不会有什么危险，准能遇上游击队。

贾辞别了这位守山人，沿着他指点的山路下山。傍晚到了梅溪。在梅溪小学见到了几位教员，并看到了《东南日报》对预干总队起义的报道。

该校校长杜培积同情起义。他虽然不知道在他面前的就是贾亦斌，但他似乎估计得出此人是贾部的失散人员，就留贾住了一夜并主动地给了贾3块银元，还请了贫农张家谟给贾带路去找游击队。当时贾身体孱弱，脚很痛，连走路都不方便，张即搀扶着贾走。走了两天，抵达一个不知名的小镇。据告这是个游击队、国民党军，还有土匪经常来去无常的地带。由于天已晚，贾和张就在镇上一家小店住下。睡到半夜，有两名当地游击队员来盘查。这对贾亦斌是求之已久的。贾对这两名游击队员像对亲人一样诉说自己在嘉兴起义以后的遭遇和自己要去找游击队司令部的迫切愿望。他们听了既高兴又同情，旋即送了贾一双准备自己穿的新鞋。天明以后，游击队员打发张家谟回了家，同时领着贾朝游击队根据地前进。在困难地段还用滑竿抬着贾走。在通过了游击队几个交通站之后，终于到达了根据地，从此贾才脱险了。

贾亦斌在游击队根据地见到了游击区委负责人。这位负责人再领贾到县委见到了县委陈书记。然后由陈书记陪同贾到了设在宁国县境的苏浙皖边区工委所在地。工委书记、游击队政委钱敏一见面就问："贾亦斌在哪里？"贾亦斌回答："我就是。"钱敏见这位站在自己面前的就是在嘉兴起义后历尽危险的贾亦斌，自是非常高兴。两人像一对久别重逢的战友，紧紧握手，互相凝视，传送着相互敬佩的感情。钱说："当敌人正在疯狂追击起义人员的时候，游击队已派人员去接应起义者，可惜没有联系上。"之后，钱给贾安排了最好的膳宿，并请来了医生给贾医伤治病。这时解放军已横渡长江，游击队从溃逃的敌军手中缴获了不少美式武器。贾向游击队介绍了这些武器的性能和使用方法。在休息了几天之后，钱政委将贾介绍到芜湖再转到南京市军管会接上了组织关系。

不久，在嘉兴起义后，撤退到香港的李正文回到了南京，见到香港报载已在"良村被击毙"的贾亦斌出现在他面前，彼此的高兴，自是用语言难以表达的。几天之后，李派车将贾接到丹阳。第三野战军司令员陈毅和中共中央上海局书记刘晓以及曾山等领导人在丹阳大旅馆亲切接见了这位嘉兴起义的领导人贾亦斌，并深致慰问和勉励之情。贾对几位首长说："我没有能将起义部队全部带到解放区，感到……"不等贾把话说完，陈毅司令员就说："不！你已经胜利地完成了起义的任务……你的英勇爱国行动值得称赞！"

几天后，为帮助贾逃脱而自己却遭敌人扣押然后乘隙脱险的李恺寅（他脱险后，在无锡得知国民党江阴要塞起义，到江阴找到解放军，向华东局有关部门作了汇报）也到了丹阳，与贾相见。这两位患难与共的战友重逢，喜泪纵横。他俩在回顾嘉兴起义斗争时，异口同声地说：“我们的起义，军事上虽被镇压，但我们预定的起义三个目的，都已达到了。”

贾亦斌在丹阳受到三野和中共中央上海局领导人接见后，奉命随同华东军区社会部副部长杨帆和王征明等同志进入上海，被任命为上海市公安局干部训练班副主任（主任为杨帆，王征明和贾亦斌副之）。同时，上海市军事管制委员会派李恺寅、张维等前往浙江杭州等地，将流散于这一地区的嘉兴起义人员接到上海。由于当时条件限制，接上联系的仅有20多人。有的由上海市公安局直接安排了工作，多数人进入了上述干部训练班学习。进入训练班学习的计有冯一、王家骏、杨德生、寇雄、郑心、李苏、张健行、刘宗宁、陈诗秀、张志超、万少甫、王鹤台、李广文、刘汝沧、李中生、杨步舟、张若虚、沈正发、王书山等人。

在训练班开学那天，第三野战军司令员、上海市市长陈毅，九兵团司令员宋时轮，中共中央上海局副书记刘长胜，还有副市长潘汉年等领导人均出席了开学典礼。陈毅同志发表了热情的讲话，亲切勉励嘉兴起义人员将来在各自新的工作岗位上刻苦学习，努力工作，多做贡献。贾亦斌代表起义人员致了答词。这是嘉兴起义人员最幸福的时刻。几十年来，他们一直把它铭刻在心，成为鞭策自己不断前进和经受起一切考验的动力。在以后风风雨雨的岁月中，始终不懈，不断战斗，永远前进。

蒋经国派人香港行刺贾亦斌

1949年春的溪口之行，是贾亦斌与蒋经国的最后一次见面。以后，蒋经国随蒋介石去了台湾，继续其下半生的政治生涯。从此，他们俩天各一方，海峡阻隔，不得相见，而双方的间接交往却并没有断绝。

50年代，海峡两岸处于严重的敌对状态中。贾亦斌当时在宋时轮将军的九兵团，从事对外联络工作。1950年，贾亦斌在“一定要解放台湾”的号召下赴香港工作。蒋经国得知后，发誓要除掉贾亦斌。

贾亦斌说：“记得当时住在香港九龙尖沙咀西洋菜街。有一天，我与旧部约好在尖沙咀的半岛饭店见面，还没谈几句，我发现情况不对头，饭店周围有一些形迹可疑的人。我当即决定中止会谈，迅速撤离。”

贾亦斌出了饭店就租了一辆计程车，即发现后面有车跟踪。贾亦斌要司机东拐西拐，接连换了3次车，才最终把“尾巴”甩掉。后来，知情者告诉贾亦斌，跟踪贾的特务曾说：“贾亦斌太机警了，本来差不多要得手了，却还是让他逃掉了。”

随后，贾亦斌从原上海警备司令部稽查处处长，随贾亦斌去香港的郑重为那儿得知，蒋经国在获悉贾亦斌秘密进入香港后，立即命令情报特务系统的香港站站长王新衡，要他设法除掉贾亦斌。

王新衡是蒋经国的留苏同学。他受命后找过郑重为，要郑参与除贾行动，并传达蒋经国的指示：打探贾亦斌的住址，可得5万美金；活捉贾亦斌，可得20万美金。

当时，国民党已派军舰在香港附近海域游弋，一旦捉到贾亦斌，即绑架到军舰上，押往台湾；如不能活捉，就采取“打闷棍”的方式处决贾亦斌。并许诺，处决贾亦斌后，可在台湾受到很好的保护。如果在台湾仍无安全感，可移民巴西，并确保安度终生。

蒋经国为何必欲去贾亦斌而后快呢？贾亦斌分析原因有三：一是贾亦斌率部起义后，蒋经国受到蒋介石的痛斥，唯除掉贾亦斌才能解蒋氏父子心头之恨；二是蒋经国自建情报系统后，与国民党原情报系统各派矛盾日益尖锐，贾亦斌的起义使其陷入受人攻讦的口实；三是青年军中大量军官与贾亦斌过往较密，他以为只有除掉贾亦斌，方可消除其嫡系部队的心腹之患。

在香港，贾亦斌的活动是很危险的。但为了“解放台湾”，实现祖国统一，贾亦斌义无反顾，冒着生命危险，坚持工作，直到奉命返回上海。

跨海传话，重续友谊

由于贾亦斌曾是国民党国防部预干局代局长的特殊身份，又是国民党青年军的上司，所以后来他曾到福建沿海对去台的青年军将领，如驻金门的刘安祺、驻澎湖的郑果将军、海军陆战队司令罗又伦将军、宪兵司令王永树将军等人，发表广播讲话，号召他们迅速举义归来。

1957年3月，驻台美军上士雷诺枪杀“革命实践研究院”少校学员刘自然，竟被美军军事法庭宣判无罪，引起台湾当局和民众的不满与公愤。5月24日，台北市民捣毁了美国驻台的“大使馆”，这就是著名的“五·二四反美事件”。美国报刊一致认为蒋经国及其亲信是该事件的主要策划者。“刘自然事件”表明美蒋矛盾达到了高峰，也反映出包括蒋氏父子在内的绝大多数国民党人仍然具有民族意识，是值得称许的。贾亦斌从中又看到了以前所熟悉的蒋经国的性格，即不愿屈服于外国的压力之下，私心甚感快慰。于是发表广播讲话，对刘自然之死表示悲愤，对台湾民众的反美正义行动表示支持。

同年，贾亦斌参加了全国政协二届三次会议，在会上，贾亦斌向台湾当局呼吁，以国家民族利益为重，化干戈为玉帛。

六七十年代，蒋经国逐步从其父手中接过权力后，推行若干“革新”措施，同时大力发展经济，在其他各种条件的配合下，促成了台湾经济的“起飞”，使台湾人民的生活有所改善，受到了各界的称赞。尤其是蒋经国坚持“一个中国”的原则立场，对“台独”势力保持警惕，采取了压制和防范措施，这是贾亦斌最为欣慰的。贾亦斌说：“记得 1972 年美国总统尼克松访华，在《上海公报》公开发表前夕，周恩来设宴庆贺，我当时任上海民革副主委，应邀出席。有一位随同尼克松来华的叫克莱因的美国官员，与蒋经国的私交甚深。当他得知我与蒋经国关系非同寻常后，主动走到我身边，说他与蒋经国很熟，问我是否有关于国家统一或私事要带信给蒋经国。我当即回答：‘中国统一是海峡两岸中国人自己的事，无需外国人代劳。如去台湾则请代我个人向经国先生致意和问候。’”

1979 年，贾亦斌从上海调到北京，出任民革中央副主席、民革中央促进祖国统一工作委员会主任，同时担任全国政协常委、政协统一工作组常务副组长。

翌年，贾亦斌随以王首道为团长的全国政协代表团出访美国。在美国，贾亦斌见到了包括徐思贤在内的诸多青年军时期的老朋友。旧友阔别重逢，抚今追昔，感慨良多。大家都认为应该采取向前看的态度，为国家民族的统一和繁荣尽他们这一代人的责任。

回国后不久，贾亦斌参加了在人民大会堂举行的辛亥革命 70 周年纪念大会，听到胡耀邦同志在会上郑重邀请蒋经国先生等来大陆和故乡看看，言词恳切，感人肺腑。贾亦斌写了一篇《向蒋经国先生进一言》的文章，文章进言有三：

胡耀邦先生所邀请台湾国民党军政要员名单中，有不少人是我的旧识，我为他们感到高兴，特别为经国先生称庆。他同我共事有年，辱承知遇，过从甚密，往昔相处的情景，无一不浮现在我眼前。尤其是在南京写给我的“岁寒然后知松柏之后凋，今日岁已寒矣”的伤感信；他在上海同我讲的“深恨忠孝不能两全”的知心话等，迄今都还记忆犹新。深感为公为私，不能不趁此机会向经国先生进一言。

贾亦斌和程思远、杨斯德等在一起

记得1949年仲春，正是蒋介石先生被迫引退故里之际，我应经国先生电邀，兼程奔赴溪口，下榻武岭学校，翌晨即蒙约我在丰镐房谈话，接着又被邀同他的夫人方良、长子孝文等一起环坐在蒋介石先生座前座后，陪同观看京剧《龙凤呈祥》。在溪口逗留期间，我还专门祭扫了被日本飞机狂轰滥炸下罹难的经国先生生母毛氏夫人墓，对这位善良无辜的老人惨遭杀害，致以无限哀思。最后离别的那天，正遇经国先生陪同阎锡山先生上去，途中相遇，匆匆握别，我的许多心里话未能倾诉，至今深为遗憾。

因为当时正值国共和谈紧要关头，国民党军政要员云集溪口，坚持和平谈判的只有张治中先生等极少数人，而大多数人主张拒绝和谈，议论纷纷，政治空气十分紧张。我当时是极力主和的，但在这种气氛之下，虽然有很多话如骨鲠在喉，但不便启齿。又考虑到经国先生当时处境亦有为难之处，只好相对惆怅，欲言辄止，我的这种心情，至今想可能为经国先生所谅。由于这次和谈破裂，造成30余年海峡两岸隔绝的令人痛心局面，我与经国先生的友情也因此受到暂时的波折。前事不忘，后事之师，我认为回忆这段往事，吸取有益的教训，对公对私都是有极大裨益的。这是我所要进言者一。

我与经国先生虽然远离久别，但旧情难忘，并对溪口旧地思念殷切。乃于1980年春节前，趁去浙江工作之便，专程到经国先生的家乡去了一趟，重温了当年溪口相聚的情景。31年后旧地重游，今昔对比，感想万千！

那天瑞雪纷飞，汽车到达武岭门，正好雪后初霁，景色分外宜人。最先扑入眼帘的就是武岭城楼拱门上的“武岭”二字，向外的为“于右任题”，向内的为“蒋中正题”，不仅拱门完整如旧，而且字迹清晰犹新。看后不免触景生情；于、蒋两位老先生先后在台湾作古，迄今遗体未能迁葬

贾亦斌展示自己的画作

回乡，实为憾事。于右任先生的《国殇》诗，有“葬我于高山之上，望我故乡”之句，表达了强烈的怀乡之情；蒋介石先生灵柩现仍暂厝慈湖，尚未入土，亟待回乡安葬。我在武岭门前俯瞰全镇，只见群山环抱，老树成林，剡江碧水，傍山东流，风景幽雅美丽。蒋介石先生灵柩如能迁葬此地，当可偿他生前夙愿，而且亦能安经国、纬国先生为子之心。

我还重游了武岭学校、丰镐房、妙高台等处，在过去看过戏的礼堂和当年谈话的会客室，以及我同经国先生握别分手的地方，都盘桓良久，难舍难离。这次我到溪口借宿在经国先生的旧居——谭墩山的一座西式小洋房内，更是桩桩往事，涌上心头。故居等处无不多次整修，一直保养得很好，特别是蒋氏墓地，周恩来总理多次关照要妥为保护。虽然“文化大革命”动乱之中，受到林彪、“四人帮”反革命集团的破坏，但在“四人帮”垮台后，人民政府立即下令，对蒋母墓和毛氏夫人墓悉按原样修复，焕然一新。

我在祭扫毛氏夫人墓地前，曾特地拜望了毛氏夫人生前结拜姐妹、纬国先生幼年的家庭教师陈志坚女士。她向我详细介绍说，当年经国先生在毛氏夫人罹难后，星夜兼程由赣州赶回溪口故里，一进家门就抱尸号啕大哭，哀痛万状。并在毛氏夫人罹难处树立石碑一块，以充满了国恨家仇的激情亲书“以血洗血”四个大字……这位87岁的老人说着说着不禁悲从中来，放声痛哭，我亦为之凄然！

蒋介石先生早年有希望能把美丽的溪口建设成为第二个庐山。新中国成立以来，溪口经过当地政府长期的经营，现在更加美丽了，无数中外游客，络绎不绝前来参观。最近还设立了溪口风景区建设委员会，要把这里进一步建设成为游览胜地。

至于蒋介石先生当年希望在这个镇上建设一些工厂的愿望，也早已实现了。溪口已拥有丝厂、绣花厂、微型电机厂等20多家工厂；早年经国先生常去狩猎的魏家庄，已经果木成林；在剡江之上已经建成了一座宽7米，长110米的新型大桥等等。还有上、中、下三隐潭，千丈瀑布，奔腾咆哮，已利用自然资源建成三座水力发电厂。这一带居民家家户户电灯照明，排灌、碾米等再也不用人工操作而代之以电力了。市面也随着生产的发展而繁荣起来，商店林立，货色齐全，显示了当地人民的生活有了提高。所有这些与1949年春，经国先生离别前的景象相对照，就感到新旧分外明显了。

从以上情况可以说明中国共产党的政策是一贯的，“文化大革命”时期的过火行为永远不会再重复，溪口风光依然如故，各项政策正在进一步落实，经国先生大可放心了。这是我所要进言者二。

我还感到经国先生过去曾多次向我吐露过的一些伤时之感和难言的苦衷，是否会成为这次接受邀请与和谈的阻碍？我认为这是大可不必的。因为现在我们伟大的祖国真正站起来了，“人为刀俎，我为鱼肉”的日子已经一去不复返了，正如孙中山先生说的，睡狮已经成了醒狮，不再被帝国主义牵着鼻子走了。而经国先生现在台湾的处境也比当年大大不同，可以自主了。国内外形势非常有利，和平谈判条件逐渐成熟，祖国统一，振兴中华，千秋伟业，系乎一转念一反掌之间。只要接受叶委员长的建议和胡耀邦主席的邀请，国共两党进行谈判，能实现第三次合作，经国先生就可以为国家、民族尽大衷，还可以迁葬父亲灵柩和祭扫母亲庐墓，以尽大孝。这样不就可以忠孝两全了吗？这是千载难逢之良机，历史在等待着经国先生如何书写！

国共两党有过两次合作的历史。第一次是孙中山先生首创与共产党合作，取得了北伐战争的胜利，经国先生是这个时候出国留学的；第二次是蒋介石先生接受与共产党合作，经国先生就在这时回国，参加抗日战争，亲眼看到了8年抗战的最后胜利。对这两次合作时的兴旺，过去言谈之间经国先生是表示振奋的。对这两次合作的不幸决裂，经国先生也曾表示过悲愤，以上这些想必不至健忘。现在要由经国先生接受与共产党实行第三次合作，共同完成国内统一，国际反霸的伟大而又光荣的任务。既有利于包括台湾人民在内的全国10亿人民，又有利于远东和世界和平；既有利于国共两党，对经国先生来说，也是有百利而无一害；不仅可使与我们同甘共苦的数以万计的在台原青年军官兵能够与大陆亲人团聚，且为我们私人会晤创造机会。这是我所要进言者三。

如经国先生一时不能抽身，我愿趋前求教。台湾是我旧游之地。33年前，为处理青年军31军人事问题，我曾依照经国先生之意，前往台湾。公事完毕，还遍游宝岛各地，迄今流连难忘。如荷同意，使我旧地重游，并为祖国统一大业恪尽绵薄，是为至幸！

最后，愿将1980年春，我在溪口借宿经国先生旧居写的《重游溪口感怀》七律一首，以赠老友，敬希哂纳。诗云：

溪口睽违卅一年，迎春雪后景依然；喜看墨迹今犹在，传语家乡色更妍。借宿旧居怀旧雨，伫闻新曲谱新篇；妙高台望归帆至，晚节芬芳忠孝全。

这篇文章感人肺腑，写出了贾亦斌与蒋经国之间的私情公谊，读来真挚、亲切、动人。

1984年，贾亦斌赴香港访问，著名作家江南先生如此评论道："贾亦斌重返香港必有重任。"在香港时，贾亦斌与台湾的彭位仁先生通了电话。他第一句话就说："'总统'（指蒋经国）很想念你啊！每次我和'总统'见面都要谈起你。"贾亦斌告诉彭位仁，自己始终不曾忘记蒋经国先生及所有在台湾的老朋友，并希望他们为祖国统一大业尽一分力。

1987年，蒋经国认识到"时代在变，环境在变，潮流也在变"，他认为国民党的方针政策也"不能不变"，主张在确保台湾安全的前提下，尽可能开放两岸人员往来。

此前，蒋经国已对两岸学术、文化、科技、体育、教育等方面的交流接触解冻；取消了大陆为"完全禁航区"的决定；对两岸转口贸易实行"不干涉"政策。而1986年"华航事件"的圆满解决，又开启了两岸接触谈判的先例。

晚年蒋经国的酒量仍不输年轻人

到了1987年，蒋经国更是排除种种阻力，采取了开放探亲、解除戒严、开放党禁等顺应民心和历史潮流之举，显示出他在晚年力图"对历史和民族作一番交代"的祈求。

贾亦斌看到蒋经国做出一系列缓和两岸对立，有利民族统一的举措，由衷欣喜。贾回想起自己与蒋经国的恩恩怨怨，更企盼能在统一的民族大旗下，和蒋经国再度携手于一途。

就在同年5月，贾亦斌陪同台湾访美学者陈学明博士，游览溪口蒋氏故里。在蒋介石母亲王采玉、蒋经国母亲毛福梅的墓地，贾亦斌不无感慨地对陈博士说："希望经国先生回家祭扫祖墓，以尽人子之情。"贾亦斌还特意在起义前同蒋经国见面的丰镐房会客室，在蒋经国手书的"以血洗血"石碑前留影，并赋诗一首："喜逢旧地又重游，浮想联翩夜不休。共赏京昆武岭校，同商调遣丰镐楼。后凋松柏干犹盛，洗血石碑泪直流。但愿妙高台再会，私情公谊话从头。"

照片和诗作，都由陈博士带回美国，并通过关系转交给了蒋经国。后有人传来话说：蒋经国看到了照片和诗作时，心情颇佳。

蒋经国派人北京见贾亦斌

此后不久，一位受蒋经国之托的人秘密来大陆。他既是蒋经国的部下，同时也是贾亦斌的部下。他找到贾亦斌，问了贾亦斌两个问题：第一个问题是大陆对和谈有没有诚意？第二个问题是你可不可以沟通？

对于第一个问题，贾亦斌回答说："确有诚意。"并请来人回去后转告蒋经国。贾亦斌还分析原因有三：第一，50年代初，我们的口号是"我们一定要解放台湾"，很明显是要以武力解决。后来，讲祖国统一有两种方式，一是武力，还有一种就是和平。在十一届三中全会后，提出了"和平统一、一国两制"的对台方针政策，和平统一放在了前面，而且申明武力只在万不得已如"台湾独立"或外国入侵的情况下才会使用。这是一个战略性的转变，这一转变是经过慎重考虑后作出的。

第二，你也许注意到了，大陆明确了今后要把发展经济放在首位，要发展经济，就必须有一个和平的环境。我们一直在为争取一个稳定的国际和平环境而努力，怎么会在自家海峡两岸搞冲突呢？我们怎么可能一边打仗，一边搞建设呢？

第三，如果我们要武力解决台湾问题，那就要渡海作战。现代的渡海作战，必定要动用现代化的、杀伤力极强的武器。不仅台湾变成一片焦土，而且临近台湾的上海、浙江、福建、广东等沿海地区，是大陆经济发达区域，一旦台海战争爆发，这一带必然要遭到严重破坏。虽然统一了，但代价巨大。“和平统一、一国两制”实为上策。

至于第二个问题，贾亦斌明白来人说这话有两层意思。一是贾亦斌与蒋经国原本感情很好，可以说是相当好的朋友。但贾亦斌起义后，蒋经国欲去贾亦斌而后快，所以怕贾亦斌记仇。二是不知道贾有没有这个能力跟上层传话。因此，贾亦斌说：“统一是中华民族的大局，我会从大局出发，不会计较个人恩怨，何况经国先生对我还是恩大于怨。”至于有没有条件去沟通，我说：“我这个人没有别的本事，就是老实、不讲假话，因而有一些朋友，应该可以沟通。”

贾亦斌也反问来人：“经国先生有没有诚意?”来人回答：“经国先生有诚意。”贾亦斌再问：“诚意表现在什么地方?”来人说：“一是美国人在压经国先生，想把他换掉。美国人觉得他不太听话，美国‘抑蒋换马’的念头长年不散，蒋经国与美国的矛盾始终不得缓解。近几年，美国一直暗助台湾党外势力围攻国民党，逼蒋经国放权。二是台湾内部也有许多不稳定因素，如老兵要求返回大陆探亲的呼声越来越高，台北、台中闹得很凶，老兵们上街游行。蒋先生说：‘他们都是我带出来的，离乡背井那么多年，我怎好强压他们的请求呢?’这些都需要同大陆接触，所以蒋先生确有诚意，是认真的。”

“尚有余篇惜未成”

贾亦斌将这些情况向上级作了汇报，中央领导同志还请来人带去一封给蒋经国的信，信中表示希望“统一大业能在你我这一代人手中完成”。可惜就在蒋经国准备派重要代表再谈判时，却不幸于1988年1月13日在台北病逝。噩耗传来，在大陆的原经国先生部属和旧友，无不为之震惊和悲痛。贾亦斌于次日致电蒋经国治丧委员会，表示深切哀悼。唁电中写道：

“惊闻经国仁兄不幸逝世，悲痛莫名。回首当年，辱承吾兄知遇，屡委重任，是所难忘。抗战期间，吾兄深怀国恨家仇，毅然带头参加青年军，主持政治工作，竭尽心力。去台以后，吾兄坚持“一个中国”，反对“台湾独立”，近又作出开放台胞到大陆探亲之决策，此皆国人所称道者也。而今统一大业尚待海峡两岸共同努力完成之时，不意吾兄与世长辞。溪口一别，竟成永诀，于公于私，均甚痛惜。特电悼唁，尚望方良女士和其他家属节哀。”

贾亦斌感叹道：“蒋经国的去世很可惜，他为推进祖国统一做出了实际努力，突破了昔日蒋介石设置的禁忌，这是非常难得的。”贾亦斌始终怀疑，为什么一切正朝着有利于统一的方向发展时，蒋经国却突然“病故”，而此前他的身体状况基本稳定，没有一点征兆，而且死的时候七窍流血。当时有人对蒋经国的死因可疑，台湾曾出过一本小册子——《蒋经国死亡之谜》，贾亦斌也有同感。

贾亦斌和他的同事

蒋经国的猝然去世，对原本发展势头较好的两岸关系是非常不利的。贾亦斌深为痛惜。回顾贾亦斌与蒋经国将近40多年的交往，始以反帝御侮而合，中以政见不同而分，终以和平统一而合。分合之际，演绎出贾亦斌与蒋经国一生的恩怨情仇。贾亦斌与经国先生，公谊为重，私情难忘，曾殷切希望他能在晚年为祖国统一作出历史性的贡献。然而天不遂人愿，经国先生在两岸关系出现重大转折时不幸去世，怎能不为之痛惜！悲痛之中，贾亦斌当时写下了《哭经国兄》一诗，表达了他对蒋经国的深切怀念和哀思。诗云：

“萍水相逢知遇深，骤闻噩耗泪沾襟。难忘报国从军志，时忆轸民建设心。开放探亲赢盛誉，严防‘台独’最伤神。知兄此去留遗憾，尚有余篇惜未成！”

访谈结束时，贾老先生似言犹未尽，还沉浸在当年与经国先生交往的回忆中……

伍修权在联合国刮起“红色风暴”

伍修权（1908~1997），湖北武汉人。1925年赴苏联入莫斯科中山大学学习。1927年秋转入莫斯科步兵学校学习。1930年在苏联远东国家保卫局工作时转入苏联共产党。1931年回国后转为中国共产党党员。先后任闽、粤、赣军区司令部参谋、瑞金红军学校军事教员、连指导员、营政委、模范团政委、红三师政委、汀（州），连（城）军分区司令员兼政委。1933年10月，伍修权调中央军委，担任共产国际派来的顾问李德的俄文翻译，并参加了中央革命根据地第3至第5次反“围剿”和长征。1935年1月列席遵义会议。后任红3军团副参谋长。抗日战争时期，伍修权历任八路军驻兰州办事处处长、中央军委总参谋部第一局局长、中央军委作战部副部长。新中国成立后，伍修权调任外交部苏联东欧司司长。1950年任中华人民共和国大使衔特派代表出席联合国安理会，同年任外交部副部长。1955年后，历任驻南斯拉夫大使，中共中央对外联络部副部长，解放军副总参谋长。伍修权是中共第八、十一届中央委员，第七、十二、十三、十四大代表，第十五大特邀代表。第三届全国政协常委，第四届全国人大常委。

半个多世纪前，在联合国安理会讲台上，刚刚脱下军装的新中国外交官，面对美国对我国领土台湾的武装侵略和对中国内政的干涉，不畏强敌，针锋相对，在国际舞台上展示我国形象和中国人民的风采，在联合国刮起了一股“红色风暴”。

“泥腿外交官”准备赴联大

1950年6月25日，朝鲜内战爆发。朝鲜内战刚一爆发，美帝国主义就从其称霸世界的全球战略出发，迫不及待地进行武装干涉。

为了揭露美国干涉中国内政，中国决定出席联合国会议。

经过郑重考虑，中共中央决定伍修权作为特派代表去联合国，并确定了代表团的其他成员。他们是乔冠华（顾问）、龚普生（女）、安东、陈翘（即陈忠经）、浦山、周砚（女）、孙彪和王乃静。

伍修权的女儿伍连连说："父亲自1931年从苏联回国后，一直在军队工作，直到全国解放他被调入外交部才脱下军装。他到外交部的第一项任务是随同毛泽东主席的中国政府代表团访问苏联；紧接着第二项重大任务又落到他的肩上，就是担任中国政府的大使衔特派代表出席联合国大会和安理会，参加'美国侵略台湾案'的辩论，表达中国政府的立场。"

上世纪70年代末期四代同堂全家福

（前排中为伍修权的母亲）

据伍修权回忆："1950年，联合国的那场斗争是周总理全权处理的，自始至终都是在总理的领导下进行的。""1950年10月24日，周总理突然把我和乔冠华叫去，向我们宣布中央的这一决定：命我率团去联合国参加安理会关于台湾问题和朝鲜问题辩论。我没有思想准备，担心完不成任务，建议周总理考虑其他更合适的人选。周总理严肃地对我说，中央曾考虑派一位文职人员，但觉得文职人员太温和。这场斗争很尖锐，因此要派一员武将。你是将军，可以担当此任。周总理讲完这番话，向我和乔冠华传达了毛主席的有关指示，并交代了具体任务。"

伍修权得到通知时，不由得想起一段往事：

早在1945年4月，即联合国将成立时，我党中央就曾决定派他随同董必武等一起，作为解放区的代表，参加同国民党联合组成的中国代表团，出席在美国旧金山召开的联合国成立大会。当他们到达重庆时，国民党政府对伍修权抱有戒心，找了个很可笑的借口不让他出国，说是按照国际惯例，有砂眼的人不能出国，而他被检查出有所谓"砂眼"，被他们留下。后来董必武等同志和国民党代表宋子文等一起去了联合国，那次他没有去成，想不到事隔5年，却作为新中国中央人民政府特派代表，又受领了出

1946年11月，伍修权（右）和叶剑英、赖祖劣（左）在哈尔滨

席联合国大会的使命，他的“砂眼”也不成为问题了。

10月23日，周恩来外长就本月21日赖伊通知中国政府派代表团出席联合国安理会一事，为任命伍修权出席联合国安理会讨论我国政府控诉美国武装侵略台湾案会议致电赖伊：

美国纽约成功湖

联合国秘书长赖伊先生：

我荣幸地收到你1950年10月2日来电，兹特通知你：中华人民共和国中央人民政府也业已任命伍修权为大使衔特派代表，乔冠华为顾问，其他7人为特派代表之助理人员，共9人出席联合国安全理事会讨论中华人民共和国中央人民政府所提出控诉武装侵略台湾案的会议。

特派代表及工作人员名单如后：

伍修权（特派代表），乔冠华（顾问），龚普生（女）、安东、陈翘（即陈忠经）、浦山、周砚（女）、孙彪和王乃静。

以上9人均持有中华人民共和国外交护照，请即办理入境手续（入境签证地点请指定在布拉格）。鉴于我国与美国无外交关系，并请安排给予外交人应享之特权与豁免。

专此奉达，即希查照并电覆为荷。

就在伍修权等出国前，担任总理兼外长的周恩来找伍修权和代表团主要成员谈了话，确定了此行的方针政策，交代了出国前后的具体任务。

周恩来说，到联合国后的具体活动，可以由代表团相机行事；主要发言则要由国内写好和审定；各种有关资料也都要整理好并译成外文。

浦山和周砚担任代表团的翻译，浦山是美国哈佛大学留学生，得过经济学博士的学位，英文是第一流的；周砚的英文、俄文都很好，伍修权在东北军调部执行小组时，就同她在一起工作过。

伍连连回忆："父亲曾说，作为一名外交官，这既是一个光荣的任务；又是一项艰巨的任务。这项重大而全新的任务，使父亲如同战士听到了战斗号角：兴奋、激动而又义无反顾。

"父亲和乔冠华在周恩来总理的直接指导下，进行着紧张而又充分的准备工作。他们一方面研读各种文件资料；一方面准备由乔冠华主持起草的在安理会上我父亲的发言稿。那时，他们确实很忙，代表团成员夜以继日地投入到文章写作、修改，资料的查询和到联合国后可能会遇到的问题的预案准备等各项工作的筹备中。我记得那时住校，只有星期天才能回家，可就是连星期天我都看不到父亲。妈妈说：父亲就是回家吃个饭，也是匆匆来匆匆去。他深感责任重大，不敢有丝毫懈怠。待文稿通过中央审定后，又将出国的日期、路线等细节一一落实。"

随着朝鲜战场上中国人民志愿军和朝鲜人民军取得第一次战役的胜利，美国国务卿艾奇逊在华盛顿发表广播演说，辱骂中国出兵是"蓄谋已久的公开侵略行径"，并以凌驾于联合国之上自居，威胁中国"不要欺骗他人反对联合国"等等。

随后，杜鲁门发表关于朝鲜局势的声明，鼓吹扩大侵略战争，并在记者招待会上公然威胁要对中国使用原子武器。杜鲁门的原子讹诈吓不倒中国，却犹如晴天霹雳吓坏了美国，特别是吓坏了西欧，并暴露了美、英在对华政策上的分歧。

中国参战后，美国就曾试图说服盟国，要联合国谴责中国是"侵略者"，以利用联合国整中国，但开始并无成效。连英、法、加等国都觉得美国这一考虑"不适当"、"不明智"，难被接受。因此，艾奇逊不胜感慨地说："目前的趋势是，受其他国家批评的是我们而不是中共。"

美国政府则利用联合国进行反扑，于是在当年联合国安理会的议程上，就出现了两个重要议题：一是中国提出的"美国侵略台湾案"，一是美国反诬中国而提出的"中国侵略朝鲜案"。

在这一时期，周恩来外长还曾先后致电同联合国建立关系的专门机构，以及由国民党集团代表非法占据席位的其他政府间的国际组织，要求取消国民党集团的代表资格，并接纳中华人民共和国中央人民政府的代表参加工作。

为此，联合国又于11月8日重申了对中国的邀请。美国代表又想把中国代表的权限限制在讨论所谓“联合国军司令部”关于战争的“特别报告”范围内，以逃避中国代表就台湾问题对美国控诉。

董必武、王若飞、伍修权、陈家康、王炳南、沈其震在重庆

针对美国这一阴谋，11日，周恩来外长致电赖伊和本届安理会主席贝勃勒。声明中国绝不接受安理会本月8日提出的“邀请”中国代表与会参加讨论麦克阿瑟的报告的决定。要求安理会将中国“控诉美国政府武装侵略台湾方案与美国政府武装干涉朝鲜问题合并讨论”，以便中国代表在安理会能够同时提出控诉。

周恩来还严正声明，中国不承认侵朝美军所谓“联合国军司令部”，这个“司令部”提出的所谓“特别报告”是非法的，其内容是别有用心和片面的。这使美国的阴谋又一次宣告破产。

正当中国代表团的准备工作基本就绪时，也接到了办理赴美入境签证的通知。

11月14日，以伍修权为首的中国政府代表团离开北京，向联合国所在地——美国纽约市出发。张闻天、彭真、李克农、章汉夫等同志和全国工、青、妇及北京市各界的代表都到机场欢送。伍修权虽然有过海外留学、工作，甚至经过长征等严酷的战争环境的考验。但今天要在全世界瞩目的讲坛上，直接面对当时不可一世的美帝国主义者，进行针锋相对的斗争，无论对他个人还是新中国都是一个新课题。但他充满了信心，充满了对即将投入的新的战斗的渴望，怀着豪迈的感情，挥手告别了委他们以重任的祖国人民。

伍修权一行9人带着全国人民的重托，牢记毛泽东和周恩来的指示，乘机向坐落于美国东海岸的联合国总部纽约方向飞去。

美国成功湖畔，伍修权扬名世界

伍修权和乔冠华，一个是代表团的特派代表，一个是顾问；一个是外交战线上的一员“武将”，一个号称“中共才子”，他们俩正好一武一文，相得益彰。

当时，彭德怀指挥的抗美援朝志愿军已在朝鲜旗开得胜，而由伍修权率领的新中国第一个赴联合国代表团，恰如一支互相呼应，协同配合的“红色小分队”，直奔美国本土，在另一条战线上，向世界上的头号大国发出了正面攻击。

那个时候，新中国刚刚成立，我们还没有直达美国的航线，伍修权乘坐中苏民航飞机先到苏联，转捷克斯洛伐克首都布拉格，再经英国转赴美国。

飞机穿云破雾，经过蒙古和苏联的伊尔库茨克，到达克拉斯诺亚尔斯克时，遇到了漫天大雪，飞机飞不了，被迫降落在当地机场。这使代表团们心急如焚，因为他们知道在途中的过多延迟，将使中国代表团失去同美帝国主义者斗争的有利时机。代表们的这种心情苏方也是很了解的，他们采取了种种措施，使代表们的座机及早起飞，很快到达了莫斯科。他们在那里稍事停留，马上转赴捷克斯洛伐克首都布拉格。

11 月 20 日，代表团飞抵布拉格，捷克斯洛伐克副总理费林格和外交部几位副部长，还有中国驻捷克大使谭希林同志、联合国驻布拉格办事代表里特尔等，都到机场迎接。

代表团在布拉格办理签证手续等了 3 天，利用这段时间他们请一位去过联合国的捷克斯洛伐克外交部女副部长塞卡尼诺娃，详细介绍了联合国的情况。

23 日晨，代表团由布拉格搭飞机经瑞士到达伦敦，换乘了英国的班机转赴纽约。

当天晚上，代表团的飞机就横越浩瀚的大西洋，一直飞向美洲大陆。那架飞机相当大，除了普通座位，还有一些睡铺，代表团也定了个铺位，用来“优待”伍修权，伍修权也接受了同志们的好意，为着战斗的明天，在空中安心地睡了一觉。

第二天破晓，中国代表团乘坐的飞机飞临美国上空，远远望去，纽约市一片灯光，真可谓是不夜之城。目的地终于到了。然而，中国代表却感到责任的重大。代表们清楚地意识到，这里不仅在地理上，而且在政治上，完全是另外一个世界。

历史将永远记下这个日子，1950 年 11 月 24 日，纽约时间 6 时 30 分，一架载有新中国出席联合国会议代表团的飞机，在纽约机场着陆了。

中华人民共和国政府特派代表伍修权，顾问乔冠华，特派代表助理龚普生、安东、陈忠经、浦山、周砚、孙彪和王乃静一行 9 人抵达纽约国际机场。

这是新中国的第一个出席联合国会议的代表团。

当中国代表们走下飞机时，首先受到苏联代表、联合国安全理事会主席马立克和波兰、捷克斯洛伐克等国代表的欢迎。负责接待中国代表团的联合国礼宾联络科长等，也到机场迎接。

100 多名摄影师、记者和官员忙打开闪光灯不停地拍照。代表们同欢迎者一一握手问好，并同马立克等在机场合了影，接着又对在场的各国记者发表了简短的讲话，宣布了中国代表团的使命，并通过报界向爱好和平的美国人民致意。

有一位在场的美国记者曾经这样描述当时的情景和他自己的心情：

对我来说非常的荣幸，作为一名记者，安心地在机场等待一架飞机的来临，它将第一批中国人民的真正代表载到了我们的国度。在黎明前的黑暗时，我站在显得很空旷的机场上，晨风是冷飕飕的，头顶上飞机正在低飞降落。进口处，在一排警察的监视下，三五成群站在那儿的一百多个摄影师、记者和政府官员们，起了无声的骚动，……服务人员将红地毯一直铺到飞机降落的地方，照相的灯光和汽车的强光直射着飞机门，使黑夜如同白昼。联合国的汽车都发动起来了。

从飞机中走出来的七位男子和两位女的，在耀眼的光亮下，我们目送他们慢慢走向海关，……这些旅行者使他们周围的历史气氛留下了深刻的痕迹。现在我们中间有了 47500 万人民的真正代表。也就是世界四分之一人类的代表啊！我想起我睡在小床上的孩子，这飞机从东方带来久久盼望着的和平使者们，他们是为了我的孩子，也是为了所有睡着了的和醒着的孩子们。在历史上，这是中国第一次站在人民的立场上在美国发言。中国将证明她的人民是全世界爱好和平、创造和平的人们最坚强最忠实的好朋友。

这位美国记者说，他和另外三个美国人同中国代表握了手。他写道：

我们的欢迎在数量上是不足道的，但是它是美国人民盼望和平心情的流露。它将祝福和成功带给了这七个男的和两个女的。他们从远方带来了关系我们整个国家命运的和平信息。

……

除了上述官方代表和记者们外，在机场入口处，还聚集着一些美国进步人士，他们是自发地来欢迎新中国代表团的。但是他们进不了机场，甚至根本不能接触新中国代表团，只能在新中国代表们将要经过的地方守候着。在代表团走出机场时，看到他们远远地向代表们挥手致意，有的还捧着小型的标语牌。

据说，他们当中有教师、工人、美共党员和美国和平组织成员，有的还是浦山过去在美国的友人，如毛德·勒索尔女士，她是美国民间组织对亚洲协会的负责人；还有艾位·盖洛宾等。他们后来都曾来过中国访问，但在当年中美关系十分紧张的时候，敢于在美国当局的严密管制下，在宪兵和警察的直接监视下，公然对新中国代表团表示热情欢迎，代表团不能不为之感动。他们这种无畏的精神和对新中国的友好感情是十分可贵的。

伍修权（左一）、乔冠华（左二）、龚普生在联合国

新中国代表团正是在美国人民和各国友好人士的欢迎和希望中来到了联合国的。

中国代表团下榻的地点是纽约最大的华尔道夫·阿斯多亚旅馆。这是一家十分豪华的旅馆。中国代表团 9 个人住在第九层一个大套间里，除了各人的房间以外，中间还有一间办公室，在他们看来，这当然是非常讲究的了，当然其房租也贵得惊人。

伍连连说："代表团到纽约后有两天的工作准备时间，父亲他们需要了解联合国成员国的一些情况，调整在国内准备的预案，并将有些情况及时向国内汇报。为防止房间里有窃听器，我父亲他们在房间里讨论问题时，就把收音机打开，管他播的是新闻或是音乐，都把音乐放得大大的，外人还以为这些中国人很喜欢听美国的广播，哪知道是为了制造噪音，防止窃听。有时候，我父亲他们索性离开房间，到饭店附近的一个公园里，相互掩护着边散步边讨论问题，许多重要问题就是在这种悠闲信步中做出了决定，正所谓，‘谈笑间，樯橹灰飞烟灭’。”

1950年11月27日，伍修权和乔冠华等代表团成员首次出席联合国安理会的政治及安全委员会会议，参加讨论“苏联控诉美国侵略中国案”，并正式登台亮相。由于伍修权等一到纽约，还未进联合国会场时，就已成为人们翘首以待的焦点人物，所以这一天，他们注定要成为世界各国特别是美国的“头号新闻”。

因为事先已得知新中国代表团要出席会议，许多人都千方百计弄到大会的旁听证，特别是在美国的华侨和华裔人士，其中有著名的教授、学者，还有在美国的国民党官方人士。因为听众的突然增加，会场特别的拥挤，气氛也就格外热烈。会场内人们将目光锁定在会场的入口处，期待着新中国代表团的到来。会议厅门外，各国记者早已抢占有利位置，照相机和摄影机的镜头齐刷刷地瞄准了“红色中国”代表将要出现的方向。

“咔嚓、咔嚓”，一阵耀眼的闪光中，伍修权出现了。他身着西服，却迈着标准的军人步伐，昂首挺胸地走进会议厅。紧随其后的是乔冠华等。刹那间，人们意识到，联合国的甚至世界的历史将翻开新的篇章。一个拥有全球近四分之一人口，却未能得到联合国和世界多数国家承认的东方大国的全权代表，终于出现在这个世界最大也是最高的国际讲坛上了。

伍修权步入联合国会场

新中国代表团进入会场时，会议已经开始，这时会场出现了一点骚动，人们在争着想看，新中国代表究竟是什么模样。此时正在演讲的苏联代表团团长维辛斯基立刻中断了自己的演讲，向新中国代表团一行参加会议表示欢迎。伍修权一行步入为他们安排好的座位，在伍修权座位的桌子上，放着写有“中华人民共和国”英文标牌。牌子虽小，意义重大。这是中国共产党人第一次在全世界公开亮相，是新中国的外交使者第一次登上最重要的国际舞台；是为了维护祖国的领土完整，为了揭露美国侵略的本质和分裂中国的企图而来，不同的人不能不带着不同的感情关注着它。

伍修权（左一）在联合国会议上

历史有时真是巧合。就座以后，伍修权注意到，他的左侧相隔一个人的位置上，坐着后来成为美国国务卿的杜勒斯，他是全场唯一不把目光投向刚进入会场的新中国代表的人，不过他那对藏在眼镜片后面的眼睛，早已迅速地瞥见伍修权他们，只是他故意不动声色，装着不屑一顾，就是不把目光堂堂正正地转过去，一如当时美国采取的“鸵鸟政策”，只见盘踞在海岛一隅的蒋介石残余势力，就是不见更不愿意看到已屹立在世界东方的近5亿人口的新中国，即使新中国的代表到了他的身边，离他不到一两米远，他也还是“鸵鸟”似的缩着脖子，像在说：“我什么也没看见，就是没看见。”

不过，伍修权说：“我倒是满不在乎地瞧了一眼这个美国头面人物，他满脸一幅僵冷木然的表情，嘴角生气地使劲往下拉，藏在眼镜片后面的两眼，直愣愣地呆视着面前，连抬头看我们一下的勇气都没有。他这种对新中国及其代表视而不见、听而不闻的顽固态度，我们只觉得十分可笑。”

杜勒斯的“鸵鸟政策”并不能帮他什么忙，不管他看见与否，中国共产党人实实在在地来到了联合国会场。

由于讨论“苏联控诉美国侵略中国案”的性质和中华人民共和国中央人民政府代表团的到会，不仅联合国组织的人士，而且联合国以外的人士也特别关注。

会上，苏联的维辛斯基发表长篇演说，阐述了当前讨论的问题的实质。

接着，美国的杜勒斯发言，他说什么美国对中国没有领土的要求，说美国是中国的“友人”等等，企图用保护在朝鲜作战的美军之侧翼的必要性来为美国占领台湾辩护。还引用了美国总统杜鲁门在6月27日的声明为其演说狡辩。

维辛斯基对杜勒斯的无耻狡辩进行批驳。

在这一天的会议上，伍修权并没有发言，仅仅是到会场上亮了一下相，宣告人民中国的代表的到来。然而就是这一亮相，立刻产生了巨大的影响。当天会议一结束，还没等伍修权他们起身，各国记者就蜂拥而至。各种各样的照相机、摄影机和当时还很稀罕的电视摄像机等镜头对准他们，大灯、小灯、闪光灯直射新中国代表的身上，伍修权和他面前桌子的那个虽然不大却很突出的“中华人民共和国”国名牌，更是所有镜头和灯光钟情的焦点。

第一次见到这阵势，第一次曝光在媒体下，伍修权以军人特有的沉静，镇定自若，一点也不慌乱。他索性端坐不动，任凭这帮“无冕之王”抢镜头、抓新闻。

伍修权说：“我们坦然地面对各国记者，任由他们又是照相又是摄影，心想杜勒斯和蒋介石之流，一直把中国共产党人描绘为一群可怕的‘土匪’，现在正好让世界人民看看，我们到底是什么样的人。我们的态度和仪表，就是对诽谤者无声的驳斥和有力的回击。”

当时，有一位抢拍到满意镜头的美国记者自得地说：“我这是照下了四万万七千五百万人民的面目。”随后出版的各国特别是美国报刊及新闻电影和电视广播中，连续报道了“红色中国”代表出现在联合国会场的消息和形象。他们把新中国代表坦然自若的态度和端庄正直的仪表，把新中国代表的活动几乎一点不丢地跟踪报导，这使美国人民乃至全世界人民都有了认识新中国的机会。伍修权他们这几个人，就这样代表着新中国人民，接受着美国公民乃至全世界各方人士的关注。

世界听到了中国人民的声音

28 日下午 4 时，安理会正式开会，开始讨论中国提出的“美国武装侵略台湾案”。

安理会会议厅的设计是马蹄形的长桌，11 个安理会理事国的代表，还有被邀请出席大会的各国主要代表都坐在他们的位置上，每个位置上都安有听同声翻译的耳机和选择不同语言的插头，面前的桌上放着小话筒，发言时可以坐在自己的位置上直接对话筒讲话，同声翻译则随时将代表的发言译成不同的语言，传播给各国代表及旁听者。同声翻译室就在会议席后面的楼上，里面的工作人员通过一排很大的窗户，直接观察会场内的情况，以便及时配合。会议席长桌前稍低一些的地方，是会场记录、电传打字和录音等联合国工作人员的位置。再向前隔着一道木栏，是一排排好像剧院观众席似的座位，那是各国旁听署和新闻界人士的位置。那里的人们都会神贯注地观察和倾听着会议席上所发生的一切，使得这个安理会会场，从内容到形式上，成了个名副其实的“国际舞台”，与会者成了那个“舞台”上的“演员”，串演着各自的“角色”。

1946 年，伍修权在北平军调处

伍修权迈着坚定的步伐，气宇轩昂地步入会场，他抬头看了一下挂在会场正中象征和平的巨幅挂毯，相信正义必定战胜邪恶，和平必定战胜战争，一个和平恬静的世界必定会出现在地平线上。

由于会议席是半圆形的，与会代表虽然是并排坐着，却可以互相看到。伍修权的座位是长桌右道第一个，蒋介石集团的“代表”蒋廷黻则坐在长桌左边第四或第五个位置上，正好同伍修权遥遥相对。当对双方所持的立场和所怀的心情，也恰恰是完全对立的。

当时会场显得格外热闹，代表席位坐满了各国代表，旁听席上更是座无虚席。

联合国秘书处的职员以惊奇的目光注视着来自太平洋彼岸的新中国外交家们。

出席会议的已经同新中国建交的国家代表走上前去同伍修权、乔冠华等握手致意。

安理会主席就座后，敲下槌子，宣布会议开始。联合国安理会开始讨论中国提出的“美国武装侵略台湾案”。

当时由于美国的操纵，国民党的代表蒋廷黻仍以常任理事国代表的身份占据中国的席位，韩国代表出席会议而朝鲜代表却被拒之门外。会议由南斯拉夫代表贝勒勒主持。会议刚开始，当即爆发了谁应先发言的斗争。

在安理会安排发言席位先后至关重要。伍修权早已报名。他等主席一宣布开会就举手要求发言，美国代表奥斯汀也举手要求首先发言。

从讨论的内容和题目看，本应由伍修权先发言，但主席却让奥斯汀占了先。

奥斯汀的发言通篇为美国侵朝侵台作了辩解。

接着，伍修权以超群的风度，从容地拿出准备好的演说稿，环视了一下整个会场，轻轻地清了清嗓子，用带有湖北口音的中国普通话，面对全场凝神期待的目光向会议作专题发言，这个发言实际上是一篇全面揭露控诉美国，如何侵略中国领土的檄文似的长篇演说。

伍修权的演说稿，中文长达2万余字，再加上同声翻译，伍修权的演讲时间大约有两个小时，这在联合国的会议上也是一个少有的长篇演说。通常情况下，别说一般代表和临时来宾，就是各国的首席代表和专门跑联合国的“老记”们，对与自己没有直接关系的发言尤其是长篇演说，很少能从头听到尾的，常常不是溜号出去，就是开小会或随意走动。但是伍修权发言的这一天，却一反常例，所有正式出席的和列席的都准时到会入座，来宾席和记者席也都座无虚席，还不够，不得已，只好临时加座，尽管如此，还有“站票”的，人们都对这位代表“红色中国”的将军阁下，将向大会以及世界讲些什么，又怎么讲，产生了强烈兴趣。所以，在伍修权发言的两个小时内，所有莅会者始终全神贯注，全场寂静极了，几乎没有人交头接耳讲小话。有的十分紧张；有的满怀兴趣；有的好奇；有的欣赏，各以不同的心态，凝神静听伍修权的长篇演说。

伍修权在联合国大会上发言

伍修权一气呵成，讲完了2万多字的稿子，连水都忘了喝，直到讲完了最后一句话，伍修权才感到口干舌燥，但情绪仍然饱满兴奋，像是刚刚经历了一场激烈厮杀，最终获胜后的畅快淋漓之感。

伍修权话音刚落，友好国家的代表就鼓起

了热裂的掌声，认为伍修仅发言“有根有据有力量，使人亲眼目睹了新中国外交代表的风采”。

演说结束后，许多人上前来与他热烈握手，向中国代表团欢迎和祝愿，其中还有中国人民的老朋友，美国著名记者斯诺，他和华裔学者麦仁德教授一起听了伍修权的讲演后，又挤向前同伍修权紧紧握手。

当时伍修权本人也相当激动，感到近5亿中国人民决不会孤立。即使在帝国主义直接控制着的地方，中国的朋友也是数不胜数。人们对中国代表团演说的强烈反应和热情支持，也给了代表们很大的鼓舞。

当时在伍修权发表演说的过程中，美国的电视台还做了实况转播，第二天各报又发表了有关中国代表团发言的消息和演说的内容摘要，可见其影响是不小的。

伍修权在会场上

伍修权的发言，首先在美国接着在世界上，立即引起了巨大反响，各国尤其是美国的报刊和广播，连续报道和发表伍修权的演说及照片。在新闻影片和当时还不普及的电视上，也出现了他的形象，据说都是他当时“声色俱厉”的样子。美国报纸登的照片，还特意突出伍修权左脸的那处伤疤，以图丑化这位“红色中国”代表，有的美国记者说伍修权在会上如何“愤怒陈词，指控美国”并“在成功湖抨击联合国”，怎样“作了两个小时尖刻而强硬的谩骂式讲话”。电视新闻报道伍修权在联合国发言时，镜头里出现了正坐在他身后的乔冠华，他一边听一边轻轻地晃动着两腿，这其实是他的随意悠闲动作，很可能是正为自己起草的演说稿而感到自得。然而电视中的旁白却说，请看，“红色中国”的代表，正在会场上神经质地发抖，表明了他们内心的紧张。明眼人一下子就可以看出，这是故意歪曲和恶意攻击。

听了伍修权发言的奥斯汀对记者说，对此“我的政府感到极不愉快，……尤其不赞成这种攻讦”。杜勒斯则说自己当时已“被一种沮丧的情绪支配着自己的感情”。美国总统杜鲁门了解到伍修权的演说内容后恼怒地说，这个发言对美国的指责“猛烈而完全荒谬”，他恶狠狠地宣称“要对中共采取行动”，甚至将动用包括原子弹在内的“一切武器都必须加以考虑”。

当天会议结束后，会议厅挤满了美国各界人士，他们都想看看中国特派代表团的成员，尤其是伍修权和他的顾问乔冠华的风采。

伍修权、乔冠华不停地和美国各界人士打照面，用尽全力，才从人群中挤了出来，上车回到下榻的旅馆。

当时的纪录影片后来在中国国内也放映了，伍修权的孩子看到后说伍修权在会上发言时的样子很“厉害”，同他平时的样子判若两人。伍修权当时倒未有意做什么样子，只是觉得他面对的是世界上头号帝国主义者及其同伙，他们已对中国侵略欺压了100多年，无论是他个人，还是亿万中国同胞的心灵上，都留下了不可磨灭的惨痛记忆。

如今中国好容易赶走了外国侵略者，打败了国内反动派，美帝国主义者却又处心积虑地图谋颠覆和消灭新中国。他们如此可恶可恨，中国对他们当然没有什么客气可言，只有毫不留情地同他坚决斗争。伍修权还想到，过去中国同帝国主义及反动派在战场上刀对刀，枪对枪地斗，如今却站在美国本土上，指着美国当权者的鼻子，面对面地痛斥他们，尽管他们恼怒万分，却只能硬着头皮听着，奈何不得。这在旧中国时代是不可想象的，今天却成了现实，这使伍修权更加深刻地体会到了毛泽东庄严宣告的“中国人民站起来了”的伟大意义。也正因此，中国代表们有着很大的勇气和信心，在联合国进行那场艰巨的斗争。

29日，安理会继续开会。这次会议开始是讨论美国诬蔑中国的所谓“侵略朝鲜案”，安排了韩国的代表第一个发言。

当时中国代表团为了表示抗议，拒绝参加这种讨论，入场后有意不到会议席就座，而坐在大会的贵宾席上旁听。

韩国代表发言后，蒋介石的代表蒋廷黻接着发言，中国代表团为了便于同他进行斗争，又坐回到会议席上，准备予以反击。

蒋廷黻的发言除了照例攻击辱骂一顿，又为美国的侵略罪行辩解开脱。当时蒋廷黻不光发言充满媚骨，毫无力量可言，而且他口口声声“代表”中国，发言时使用的语言却不是中国话，从头到尾都用英语。

蒋廷黻曾是位留美博士，也许他以为自己的对手都是“土八路”，虽然中文也是联合国的工作语言，他发言却只用英语。这马上就被伍修权抓住了“辫子”。

蒋廷黻话音一落，伍修权就立即举手要求发言。得到许可后，伍修权言辞犀利地说，刚才发言的那个人，自称也“代表”中国，但是我怀疑他是不是中国人，因为伟大的四万万七千五百万中国人民的语言，他都不会讲，怎能说他也是中国人呢？接着，他直指蒋廷黻揭露道，这个不会说中国话的人，根本代表不了中国人民，只能代表被中国人民赶到台湾岛上去的蒋介石集团的残余势力。因此，他没有资格在这里说话，他刚才的发言更是毫无根据和荒谬可笑的。伍修权的这段即兴插话，被正在“后台”作同声翻译的一位中国女同胞听到了，虽然事先没有招呼，更没有见到什么稿子，但她反应敏捷，立即用外语译出并播送出去，使全场一下子了解到新中国代表的机敏和幽默，也使蒋廷黻更加狼狈不堪。也给了与会者深刻的印象。

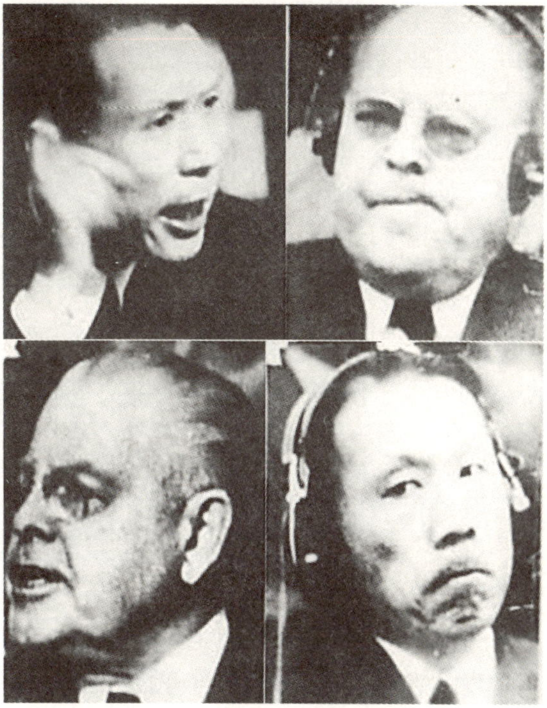

伍修权（左）发言挥手怒斥美国罪行，
奥斯汀（右）戴着耳机尴尬地听着。
奥斯汀（左）作强辩发言，
伍修权（右）则侧目抿嘴瞧着他

美国代表奥斯汀在大会上极力把大家的注意力引到朝鲜问题上，企图通过对他们有利的提案。最后又操纵表决机器，否决了中国政府关于谴责和制裁美国侵略者，美国自台湾和朝鲜撤退的提案。对这一无理决定，伍修权再度作了发言，用美国舰队侵入台湾海峡的事实，朝鲜战争以来美军飞机侵犯我国领空，毁坏中国财产，杀害中国人民的确凿数字，以及第二次世界大战以来，美国支持蒋介石进行血腥内战的历史，责问美国代表：“我要问奥斯汀先生，这是不是侵略？这是不是干涉中国内政？”同时又向会议表达了我国人民不屈服强权政治，坚决反抗侵略的坚强决心，“只准帝国主义侵略，不准人民反抗的时代已经过去了。”“我们要正告奥斯汀先生，美国的这种威胁是吓不倒人的！”

在大会辩论中，一位美国记者抓拍到了一组很有意思的照片，登在当时的美国画报上。一组是伍修权正挥手怒斥美国的侵略罪行，对面的奥斯汀气得嘴都歪了；另一组是奥斯汀正在辩解，伍修权则紧抿双唇侧目斜视着他的对手。样子虽不好看，神态却很逼真。这组照片很能反映出当时双方的立场和会场的气氛。

有些报纸评论说，“人民中国的外交强硬，决不折服”，“红色中国确有一股正气，这是蒋介石政府不能望其项背的”。

伍修权载誉归来，郭沫若机场迎接

时至12月中旬，面对美国操纵联合国无限期休会的情况，中国政府发表声明说：“伍修权将军及其随员已无留在成功湖的必要，故已命令伍修权将军等于本月19日启程回国。”

行前，中国代表团将原拟在联大第一委员会发表的关于美国侵略中国案的发言稿，正式提交给联合国秘书长，要求他们将此发言列入大会文件。代表团在纽约机场向报界发表了声明，首先就即将到来的圣诞节和1951年新年，向美国人民表示了祝愿，接着声明，代表团为和平来到美国，虽然代表团有利于和平的提案被美英统治集团加以拒绝。

伍修权和他的妻儿

19日，伍修权、乔冠华一行离开纽约，取道苏联回国。代表团按照赴美原路返回。

次日下午，中国代表团飞抵伦敦。在这里伍修权又向记者发表了简短谈话，再次对美帝的行径进行了揭露。

22日到布拉格，25日到达莫斯科。近一个月的紧张工作，他们这时候才感到疲劳。周砚到布拉格后，一下子就连睡了十几个小时，可见她困到什么程度。30日，代表团一行9人分批离开莫斯科回国。

为了让代表团能赶回国欢度新年，国内专门通知驻伊尔库茨克的中国民航办事处，要那里的中国航班机留出几个位置，等中国代表团赶到以后再飞。他们及时赶上了回国的班机。机组的同志见到代表们也很高兴。这样，他们便在新年前夕回到了祖国首都北京。

当伍修权等走出机舱时，机场上一片欢腾，各界代表都来欢迎中国代表团的胜利归来。

对此，伍连连深情回忆道：

老早就得知父亲要回国了，真是高兴极了。12 月 30 日，我父亲一行抵达北京。那天一早妈妈就告诉我们爸爸要回来了，我们可以到机场去接父亲。我和两位姐姐都很高兴，父亲走了那么长时间，真是很想他。但是不巧，那天学校要我们合唱团去中央人民广播电台录音，我只好忍痛不去机场了，妈妈带着姐姐去了。接回父亲以后，当我见到姐姐时，她们不仅带回了大束大束的鲜花，而且还很激动地给我讲起机场的见闻。当父亲一行走出机舱时，机场上一片欢腾，时任中央人民政府政务院副总理和中国保卫世界和平委员会主席的郭沫若便迎上前去欢迎。在一片热烈的口号声中，郭沫若副总理发表了热情洋溢的讲话：

我们的特派代表在成功湖，……把美国和他的仆从国的外交阵线打得落花流水了。我们中国人民反对美国侵略和保卫世界和平的坚强意志，感谢伍修权代表负责传达，已经响遍全世界。

父亲在欢迎者高呼“中国人民的伟大胜利万岁”等口号声中，也兴奋地讲了话，以感谢祖国对代表团大力支持和热情欢迎。

父亲简要说了他们执行党和人民交付的崇高任务，受到美国人民热情欢迎的情况，又即兴地说了一段寓意深长的话：

我们代表团到达纽约的第二天，恰巧碰上一场大风暴，我们看到当时的纽约，一切都笼罩在昏暗阴沉的气氛中，感到它正象征着帝国主义的末日。然而今天，当我们飞回祖国的时候，天气却格外晴朗，我们在西伯利亚的上空，就看见光芒万丈的太阳正从我们祖国的大地上冉冉升起。这也是一种象征，它预示着新生的中华人民共和国和人民民主世界正在崛起，世界上的条条大路，都在走向人民的胜利。

这是父亲真实而激动心情的体现。

父亲他们在联合国的工作得到党中央的肯定和赞许，并指示他们要在国内作为爱国主义的教育进行宣传，扩大宣传我国代表团联合国之行的胜利。父亲一面汇报总结；一面应邀到各地各单位去作报告和参加座谈会。

伍修权安享幸福晚年

全国政协、中国“和委”与抗美援朝总会、北京大学等，纷纷请代表团成员介绍在美国的斗争情况。天津市更是举行了声势浩大的万人大会，市长黄敬亲自主持，热情地邀请我父亲在大会上讲话。一时间，我父亲走到哪里，就受到哪里的欢迎，他的名字几乎家喻户晓、妇孺皆知，真个是“一举成名天下知”。

父亲晚年回忆这段辉煌经历时说：“当时我们从人民群众的热烈反映中，深深感受到饱尝帝国主义侵略之苦的中华民族，一旦能扬眉吐气地说出自己要说的话，以全新的形象出现在国际舞台上，不能不激起全国人民的自豪感，也正因此，我们的联合国之行，在诞生刚满一年的新中国，成了人人关心，万众瞩目的一件大事。我个人由于参加了这一工作，一时间也颇受人们的注目。”

父亲总是说：“人们的这种情感不是对我个人的崇敬。而是对我们党、对我们国家的爱戴和崇敬，是站起来了的中国人民对未来充满了美好生活的信心和渴望。我们做具体工作的同志，就像演员担任一个角色，既然上了台，就要演得像个样子，把各自的任务完成好。但是下了台，就不再是剧中的那个角色了，你只是党的一名普通的工作人员。”

父亲这种严于律己的高尚品格时时在教育、影响着我们，告诫我们共产党员是人民的公仆，要全心全意为人民服务。

经过50多年的变迁，中华人民共和国早已恢复了在联合国的合法席位，我们期待着台湾与祖国大陆早日和平统一。这是父亲的心愿，也是全国人民的心愿。

“和平将军”张治中亲历两岸秘密接触

张治中（1890～1969），安徽巢湖市居巢区（原巢县）黄麓镇洪家疃人。著名爱国将领，原国民党陆军二级上将。历任黄埔军校学生总队长、军官团团长、国民政府中央军校教育长、国民政府第五军军长、第四路军总指挥、第九集团军总司令、湖南省主席、国民党军事委员会政治部部长兼三民主义青年团书记、国民党西北行营主任兼新疆省主席。新中国成立后，历任西北军政委员会副主席、全国人民代表大会常务委员会副委员长、中华人民共和国国防委员会副主席、政协全国委员会委员、中国国民党革命委员会中央副主席等职，对促进民族团结和社会主义建设事业，做出了贡献。1969年4月6日在北京逝世。

1950年初，我们准备以武力解放台湾，后因朝鲜战争爆发，美国第七舰队开进台湾海峡，遂使武力解放台湾的计划搁浅。适应新的形势的需要，我们的对台方针政策也由武力解放台湾转为以和平方式解放台湾，并提出了一系列对台方针政策。为让台湾当局了解我新的对台方针政策，张治中从中牵线搭桥，通过写信，喊话，沟通两岸高层，为祖国的和平统一大业做出了贡献。

“和平将军”张治中

他是蒋介石的心腹重臣，长期置身于国民党最高决策层；同时，他又以其独特的身份与毛泽东、周恩来等中国共产党主要领导人交谊深厚；毛泽东称他是“三到延安的好朋友”，“是真正希望和平的人”。

他就是张治中。这是位唯一没有同共产党打过仗，敢对蒋介石、毛泽东多次直谏的国民党高级将领。

张治中1890生于安徽巢县洪家疃。16岁那年，他满怀梦想，怀揣着母亲七拼八凑筹来的24块银元，独自踏上了外出闯荡的路。

离家远行前，母亲要张治中咬口生姜喝口醋。这句在安徽洪家疃村流传着的古训，寓意在人生的岁月里，只有承受所有的苦辣辛酸，历尽艰苦，才能成人立业。

迈出了人生第一步的张治中并没能如愿在安庆考上陆军小学，迫不得已在安徽当了预备警察，后在扬州进入警察教练所。

辛亥革命爆发后，一心救国的张治中投身学生军。1912年，他进入陆军第二预备学堂，1916年，他毕业于保定陆军军官学校第三期步兵科，次年到广东参加护法运动。1924年，时任黄埔军校校长的蒋介石听说张治中是保定陆军军官学校的优等生，便邀请他到黄埔出任第三期入伍生总队代理总队长，授衔上校，自此，张治中逐渐步入国民党高级军官行列。

张治中将军

1932年1月28日深夜，驻沪日军借口一名日军士兵失踪，向上海第十九路军发起猛攻。以蒋光鼐为总指挥、蔡廷锴为军长的十九路军主动回击，“一·二八”淞沪抗日的战幕惨烈揭开。

此时，身在南京，时任国民党中央陆军军官学校教育长的张治中心急如焚，他认为：“中央部队散在各地，而因蒋下野，群龙无首，一时未易集中。”同时，他对十九路军的处境十分清醒：十九路军单独在沪作战，孤军决不能久持，应该予以增援。

2月初，蒋介石在浦口会晤张治中。张治中向蒋介石请战：“我们中央的部队必须参加淞沪战斗才好，如果现在没有别的人可以去，我愿意去。”

蒋介石马上让何应钦调动散驻在京沪杭的第87师、88师、中央教导团，合编为第5军，任命张治中为第5军军长兼第87师师长，率部开沪参战。

2月16日，在淞沪抗战第19天后，张治中奔赴战场。在出发前的15日深夜，他起身开窗户、面向故乡写下一封遗书：“正是国家民族存亡之秋，治中身为军人，理应身赴疆场荷戈奋战，保卫我神圣领土，但求马革裹尸，不愿忍辱偷生，如不幸牺牲，望能以热血头颅唤起全民抗战，前赴后继，坚持战斗，抗击强权，卫我国土……”

张治中的女儿张素我回忆说：“父亲是决心战死沙场，以誓死的决心走上抗日前线。”第二天出发前，张治中把这封遗书交给了挚友陆福廷。

张治中在回忆录中对写下遗书解释得更为深入，他说：“我知道，一个革命军人首先要具有牺牲精神，而牺牲精神又必须首先从高级将领做起。”

自2月18日率第5军进驻刘行镇，接替十九路军部分防地开始，直至5月5日上海停战协定签订，张治中率军经历了数十次大小战斗。庙行一役将日军第九师团和久留米混成旅团的精锐歼灭殆尽，庙行、江湾间，敌尸堆积如山，达三四千具之多。中外报纸也一致认为，此役是沪战中中国军队战绩的最高峰。

多年以后，张治中回忆起这次生平参加的第一次反抗外敌之战时说：“这一役牺牲是应该的，生还算是意外的了。”

1935年，20岁的张素我独自登上了一艘轮船赴英国留学。此前，她是南京金陵女子文理学院的学生，还没有毕业就离开了这所声名赫赫的学校。没想到的是，两年后她再度肄业，回到了战火中的祖国。

1937年，“我还没有毕业，父亲就发了多封电报要我回国。”张治中告诉女儿，此时的中国已经到了生死存亡的紧要关头，你要迅速回国投入到抗日救亡运动当中去。

张素我回忆起当时的感受说：“我想怎么也得读完我的学士学位再回来。可是我父亲一定让我中断学业，回来参加抗战。”

1937年8月，张素我中断学业回到中国，迎接她的不是父亲慈祥的笑脸，而是空前惨烈的淞沪会战。

“来接我的人说，你爸爸现在在苏州那里准备战斗了，要到前线去了，你赶快到苏州去看一眼你爸爸。”8月11日，张素我在苏州见到阔别两年的父亲。“父亲叮嘱我速回南京帮助母亲，照顾好弟弟妹妹。当天晚上他便率部赴沪作战。”次日，张素我到了南京，家里也知道父亲要上战场，“但没想到第二天，上海就变成了战场。我在南京待了两个多星期，母亲决定和我带着弟妹们一起迁往安徽老家”。

从1937年8月13日到9月23日，张治中不分昼夜指挥大战，以致体力疲惫至极，加上因战局不利遭到蒋介石的指责而精神苦闷。张治中决心致函蒋介石辞职，含泪告别将士离开了战场。

张素我对父亲的苦闷记忆犹新，她说：“父亲辞职以后也回到了安徽老家。他很苦闷，每天都很晚睡觉，把喜欢看的古书拿了出来看。”

“父亲曾经说过，在蒋介石面前肯说话和敢说话的人很少，而在军人当中，父亲算是最肯也是最敢说话的一个了。”张治中的儿子张一纯对笔者说。

张治中从1924年开始追随蒋介石，在长达25年的时间里，他除了在经济、军事等方面多次提出意见，更是为国共关系问题与蒋介石有过争论，还曾四次向蒋介石上万言书。

第一次上万言书是“皖南事变”爆发后的1941年3月2日。张治中向蒋介石痛陈对国共问题处理的失策，“父亲认为这是招致两党破裂的开始，关系甚大。”张治中在万言书中建议：“为保持抗战之有利形势，应派人与共产党会谈，以让步求得解决”，“若犹是听其拖延，其结果将对我无利而有害。”对此，张一纯说：“可惜，蒋介石并没有接受父亲的建议。”

第二次是1945年11月，国民党当局正在为发动内战做准备。张治中再写万言书，托人带给蒋介石，力言对国共问题采取政治方式解决是独一无二的途径，反对重起内战。他在万言书中说：“我国经八年之长期抗战……民穷财尽，无日不在水深火热之中。……倘战争再度爆发，必益增人民之痛苦，违反人民之愿望。”

第三次是在1948年5月5日，此前的5月1日蒋介石和李宗仁分别当选为总统、副总统。张治中给蒋介石写了一封长信，在信中指出大局已经到了最严重的阶段，提出补正之道是：执行亲苏政策、和共政策、农民政策、改革土地制度。蒋介石对这封信很重视。5月12日，张治中就收到了蒋介石的回电。蒋在电文中说：“来函与意见书今始详阅，应再加研究后另行电告。”但是，此后再无下文。

第四次是在1949年。张一纯说：“1949年参与北平和平谈判时，父亲还给蒋介石写过长篇改革建议。”此前，张治中在溪口劝蒋出国未成，在北平更是感到蒋介石留在国内是对和平的最大障碍，所以在万言书里痛陈利害。张治中后来回忆起这最后一封万言书时说：“不知蒋介石看后反应如何，但事实已经说明他是不会接受的。”

张治中的敢于直言，留给他的孩子们极深印象，他在生命的最后岁月，还面谏毛泽东。

1949年6月，毛泽东在中南海邀集各界人士座谈讨论国家名号问题。中央意见拟用“中华人民民主共和国”。“我父亲说‘共和’这个词的本身就包含了‘民主’的意思了，就不用再写民主了。还有选国旗方案时，当时毛主席说中国有三大河流，黄河、长江、淮河，要填上横杠。我父亲就说把国旗劈为两半，不成了分裂国家了吗？后来就定了五星红旗。”张素我说。

“文化大革命”开始后，张治中的家也受到了冲击。在张治中家最艰难的时候，周恩来出面保护了他们一家，“1966年，周总理把我父亲送到解放军总医院，改名叫林友文，不让我们家属去也不让通电话。据说借此机会同时保护了不少国民党高级将领。”张一纯印象中的父亲从此很沉默，也不说话，但是他的健康却被这种郁闷的情绪所吞噬。

在生命的最后3年，张治中每天晚上问儿子张一纯“文革”的情况，“问我谁被打倒了，谁被抄家了”。

听说彭德怀被打倒，张治中写信给毛泽东，听说刘少奇被打倒，张治中也写信给毛泽东。“彭德怀被打倒后父亲写的这封信，我印象很深。他写了1万多字的信为彭德怀讲话。他在信里讲彭德怀的生活非常简朴，对自己非常的严，洗脸水都不倒掉，留着接着洗脚。彭德怀非常艰苦朴素，他绝对不会反对您老人家。”

然而，张治中写的这两封信都被周总理压了下来。“信寄到了周总理手里，周总理就派机关事务管理局局长高登榜来广东找我父亲。高登榜看到我父亲就说，周总理让我转告你：‘你写的信主席收到了，你现在的任务就是好好休息，剩下的事我来办’。这个事是周总理压下来了，实质上是保护了我父亲。”张一纯回忆说。

毛泽东、周恩来和张治中亲切交谈

除了写信，张治中还曾经面谏毛泽东。“十大元帅要是都没了，主席身边怎么办？”张治中曾在一次与毛泽东的会面时说了这句意味深长的话。

张一纯在场亲历了整个过程，“那时我父亲身体已经很不好了。”张一纯是推着坐在轮椅上的父亲在天安门城楼上见到毛主席。

“父亲见到毛泽东说：‘毛主席啊，您老人家走得太快了，我跟不上……我党内的好多老朋友，那些元帅都被打倒了，您老人家怎么办呐?’”

张一纯说，讲到这时，原本是坐着的毛泽东站了起来，“他说，文白兄啊，你放心吧，我们可以甄别嘛。”

张一纯对谈话过程印象深刻，“我父亲也站起来了。”但是站起来的张治中并没有说话，“我看着他很沉闷，闷闷不乐。”

在“文革”中，张治中的身体条件愈发不佳。“他主要是长期对‘文化大革命’不理解。他没有什么很严重的病，只是长期不愉快，一直不舒服。”张一纯说。

1969年4月，一生没有参与过任何派系之争的张治中溘然长逝。

毛泽东点将，张治中受命作谋和试探

50年代初期是两岸军事对抗的时期，启开国共和谈大门的是中国共产党。1950年3月，中国人民革命军事委员会委员兼国防研究小组组长、西北军政委员会副主席张治中，经中共中央和毛泽东主席批准，开始为争取和平解决台湾问题进行工作。1950年3月11日，毛泽东起草了《关于争取和平解决台湾问题给张治中的电报》。电文称张“现在从事之工作（注：指张治中经中共中央和毛泽东主席批准为争取和平解决台湾问题进行的工作）极为重要，尚希刻意经营，借收成效”。同年3月20日，毛泽东再次致电张治中，“同意”张“来京面叙”这方面的工作。

张治中在国民党军队中曾位至行营主任、集团军总司令、侍从室主任、政治部长，陆军二级上将军衔，还担任过湖南、新疆两省主席，与蒋介石过从甚密。同时，他又与周恩来、毛泽东等中共领导人有着长期交往，曾为国共两党两度合作出过力。在抗日战争和解决战争时期，他曾代表国民党与中共进行过多次和谈，有“三到延安”之举，与中共保持着较为密切的关系。

1950年，中共中央选择张治中作为和平解决台湾问题这一重要工作的人选，无疑是非常恰当的。从现已披露的历史资料中，还无法知道张治中完成此项使命的具体情况和结果。但从上述电文可知，张与毛泽东在半个月内互通了4封电报。在张由南方赴京汇报时，毛泽东曾亲电时任中共中央华南分局第一书记、广东省人民政府主席的叶剑英，为其布置沿途护卫，可见张治中肩负的使命之重要，以及中共中央对此举之重视。

张治中陪同毛泽东主席视察

据张治中之子张一纯透露，外界一直猜测，在1950年初，张治中以到广州接返国的女儿为名，曾乘船去某个地方与国民党代表进行密谈。台方究竟是谁至今已无从考证，成为历史之谜。而此次广州之行实是遵照周恩来总理的指示，率领由屈武、李俊龙、余湛邦等人员组成特别工作小组，通过香港的旧识友朋对在台的国民党政要做劝说开导工作，达到促成两岸和平统一的目的。

其实，所谓的历史之谜，在张一纯看来，只是自己儿时的一场惊心动魄的往事。“周总理安排我父亲，跟蒋经国、陈诚见面是在广东的一个小岛上。这个小岛在广东番禺，从番禺可以坐船过去。我们就住在岛上。这个岛叫什么名字，当时就不知道，我们是秘密过去的。”

张一纯说：“有个重要情节是，我们住的是个两层楼，在夜里快2点钟的时候，叶剑英老帅说你们要赶快搬家，国民党特务已经知道你们住在这里了，赶紧离开这里。我们连夜就离开了那个地方。第二天果然被情报言中，国民党的飞机就把我们住的楼炸掉了。”

“叶老帅救了我们全家。”张一纯感叹地说。

陈毅接见台湾来的亲戚李次白

差不多与中共中央派张治中进行谋和试探的同时，台湾方面也派张治中的黄埔学生、陈毅的亲戚李次白来大陆试探中共的态度。

1950年5月初，台湾的天气已经十分热了，而民众的心情这几天却骤然凉了许多，因为“国军丢失了海南岛”。

“凯歌归”饭店门口驶来一辆军用小车，下来了三位不速之客。“凯歌归”饭店的老板李次白连忙迎了上去，其中两位他认识，是李次白黄埔军校6期的老同学，如今跟着蒋经国官运亨通，为首的那位则是蒋经国属下的胡伟克。

胡伟克开门见山对李次白说，实不相瞒，目前党国的处境非常困难，而美国总统杜鲁门说什么“不予蒋保护”，任其自生自灭。美国人要看蒋“总统”的笑话，目前我们如在火山之巅。经国主任既被倚长城，当然更加深感不安。

李次白的两位老同学干脆亮底，“次白兄，令妹是陈毅的大嫂子，这就是请您和共产党对话的资本。你如能出山，到大陆走一趟，就等于救了我们的性命。不，应该说是整个党国的命运。”

李次白似乎没有理由拒绝。

蒋经国受蒋介石委托，亲自召见李次白。蒋经国说：“李先生，现在谈国共合作，我看希望不大。你和陈毅是至亲，我看可以深谈。最低限度，希望不进攻台湾。”

既已受命，就不能不去。李次白告别了家庭和经营了数年的饭店，于5月下旬离开台湾前往大陆。李次白毕业于黄埔军校6期，深受教育长张治中的赏识，本来也有飞黄腾达的前程，但因哥嫂是中共党员，妹子又嫁给了陈毅的胞兄陈孟熙，受此牵连，李次白很不得志，于是跑到台湾，在高雄开了家“凯歌归”饭店，只盼后半生能平安无事，没想到因为自己与陈毅的亲戚关系，命运又一次将他推进了政治漩涡之中。

1950年5月底，中国人民解决军华东军区司令员、上海市市长陈毅的情绪特别好。因为这正值他接管上海一周年，而且中央来电，请他在中共七届三中全会及政协全国委员会开会之前赴京。这时他在上海的胞兄陈孟熙来电话说，他的妻兄李次白从台湾绕道香港过来了，想见一见他。

陈毅从百忙中抽出时间接见李次白。李次白对陈毅说明了自己这次来的目的，希望通过陈毅将此意转达给北京方面。

陈毅听了颇觉意外，他对党内情况及台湾海峡的形势一清二楚，这是最敏感的问题。海南岛和舟山群岛解放以后，如何渡过台湾海峡进攻台湾已是中央军委及他所负责的华东军区研究的重点。在江浙沿海，担任渡海攻台任务的第七、第九兵团正在开展海上大练兵活动，华东海军部队则逐个攻击浙江国民党军所占的岛屿，为大军船队南下福建扫除航道上的障碍。空军装备了源源运至的苏制飞机，已使国民党的飞机不敢再进入上海地区。对台湾的情况陈毅也十分了解，自海南岛被攻占及舟山撤守，台湾当局极为恐慌，相当多的国民党要员对防守台湾根本不抱希望，争相逃往海外。蒋介石在大陆的两个最有力的经济台柱与亲戚都离去了：孔祥熙去南美洲经营橡胶园，宋子文去美国当了寓公，国民党第二号人物李宗仁飞美后托病不归。连蒋介石嫡系的军事将领也有相当一部分自奔海外或寓居香港。当陈毅得知大名鼎鼎的徐州“剿总”司令官刘峙竟不顾上将之尊，跑到印尼当了华侨中学教员时，不禁哑然失笑。台湾国民党陆军总共才30余万人，其中只有从舟山撤退的几个军和孙立人训练的两个新军还算完整，其余均残破不堪，军事上的败势是凭蒋介石的力量所无法挽回的。

陈毅觉得此时谈国共合作时机甚不适宜，便直截了当地对李次白说：“国共合作的话题，现在先不提。现在提为时尚早，以后会有机会的。”

陈毅向陈孟熙和李次白介绍了新中国的经济形势，最后对二人说：“孟熙兄和次白需要立即进革命大学学习，明天就去，你们的亲友们都去，你们把名单开来，我明天就告诉市委统战部。哦，我还要欢迎次白回来，请你吃饭。至于台湾嘛，让它烂下去。”

会见陈毅后，李次白随即按规定的联络地址发信到香港，转至胡伟克，根据陈毅“让它烂下去”那句话复命。

不久，朝鲜战争爆发，美国第七舰队进入台湾海峡，台湾感到又有了靠山。胡伟克给李次白发出急信，通知“国共合作之事不必谈了”。

从此，台湾方面不再理会这位派到大陆的秘密使者，也不再给他留在台湾的家属发放生活费。

试探国共两党之间刚刚起步的一点接触尝试遂告中止，两岸关系又经历了一段严峻的历程。

张治中喊话、写信，沟通两岸高层

张治中早年一直受到蒋介石的信任与重用，在台湾的国民党政要和军事将领中，学生、部属和故交好友非常多。因此，1949年以后，张治中担负的一项重要任务，即以各种方式对昔日的故旧、部属、学生做一些“开导、解释、说服的工作，以唤起他们的觉悟，毅然来归，完成祖国的完全统一”。他与蒋介石、陈诚保持通信往来，直到“文革”。

1950年6月初，张治中受周恩来总理委托，以个人名义给蒋介石写信，劝其放弃反共立场。此后朝鲜战争爆发，形势发生变化，争取蒋介石的计划暂停了下来。

周恩来夫妇和张治中等合影

抗美援朝战争后，张治中又特别选派老部属张樨琴专门负责两岸高层意见沟通，双方对此事均绝对保密。1964年，蒋介石在高雄接见过他。初期的联系方式是通过游艇在公海上秘密进行，双方按照事先的约定交换信件物品。

1954年，张治中在中央人民广播电台作了题为《告在台湾的人们》的对台广播。他先回顾国民党在大陆统治二十多年的历史，严肃地指斥这个统治是“错误的，反动的，罪恶的”，因此它必然要失败。张治中接着又介绍了新中国建设的成就，指出新中国的国际地位和国际威望已经空前提高。“祖国的人民，无论男女老少，都在愉快地生活，热情地工作。”

在这种情况下，台湾国民党要“反攻大陆”，这只是不切实际的愚蠢妄想。他殷切希望在台的老友、部属、学生及其他旧政府的人员，“主动地尽自己一切可能靠拢祖国和祖国人民”，在此重要关头，“为国家、为人民、为自己和子孙着想，你们都应该听从我的忠告”。张治中的广播讲话，这是大陆对台广播中较早的一篇原国民党高级官员的讲话，它在台湾引起了强烈的反响，尽管有公开反对的，但较多的是私下在欣赏、品味张治中的讲话内容。英国《经济学家》曾对此作了如此的评价，它说："在台湾的许多中国国民党人，无疑觉得听听前国民党政治军事家张治中——他告诉他们，与人民在一起的生活是多么美好——的讲话，要比阅读最近国民党报纸或其他'谍报机关'所创造的消息更有兴趣一些。""所有流亡在台湾的妇人都希望返回大陆，现在他们愈来愈觉得复兴和恢复世界知名的最伟大的一个民族的任务，正在没有他们参加甚至受到他们损害的情况下进行着，因此，在国民党的讨伐性干涉主义后面的情绪，现在正在开始找到新的出路。……"

1955年春节，张治中再次在中央人民广播电台作对海外侨胞的广播，对"反攻大陆"进行了驳斥。

1956年，周恩来代表中国政府宣布了争取用和平方式解放台湾的方针。对此，张治中接受了《团结报》记者的采访，谈了自己对上述方针的感想，指出和平解放台湾的可能性是存在的，也期待进行第三次国共合作。

晚年张一纯

为了促进祖国和平统一，张治中向战犯战俘做了许多有益的工作。1956年5月22日至5月30日，他根据全国政协的安排，分别会见了宋希濂、杜聿明、王耀武、李仙洲、范汉杰、曾扩情、陈长捷、黄维、王陵基、康泽等26名战犯战俘。每次会见，都先让被接见者叙述自己的感想、意见或是提出问题，然后张治中向他们讲了以下几点意见：（1）国民党的反动统治没有不败之理；（2）新中国建设成就辉煌，中国共产党得到全国人民的热烈拥戴；（3）中国国际地位和威望空前提高；（4）台湾和美帝的矛盾，和平解放台湾有可能性；（5）党和政府准备对他们宽大处理，分批释放，希望他们努力争取。并向他们说明新中国前途远大。国家好了，个人也会有前途。张治中讲话时语气恳切，使被接见人深受感动。

后来，战犯被特赦，张治中多次陪同周恩来总理接见他们。党和政府的宽大与信任，使他们受到了巨大的鼓舞，他们利用广播、书信和撰写文章等各种方式为祖国统一大业而积极工作。侨居海外的特赦释放人员也不忘周恩来的嘱托，积极为统一大业奔走呼号，发挥了特殊的作用。

1957年2月，张治中出任民革和平解放台湾工作委员会主任。在3月召开的民革三届二中全会上，张治中就和平解放台湾的问题作了专题发言。指出周恩来在人大常委会第十五次扩大会议宣布的“争取和平的方式解放台湾”的方针是非常正确的，它代表了人民的心愿，因而受到了人民的一致拥护。他指出以和平方式争取台湾解放的方针，已在国内外产生了很大影响，尤其是在台湾内部和华侨中反应更为强烈。关于实现这一方针的可能性，张治中分析后得出了以下四点：一是新中国的强大所产生的吸引力。在台湾的军政人员，自命是孙先生的革命信徒，应当具有爱国思想和爱国精神的，现在眼看祖国几年来的飞快发展，日益强大，他们在今昔对比之下，自然发生倾向祖国的心情。二是国际的动向。国际上除了美国及几个仆从小国外，大多看不起台湾，也没有来往，这点对台湾的刺激很大。三是台湾内部前途无望。士兵平均年龄36岁，年纪太老，怎样补充？加上经济一天天败坏，美援不可能久持。因此人心涣散，前途无望。四是美蒋矛盾日益激化。美国已发动倒蒋运动，利用以胡适为首的自由主义分子，主张毁党救国，要蒋做一个无智、无能、无为的领袖。他们在香港出版反蒋的小册子，提出反共必先倒蒋。蒋是相当敏感的，这给他刺激很大。当然，台湾对国际局势存在幻想，对美国和共产党还有顾虑。正因为如此，这就使和平解放台湾的道路反复曲折，不可能是直线的。但他相信和平解放台湾还是有极大可能的。通过分析这些情况，张治中认识，民革要做的工作主要是，认真研究台湾情况，打好基础，要做好对台宣传，多讲道理，晓以大义，态度要平心静气，诚恳；在可能情况下，实现通信与交往；与政府配合做好其他工作。

1956年到1958年间，蒋介石派宋宜山（曾是张治中属下宋希濂的胞弟）和曹聚仁回大陆打探情况，张治中将二人引荐给毛泽东，并经常参加毛泽东、周恩来等领导与二人的会谈，解释协调、介绍情况。毛泽东在会见曹聚仁时曾明确表示台湾回归后可以保存军队。在双方真诚的交流中，虽未形成统一方面实质的推进，但有效地实现了在关键的问题上的合作，使得两岸共同打破了美国分裂侵占台湾的图谋。

1958年10月，张治中写了一篇题为《台湾应主动抛弃美帝》的短文，号召台湾的故旧毅然抛弃美帝，促进祖国统一。他充满感情地写道：“你们离开大陆9年了，人寿几何，经得起几回沧桑巨变？鸟倦尚且知还，人情谁不思乡？每当春风桃李花开日，秋雨梧桐叶落时，翘首北望，宁不神伤！你们回来吧！家人亲友在盼望你们！”

1958年12月，张治中又在民革四大就台湾问题发表看法，认为以蒋介石为对象，争取和平解放台湾的方针是完全英明、正确的。此后，他利用各种机会，作演讲、发表文章，作广播讲话，呼吁台湾当局“爱国一家，和为上”，“争取通过和平途径，早日回到祖国的怀抱来。”他感觉这样才算“尽到作为一个故旧在道义上的责任”。

1959年国庆十周年时，张治中再次敦促台湾方面“有爱国思想的中国人到大陆上来看看”，特别指出“辞修（即陈诚字）、经国或亲来，或派人来，我想你们也一定会把成见与偏见丢开而额手称庆的”。“恳切希望你们团结一致，统一领导，毅然决然，争取通过和平途径，早日回到祖国的怀抱来。”

60年代，张治中在周恩来领导下从事当时属于高度机密的对台争取工作。进入60年代后，美国的对华政策有了改变。美国一方面加强与中国政府的接触，另一方面又向台湾当局施加政治、经济压力，继续推行“两个中国”的政策，美蒋矛盾加深扩大。毛泽东认为这是我们开展对台工作的好时机。

1961年8月，美国试图通过邀请陈诚访美，打破蒋氏父子和陈诚之间的团结局面，实现分裂中国的图谋。周恩来立即请张治中捎信，提醒陈诚与蒋氏父子团结。

1962年，周恩来邀请张治中、傅作义、屈武等在钓鱼台吃饭。席间谈到台湾问题，周恩来希望他们写信给台湾当局，告诉他们不要轻举妄动。后来屈武给于右任写了信，张治中、傅作义给蒋经国、陈诚等人分别写了信，转达了周恩来的意思。

张治中（左一）和周恩来在一起

这些信起了一定的作用，陈诚的思想有了一些转变。鉴于陈诚思想的发展，周恩来进一步抓紧了争取台湾的工作。1963年初，周恩来请张治中、傅作义致信陈诚，阐明台湾的处境与前途。

周恩来代表中共表达的和谈诚意和提出的具体建议对台湾当局深有影响。陈诚表示说，他要对历史作交代。只要一息尚存，决不会接受“两个中国”。

1963年底，周恩来出访亚非14国期间绕道广东，由张治中陪同会见去台湾的有关人士，周恩来希望这位去台人士转告陈诚及台湾当局，美国正采取更多的行动，要把台湾变成一个独立政治单位，而国共两党可以在反对“两个中国”问题上形成统一战线。

1965年3月，陈诚病逝前曾捎信给周恩来和张治中，要他们相信他的人格，他不会违背民族大义。同时他还向蒋介石建言不能为外国动用台湾兵力，不能信任美国等。周恩来将这一切都归于四五年来与台湾交流沟通协商的结果，也是对张治中对台工作的高度肯定。

当月，陈诚病逝。陈诚是个有民族气节的人，他留下的遗言中，既没有提“反共”，也没有提“反攻”。陈诚的这种态度说明他还是有爱国心的，也说明周恩来通过张治中等民主人士争取陈诚支持祖国和平统一大业的一片苦心没有白费。

做国民党上层的工作，张治中功不可没。张治中机要秘书余湛邦生前曾说，1969年张治中去世之前，除了口授政治遗嘱外，还念念不忘“对台工作希望大家继续做下去”。

子承父志　共促统一

相对于父亲张治中的鼎鼎大名，张一纯也许有点默默无闻。但父子二人所从事的工作却是一脉相承。张治中长期致力于国共两党的合作，被称为“和平将军”；张一纯则在统一战线岗位上，为了祖国和平统一，一干就是20年。

张一纯说，他做统战工作还是受周恩来的影响。张一纯不由得回忆起他所接触的周恩来。

据张一纯回忆：

周总理和我父亲是几十年的老朋友，他们的友谊可以追溯到大革命时期。1989年春天，邓颖超同志邀请我们全家去做客时对我说：“你父亲是个非常有意思的人。我们这位老大哥喜欢开玩笑。他讲笑话，别人哄堂大笑，可他自己却一点儿也不笑。1925年我同恩来在黄埔军校结婚。那时恩

笔者采访张一纯

来是政治部主任，你父亲是新兵团团长。我们结婚很保密，除了你父亲，别人谁也没告诉。谁知你父亲一定要请客。他安排了两桌酒席，找了几个会喝酒的人来作陪。那次他自己一口酒都没喝，却把恩来灌醉了。最后他找来卫兵把恩来抬回去，直到第二天，恩来的酒也没醒。这件事我一辈子也不会忘记。”

周恩来同我父亲的友谊，即使是在国共两党尖锐对立、武装斗争十分激烈的情况下，也从未中断过。

1945 年 8 月 31 日至 10 月 11 日，毛泽东率中共代表团到重庆和国民党政府进行和平谈判。我父亲当时担任国民党军事委员会政治部部长。为了保证毛泽东的安全和国共两党谈判的顺利进行，他将我家的住房——位于重庆中山四路上清寺的桂园腾了出来，供毛泽东、周恩来和他们的工作人员来重庆时会客、办公。

毛泽东来重庆前，有一天父亲陪周恩来到桂园看房子。那时我还很小，非常好奇地跟在他们身边。在看房过程中，父亲告诉周恩来：“为了保证毛先生的安全，我决定派政治部警卫营的一个手枪排担任警卫工作。”周恩来听后略作沉思，说：“这样一来，发生任何事情，责任都是你张治中的。我建议，你把这个责任推给重庆的警备司令。你的人可以换成便衣，做内部保卫。”父亲深感这位老朋友的信任和良苦用心，采纳了他的建议。

1949 年 4 月 1 日，父亲率国民党政府和谈代表团到北平同中共进行和平谈判。

由于蒋介石拒不接受中共提出的和谈条件，使谈判破裂。当时国民党派了专机，准备把代表团全部接回。在周恩来的劝说和挽留下，父亲没有按照蒋介石的指示南飞，而是留在了北平。

那时，我们全家都住在上海我大哥家中（当时大哥在香港）。4 月 24 日凌晨两点多钟，父亲的老朋友、中央航空公司营业部主任邓士章先生（后参加了

张治中陪毛泽东赴重庆谈判

两航起义)，给我们打来电话，说：“张先生有电报来，让你们乘飞机去北平。一切我们都准备好了，早晨6点前派车去接你们，请做好准备。”

6点左右，航空公司的汽车来了。我们迅速装上行李，离开了大哥家。汽车一直把我们送到机场。我看到飞机没有按照惯例停在候机大楼前的停机坪上，而是远远地在起飞跑道上等候。汽车一直开到飞机前，我们刚跨进机舱，飞机就起飞了。当天下午，我们平安地到达北平西郊机场，见到了早已等候在那里的父亲和周恩来的代表叶剑英同志。

后来我才知道，我们全家这次安全转移，是在周恩业的亲自指挥下进行的。他指派北平军管会交际处处长王拓（“文革”后曾任国家体委对外司司长）守在电台旁，和南京、上海的地下党组织取得联系，指示他们要尽快找到我们全家，并把进展情况随时向他报告。地下党找到我们后，周恩来又亲自安排我们转移。接送车辆如何解决、转移走哪条路线，他都一一过问。他还特别指出，飞机不要停在候机楼前，要远离人群，以免混进坏人。就这样，我们及时摆脱了国民党特务，在北平开始了新的生活。

周总理对我父亲的生活一直很关心。战争时期，父亲落下了个腿部神经痛的毛病。

解放后，病情一度加重，父亲的思想压力很大。周总理知道后，亲自把军委卫生部副部长傅连暲带到我家，请他为我父亲安排治疗。后来，傅连暲请来了三位专家长期为我父亲治疗。周总理几次出国回来，都带回特效药，托人送给我父亲。

一次，安徽的一个黄梅戏剧团来京演出。周总理知道我父亲是安徽人，便请我们全家去看戏。我们先在总理家中吃了饭，然后去国务院礼堂看戏。

总理的车先到礼堂，他竟站在门前等着我们，还亲自上前打开车门，然后陪父亲一同走进剧场。

1949 年到北平后，我们家在经济上遇到了一些困难。一天，父亲要我和张立钧（我父亲的参谋，也是我的表姐夫）去傅作义先生家借钱。到了那里，傅先生问我们借多少，我们说借 250 元。傅先生随即叫人拿出 500 银元交约我们。这件事不知怎么被周总理知道了。一星期后，他派人送来一封信。信一开头就表示歉意，然后写道："不知你们经济上这么困难，现拨出 6000 元供你们使用。"

不久，毛主席到我家做客，江渭清随行。谈话间毛主席问道："江渭清你欠张将军的钱还了没有?"江渭清笑着说："还没有。"毛主席说："你们可别忘了还啊!"原来，江渭清在湖南打游击时，经费非常困难，派人找父亲借钱。那次父亲给了他们几千银元。都是十来年前的事了，没想到毛主席不仅知道，还记得那么清楚。

1969 年，父亲去世了。告别仪式上，周总理对我们讲："张先生曾托人带信给我，让我注意身体。当时我实在无法脱身，只好派罗青长去代为问候。这次他重病去世，我又没能去看他，太遗憾了。"

告别仪式结束后，周总理把我们留下，问了两件事：一是父亲生前手头保存的绝密文件怎样处理了；二是我们家的生活怎么样。我们报告周总理，父亲生前阅、存的全部文件，已由中央有关部门妥善接管。总理把丁江叫来对我们说："今后你们有什么事就找他。"后来，国家机关事务管理局和中央统战部对我们家的生活都给予了很大帮助。

张治中将军和罗荣桓元帅在一起

周总理去世前两个月的1975年11月25日那一天，童小鹏夫妇等来到我家，说："是周总理派我们来的。总理在病床上一直惦记着你们一家人。他指示我们，拨一笔款给你们。今天我们就是来送这笔款的。"当时，我们全家都非常激动，一再表示不能收。但他们说，这是周总理的决定。

周总理对我的成长和进步是非常关心的。今天回想起来，我这个国民党上层人士的子弟，能够参加革命，成为中国共产党党员、党的统战工作干部，这是与周总理长期以来的谆谆教诲和影响分不开的。

1945年10月10日，国共两党签署了著名的《会谈纪要》。10月11日上午，我父亲亲自陪同毛主席返回延安。那天晚上，周恩来在桂园宴请为毛主席服务的桂园工作人员。周恩来代表毛主席向大家表示感谢，并向每一个人敬酒。

吃完饭，人都走了。周恩来拉住我说："咱们谈谈好不好?"

我一听，高兴极了，说："怎么不好呢?"

当时客厅里就我们俩。周恩来问我："你在哪个小学上学呀?"

我说："就在旁边的德精小学。"

"几年级了。"

"功课怎么样?"

我回答说："功课不行!"

周恩来又问："什么功课不行?"

"数学不行。"

"那你有没有行的呢?"

我说："有的。我的语文行，国民教育（政治）行，地理常识也行。"

周恩来听了说："没关系，今后你只要有一门专的就行了。"

周恩来还详细地问了学校的一些情况。谈话中，我问周恩来："我很想到延安去玩玩，不知道能不能去?"他想了一会儿，说："能去。但现在不行，现在条件还不具备，你去很困难。将来我一定请你去。"

最后，周恩来说："我给你题几个字好不好?""当然好。"我赶紧跑去拿了本纪念册（现在这本纪念册是我最宝贵的财产）。

周总理在上面写道：

光明在望，前程万里。新中国是属于你们青年一代的!

一纯世兄

周恩来

卅四年十月十一日

当时我就问他：“你是我的老伯啊，怎么叫我世兄呢？”

周恩来说：“这表示我是你父亲的弟弟。”

那年我才13岁。

时隔4年以后，在我们离开上海到达北平的当天晚上，周总理在六国饭店设宴招待我们全家。他一见到我，第一句话就说：“没想到形势发展得这么快，没来得及请你到延安，却请你到北平来了。”我听了心里很激动。4年前跟我一个小孩讲的话，他也记得那么清楚。周总理又对我说：“你要和你的父母一起长期在北平生活。我会很快安排你上学。”

不久，在周总理的关怀下，我们家住进了北总布胡同14号，我也上了北平二中。

今天回想起来，周总理的谈话和题词，以及毛主席的警卫员朱文学送给我的几本小册子——《论联合政府》、《共产党宣言》等，是对我走上革命道路、加入共产党的启蒙。

1954年的一个星期天，周总理约我们全家去北海公园游玩。那时我已入团一年多，并在北京电力学校担任了团干部和班上的学习委员。见到周总理，我首先向他报告：“我入团了。”周总理听了非常高兴。他问我：“做没做社会工作？”我告诉他：“当了团干部，又是班里的学习委员。”周总理对我说：“你做团干部，应当注意的一个最重要的问题，就是团结班上所有的干部一道工作。你不是团小组长吗？你不要怕其他的团员、班干部超过你。人家超过你，你要高兴。”周总理的这几句话，多少年来一直响在我的耳边，成为我工作和待人接物的准则。

1956年我入了党。那年国庆节晚上，在天安门城楼看焰火时，我跑到周总理跟前，对他说：“我入党了。”周总理说：“噢，太好了。”他拉我在他身边坐下，对我说：“从我们党内来讲，马克思主义在你们家取得了胜利。但你一定不能骄傲。你要更加尊重你的父亲。你父亲早年曾申请加入共产党。当时，我们没有同意。主要考虑到他在国民党内，比加入共产党对革命事业更有利。”

周总理讲起的这件往事，我过去不知道。从此，我对父亲有了新的认识，对他更加敬重了。

周总理每次到我家，都要同几个老服务员握手，向他们问好。有一次他和父亲谈完话后，把我叫到身边。他问：“你那位在重庆给毛主席洗过衣服的奶妈现在哪里？”

我说：“就在这儿呀。”

周总理说："我要见见她。"

我马上让人到后面把奶妈请来。周总理见到她，赶忙站起来和她握手，说："在重庆的40多天麻烦你了。"周总理还说了许多感谢的话，并请她坐下，问她："现在你有什么困难，有什么事要我帮助吗?"

奶妈说："总理，我儿子参加了新四军，到现在还没有下落。"

周总理问："在哪儿参加的？什么时间?"

奶妈说："是皖南事变前在安徽参军的。以后就再没消息了。"

周总理马上叫秘书进来，让他详细记录了奶妈儿子的姓名、年龄，并指示秘书，一定要认真查一查。

一个多月后，中共中央办公厅总理办公室来了电话，说："张先生家奶妈的儿子找到了，现在是解放军的一个排长。周总理特别关照，征求奶妈的意见，是让他转业，还是继续留在解放军中当军官?"

奶妈知道消息后，又激动又高兴，十分感激周总理的关心和帮助。当时我曾劝她，让儿子留在解放军里当军官多好呀。可奶妈舍不得家里的几亩地，执意让儿子回去种地。周总理知道后说："好，那就让他回家务农吧。"不久，她儿子就转业回乡了。

1959年国庆节晚上，我们在天安门城楼看完焰火，周总理对我们说："走，到北京饭店跳舞去。你们全家都去，我和邓大姐也去。"

到了北京饭店，人已不少了。周总理拉着我和他坐在一张圆桌旁。我们俩聊天时，他忽然看着舞台旁边的一位女同志，问我："一纯，你看那是张权吗?"我说："我不认识她。"他说："我要过去一下，和她打个招呼。"我表示要去把她请过来。总理说："不行，我应该过去。你要懂得这个道理，是我们党把她的问题搞错了（指错定为"右派"）。现在给人家摘了帽子，我应该过去。"说着，他站起身来向张权走去。我也跟着他一同来到张权身旁。周总理和张权握了手，并亲切地交谈了一会。回到座位上，周总理对我说："我们党应该实事求是。搞错了就要承认错误，还要尊重人家。人家唱歌很出名呀。"

周总理这种实事求是、平易近人的作风，给我留下了永生难忘的印象。

1983年，张一纯调任北京市台办主任。从此，有着特殊身份背景的张一纯就在统一战线这个舞台上，发挥自己的特殊优势，为加强两岸交流、促进祖国的和平统一而努力着。

张一纯有一个哥哥在台湾，在1949年至1981年间，他哥哥因为被看作“叛逆之子”，全家不得走出台湾。2000年，他大哥定居美国，如今已经80多岁了。

张治中的儿子张一纯

回首往事，张一纯还清楚地记得，上世纪80年代末90年代初，张一纯大哥回到祖国大陆时，他陪哥哥一起去见邓颖超的情景。他大哥说：“周伯母，我们很想做点事，做哪些事好呢?”邓颖超说：“大侄子，盼了几十年，总算把你们盼回来了。你父亲做统一战线工作，你们兄弟都要为祖国统一做工作。可以从各方面交流开始。”

张一纯回忆说，当时大哥说他们都很喜欢京剧，邓颖超也提到可以把京剧团请到台湾演出。之后，兄弟俩就把以梅葆玖等著名演员为主的京剧团请到台湾去演出。这是祖国大陆京剧第一次到台湾演出，演出共进行了14天，场场爆满，国民党的高级官员都曾去观看演出。张一纯说，当时因为观众太多，最后一场是在台北的一个大广场上进行的，观众多达四五千人。

国务委员刘延东曾评价说，兄弟二人做的这个工作实在了不起。

兄弟二人后来又根据邓颖超的意见，把黄梅戏引入台湾，还组织了台湾的国标舞、象棋、桥牌来大陆交流。张一纯说，只要我们踏踏实实、实实在在地做工作，促进祖国和平统一的力量会越来越强大。

张一纯的姐姐张素我的丈夫周嘉彬是蒋纬国留德时的同学，两家关系密切。张治中去世后，张素我继续开展对台工作，不仅向海内外亲友宣讲对台政策，1997年还先后给蒋纬国、孔令仪等国民党高端人士写信叙旧。蒋纬国亦抱病作复，温故叙家常。蒋纬国在医院还两次接见张素我赴台参访的大女儿周元敏、大女婿陈弘。

如今，年逾古稀的张一纯已经退居二线，他说，他要当好“拐杖”、“字典”、“桥梁”，把接班人带好。

他始终记着邓颖超的话：“一定要继承你父亲的遗志，实实在在做对台工作。”

章士钊搭桥两岸

章士钊（1881～1973），字行严，笔名黄中黄、烂柯山人、孤桐、青桐、秋桐等，湖南长沙人。清末任上海《苏报》主笔。1925年，任段祺瑞执政时期的教育总长。曾任北京大学教授、北京农业大学校长、上海法政学院院长、广东军政府秘书长、冀察政务委员会委员、法制委员会主席、南北议和南方代表。高级民主人士、学者、作家、教育家和政治活动家。曾任中央文史研究馆副馆长、第二任馆长，第二、三届全国政协常委，第三届全国人大常委。

章士钊凭着特殊的人生经历，晚年时曾为两岸沟通奔走呼吁，最后一次竟为促进祖国统一大业而客死香港，留下了令世人遗憾的绝唱。

章士钊三赴香港

章士钊晚年一直从事祖国的统一工作，也可以说是一直从事民间促统工作，直到生命的最后一刻。

毛泽东主席一直关心台湾问题，进入晚年时，他还在想在有生之年使这个问题得到解决。

1972年春，毛主席在与来访的美国总统尼克松谈到台湾问题时表示，他十分赞赏蒋介石坚持一个中国的原则，在维护中国统一问题上的一贯立场。

毛泽东主席亲手打开中美建立正常关系的大门，中美双方发表的《上海公报》也确立了双方建交的原则，其中包括承认一个中国，台湾是中国领土的一部分，美国从台湾海峡撤军。尼克松总统来华访问，中美关系翻开了新的一页。毛主席在筹划，既然跟美国总统都可以谈，同台湾领导人更可以谈谈。于是，这个使命又历史性地落在了章士钊头上。

1973年5月中旬的一天，一架来自北京的中国民航专机破天荒地降落在香港启德机场。乘坐这架中国政府专机的不是中共要员，而是以前国共和谈国民党政府代表章士钊及其家人。此一意味深长之举，轰动了香港。章士钊虽说是来“探亲”，探望他在香港的第三夫人殷德贞。但在他到达香港的头几天，香港及澳门的中、英文报纸都以极大的篇幅报道了章士钊到港的消息，并猜测章士钊此行必带有同台湾和谈的使命。

章士钊已是92岁高龄，他是在专门的医生护士及亲属的陪同下，坐着轮椅被人抬下飞机舷梯的。中国有句古话，“九十不出门”，章老先生绝非仅为探视小夫人而来，他是肩负促进国共和谈的使命而来的。

章士钊

章士钊先生是中国近、现代史上一位有影响的政治活动家和学者，一生经历不同寻常。他是一生跨越了清朝、民国和新中国三个时代的历史人物，在思想、政治上走过曲折复杂的道路。他在武昌求学时，与黄兴同住一室，成为莫逆之交。他参加过蔡元培、章太炎的爱国学社，与皱容是同窗好友。他还在南京学堂组织过反清学潮，并策划过行刺广西巡抚王之春的暗杀行动，并为此坐过大牢。他曾经编译过介绍孙中山革命事迹的书《三十三年之梦》。编译中因一时笔误，将孙先生的真名“孙文”与假名“中山樵”的两个字连缀成文，写作“孙中山”。后来该书出版，这个名字也随着传开，久而久之，竟成了孙先生的正式名字。孙中山的名字是章士钊起的，这真是一则有趣的革命轶事。

章士钊赞成过资产阶级代议制，参加过反袁、讨袁斗争。他设法营救过共产党领袖李大钊，曾经为陈独秀出庭辩护，其数千言辩护词，使举座为之震惊，被上海的大学选为法学系教材。他还当过北洋军阀政府的司法总长、教育总长。抗战期间，他坚持民族气节，日伪劝诱他加入汪伪政府，被他严词拒绝。此后，日伪政权对他进行威胁，他遂秘密从上海出走，避难香港，而后来到重庆。他在重庆结识的抗战夫人殷德贞，就是他92岁高龄来香港探视的夫人。

章含之（后排中）与养父章士钊（前）合影

章士钊作为学者在学术上的成就举世闻名，他在逻辑学和柳文的研究方面，曾作出了巨大贡献。他一生从事写作，著作极丰。据统计，专著20余部，论文数百篇，诗词近5000首，可谓一大家，在中国文化史上占有重要的一席之地。他在北京大学讲授逻辑学，曾轰动一时。据参加旁听的高录元回忆说："盖海内自有讲学以来，未有之盛也。翌日乃移大教室，可容四五百人，拥挤如故。"

1959年9月，他应中国人民大学之邀请，到校主讲《柳宗元文选》，所编讲义后来被整理为《柳文指要》一书。晚年，他几乎将自己全部精力投入修改这部《柳文指要》。全书分上下两部将近100万字，在毛泽东关心下，终于在1971年出版。1972年春，尼克松总统访华时，周恩来总理特别向尼克松介绍了章士钊的《柳文指要》，并赠送一套作为纪念。

以章士钊如此独特与丰富的经历，作为促进国共两党和谈的代表，是最合适不过的。

章士钊在国共北平和谈中就曾当过代表。1949年1月，蒋介石在内外交困中被迫宣布下野，由李宗仁出任代总统。李宗仁上任后想与中共和谈，找谁从中斡旋呢？想来想去，还是觉得章士钊是最佳人选，遂委派邵力子到上海请章士钊出面。热心的章士钊当即表示赞成，并愿为此效力。代表团原定2月8日飞北平，因中共通过新华社广播宣布，拒绝代表团中美国人的走卒甘介侯赴北平，致使代表团未能成行。消息传到南京，李宗仁十分紧张，生怕自己上台后与中共的和谈之门关上，于是他亲自到上海请章士钊等人出面，邵力子则以个人资格前往。在征得北平军管会同意后，2月13日，他们以"上海人民和平代表团"的名义飞往北平。和平之门打开了，他们带着毛泽东写给李宗仁的信离开北平。4 月 1 日，章士钊又参加了国民党政府代表团飞抵北平。经过多次谈判，双方代表在北平达成国内和平协议。后来因为国民党方面拒绝签字，致使和谈破裂。章士钊至此，对国民党已完全失望，决定不回南京，先去香港。

同年 5 月，他同邵力子联合写信给代总统李宗仁。信中说，中共让步不算少，而国民党中两派不愿和平，八项诺言说过又不算数，他和邵力子以亲身经历说明中共对和谈是有诚意的。这封信由另一个和谈代表刘斐带到广州，亲手交给李宗仁，敦促李宗仁、白崇禧认清人心所向，争取和平解放广西。无奈李宗仁受制于人，未能幡然接受劝告。这年的 6 月，章士钊还写信给湖南省主席程潜，劝他起义，和平解放湖南。

新中国成立后，章士钊继续做促进国共和谈的工作。1956 年春，中共写了一封关于国共合作的信，由章士钊捎信给蒋介石，信中情真意切地发出了第三次国共合作的呼吁。

蒋介石经过一年的左思右想，终于在 1957 年初派出秘密使者来北京接触。可惜没有谈出结果。

1958 年夏季，中共炮击金门的举措震惊了台湾当局和美国。美国加紧推行“划峡而治”的阴谋，与台湾当局“反攻大陆”的方针产生了尖锐的矛盾。这一矛盾反映了蒋介石对美政策的两面性和维护“一个中国”立场的民族性。为此，中共中央作出了令世人皆惊的异乎寻常的决策：停止炮击金门，实行“联蒋抵美”政策，让金门马祖暂留在台湾当局手中。前面已讲到毛泽东在 1958 年 8 月的一天接见了曹聚仁，并有意通过曹转告台湾当局。曹聚仁在《南洋商报》上透露了此事。10 月 6 日，毛泽东以国防部长彭德怀的名义发表了《告台湾同胞书》。向国民党当局建议举行谈判，实行和平解决台海危机。之后，又在公开场合多次发出呼吁，同时通过秘密渠道与台湾当局接触。

1958 年 10 月，在《告台湾同胞书》发表的同时，中共中央采取了另一个行动，即请与国共两党高层领导均有私谊的章士钊沟通两岸和谈的管道。在炮击金门的硝烟尚未散去时，毛泽东就有了嘱托：请章士钊写信给蒋介石，把中共“联蒋抵美”方针事先告诉台湾。章士钊欣然应命。章是国学大师，古文极好。这封信写得很有特色。信中说：“溪口花草无恙，奉化庐墓依然”；“台澎金马，唇齿相依，遥望南天，希诸珍重”。毛泽东对这几句特别欣赏，但他认为把台湾看作“南天”不恰当，后来改为“南云”。

童小鹏回忆：“1962 年 7 月 17 日晚，章士钊赴港前，周恩来在北戴河寓所与他作了一次长谈，当时我也在场作陪。周恩来说，雷啸岑已回港，吴铸人可能回港。（按：吴、雷都是台湾当局派来了解情况的人）如谈时，可将以下意思透露出去：蒋目前的关键是名和利。利的问题，只要台湾回到祖国，国家是可以补助的；名的问题，当然不只在台湾，而在全国。荣誉职务很多，可以解决，中共自有善处。既有台湾之实（利），又有全国之名，不比只做台湾一个小头目而且是美国迟早要换掉的更好吗？但蒋大概是要等到同美国矛盾爆发时才会选择的。美蒋的矛盾总是要爆发的。章士钊说：'是否可以把张岳军（即张群）作为一个对象来谈？'周恩来说：'张对这件事根本还未接触，目前还不适宜。'章提到对台写信问题，周恩来说：'他们如果要求的话可以写，但要经交通送来商量。'"

随后，章士钊从北京来到香港。章的香港行，立即引起海外传媒的各种猜测。港台许多报纸发表消息，称章士钊是中共的"和谈专使"，拟通过私人关系向台湾高层转达中共和谈条件，言其所带条件有最低和最高两种：前者是暂时什么都不谈，双方先作有限度接触，诸如相互访问（官方或私人团体均可），通邮、通电，然后再通机、通航；后者则同意给台湾以类似当年陕甘宁特区的地位，可拥有自己的政府、军队、党组织，经费亦可由大陆负担，只要求台湾承认是中华人民共和国的一部分。但是，台湾当局对此和谈条件没有作出积极响应。

1964 年，章士钊再度赴港，试图架设海峡两岸的桥梁，但台湾当局还是没有响应。

这次章士钊不辞辛苦来到香港，是想在他生命的最后时刻，架起大陆与台湾和谈的桥梁。他女儿章含之在谈起她父亲最后的香港之行时，曾说："到了最终那几年，父亲常常谈到他见不到国共和谈，祖国统一，是他一大遗憾。我感到他一生最后的一个愿望是台湾的回归。"

章士钊做促进祖国统一大业的工作有其得天独厚的条件，基于他特殊的个人经历，他在国民党中有许多故旧，好些国民党头面人物是他生前好友，此外，他和毛泽东是同乡，并且早就认识，相互之间有一种极为特殊的关系。

他与毛泽东的友谊可以追溯到 20 年代前，经杨开慧的父亲杨怀中介绍，他在 1919 年就认识了毛泽东。1920 年，毛泽东为筹备中共的成立以及送一部分同志到欧洲勤工俭学等事，急需一笔数量不小的经费。毛泽东到上海找到他，当然没有说成立共产党需要经费，只说是为了一批有志青年筹款去欧洲勤工俭学，请他帮忙。他立即答应，运用自己的影响发动社会各界名流捐款，共筹得 2 万银元，悉数交给毛泽东。他当然不知道这笔钱帮了共产党的大忙。一部分供一批同志去了欧洲，另一部分拿回湖南资助革命活动了。

据章含之回忆：1963 年，我到中南海给毛泽东教英文，毛泽东想起了这件往事，并决定还债。毛泽东对我说：“你回去告诉行老，我从现在开始要还他这笔欠了近 50 年的债，1 年还 2000 元，10 年还完 2 万。”我回家告诉父亲，他听了哈哈大笑：“确有其事，主席竟还记得！”

章士钊和毛泽东在一起

几天后，毛泽东果然派秘书送上第一笔 2000 元。此后每年春节都送上 2000 元。父亲感到十分不安。要我传话给毛泽东说不能收此厚赠，当时的银元是募捐来的，他自己也拿不出这笔巨款。毛泽东听后微笑着说：“我这是用我的稿费给行老一点生活补助呀！他给我们共产党的帮助哪里是我能用人民币偿还的呢？你们那位老人家我知道一生无钱，又爱管闲事，掏钱去帮助许多人。他写信给我多半是替别人解决问题。有的事政府解决不了，他自己掏腰包帮助了。我要是说给他补助，他这位老先生的脾气我知道，是不会收的，所以我说还债。你告诉他，我毛泽东说的，欠的账是无论如何要还的。”

1945 年抗战胜利后，毛泽东赴重庆与蒋介石谈判。有一次，毛泽东找章士钊叙谈，问他对当时局势作何分析。章士钊在纸上写了一个“走”字，并说：“三十六计，走为上计”。他诚恳地谈了对当时形势的分析，认为蒋介石对和谈并无诚意，正在暗中准备内战。他认为，应趁蒋尚未准备就绪，毛泽东就迅速离开重庆，防此突变。毛泽东很重视他的这一建议。毛泽东说，章行老真正是共产党的朋友，提出这样直言不讳的中肯意见。

上海解放的时候，军管会派了 4 名解放军战士轮流 24 小时在章士钊住宅门前守卫值班，以防国民党的残余势力伤害章的家属。为首的那位军人说：“章士钊先生在北平一切都好，他是毛泽东主席的朋友，中国共产党

章士钊与毛泽东亲切交谈

的朋友。我们奉命保护章先生在上海的家属。”

章士钊定居北京后，先是住在朋友家里，毛泽东、周恩来知道后还为他解决了住房问题，让他一家搬进了史家胡同那所带大院的宽敞明亮的住宅，使他有了良好的生活与写作环境。

在“文化大革命”极为混乱的日子里，毛泽东和周恩来也设法保护了章士钊，还帮助他将那部显然属于“四旧”范畴的《柳文指要》线装书奇迹般地在1971年公开出版。

《柳文指要》的出版，给他带来了极大的喜悦和安慰。然而喜悦之后，他的生活更加空寂。“文化大革命”尚未结束，也无事可做。身边的奚夫人于1970年因肺炎去世，他失去相依相伴的老伴，内心异常孤独。他是一个从不虚度光阴的人，从1972年下半年开始，他向身边的人谈了去香港为祖国的统一大业尽他最后一份力的念头。另外，殷夫人在香港，已阔别了9年之久，自然也希望一晤。

章含之回忆道：

父亲要我向周恩来总理汇报他去香港的想法，我如实向总理汇报。总理说：“与台湾方面的对话，行老（指章士钊）去是再适合不过了。过去1962年、1964年行老两次赴港，做了大量工作。可惜后来中断了。但是，行老已92岁高龄，恐怕身体不允许作此长途旅行了。”

当时他头脑虽然异常清晰，耳朵却聋得厉害。同时因为几年前曾从病床上掉下来造成骨折，致使腿部肌肉萎缩行动不便，只能靠轮椅代步。我也认为父亲纵有为祖国统一尽力的念头，可惜已力不从心。此事一度作罢，他也只是作为遗憾而谈起，述说此生最大的心愿是想看到台湾回归，祖国统一。

1973年春天，毛泽东在一次会见时突然提到了章行老希望去香港促成国共和谈的事，并问我：“行老还有没有这个念头？”

我说：“有是有，老人常念叨，不过，总理和我都觉得他年龄太大了，恐怕去不了。”

毛泽东想了一下说："我们如果准备得好一点，是不是还可以去呢？譬如说派个专机送去？"

章士钊（中）等人大代表和周恩来合影

我一时不知如何表示，我确实很怕父亲经不起旅途劳顿，但看来毛主席支持父亲的想法，最后主席请总理考虑个周到的计划，是否可在保证父亲健康的条件下送父亲去香港。此事实际上就按毛主席的意思定下来了。我转告了父亲，他很高兴，说毛主席懂得他的想法。我心里很不踏实，毕竟父亲已是92岁高龄了。此行会顺利吗？可是父亲很坚决，主席又支持，我们也只能照办了。

为此，周恩来做了周密、认真的筹备，安排了中国民航派一架专机送章士钊，随机派了警卫并为章士钊配备了北京医院内科张惠芬主任及护士小丁同去。

到了北京机场，一走进宽敞的贵宾候机室，章士钊一眼便看到了一个熟悉的身影——周恩来总理！周恩来迎上前来，双手捧着章士钊的手，叮咛保重。章士钊非常感动，国家刚经历一场大动乱，千头万绪，周恩来是最忙最累的人，可他在百忙之中亲自来机场送行！老人眼眶湿润了，抓着总理的手，久久说不出话来。半晌，他才说了五个字："请总理放心！"

外交部为章士钊的赴港与港英当局进行了细致的洽商，当时台湾与香港通航，而中国民航则尚未开通，章士钊的专机成为第一架中华人民共和国飞降在启德机场的飞机。这次特殊的航班，加上章士钊本人的资历、身份，特别是他在1949年就担任过国民党"和谈"代表，使这次"探亲"本身就成为了一个向台湾发出的强大和谈信号。许孝炎、宋宜山等老朋友在香港机场热情迎接章士钊。

许孝炎、宋宜山是何许人也，这里略作交代：

许孝炎是国民党在香港主持宣传工作的负责人；而宋宜山则是宋希濂的胞兄、台湾“立法委员”。

1956年春，中共托章士钊老人捎信，发出了第三次国共合作的呼吁。在这封信里，中共提出了两岸统一的具体办法：

（1）除了外交统一于中央人民政府外，其他台湾人事安排、军政大权，由蒋介石管理；

（2）如台湾经济建设资金不足，中央政府可以拨款予以补助；

（3）台湾社会改革从缓，待条件成熟，也尊重蒋介石意见和台湾各界人民协商；

（4）国共双方要保证不做破坏对方的事，以利两党重新合作。

信的结尾写道：“奉化之墓庐依然，溪口之花草无恙。”意思是告诉蒋介石，蒋家墓地和住宅均完整无损，并不像当时的港澳报纸所报道的“蒋氏墓庐已在镇压反革命和土地改革的运动中荡然无存”。

共产党提出的这4条，应当说对台湾当局是照顾的，条件是宽容的，而对蒋介石本人也是尊重的。蒋介石自1949年逃台后，虽暂时稳下脚跟，但日子并不好过。朝鲜战争已结束3年多，他靠驻台美军保护也不好受，蒋介石与美方一直存在着这样那样的矛盾。蒋介石一直坚持一个中国，因而在一个中国问题上，共产党和蒋介石国民党有着共识，所以两岸统一有着共同基础。

蒋介石考虑了一年，1957年初，他终于决定派人到大陆进行试探性接触，实际了解一下中共的真实意图，并要求在香港主持国民党宣传工作的许孝炎从香港或南洋物色人选。

许孝炎提供了三个人选：曾任“立法院院长”的童冠贤、曾任“立法院”秘书长的陈克文和“立法委员”宋宜山。

蒋介石最后选中的是宋宜山，因为宋宜山是宋希濂的胞兄，可以说是去大陆探亲，顺理成章。

宋宜山从香港经广州来到北京，还特地带了大衣、围巾，准备穿得严严实实的。他一下火车就意识到自己失算了，北京的天气并不像他想象的那样冷。前来迎接他的唐生智的弟弟唐生明接过他的大衣，说：“宜山兄竟然全副武装，害怕给冻坏了！”宋宜山不好意思地说：“想不到北京的气候也有变化”。

宋宜山和唐生明是湖南同乡，在国民党南京政权时就认识。前几年，在香港的湖南同乡会活动中两人常见面，宋宜山在接受任务时，已被告之唐生智的弟弟唐生明将从旁联络，协助对话。

当许孝炎找到宋宜山，说是蒋介石交代的任务，他就同意了。当时陈克文也表示愿意从命，童冠贤则拒绝接受这一使命。最后，许孝炎将宋、陈二人呈报蒋介石圈定。结果蒋介石选定了宋宜山。过去宋宜山曾经是蒋介石的学生，从南京中央党校毕业后，被蒋介石选派至英国留学。回国后一直在中央党部工作，曾出任过国民党中央组织部人事处长的关键职务，还担任过国民党候补中央委员。国民党迁台后，他留在香港，仍挂着台湾方面“立法委员”的头衔。他觉得自己是受过蒋介石栽培的人，现在是报效的时候。他自己也希望回大陆看一看，这也是一次难得的机会。他住在香港的这些年，听到不少有关大陆的消息。有的报纸总说大陆这几年如何好，如何发展；也有的报纸又说大陆民不聊生，食不果腹，地主、资本家被共产，国民党的人挨抓、挨关、挨镇压，连老人、妇女、亲属都不放过。可是，从他进入深圳开始，看到的农民脸上红扑扑，有笑容，有衣穿，面无饥色。从深圳到广州，一路上看到农民在田里正热气腾腾地插秧，广州商店摆满货物，街上行人熙熙攘攘，十分繁华，与撤退前那几年相比，真是天壤之别。

唐生明安顿他住在新侨饭店，告诉他说：“这两天，周恩来总理要请他吃饭，至于具体问题，则由统战部部长李维汉出面跟你商谈。李部长亦是湖南老乡。”

宋宜山望着唐生明，迟疑片刻，终于开了口，“生明兄，我想问一句老乡的话，我难得来一次，我探望我胞弟希濂，不会有困难吧？”

唐生明说：“我看不成问题。”

宋宜山半信半疑：“是吗？”

唐生明说：“你不是说来探亲的吗？共产党让你来探亲，怎么会不给见面呢？吃饭的时候，你可以跟周总理提出来。”

宋宜山在饭店里休息了两天，不敢轻易出门，等着与周恩来见面。

第三天，唐生明陪同他来到北京有名的东兴楼饭庄用膳。周恩来亲自会见宋宜山。周恩来亲切地对宋宜山说：“宋先生，欢迎你来北京，我特地让生明兄来接待，他和你是老乡，前几年在香港又见过面，他跟我们做朋友的历史已经不短了。”

宋宜山说：“抗战时期，生明兄忍受了误会与委屈，执行‘特殊任务’打到汪精卫汉奸政府里去，为国家和民族做了许多工作，不但蒋先生与国人赞赏，连我也十分敬仰。”

周恩来笑道：“我们共产党人也忘不了他。1927 年大革命受挫，我们党处于最困难的时候，得到了生明兄的同情与支持。我们举行南昌起义和秋收起义，得到了他给予枪支、弹药和物资的支援，一些伤员也得到了他的营救和保护。”

宋宜山第一次听说唐生明的这些旧事，流露出一点惊异，联系起1949年唐生明辅佐程潜在湖南和平起义，就不觉得奇怪了。1950年，唐生明去香港做生意，1956年才重返北京，在国务院参事室任参事。宋宜山感慨地说：“生明兄的经历真是丰富多彩。”

周恩来还记得宋宜山的弟弟宋希濂那年50岁生日，令宋宜山非常感动。宋宜山手拍额头：“哟，周先生记忆力真好。你不提起，连我这个当兄长的都想不起。”

周恩来也肯定了宋希濂抗战时的功劳。他说：“希濂兄是黄埔一期嘛，他跟你们的湖南老乡陈赓一起在长沙应考合格后，绕了一大弯，经武汉、上海来到广州的。抗战时期，他在大别山和滇西通惠桥，重创日军，立下了卓著战功，人民都不会忘记的。”

当宋宜山提出想看看他弟弟时，周恩来当即表示：“50岁是人生的大日子，你来看他正是时候。”

周恩来还意味深长地说：“总的来说，在中华民族大家庭里，我们都是一家人嘛。抗战胜利在重庆谈判的时候，蒋先生说过，大革命的时代，国共两党的同志们曾在一个屋里开会，共一个大锅吃饭。我希望我们还会在一起合作的。具体的问题，李维汉先生跟你商谈。”

由于宋宜山只是奉命来了解中共方面对于台湾及国共合作的意图，没有带来台湾当局的具体意见。中共方面则由李维汉等向宋宜山提出以下几点：

（1）国共两党通过对等谈判，实现和平统一；

（2）统一后，台湾作为中国政府统辖下的自治区，实行高度自治；

（3）台湾的政务仍归蒋介石领导，中共不派人前往干预；

（4）国民党可派人到北京参加全国政务的领导，但外国军事力量一定要撤离台湾海峡。

宋宜山在北京过得很愉快，他不仅与中共的代表进行了商谈，还去功德林战犯管理所看了胞弟宋希濂。唐生明还陪他参观了北京附近的一些地方，如首钢、四季青高级农业合作社，还游览了故宫、颐和园等名胜古迹。给宋宜山的印象是，新中国一派欣欣向荣，充满了生机和活力。

宋宜山把自己在北京的所见所闻，如实地写了约有1.5万字的书面报告交由许孝炎转呈蒋介石。宋宜山在报告中记述了与周恩来、李维汉见面和商谈的详情，记录了中共的提议，还叙述了自己沿途及在北京的所见所闻，把共产党治理下的新中国写得很有一番气势。在报告中，宋宜山还表示：我认为，中共意图尚属诚恳，应当响应。大陆从工厂到农村，所到之处，但见政通人和，百业俱兴，民众安居乐业，与中共鱼水相依。以前提的“反共复国”，似已无望。

蒋介石看到这份报告非常生气。据说不等看完，就把报告往桌上一摔说：“他把共产党说得那么好，半个月就被赤化了！”吩咐许孝炎转告宋宜山：不必回台湾了，就留在香港算了，以免影响他人。将“立法委员”的薪水每月寄给他。

1973 年，宋宜山与另外三位“立法委员”在香港参加了章士钊的追悼会，台湾当局便以“附共”的罪名，宣布撤销他的“立法委员”职务。

出师未捷身先死

再回到前面所说的章士钊赴港一事。

阔别这么些年，香港变得更加繁荣了，而这些老朋友却苍老了许多。在送章士钊去殷夫人寓所的路上，宋宜山说：“行老 92 岁还来香港为国事操心，敬佩呐，惭愧呐！”章士钊只淡然一笑：“这次来是探亲，也顺便看看老朋友。”许孝炎会心地笑着说：“今天本港的中、英文报纸都以极大的篇幅报道了行老将到港的消息，并且做了种种猜测，很多记者都说行老带有和谈使命。”宋宜山诚恳地说：“和谈不是早就被蒋公拒绝了么？可惜呀，可惜！不过，我们都愿意通过各种途径来促成国共两党的高级谈判。”章士钊没有说什么，只是郑重地点点头。从表面上看，章士钊的情绪并不热烈和兴奋，但他心里却跳动着炽热的火焰。国内“文化大革命”尚未结束，虽然中美关系已经解冻，但总的来说中国还处于与外界接触不多的状况，与台湾的关系更是退缩不前。而岁月不居，人事凋零，自己已 92 岁了，从某种意义上说，这次来港是在履行在人世间的最后一次伟大使命。苟能促进国共高级和谈，死又有何足惜？想到这里，老人心中充溢着悲壮的情怀，他决心在这场最后的拼搏中使尽自己的最后一点余力。所以，到港的第二天，章士钊不顾殷夫人和家人的反对，也顾不上和全家人一起领略香港风光，就急匆匆安排会见各方面的旧友。一个星期以后，因为工作的需要，章含之要离港回京了。临行前，章士钊对女儿说："转告毛主席和周总理，我很好，不要挂念。有点困难，主要是于髯老（于右任）等老朋友去世了，新的关系正在设法打通。"他深情地说："事情办好后我就回去，我很想念北京。最多3个月吧，请周总理不要忘记派飞机来接我回去。"然而，命运无情地使92岁的章士钊壮志未酬。频繁的活动、过度的劳累已使章士钊力不从心，更为重要的是，香港五六月份的气候特别闷热，章士钊的住所处于闹市，兼之底层，通风较差。制冷空调又与外界温度反差太大，章士钊感到身体很不适应。就在章含之回京后不久，章士钊再一次病倒了。几天之内，他的病情迅速加剧，许孝炎等朋友请来了全港最有名的医生为他精心治疗，也不见有一点好转。6月28日，周恩来总理得知章士钊病危的消息后，十分焦急，立即通知章含之准备赴港，并指示医疗队火速赶赴香港，尽一切办法稳住病情，然后护送老人回京治疗。7月1日凌晨，正当一切准备就绪，医疗队和章含之即将出发时，突然接到香港来电，章士钊已于凌晨带着未遂的心愿和遗憾永远离开了人世。"出师未捷身先死，长使英雄泪满襟"！

晚年章士钊

对于章士钊去香港后的情况，章含之在一篇回忆她父亲的书中这样写道：

1973年5月中旬，父亲启程赴港。周总理安排了中国民航的一架专机送父亲，随机派了警卫，并为父亲配备了北京医学院内科张惠芳主任及护士小丁同去。除我和大哥章可外，父亲还带了一个秘书、一名家中女厨工及后来照顾他生活的一位女孩……

我到香港后的心情却是复杂的。报界对父亲来港的宣传的确证实了毛主席和父亲对此次赴港影响的预测是正确的。在中断了8年之后，大陆与台湾之间又将架设新的和平桥梁。然而我对父亲的健康却忧心忡忡。香港五六月的气候十分闷热，父亲住在香港闹市区一幢楼的底层，并不太宽敞，也没有花园可以透点新鲜空气。特别是室内的冷气空调，我真怕老人受不了。

父亲到达香港后情绪并不热烈和兴奋，我觉得他出奇的冷静，甚至很严肃，话语不多。他似乎意识到他是在履行他在人世间的最后一次伟大使命，他是在一场最后的拼搏中使尽自己的最后一点余力。到香港的第二天，他就急匆匆安排会见各方面的旧友。殷夫人和我都劝他休息些日子，然而父亲急不可待。一周后，我带妞妞离港回北京。他深情地对我说："告诉周总理我很想北京，事情办好我就回去，叫周总理不要忘记派飞机来接我。"人也许真有一种第六感觉，会对未来发生的事情有种预感。在我和父亲30年的相处中，我很少见他动感情。他是个极深邃的人。他的诗作洋溢着强烈的激情而在生活中却极少动情。我在香港寓所辞别父亲时，不知怎么我产生了一种悲哀，对老父亲依依不舍。父亲也是这样，他特别舍不得妞妞，临别前再三抚摸她的手和脸，要她"三个月后来接爷爷！"可冷酷的时间没有给父亲留下三个月的生命。一个半月后，我和妞妞去香港迎回的竟是他的骨灰。

这位爱国老人把遗憾留在了香港，也把未竟的事业留给了后来者。

石一宸将军亲历三次“台海危机”

石一宸，山东临淄人，1914年生。1937年参加八路军，历任连长、副营长、团长、副师长，华东军区作战处长，福州军区参谋长、副司令，军事科学院顾问等职。曾参加过莱芜、孟良崮、济南等战役。1958年，曾指挥“炮击金门”之战。1964年晋升为少将军衔。曾荣获二级独立自由勋章、二级解放勋章、独立功勋荣誉章等。

回忆自己曾经参与组织和指挥的战役，原福州军区副司令员石一宸将军慷慨激昂，滔滔不绝。88岁的老将军说起话来竟然挥洒自如，思维还是那样的清晰、敏捷，逻辑性特强，那举手投足间仍见将军当年叱咤疆场，指挥千军万马的风采。经过几次访谈，老将军回忆了他参与组织解放一江山、大陈岛战役；福建前线直接指挥“炮击金门”战役以及粉碎蒋介石集团的军事反攻等，即历史上的三次台海危机。

第一次“台海危机”：解放一江山、大陈岛横扫残敌如卷席

将军一生，参加、指挥的胜仗逾百，蓦然回首，在新中国成立前的历次战役中，印象最深刻的得意之作当算1947年春的洛阳之战。洛阳守敌为蒋介石嫡系青年军206师，火力强大，城防相当坚固。团长石一宸发动全团搞侦察，凡进城的，做工的、卖菜的、拉洋车的各色人等，都是调查对象，连炊事员、卫生员、理发员都上交了图文并茂的侦调材料。两天后，石一宸亲自给突击营和炮兵指挥员画出了敌东门阵地全部工事配系，敌人的射孔，暗堡，标的清清楚楚。然后发扬军事民主，制定攻击方案。总攻令下，仅两小时，敌自称“固若金汤”的洛阳东门便被打开。让所有人都

暗吃一惊的是，在打掉敌两道城门、18 道副防御工事、16 个地堡之后，32 名爆破员，竟仅轻伤一人，全团上下都称“奇迹”。若非侦察详尽，计划周密，将敌人火力彻底摧毁、压制，取得如此战绩，几不可能。

百万雄师横渡长江以后，毛泽东主席指示，“宜将剩勇追穷寇，不可沽名学霸王。”全军指战员坚决贯彻执行勇追穷寇的战略思想和精神。

华东野战军和其他各路大军一样，乘胜进行了迅猛的战略追击。华东野战军第 7 兵团向浙江方向追击，溃退的敌人如同惊弓之鸟，望风披靡，我军则迅猛追击，势如破竹。第 7 兵团的第 22 军沿着杭州——宁波这条轴线猛追。我们追得快，敌人跑得更快，隔着一天的路程，怎么也截不住赶不上。我们追到宁波，敌人跑到镇海；我们追到海边，敌人已经下海逃到舟山去了。

受命攻取金塘岛

第三野战军 7 兵团 22 军 66 师，是一支进攻作战的硬骨头部队。当他们在东南沿海追击时，野司和兵团首长已预告 22 军做攻岛作战的准备并确定先打金塘岛，乘胜进攻舟山，66 师负责主攻金塘岛。上级要求 9 月前完成渡海作战的一切准备。

66 师是指挥四个步兵团、一个山炮团的加强师。此前师领导也进行了调整，王明礼任师长，李荆山任政委，石一宸由团长改任副师长。经师领导研究，确定由擅长攻坚的石一宸副师长组织前线指挥所，领导与指挥全师的战前准备工作。

舟山群岛约有 1200 平方公里，是由 400 多个岛屿组成的群岛。这些岛屿分布在江、浙两省海区，是我海上交通运输的要冲，同时也是江、浙两省和上海市的外围屏障，战略地位十分重要。

为了守住舟山，蒋介石任命石觉为防卫司令，下辖 75 军、87 军及暂编第一军，共 6 万余人。妄图长期盘踞舟山，对我实行海上封锁，作为日后窜犯大陆的跳板和海上进行骚扰的依托阵地。

金塘岛，是舟山群岛的第二大岛。当 66 师追至镇海海边时，敌军已在金塘岛做了坚守防御的准备。当 66 师受命攻打金塘岛时，正值解放战争后期，中华人民共和国诞生前夕，部队士气高昂，求战心切，广大指战员决心以进攻金塘岛的胜利来迎接中华人民共和国的诞生。

有军事常识的人都知道，海岛作战易守难攻，因此渡海作战的准备工作极为重要。石一宸带领师司令部人员和各团团长到敌岛对岸进行侦察，了解敌岛地形、工事及海峡水汛情况，一面侦察一面研究渡海作战必须解决的事项。

石一宸将军

部队普遍反映，鲁南兵尽是些旱鸭子，没见过海，不会游泳，落到海里怎么办，思想顾虑很大。石一宸一方面指导部队解决思想上的畏难情绪，主要是抓紧战前的准备工作。他想只要准备好了，把有利条件说清楚，渡海作战的办法多了，增强了信心，思想顾虑自然就会消失。

石一宸预先知道友邻部队渡海作战时；由于船只准备不足，潮汐规律没有掌握好，仓促投入战斗，结果打了败仗，部队受到极大损失，教训深刻。石一宸汲取了这些教训，乃千方百计突击准备工作。

首先组织部队官兵下海游泳，石一宸亲自率领部队下海进行水练。白天在海边练，夜间逐步到深水里练。真是地上一身汗，水下一身泥，经过苦练，游几十米沉不下去了，沉下去还能够再冒上来。

渡海作战的船只是个大问题。没有船过不去海，没有足够的船必将影响战斗。浙江沿海的船早就被敌人破坏了。于是组织全师的后勤人员到山南海北到处找船，结果江苏的船征来了，山东的大木船也由火车运过来了。

有了船如何保护这些船，又摆在了石一宸的面前。敌人的飞机天天来轰炸，他们连夜修理。这时，师、团都成立了修船小工厂，铁匠、木匠一应俱全。他们把已经炸烂了的船暴露在海滩上，让敌人炸。他们修了若干条海汊子，夜晚水练之后，白天把船开到海汊子里面，放倒桅杆，涂上泥巴插上草，用伪装的办法保护船。虽然一时搞得很紧张，但效果是好的。此次共征集了500多只船，有350只可用，保证可把4个步兵团、一个山炮团及师属机关一次运到彼岸。

掌握好潮汐、风向以及气候的变化，是渡海作战胜败攸关的重大问题。涨潮落潮有它自己的规律，风向和阴晴雨雾瞬息万变，这些情况必须掌握得恰到好处方能取胜。在石一宸身边有老渔民、老盐民给他当“顾问”。经过不断地咨询和长时间实地观察，他们知道，一个月内有两次潮水可利用，那就是农历上半月 11 至 13 日，下半月 25 至 27 日，每天有 4 个小时的潮水可利用。这个时间内，必须是南风或者东南风、西南风，还必须是晴天，起码在黄昏前必须是晴天，否则炮兵看不见目标不能射击。这些条件都具备了，方可起航，投入战斗。

时至 9 月中旬，66 师已经完成了渡海作战的各项准备。修好了 350 只船，按船的大小，船型与航行速度根据战斗组织进行调配编组。编配好了之后，突击营和突击连进行了五六次武装试渡，由此增强了渡海作战的信心。炮兵部队的三八式野炮，对海上可能出现的敌舰，能按不同的目标进行射击；榴弹炮的综合火力，可以压制和摧毁敌岛一线工事；山炮和钢炮战防炮随步兵渡海，直接掩护登陆以后的战斗。对可能发生的意外情况，均做了不同的处置预案。从多次演练的情况看，66 师有实力完成渡海作战的任务。在最后一次步兵和炮兵的协同会上，榴野炮团的徐团长代表所有炮兵向步兵提出保证。他说，在一小时内，72 门榴、野炮一齐开火，把 2000 多发炮弹准确地倾泻在敌人的一线阵地上，让敌人抬不起头来，并把反击的敌人杀回去，保证你们安全地登陆，待你们登陆后，我再用火力掩护你们前进 1000 米，为你们发展进攻创造条件。在场的步兵指挥员听到徐团长的一席话，无不欢欣鼓舞，忍不住鼓起掌来。参战官兵斗志昂扬，可以说是“万事俱备，只欠东风”了。

拿下金塘，尽得舟山

7 兵团首长批准 66 师于 10 月上旬对金塘岛发起战斗。

按沿海潮汐规律，公历 10 月 1 日至 3 日为最佳时机。石一宸准备利用这个周期的有利时机攻打金塘岛。

这两天，步兵随时准备登船，炮兵随时准备开炮，全师上下已经是“箭上弦，弹上膛”的临战状态了。10 月 1 日、2 日这两天，潮汐最合适，但全天滂沱大雨，海雾迷漫，风急浪高，炮兵无法对目标进行射击，登船的步兵等到黄昏以后不得不下船待命。

这时候，不仅部队官兵着急，其实最着急的还是身负重任的石一宸。他不断询问身边的“顾问”，听取他们对天象变化的预测。他亲自观察风云雨雾的变化，硬是耐着性子在海边等到10月3日凌晨，天气仍不见好转。

打仗不像演戏，导演愿意什么时候开演都可以。等到下午3点，天气突然放晴，云开雾散，敌岛上的目标也都慢慢地显露出来了。全师官兵喜出望外，大家都活跃起来了。

经过抗日战争、解放战争并已有10余年沙场鏖战的石一宸，最懂得战机的重要，并且十分珍视战机的到来。他在作战会议上说，潮汐规律是半个月一个周期，今天（10月3日）是这个周期的最后一天，如果今天不行，一推又是半个月，况且天气越来越冷，再推迟对我渡海作战不利。

此时此刻，各突击营的先锋船整装待发；步兵团团长们做好了起渡的准备；炮兵们瞄准的目标均在射程之内；信号兵手举信号枪注视着石一宸发出口令。石一宸看着手表秒针滴滴答答地跳动着……

时针指向16时10分，观察所急促报告说风向有变，敌岸边的一线工事及附近的村庄、树林等目标均能看得清楚。

“老天爷开眼了，目标很清楚，这是我们炮兵射击的最好时机！”炮兵团徐团长首先打来“请战”电话。石一宸与王师长、李政委用眼神“交换了意见”，立即向张秀龙副军长报告，石一宸只说了一句话：“现在可以起渡了！”张副军长把桌子一拍，大声说“打！”

副师长石一宸精神贯注，目视前方，手握话筒，发出战斗号令：“各炮兵团长和各步兵团长们请注意听我的口令，开炮！”

炮兵一齐开火，炮弹嗖嗖，炮声隆隆，几千发炮弹顿时倾泻在敌人阵地上，敌一线阵地变成了一片火海。按预定计划，4个团9个突击营的官兵开始登船，因为各突击营的起渡点不同，航程的远近不同，行进中的航向也不完全一样，船队中有顺风的，有偏风的，有急流的，个别还有逆流的。尽管情况有千差万别，由于石一宸计算得十分准确，又进行了多次试练，他要求所有渡海部队必须在同一个时间登上金塘岛。

开船的命令发出后，只见船上的风篷同时展开，万橹齐动，各突击营连以及左翼、右翼，护航炮兵船和各级救护船都有条不紊地破浪前进了。

突击营的船队出发了，石一宸和师领导干部、师司令部人员以及张副军长立即登船起渡。石一宸站在船头上不时用望远镜观察各团船队行进状况，并向身边的张副军长报告：“各船队进行正常！”

300多只战船运载着人民解放军渡海作战的官兵，浩浩荡荡地涌动在浩渺无垠的海面上，远远望去犹如海面上卷起的一阵狂风。

9个突击营和18个突击连的指挥船上各有一盏尾灯，这些对敌方隐蔽的尾灯几乎是同时打开了，显示着他们一切按预定计划前进着。

9个突击营的指挥船还各准备了一盏对敌方隐蔽的大型三角灯。事先规定，此灯一亮标示着该船靠岸登陆的时间和位置。为了使9个突击营有所区别，9盏三角灯的颜色各不相同，以便识别前进的部队。

在夜色海面上，9盏三角灯几乎同时发光，石一宸高兴地说“突击营都按计划同时登陆了！”

此时，金塘岛上的敌军虽然是一个师的防御兵力，但66师攻击的正面只摆了一个团两个营，渡海部队有9个突击营同时登岛，把敌人打了个措手不及。

犹如神兵天将的9支突击营，令敌岛一线部队十分震惊，慌乱中向后撤退，而后面的指挥官们又向前督战，致使官兵前进不得，后退不能，正在这时候，我炮兵延伸火力正好落在敌人密集的阵地上，敌军在炮声中死伤一片。

66师指战员们顺利登上了金塘岛，继而向敌纵深勇猛冲击。当石一宸踏上金塘岛时，他心情激动，自言自语地说：“金塘岛啊！我们终于来到了！”

是日夜，我军向纵深发展的战斗中，碰上了一座坚固的卡口工事，经过激战，守敌被消灭，阵地被占领。

激战有终期，10月4日中午，金塘岛南半部已被我军攻占，守岛国民党102师主力已被歼灭过半，多处卡口工事被攻破，敌兵纷纷向金塘岛以北的沥港逃窜，企图从海上逃走。

据先头部队报告，敌军师长已逃到沥港外面的军舰上“指挥”。我196团冒雨追击，截断敌之退路。各团奋力作战，战至4日黄昏敌军被全部歼灭，金塘岛战斗胜利结束。是役毙伤和俘虏国民党军少将副师长李湘萍以下2409人，缴获大量武器、装备。

金塘岛被攻占以后，奉野司、兵团首长命令，要乘胜攻取定海本岛，新调来两个军进行临战准备。金塘岛的地势比定海西海岸的地势高，居高临下，不仅可以俯视舟山群岛，而且可作为进攻定海本岛的依托阵地。部队官兵摩拳擦掌，准备打更大的胜仗。蒋介石曾坐着飞机察看舟山群岛，他意识到金塘岛不守，定海必失，经过权衡，最后命令舟山防卫司令率部弃岛逃台。时至1950年5月中旬，盘踞舟山岛的国民党军被迫撤离，5月19日舟山群岛全部解放。

金塘岛战斗之后，石一宸为了表达渡海作战中的心情，撰诗一首，以志其事：

千帆风樯动，霹雳撼舟山。雄师破浪出东海，三军健儿凯歌还。岛上敌尽歼。

金塘告捷日，定海敌胆寒。敌酋无心守孤岛，曳兵弃甲去台湾。舟山红旗遍。

金塘岛战役的胜利，得到了华东军区首长的肯定，石一宸也调入华东军区司令部作战处任副处长。1949 年 11 月中旬，奉命参加专门研究渡海登陆作战问题的高干会议。张震参谋长主持会议。

会上，按次序汇报金门战斗、厦门战斗、登步岛战斗、金塘岛战斗。

——金门战斗，没有口头汇报，会上散发了一份文字材料，与会人员看到这份战斗失利的总结报告，触目惊心，令人心情沉痛。

——厦门和打鼓浪屿的战斗，虽是一次胜利的战斗，但在战斗中遇到了许多难以克服的困难，特别是木帆船在航海中遇到许多艰难险阻，甚至有的登陆兵当了敌人的俘虏兵，人们听了也为之惊讶！

——登步岛战斗，虽登陆成功了，但还没有站稳脚。增援的敌兵在其海空军的支援下，进行猛烈的反扑，登岛部队被迫撤出战斗，受到很大损失。汇报人说到这时，会场气氛很紧张，有人直截了当地说“没有海、空军配合作战，这个仗不能打。”

——最后，由石一宸汇报金塘岛战斗。

会议主持人张震参谋长说：“石一宸你可以展开说，不受时间限制。”

人们知道，金塘岛的敌人是一个步兵师，有海、空军直接配合作战。华野第 22 军 66 师战斗编成有 4 个步兵团、一个炮兵团，还有岸边的两个榴、野炮兵团。此次战斗的实践者石一宸说：

“渡海登陆作战，必须做好战前的准备工作。”

那么渡海登陆作战到底需要做哪些准备工作呢？

“66 师是山东鲁南的一支部队，都是些旱鸭子，怕海、怕水。”石一宸说，“为了解除顾虑，及时组织部队指战员下海练游泳，开始在浅海游，逐渐到深水区里游，向大家提出的口号是掉在水里淹不死。”他接着说：

“……渡海作战必须筹备足够的船。当时，从浙江、江苏，甚至从山东搜集到了 500 多只船，可是敌机见船就炸，因为白天遭狂轰滥炸，部队指战员只好在夜里忙着修船、补船。王师长、李政委等都在海边上督导部队修船。当时，在海边修船、藏船成了全师的一项重要任务，也是与敌机进行的一场艰苦的斗争。

“……部队起渡前，终于有了 300 多条可用的船，保证了所有登陆部队都有船渡海。

“……训练水手是很重要的，挑选最勇敢的战士学着当船老大，摇橹、划桨、掌帆，要求达到操作自如，口号是船翻了能把它正过来继续航行。

“……各级指挥员主要观察敌岛的地形、工事，研究如何破除滩头水际的障碍物，白天看地形，研究作战方案，夜间则指导部队官兵进行水上训练。

“……我的身边有三个顾问，一个渔民，一个盐民，一个海上游击队员，他们帮助看天气，看潮汐，看风向，协助选择最佳的登陆时机。一切准备工作就绪之后，在最后一次作战会议上，通过战斗计划后，榴、野炮兵团的徐团长颇有风趣地说：‘在一小时内，我们72门大炮，一齐开火，把2000多发炮弹准确地倾泻到敌方的一线阵地，让敌人抬不起头来，把反击的敌军杀回去，保证你们安全登陆，待你们登陆后，我再延伸1000米，为你们发展进攻创造条件。’

“经过长时间准备，10月3日下午5时，是这个登陆作战的最佳周期的最后一天，按当时的气象、潮汐、风向也是渡海登陆的最佳时机，条件已经完全具备。……”

攻打金塘岛的战斗，作为专题汇报，石一宸说了整整一个上午。会场上，各级指挥员侧耳静听，鸦雀无声，不少人边听边记，一些与会者说：“看来不是不能打，关键是战前的准备工作。”

夺取制空权、制海权

如果说金塘岛一战，石一宸是牛刀小试，那么1955年初的一江山岛之战，则为石一宸提供了一个表演的舞台，给了将军一次上演人生光彩的一幕。

总结经验，石一宸感慨地说：“不打无准备之仗，每战必求有把握，实在太重要了。高度重视侦察与计划的指挥员，在枪炮声响起之前，便已经打开了战胜之门上的坚锁。”

舟山群岛的南面有个大陈岛，盘踞着一万多敌人，除了一个正规师外，还有6个突击大队，其中有一些是海匪部队编成的，战斗力不强，但政治上很反动。他们在其海空军的掩护下，控制着上下大陈、渔山、一江山、披山、鹿山等7个岛屿。其指挥中心在大陈岛，蒋海军的“大陈战区特遣队”就在大陈港。敌人经常派遣军舰配合股匪向我沿海一带进行袭扰破坏活动。

抗美援朝战争爆发以后，美国的第7舰队闯进了台湾海峡，公然侵犯我国领土台湾。到了1954年，美国不甘心朝鲜战争的失败，与蒋帮策划“共同防御条约”，妄图长期霸占我国领土台湾，并把大陈岛划入他们的“协防”范围。从此，蒋帮依托大陈列岛对我进行袭扰破坏，并把大陈岛作为他们“反攻大陆”的前哨阵地。

为了粉碎美蒋的“协防”阴谋，打击蒋帮的卖国行径，保护沿海人民的生命财产安全，保卫祖国的社会主义建设，中央决定进行大陈列岛战役，解放浙东沿海所有敌占岛屿。华东军区随即进行作战准备，不久便揭开了东海大战的序幕。

张爱萍将军

大陈岛的6个突击大队分散配制在周围的几个岛屿，大陈港经常停泊十几艘军舰。他们在沿海一带肆意掠夺，使沿海人民受尽苦难。中国人民解放军竭尽全力护航护渔，但天上有敌人的飞机，海上有敌人的军舰，很难保证海上运输与渔业生产的安全。所以，不牢牢掌握制空权和制海权，我们既护不了渔也护不了航。

石一宸说：解决浙东沿海敌占岛屿是华东野战军的一项重要任务。为了支援陆军进行登陆作战，我们必须夺取制空权和制海权。在登陆战役前夕，我们抢修了浙东地区的飞机场，拟制了夺取制空权的作战计划。

华东军区为这次战役组织了一个前线指挥部，军区参谋长张爱萍任前线总指挥。前线指挥部遵照中央军委的命令，立即奔赴浙江前线，亲自指挥空军转场，组织海军部队逐步向南推进，准备与敌人展开一场激烈的海空争夺战，为陆军进行登陆战创造条件。

一切准备就绪，首先是空战开始了。

1954年3月18日下午，万里晴空，4架F-47敌机像往常一样，大摇大摆地窜到大陈岛以北空域，正在寻找什么目标，被我地面雷达发现了，我预先进到宁波机场的海军航空兵第2师第6团，由长机崔巍和他的僚机架着米格-15比斯，在地面指挥所的引导下秘密出航，瞄准了F-47，一举击落敌机两架，其余两架仓皇逃回台湾岛去了。几乎在同一时间里，我海军的"延安"、"兴国"两舰，突然出现在三门湾海面，迎头碰上敌人的3艘炮艇，我舰早有准备先敌开火，击伤两艘，敌人被打得晕头转向，拖着一溜浓烟逃跑了。这是开战的第一天，我军旗开得胜，蒋军惊恐异常，特别是蒋空军，他们已知道他们的螺旋桨飞机抵不过我们的喷气式飞机。从此以后，只要是天气晴朗，他再也不敢明目张胆地肆意窜扰了。我军首战告捷，同志们都高兴极了。前线指挥部分别向空军、海军的指挥所祝贺，并嘉奖作战有功人员。

1954年5月15日，我陆军60师180团的一部，在我空军的掩护下，进占了一江山北侧的头门山、高岛、金门岛（亦称蒋儿岛），这几个岛距离一江山很近，对敌人造成很大威胁。

5月16日至20日，敌人为了消除我对一江山的威胁，组织其海空军，连续对我进行联合反击。我军顽强迎击，战斗打得很激烈，我们的海空军打得都很好。4天共击落敌机6架，击伤3架，并击伤敌军舰两艘、炮艇一艘。石一宸说："我现在还记得16日这天，我们出动4艘军艘，有南昌号、广州号、开封号、长沙号，在檀头山以北海面，采取近海歼敌的方针，将敌人速度最快、火力最强的护航驱逐舰"太和"号击伤，从而打击了敌人的嚣张气焰。5月19日的一场漂亮空战至今令我记忆犹新。当时4架F-14敌机利用多云天气窜到大陈地区骚扰，我空军及时抓住战机，快速出击，仅5分钟就干净利落地击落敌机3架，击伤1架，打得敌人胆战心惊。至此，敌人的联合反击被我彻底粉碎。"

7月6日，敌人不甘心业已失去的制空权，又出动4架F-47，秘密起航，企图偷袭我舟山基地的海军舰艇，结果是4架敌机均被击伤，其中两架在归途中坠海。从此，敌机基本上停止了对我舰艇的偷袭活动，也很少出现在大陈列岛的上空。

据前线指挥部统计，我空军和海军航空兵从3月18日至7月6日，经过4个月的空战，共起飞歼击机122批279架次，击落敌机11架，击伤5架，我机无一损失。我海军共击伤敌军舰、炮艇5艘，我"瑞金"号军舰，遭敌空袭，不幸沉没。至此，我军胜利地夺取了大陈地区的制空权与头门山、高岛以北的制海权。

彭德怀："用宰牛的刀子去杀鸡"

攻打上下大陈，解放沿海敌占岛屿是我们夙愿已久的。早在1952年4月，中央军委原作战部部长张震，曾向聂、粟总参谋长和毛主席报告，提出了攻打上下大陈的作战方针，并建议陆、海、空三军协同作战。

1954年7月，华东军区遵照中央军委的命令，准备在九十月后，以空军轰炸上下大陈之敌，陆军攻打一江山，以此打击美蒋"协防"的阴谋，为尔后攻占其余敌占岛屿创造条件。军区司令部制定了轰炸上下大陈岛和进攻一江山岛的作战方案。经军区党委批准后，派石一宸带上作战计划到北京，当面向总参谋部汇报。

石一宸说：

我是8月20日到北京的。我先向粟裕总参谋长和陈赓副总参谋长以及作战部的首长汇报。汇报完了后，粟裕同志要我明天再来谈。次日下午，粟裕同志和张震同志要我和他们一起到国防部部长彭德怀同志那里去汇报。我汇报得很扼要，整个作战方案只讲了半个多小时。彭总认真地听我汇报，然后给我作具体指示，他一口气讲了两个半小时，开始坐着讲，越讲越激动，最后又站起来讲，还一边走一边讲，讲的很多，很具体，很详细。彭总讲的时候，我刚想做笔记，彭总说："你不要记，要认真听。只要你真正听懂了，回去就好汇报。"彭总逐条地讲了他对军区作战计划的意见后，强调说，要用宰牛的刀子去杀鸡。他解释说："人们常说'杀鸡焉用牛刀'，这次我们就是要用宰牛的刀子去杀鸡。"为什么要这样做，彭总讲了很多道理，讲得都很精辟。彭总讲完了宰牛与杀鸡的比喻后，接着说："轰炸大陈的那一天，要想尽一切办法去查明大陈港内及其附近有没有美国的军舰，如果美国的军舰停泊在那里，我们暂时不攻击，等他离开以后再打，这样可以减少很多麻烦。我们的原则是不主动惹事，但也绝不示弱。如果美机侵入我们的领空，向我们挑衅，则坚决打击之。要告诉飞行员，美机来犯，力争将其击落在我们的领土或领海内，以此作为美国侵略我国领土的罪证。"他还说："我们的空军一炸，大陈港内的蒋舰可能向港外机动防空，这时，渔雷快艇可以出击，具体由张爱萍同志去指挥。"彭总在谈到对空军的指挥时说："空军和海军的航空兵要统一指挥，建议由聂凤智同志来统一指挥。”他语气深重地说：“要由有本事的人来指挥嘛！”彭总反复地讲，这次作战任务很重，政策性很强，组织很复杂，我们又缺少这方面的经验，各方面都要准备好，确有把握后再打，不要急……

一江山岛登陆作战的空中支援

彭总接见后的第二天，石一宸便回到南京，立即向军区首长作了汇报，这时已是8月下旬了。参加作战的部队立即进入行动准备。空军总队在宁波、笕桥机场进行轰炸地面目标的训练准备，鱼雷快艇在石浦港进行攻击敌舰艇的训练准备，并在高岛开设鱼雷快艇临时基地。陆军60师180团先在乐清港隐蔽地进行登陆作战的基础训练，后又调到大榭岛、大猫山进行登陆作战的实战训练，先分练后合练，最后进行三军联合作战演习。经过两个月的准备，我们认为进攻的条件已经具备。

11月1日，我军开始对大陈、一江山进行首次轰炸。当时，美军的第72特混舰队的一艘驱逐舰在南鹿山一带活动，企图阻挠我解放沿海岛屿。当时，我们估计发起战役后，蒋军可能会对我进行报复，美国可能以少量军舰在他的空军掩护下以策应蒋军的作战行动。我们本着彭总的指示精神，如美舰停在大陈港，我们则暂缓进攻。我发起攻击后，如美机入侵我国领空，则坚决还击，尽一切可能将其击落在我们的国土内。11月1日这一天，大陈港确无美舰，前线指挥部决定按计划攻击。我出动轰炸机1个大队，9架杜－2，另有12架拉－11护航，负责轰炸大陈港内的舰艇及大陈岛上被指定的地面目标，另用歼击机3个大队压制大陈岛的高射炮兵，负责间接掩护。海军的9架鱼雷轰炸机及12架歼击机为第二梯队。这是第一次执行这样的任务，虽经验不多，但进行得比较顺利。从1日至4日，轰炸大陈共出动各种飞机49架次，投弹721枚；轰炸一江山两次，共出动飞机63架次，投弹430枚。这次轰炸地面目标的命中率均在90%以上，迫使蒋军转入地下。打舰艇的活动目标，炸得不准，只是在精神上给予了蒋军以沉重打击。11月5日，我军在头门山预先配制的130海岸炮兵击伤由大陈到一江山巡防的敌舰“永字号”。14日，我预伏在高岛的4艘鱼雷快艇对由大陈港出巡的护卫驱逐舰“太平号”进行闪电般的抵近攻击，连发8条鱼雷，将其击成重伤。这个庞然大物拖着浓烟烈火，驶向大陈港，在大陈港的东北角慢慢沉没。“太平号”军舰当时是蒋海军速度快火力强的王牌舰，偌大的军舰被我们的小快艇击沉了，实乃一大创举。这对蒋海军的震撼很大，同时也极大地振奋了我军。

12月2日，美蒋正式签订“共同防御条约”。条约规定，当蒋军遭我军武装攻击时，美军应“采取行动”。对此，我前线官兵极为愤慨！大家都说，美国军舰跑到我们这里来采取什么行动！真是岂有此理，是可忍，孰不可忍，我们要毫不含糊地对蒋军采取坚决的攻击行动。

根据部队的准备情况和季节性的气候条件，前线指挥部决定战役于1955年1月中旬实施。

1954年12月21日，我们侦知大陈敌人要换防，为了集中打击换防之敌，并暂时麻痹一江山的敌人。1955年1月10日，我又出动轰炸机28架次，歼击机46架次，连续轰炸大陈港内的舰艇目标。由于兵力集中，又吸收了上次轰炸大陈的经验教训，这次轰炸共击毁、击伤包括“太平号”在内的5艘敌舰。当晚，我海军又在大陈通往南麂山的航道上击沉敌“洞庭”号军舰。至此，我已完全控制了整个浙东战区的制空权与制海权，并且具有绝对优势。

根据气象条件和部队老兵即将退伍等情况，前线指挥部决定1月18日攻取一江山。前线指挥部将计划报告了军区党委，并同时报告了中央军委。石一宸说：“为便于指挥，前线指挥部由宁波向前线指挥所转移，并派我由宁波赶回南京军区司令部作战室，负责转报前线的作战情况和传达军委领导的指示。我记得1月17日上午10时，总参谋部的作战部传达总部领导的指示。大意是：18日攻击一江山为时过早，还需要继续准备，在气象良好的情况下，确有把握再组织实施。望前线指挥部考虑是否推迟，甚至推迟两三个月亦可。”

“这时，张爱萍总指挥正经由临海向头门山指挥所转移，我立即电话跟踪到临海，将总参谋部的指示作了传达。张爱萍总指挥经过慎重考虑后，立即向陈赓总参谋长报告了战役的准备情况和他个人的意见。”石一宸说，“记得大意是说：气象预报18日全天气象良好，各项准备工作均已完成，大陈港确无美舰，现在各部战位均已展开，建议仍按原计划执行。总参首长报告了彭总，彭总立即报告了毛主席、刘少奇同志和周恩来总理。中央授权彭总作决定并全权处理。彭总马上批准了张爱萍总指挥的建议。我立即以最快的速度报告了张总指挥。”当时，许世友副司令员正在作战室，他听说军委已批准了，大声说：“坚决支持张参谋长的意见，不要再干扰张参谋长的行动。”他的话很简单，但很有力，表达了他的态度。

强攻一江山注定是一场硬仗，而且是一场十分复杂的政治斗争。一江山是一个不到2平方公里的荒岛，它是大陈岛的外围屏障，地理位置十分重要。蒋军的“国防部长”俞大维曾说：“一江山是大陈的门户，一江山不保，大陈难守，大陈不保，台湾垂危……。”蒋经国也说：“一江山是反攻大陆的大门，我们不但要守住这扇大门，还要从这扇大门里进去，反攻大陆。”足见蒋帮对防守一江山岛的重视。美蒋还把一江山视为“保卫自由世界”的前哨据点。因而蒋帮煞费苦心地加强了一江山的防卫，修筑了大量的防御工事，配备了50多门火炮和大量的轻武器，在滩头水际上设置了很多障碍物和爆炸物，加之岛岸陡峭，难以靠船攀登，易守不易攻。蒋军狂妄地说，“一江山是生物飞不过的钢铁堡垒”，是“击不沉的美国战舰”。我军要进攻这种坚固设防的岛屿，必须组织强大的兵力，充分发挥陆、海、空三军的整体威力才能取胜。

一江山三军联合作战前指群雕

三军联合进行登陆作战对我们来说是一个新课题。部队在战前提出了许多问题。比如海军航空兵和空军统一指挥，对登陆舰队如何组织护航；如何以火力支援登陆作战；如何夺取与保持制空权和制海权；陆军如何担负登陆队和陆上战斗队的双重任务；野战炮装到渔轮上，有的装到木船上，如何解决射击精度和各个时节的射击指挥问题。

三军协同作战的疑虑也很多。如陆军顾虑海军能不能按时把他们运到登陆地点上，同时也担心空军误炸自己的先头部队；海军怕空军掌握不了制空权；而空军则担心支援的炮兵误伤我低空俯冲的飞机。

这些问题都必须事先在战前解决好，否则难以完成任务，甚至还会发生意想不到的问题。联合指挥部和参战部队的指挥员，从我们的实际情况出发，广泛地开展军事民主，发动部队提出问题，经过深入的调查研究，寻求解决问题的办法，然后再指导部队带着问题练兵。如果练兵中出现了新的问题，我们再研究，再练习。经过反复演练，终于把部队反映出来的问题一一解决。实践经验证明，这些办法都是可行的，而且在随后的战斗中发挥了很好的效果。

这次登陆作战，我动用了陆军 4 个步兵营，组成为登陆队；组织了各种火炮 283 门，支援步兵登陆；还有各种舰艇船只 186 艘，各种作战飞机 184 架，以保证制空权和制海权牢牢掌握在我军手上。

战场一角

我登陆部队 5 倍于敌，我们的海、空军处于绝对优势。攻打一江山岛充分体现了“牛刀子杀鸡”的精神。总指挥张爱萍将军风趣地对前来采访的战地新闻记者说：“再等一会儿，就是海里的龙王，今天也不得安宁了。”

石一宸当时写了阵中日记，上面是这样记载的：

18 日：

8：00—8：30：空军和海军航空兵，对一江山实施第一次航空兵火力准备。同时对大陈敌指挥所和炮兵阵地进行轰炸。

12：07：头门山的海岸炮兵对一江山的山嘴村、海门礁、黄岩礁的防卫工事进行破坏射击。

12：20：支援炮兵群对一江山实施火力准备。

12：15—13：22：登陆部队由金门岛、头门山起航。

13：05—14：00：船载火箭炮兵对北江之敌进行两次射击。

13：40—14：00：船载直接瞄准炮兵群进至射击线对北江登陆点实施压制射击。

13：05—13：16：海军第 6 舰队的战舰大队分别进至南江西 20 链和北江东北 40 链处实施舰炮射击。

13：55—14：00：大陈敌炮兵曾向我登陆队形进行拦阻射击，我白岩山海岸炮兵立即还击，敌炮被压制。

14：00—14：05：我空军、海军航空兵对一江山实施第 2 次火力准备，同时对大陈敌阵地进行轰击。

一江山登陆作战

14：00—14：10：登陆部队第一梯队，在歼击机的支援下完成展开，实施抢滩登陆。

14：29—14：49：登陆部队第一梯队攻占了敌人第一道堑壕。

15：10—15：48：登陆部队占领各制高点和东山头，战斗基本结束。

19 日 2 时前，残敌全部肃清，一江山全部解放。

从石一宸当年写的阵中日记可以看出，陆海空三军联合作战，组织工作非常复杂。可喜的是，这次战役组织得非常周密，作战指挥和协同关系处理得非常恰当，非常得体。石一宸想，当年的张爱萍参谋长犹如一个大乐队的总指挥一样，指挥得井然有序，有条不紊，出色地完成了攻打一江山的渡海作战任务。

大陈岛之敌跑了

一江山之战，既震撼了台湾当局，也震惊了美国。1 月 24 日，美国国会要求美国总统艾森豪威尔认为必要时，使用美国武装部队保护台湾和保护军事上的外围阵地。美国的海军部立即扬言：目前对大陈岛的任何进攻，都是干涉美国第 7 舰队的任务，可能要遭到美国的报复。

新中国政府和人民是吓不倒的，周恩来总理代表中国政府立即发表声明，强烈谴责美国的侵略行径，并要求美国的武装力量立即从我国的领土撤走。

我前线指挥部遵照中央军委的指示精神，经过充分准备后，决定乘胜进攻大陈岛。登陆作战前，我军又进行了两次轰炸。第一次轰炸后，大陈指挥部向台湾报告：这里的通信设备被炸毁了，上下通信联络都很困难。第二次轰炸更加猛烈，炸得岛上敌人无处可逃。这次大陈指挥部干脆用明语向台湾方面呼叫：大陈岛唯一的水库被炸，库水已流尽，部队和岛上居民都严重缺水，情况万分危急。看来，固守大陈的敌人已失去了防御作战的信心。

蒋经国巡视大陈岛

美国看到他的恐吓伎俩没有被理睬，美国的国务卿自我解嘲地说：如果让大陈蒋军撤退，共军是否不对大陈进行攻击……这些话，语意含糊不清，但充分暴露了一切反动派都是纸老虎的本质。

艾森豪威尔发表讲话后，他的参谋长联席会议主席雷德福匆忙飞到台湾，首先部署美军在大陈岛的顾问团，并将“西方企业公司”从大陈岛的水上飞机场撤到台湾。美国叫嚷的要履行“共同防御条约”、要对我进行报复这类的话，完全是色厉内荏、借以吓人的手段。美蒋一唱一和，鼓噪了半个多月，最后蒋军不得不从大陈撤回台湾。石一宸说：“我记得是2月5日，美国国防部宣布，美国政府已下令美国第七舰队协同大陈岛的蒋军撤退。宣布的第2天，美国第七舰队出动包括航空母舰、巡洋舰、驱逐舰、扫雷舰等83艘驶进大陈以东海域，帮助大陈蒋军撤退。撤退时还掳走了大陈岛的居民1.8万余人，而且大部分是青壮年。”

当时指挥撤退的是国防部长俞大维和蒋经国，他俩站在大陈岛的高堡上举目呆望，左边是刚失守的一江山，右边是美国军舰在掩护蒋军撤退，场面一片混乱。可以想象，他俩当时的心情犹如打碎的五味瓶，不是滋味。

蒋经国与大陈岛士兵合影

大陈的敌人跑了。南面还有披山、南鹿山两个小岛，敌人有一个团的兵力在那里防守。我们决心迅速攻克它。

2月2日，我空军首次轰炸南鹿山之敌。第一次轰炸过后，披山、南鹿山之敌就慌忙逃跑了。至此，浙江沿海所有的敌占岛屿全部解放。

这一战役的规模不大，但是中国人民解放军进行的第一次立体实战检验，为我军日后登陆作战提供了丰富的经验。石一宸将军坚毅地对我说："我虽老矣，但只要国家需要，我当义不容辞，驰骋疆场。不过，我希望世界永远和平，战争永远消失；希望两岸通过谈判，尽早实现和平统一。"

第二次"台海危机"："炮击金门"

如果说石一宸将军参与了"第一次台海危机"事件，那么"第二次台海危机"则是石一宸将军在前线指挥所直接指挥了这次行动。且看石一宸将军回忆这一事件的台前幕后。

石一宸说，1958 年，福建前线部队在海、空军的配合下，对金门蒋军进行惩罚性炮击，不仅规模大，而且与政治、外交斗争配合密切。实践证明，这一行动，具有重要的战略意义。

炮战期间，石一宸是福州军区副参谋长（当时没有参谋长），直接协助韩先楚上将和叶飞上将组织和指挥了这一炮战行动。韩先楚上将当时患急性肝炎，在北京 304 医院治病，待病情稳定后，他于炮战中期赶赴厦门前线接替指挥。这次事件，就战役来说并不大，但其意义重大。

准备再攻金门

1949 年 10 月，华东野战军第 10 兵团曾进行过金门战役，由于战前准备不足，以及指挥上的失误，结果攻金失利，损失惨痛。

张爱萍调任华东军区参谋长以后，想为前次攻金失利雪耻，提议再攻金门。军区党委及总参谋部均支持张爱萍的意见。

1954 年下半年，为了准备再攻金门，华东军区参谋长张爱萍带着作战处长石一宸和炮兵副司令员、情报处长、通信兵主任等以及 8 名苏联顾问，风尘仆仆直抵福建厦门，进行实地考察、调查研究，以便拟制再次攻打金门的作战计划。

张爱萍一行到达厦门后，顾不上休息便开始工作。他们按事先做好的方案登上厦门沿海制高点，以便于观察金门的小山头，多角度、多侧面观察海域、海潮、海汐，并把高倍数望远镜对准大小金门进行目视侦察。

为了直观大小金门，张爱萍提出尽量在距大小金门较近的位置上观察。第10兵团司令员叶飞准备了一条机帆船，准备乘船到大嶝岛直接瞭望大金门。

“这很好！”顾问们都赞成越海侦察。张爱萍要叶飞陪顾问同去大嶝，而他决定徒涉大嶝。

张爱萍知道退潮以后露出沙地约有40分钟，他想40分钟足以徒涉大嶝。张参谋长对石一宸说：“让他们乘船过海，我俩利用退潮时徒步走海滩去大嶝，也好摸清大嶝水道退潮以后的滩底状况。”

“好，咱俩一块走。”石一宸说。

叶飞等人乘船起航后，张爱萍和石一宸等退了潮，脱掉鞋子，挽起裤筒，双手提着鞋子，脚踏海滩，如同赶海一样，一步一个脚印，用了不到40分钟就到了大嶝岸边，与此同时，坐船的人们也赶到了。

在大嶝岛看金门，因为直线距离近，敌岛的大喇叭震耳欲聋，声浪与海浪交织在一起，24小时不停息，经年不歇。

这些来自高级司令部的指挥员和外国军事专家登上大嶝岛，直接观看大小金门，大家动手支起望远镜，展开地图，准备好画图工具，有的画大金门岛的地形，有的测量距离，有的按写生手法画滩头工事，有的专门标定敌军的位置和活动情况。

按事先分工，很快完成了个人作业。苏联顾问们面对金门岛写生，不多时就将金门外貌跃然纸上。那山头、岸边、丛林、谷峰栩栩如生，一览无遗。

这时，叶飞和张爱萍交谈着，不断面对大小金门岛指指点点。石一宸在旁不断地记下首长们的讲话。

登临大嶝岛的这些“客人”，在岛上活动了一天，对大小金门的地形、地物、阵地工事、滩头水际的障碍物等了如指掌。掌握了第一手资料，对于海域、海水、潮涨、潮落的自然现象和规律也有了亲身体会。

当黄昏涨潮时，张爱萍和大家一起乘船返回了厦门。

回到南京的石一宸，根据张爱萍参谋长的指示，带领本处人员拟制再次攻打金门的作战计划。

一份完整的再次攻打金门岛的作战计划在华东军区作战处诞生了。经军区首长审定后，参谋长张爱萍带领作战处长石一宸携带这份标有“绝密”字样的作战计划，赴京向总参谋部粟裕总参谋长汇报。

汇报时，张爱萍参谋长简要地说明了再次攻金的意图和目的之后，由石一宸汇报具体的作战计划。

张爱萍心想，趁中央军委还没有批示以前，先给军兵种的首长们吹吹风，争取他们的支持。

在北京奔跑了一大圈的张爱萍对石一宸感慨地说："再次攻打金门的计划就等中央军委一句话喽！"

"是等毛主席的批示吧？"石一宸插话。

心情不平静的张爱萍说："只要毛主席一句话，我们就立即行动！"

又过了几天，张爱萍耐不住了，心里有些着急。他对石一宸说："你先回南京，督促前指的人员加紧准备，我一个人在北京等军委的批示。"

几天后，果然来了音讯，张爱萍在北京给身在南京的石一宸打电话："一宸同志吗？吹啦！"张爱萍的声音很大。

"什么？"石一宸没有听懂，问道："什么吹啦？"

"咱们那件事吹啦，不干啦，告诉前指人员散摊子！"

"那怎么安排呢？"

"前指的所有人员都回去！"

北京连南京，电话一线通。只有这个时候，身为参与并制定攻打金门计划的石一宸，心中才明白过来，轻轻点头，暗暗自言自语："这是最高指示，不打金门了！"

随后，张爱萍在电话里几次向石一宸说明此事原委，并让他向军区首长报告，这是党中央的决定，有关部门一计算，造船、修飞机场等，用钱太多，向毛主席报告后，主席说在目前情况下暂不解放金门岛，用这笔钱盖工厂，搞经济建设吧！来自中央的决定，毫无疑问，必须坚决服从。

历史终于等到了 1958 年 8 月 23 日。

"炮击金门"，"一石三鸟"

现在还有人经常问石一宸，我们为什么要炮击金门。石一宸将军说：依我看，这主要有两方面的原因。

一个原因是反对美国支持蒋介石。

1950 年 6 月，朝鲜战争爆发。美国第七舰队侵入台湾海峡，阻止我解放台湾。当时美国远东军总司令麦克阿瑟公开声称："台湾是美国的一艘航空母舰，台湾必须由美国控制。”

美国的“保台”、“积极支持”国民党当局等干涉中国内政的政策和援助，并没有保住一江山岛、大陈岛等岛屿，也没有取得任何军事效益和政治效益。所以开始改变手法，策划“划峡而治”、公开在国际间制造“两个中国”。

美国迫于国内外形势与中国政府进行大使级谈判，但在会谈中无理要求以中国政府放弃使用武力解放台湾、承认美国在台湾地区有“单独和集体的自卫的固有权利”作为改善中美关系前提。这是美国自朝鲜战争以来制造“两个中国”阴谋的一部分，其实质是要求中国政府放弃武力，承认其侵占台湾的现状和国民党在台湾统治的合法性。

美国不仅要求中国不对台动武，同时又强迫蒋介石从金、马撤军。其意在于：一方面避免因两个小岛的战端被蒋介石拖入中国内战；另一方面阴谋割断台湾与大陆在政治上、地理上的联系，达到把台湾从中国分离出去的目的。

美国在台湾问题上一直是持纵容、支持的态度。自中国人民解放军解放大陈岛到1958年8月间，包括陆军部长史蒂文森、副总统尼克松、远东空军总司令廉特上将、第七舰队司令毕克莱、太平洋区总司令兼太平洋舰队总司令史敦普、国务卿杜勒斯等在内的美国军政要员频频赴台活动，与蒋介石策划对付中国大陆的计划。美国还派遣大批军事人员进驻台湾，向台湾提供大量的军事经济援助。

1955年3月，美国和蒋介石签订的所谓《共同防御条约》生效。美国不断增加驻台美军兵力，其中军事顾问最多时达2600名，海军在台湾海峡设立了“永久性”的海上基地，部署了以大陆腹地为目标的、可携带核弹头的地对地“斗牛士”导弹。

1955年4月20日，美国总统艾森豪威尔又宣布，要进一步加强对台湾的军事援助。并于1956年决定在台湾成立9个预备役师，由美国提供装备加以训练。这一系列行动的目的非常清楚，就是加强对台湾的侵占，妄图从政治、军事等各方面强化台湾国民党反共实力，将台湾建成美国的反共反华基地。

美国虽恢复与中国进行大使级谈判，但仍明目张胆地推行敌视中国的政策，加紧在亚洲策划与缔结一系列所谓集体安全防御条约，如“美韩共同防御条约”、“东南亚集体安全防御条约”、“美台共同防御条约”等，企图从日本、韩国一直到新加坡、菲律宾，对新中国构成半月形的包围圈，并把台湾海峡两岸分裂局面以所谓“集体安全”的形式固定下来。

1955 年 1 月 26 日，美国更是策动新西兰等国在联合国提案，要求由安理会审议中国政府和台湾当局“在中国大陆沿岸某些岛屿地区的敌对行动”。

1957 年 8 月，美国国务卿杜勒斯还宣布所谓“对华三原则”：支持台湾国民党当局；不承认中国大陆政权；反对新中国进入联合国。

1957 年 11 月 11 日，美国第七舰队更是明火执仗，在台南海域进行以中国大陆为假想敌的大规模军事演习，向中国大陆炫耀武力，替国民党当局撑腰打气。

1958 年 5 月，美国将驻台的 7 个机构合并，组成“美军驻台协防军援司令部”，以加强台湾的军事指挥系统和作战力量。

中国政府针对美国制造“两个中国”的阴谋进行了坚决的揭露和批判。

1954 年 8 月 11 日，周恩来总理在中央人民政府第 33 次会议上所作的外交报告中郑重指出：“台湾是中国神圣不可侵犯的领土，决不容许美国侵占，也决不容许交给联合国托管。解放台湾是中国的主权和内政，决不容许他国干涉。”

1955 年 2 月 3 日，周恩来回电联合国秘书长哈马舍尔德，明确指出：新西兰提案是“干涉中国内政，掩盖美国对中国的侵略行为”。中国政府的严正立场，迫使联合国安理会拒绝讨论新西兰提案。

“在一个中国”问题上态度明确的蒋介石也十分清楚，如果撤出金、马，便割断了台湾与中国大陆的一个重要联系，既使其失去反攻大陆的基地，更不利于维护其在台统治，因而他在极力依靠美国的同时，也坚决反对美国分裂祖国的行径。

在新西兰提案出笼后，1955 年 2 月 8 日，蒋介石说：“我要正告全世界人士：‘中华民国’人民和‘政府’决不容许任何人割裂我‘中华民国’的领土!”“‘两个中国’的说法，真是荒谬绝伦。在 4000 余年的中国历史上，虽间有卖国贼勾结敌寇叛乱之事，但中华民族不久终归一统。”“台湾和大陆本属一体，骨肉相关，休戚与共。”他反复声明，绝不从金门、马祖撤军。可见，国共两党在坚持“一个中国”、反对“两个中国”、“一中一台”的原则问题上具有高度的一致性。

基于“一个中国”的立场和民族大义，帮助蒋介石顶住美国要求其从金、马撤军的压力，挫败美国策划的“划峡而治”、搞“两个中国”的阴谋，已成为中国共产党和政府维护国家主权和领土完整的重大战略任务。

面对美国等西方反华势力策划的“划峡而治”的阴谋，蒋介石背道行之，加强金、马地区的军事力量，既表明决不撤军的立场，也可以表示反攻大陆的决心。

1955 年 6 月，蒋介石在答美联社记者提问时称，“我对中共，决不做任何方式的谈判，亦绝无任何影响可以促使我对中共的谈判”。1957 年 10 月，国民党八大会议更是颠倒黑白，诬蔑中国共产党提出的和谈是“想以政治颠覆台湾和外岛基地”的“统战阴谋”，是“要混乱国际间对我们反攻复国决心的认识”。

1957 年 11 月，举行了有 11 万军人参加的以大陆为假想敌的“昆阳”大规模军事演习，进行武装挑衅。

不仅如此，在美国的纵容与支持下，国民党当局海军的“巡逻线”伸向浙江、福建和广东的沿海一带，加强对祖国大陆沿海港口实施禁运封锁，以武力威胁各国商船进出厦门、福州等港口。

在美国的支持下，台湾当局年年发出“反攻大陆”的叫嚣，不断骚扰大陆。他们炸我福建、上海等沿海地区，造成我人员和财产的重大损失。不仅如此，他们还抓我出海捕鱼的渔民。不但将鱼货抢光，还连人带船一块劫走，强迫渔民当兵（国民党兵），如有不从，即将渔民投入海中。仅 1955 年 3 月至 8 月的 6 个月时间，国民党空军就出动 2009 批 3550 架次袭扰沿海一带；自 1953 年至 1958 年 8 月，国民党当局炮击我沿海军民，共 2150 次，炮弹 7.6 万发，打死打伤大陆军民 500 余人，击毁民船 84 只，房屋无数。此外，还派遣特务潜入大陆刺探军情。

此外，蒋介石还加紧进行军事战略部署：一是建立“临战体制”，进行军事动员。1957 年 7 月 14 日，国民党决定建立“临战体制”，组成以陈诚为“行政院长”的“战时内阁”，最高当局还下令“取消所有官兵休假，各级部队立即进入战时戒备状态”；二是加强金门、马祖军事实力。8 月中旬，国民党将金门驻军由 1952 年的 3 万人猛增至 9.6 万人，将马祖驻军由 1952 年的 6000 人增至 4 万人，两地驻军占全部陆军的 1/3；三是准备加大对祖国大陆的侵扰活动。1958 年 8 月 6 日，台湾当局宣布台湾海峡形势紧张，台澎金马地区进入战备状态。8 月 18 至 20 日，蒋介石巡视金门、马祖前线，为国民党官兵打气，要求他们“与阵地共存亡”。一时，海峡上空乌云密布，大有战争一触即发之势。

另一个原因是支持中东人民的正义行动。

1958年夏，国际形势骤然紧张。美国在黎巴嫩登陆，扼杀黎巴嫩人民起义；英国出兵约旦，威胁伊拉克民族革命。在远东，美国重申不承认中国，并支持台湾当局在台湾海峡进行战争挑衅。毛主席说：美军在黎巴嫩登陆，英军在约旦登陆，企图镇压黎巴嫩、约旦人民及中东人民的反侵略斗争和民族解放运动。为了支援阿拉伯人民的反侵略斗争，组织游行示威是一个方面，是道义上的支持，但我们不能仅限于道义上的支持，要用实际行动支援他们。行动方向应该选在金门，主要是打蒋介石，但对美国有重要的牵制作用……不要怕鬼，你越怕鬼，你就越不能活，他就要跑进来把你吃掉。我们不怕鬼，所以要炮击金门。

毛主席高瞻远瞩定决策

1958年7月18日，中央军委主席毛泽东召集军委副主席、三军指挥员开会。毛泽东说，大家都知道了，世界上有一个地方叫中东，最近那里很热闹，搞得我们远东也不太平。人家唱大戏我们不能只做看客，政治局做出了一个决定，炮打金门！

毛泽东阐发着自己的意图，对此，沈卫平在《8·23炮击金门》一书中以其优美的文笔写道：

毛泽东在1958年北戴河会议上讲话，在这次会议上，他决定炮击金门

他那顿挫抑扬高亢铿锵的湖南腔有一种特殊的魅力，能够起到安娜·路易丝·斯特朗称之为安定剂的作用，将他贯串一生的坚定与自信传达给每一个受话者。他的叙述技巧也是别树一帜的，旁征博引，论古道今，纵使离题万里，逻辑脉络仍异常的明快清晰。他倾倒众人的本事在于用娓娓道来十分浅显的方式表达精辟敏锐的见解，和对复杂局势置于股掌的把握。

毛泽东说："选择哪个方向进行实际行动的支援呢?（指支援中东——笔者注。）只有选择金门、马祖地区，主要是打蒋介石。金门、马祖是中国领土，打金、马是我们的内政，在政治上有理，在军事上有利。美国找不到借口，而对美国则有牵制作用。

"美国所有的远东部队都进行了备战，制造紧张空气，企图牵制我。我以实际行动回答他，牵制他在远东的兵力，使其不能向中东调兵，减轻美国对中东人民的压力。如能迫使调动美国海军在中东和台湾间频繁调动则更妙。

"同时告诉全世界人民，美帝国主义要打仗，中国人民是不怕的！在朝鲜战场，我们摸了一下美国军队的底。对美国军队，如果不接触他，就会怕他，我们跟他打了33个月，把他的底摸熟了。美帝国主义并不可怕，我们推迟了帝国主义新的侵略战争，推迟了第三次世界大战……"

说来颇难置信，以风卷残云之势将蒋介石逐出了大陆的毛泽东，多年来在台湾海峡采取的基本上是战略守势。真正对蒋介石具有致命威胁的攻击准备历史上仅存一次，那是在海南岛、舟山群岛解放之后——台湾称之为危险的1950年7、8、9三个月——那段短暂的时间内。如若不是朝鲜战争爆发和美国介入台湾海峡，人们肯定将会欣赏到继郑成功、施琅之后历史上第三次也将是最为声威宏大波澜壮阔的一次征台行动，一次其规模、气势仅次于二次大战盟军在诺曼底登陆的军事壮举。遗憾，来自朝鲜的战火无情地将日臻完备的作战计划击碎，迫使毛泽东南兵北调，将军事战略重心极不情愿地北移。从此，在台湾海峡表现活跃、积极、总想跃跃一试大显身手的一方仍然是蒋介石。自1950年至1958年，他的占有很大优势的海空军几乎全面控制了闽台间的海域和天空，向大陆沿岸发射，丢下了数以千万计的炮弹和炸弹，他的并不占有优势的陆军也放胆策动了千余次从连、排至师、团规模的针对大陆的袭扰、突击行动，并有若干次小有所获。与艾森豪威尔签订了"协防条约"，获得了美国人提供的"保险"后，蒋介石更加卧薪尝胆，战志高涨……

台湾海峡水火不容的形势早已白热化到这样一个程度，不管从哪里飞溅来一颗火星，都会引发剧烈的爆发。于是，对有几十年交情的"老朋友"进行一次叫他真正觉到疼痛的打击，成为毛泽东老早就在酝酿和思考的问题。毛泽东悄然有条不紊地准备着，在福建前线，他不缺炮弹，只缺时机。战争看来不可避免，问题只是何时、何地、以何种方式、何等规模开场——落幕。1958年，中东的偶然不过是使台湾海峡的必然得以实现，并有了自身相当生动、丰富的表现形式。

毛泽东继续讲话，着眼点仍是美国。

“为了达到侵略别国的目的，美国到处打着反共的招牌，这是他的侵略本质决定的，它是一只凶恶的真老虎，也是虚弱的、外强中干的纸老虎。

“但在远东、台湾地区，美国有着海空优势，是否会卷入，值得考虑，我们要有所准备，他来打我们怎么办？局部战争会引起大规模冲突。

“我们的主要作战对象是蒋介石，尽量不与美正面冲突，因此，我们的海空军不出公海作战，并要防止误击美机、美舰，即不示弱，也不主动惹事。

“以中央军委名义发个电报，命令各大军区立即进入紧急战备，把作战任务下达给福州军区和海军、空军、炮兵，越快越好。

“以地面炮兵实施主要打击。第一次炮击几万发炮弹，以后每天打1000发，准备先打三个月。以后怎么办，走一步看一步。”

这一天的军委扩大会议，是毛泽东最后一次亲自决策和部署重大战争行动。一篇洋洋洒洒的开场白，已经明晰简要勾勒出他的战略意图和战术原则。而他常胜的奥妙和指挥的精髓从来是在战略上藐视敌人，面对强敌，敢于应战，不退缩，不手软；在战术上重视敌人，谨慎从事，量力而行，知己知彼，不打无把握之仗。如果把他此次作战的战略战术概括为“通过打蒋而打美；既要打疼蒋又要避免与美直接作战”，可以想象，掌握好其中的“度”是达成目的的关键，而这个“度”之中，又隐含着多少驾驭大势的高超技艺和有声有色的戏剧性啊！正因为如此，“炮击金门”作为一篇相当奇特玄妙的大文章，为毛泽东富有传奇色彩的军事生涯画上了一个圆满的句号，亦成为中国及世界军事史上颇具研讨价值的经典之作。

8月17日，中共中央政治局在北戴河召开扩大会议。彭德怀说，蒋介石如放弃金、马，我们不妨网开一面，让他撤。现在，他要固守金、马，那么，这一仗迟早要打，晚打不如早打。我们研究，真打起来，美国确实是个未知数，但不怕，主席讲过，道义在我方，人心在我方，政治主动在我方，地理优势在我方，军事上，我们也不差太多。还有，大家在朝鲜交过手，互相都摸底了嘛。总之，打，有风险，但有利。

毛泽东基本赞同彭德怀的观点，他引经据典地说：《聊斋》里面，有一个“狂生坐夜”的故事。说的是夜深时分，某书生和一个鬼面对面坐着，鬼作出各种嘴脸吓唬书生，书生照此办理，也龇牙咧嘴地吓鬼，最后

王尚荣将军

还是鬼先抬屁股跑掉了。现在，我们同美国也面对面坐着，大家心里都怕。我们也怕，美国有原子弹，航空母舰，你能不怕？可是美国真的就那么想打第三次世界大战？我们有6亿人口，有那么大的国土，有社会主义阵营，他心里其实也怕。谁更怕谁呢？我看还是美国人怕的更多一点吧。

毛泽东的手在空中有力地一挥，指着地图上的金门岛：不要怕，狠狠地打，把它四面封锁起来。我们此次是直接打蒋，间接打美！

王尚荣赶紧插话：主席是否还有登岛作战的考虑？

毛泽东：先打3天，无非两种可能，登与不登。好比下棋，我们走一步看一步。

王尚荣又问：主席，您看，炮击时间……？

毛泽东对彭德怀说：哎，这几天没有见到叶飞嘛。打电话叫他到北戴河来。司令官不在，仗如何打？

王尚荣接住话茬：我立即打电话通知叶政委，估计明天能到。明天是8月21日，再给前线两天准备，炮击时间定在8月23日，正好是个星期六，敌人容易麻痹。可以吗，主席？

毛泽东：好嘛，就是你说的这个“八·二三”。叶飞一到，就开炮！

毛泽东“打”的决心已下，台湾海峡，即将迎来惊天动地的时刻。

彭老总亲自部署

毛泽东决定炮击金门后，国防部长彭德怀立即召集陆、海、空三军指挥员开会，传达了毛主席的指示精神，并作了如下作战部署：

——这次炮战以福州军区的炮兵为主，以32个炮兵营部署在厦门和莲河地区，负责打击大小金门的蒋军，以6个海岸炮兵连部署在围头、莲河、厦门一带，从3个方向打击大金门料罗湾的蒋海军舰艇，同时在厦门和莲河地区部署高射炮，以掩护地面炮兵的作战行动。

——空军采取以小进求大进的方法，进入福建和粤东机场。第一步以歼击航空兵2个团于27日秘密进入福建的莲城机场和广东的汕头机场。后梯队4个团于8月上旬至中旬进至福建漳州、莲城、福州、龙田机场。轰炸机与侦察机部队，随后跟进至江西的樟树及福建的一、二线机场。福州军区空军司令员聂凤智统一指挥以上行动。

——海军在浙江的歼击航空兵应策应汕头、莲城的空中作战，并掩护三都沃的海军设施。另外集中8个海岸炮连配合陆军炮击金门。第一步集中两个鱼雷快艇大队分别进至泉州的后堵港及东山港待机，8月中旬以后，再集中3个鱼雷快艇大队、两个猎潜艇大队和1个高速炮艇中队，分别进至三都沃、后堵港和东山港。以上由东海舰队副司令员彭德清统一指挥。

叶飞上将遵照中央军委的指示，立即召集军区领导人及有关部门的负责同志，研究并确定炮击金门的具体部署，进一步明确了各部队的任务，并责令所有部队一律于7月24日前进入射击位置，随时准备开炮。

7月初，福建地区不断遭受台风袭击，河水猛涨，山洪暴发，公路桥梁多处被冲断，铁路也多处塌方，给炮兵部队的行动带来了极大困难。部队经过艰苦作业，终于在7月22日夜均进到被指定位置。部队到达后，立即构筑工事，搬运弹药，做好射击准备，待命开炮。

7月27日，彭老总向叶飞上将传达毛主席当日10时的指示：炮击金门可推迟若干天，目前不打，看一看形势再打。中东问题的解决，还要时间。我们是有时间的，何必急呢……毛主席的这一指示，纠正了前线部队的急躁情绪，使我们有更充足的时间，继续加强炮战的准备工作。

云顶岩上取俘供

遵照党中央毛泽东主席的指示精神，福州军区继续加强战前的准备工作。石一宸要求一线部队指挥员按备战项目逐个检查，发现问题及时纠正。为了把金门岛上的指挥中心——防卫部坑道口的确切位置搞得更清楚，军区情报部向石一宸提出，从在押犯人中进一步了解和核对自己手中掌握的金门方面的情报。

有关金门岛上的地理环境、交通要道、主要建筑、兵力总量、火力部署等等，早已被福州军区指挥员了如指掌，唯独金门防卫部指挥坑道的具体位置还不十分清楚。只知道防卫部司令胡琏的指挥所在北太武山的山脚底下，但坑道口在哪里？坑道外面有些什么设施？胡琏的活动规律怎么样还需要搞清楚。情报部长说，监狱里面有几个犯人是到过金门的，建议把他们提来现场审问。

石一宸马上同意这一建议。他们找了三个人，这三人都在金门驻过防，其中有两个人到过胡琏的指挥部。

一天下午，天气晴朗，太阳从西方直射金门，石一宸在厦门云顶岩上东望，不用望远镜大金门就看得很清楚。按照事前的安排，因这三个犯人不在一处服刑，来一个问一个。石一宸以主官的身份在前面问，炮兵司令员和各炮兵师的师长在后面一面听、一面看、一面画。

“前面是什么地方？你认得吗？”石一宸问第一个犯人。

犯人抬起右手向前指，随即回答：“那是大金门，那个最高点就是北太武山的主峰。”

“胡琏的坑道口在哪里？”

“从北太武山的那个主峰向西南倾斜500米的一个山岙口就是。”

“口外面有些什么？胡琏他们每天晚饭前后有些什么活动？你知道的都要说清楚。不准说谎话，如果事后证明你说了谎话是要加罪的。军法从事是会杀头的，我不是吓唬你，只是要你说实话。”

犯人们低头弯腰有问必答，说话利索，没有顾虑。

石一宸又问了一些具体情况，提问甚全、甚祥、甚刁，边问边画草图，直到满意为止。

三俘虏讲述情况大体相同，对过去情报部门所掌握的一些材料给予了很好的印证。

石一宸感到，原先无法穿透北太武山的观察仪器，现在似装上了X光机，躲入死角的胡琏那神秘、狡猾的身影，应该说被捕捉到了。

数日后的炮击战果亦表明，此次提审，对确保把金门打昏、把台湾打痛，作用甚大。

根据俘供，胡琏指挥坑道在金门军事地形图上由若干个点定位为一个点，范围由数平方公里缩小至数百平方米。坑口外面有一篮球场。再向前走二三百米，有一会议厅，也叫“翠谷厅”，为金防部长官会餐、娱乐的场所。围绕坑道口，还散置着各种保障分队和设施。国民党军通常于下午17时开晚饭。17时30分，当官的大多会走出坑道散步聊天，当兵的则聚集在篮球场一带打球游戏……这些情况为我们何时炮击，第一群炮弹覆盖在什么地方，提供了重要依据。

石一宸如此设计，在某一天（礼拜六、日自然最佳）的下午17时30分、金防部的国军弟兄们酒足饭饱出洞散心之后，给他们加点便餐，头一道菜：6000发炮弹。

又一次军事会议。叶飞审阅修改过的计划草案，嘴角线非常不易地由“下弦月”变成了“上弦月”。

石一宸先开口：“叶政委，到时候，我们的炮要是打不到胡琏的老窝，你找我！”

好大一头牛，从嘴巴里吹出去了，那颗心脏，在胸腔内又轻轻地敲鼓。到底，我们所有肉眼都未曾直接观察到胡琏那神秘的窝哟。

自信自己的判断，不等于满足自己的判断，会后，他仍要求：直到炮击前一分钟，都不能放松对金门的侦察。

这时，摆在石一宸面前的另一项准备工作是迅速组织空军转场，夺取制空权，以掩护炮战行动。

石一宸给我讲了一个具体的空战战例，说明我们的空军已经成长起来了。7月19日上午，粤东沿海乌云低垂，时而雷鸣，时而阵雨。11时，国民党空军第一大队少校副队长刘景禄带领美制F－84G型战斗机4架，贴着云层低空向南沃岛作例行侦察。他们没有想到，两分钟后，我军的歼击航空兵突然出现了。大队长赵德安率领一个中队，从粤东机场起飞迎击，米格－17型战斗机4架，在云下高度150米处完成编队，闪电般地穿云上升，巧妙接敌。地面指挥员发出命令：“大胆！沉着！攻击！”长机首先开炮，刘景禄立即急转俯冲，企图逃脱，我机紧紧咬住它，距离150米开炮，将其击落。刘景禄负伤后跳伞堕海，被我们活捉。其余两架，一架被赵德安击伤，连同另一架仓皇逃窜。激战三分钟，我无一伤亡。我空军入闽后，首战告捷，这一胜利鼓舞了福建前线广大军民，同时也使台湾当局大为震惊！

国民党空军受到沉重打击后，想急于查明福建沿海人民解放军的布阵情况。于是，改用F－86型截击机，掩护RF－84型机继续对沿海进行侦察。8月7日，8月13至14日，接连进行了3次大规模空战，击落、击伤敌机6架。

人民解放军空军进入福建后，连战皆捷，基本上夺取了福建地区的制空权。从此，福建人民再也不受国民党军的空袭，并且有效地保证了陆、海军作战部署的安全。福建广大军民高兴地说：“福建的天空现在真正解放了。”

毛泽东点将，叶飞挂帅炮击金门

党中央酝酿作出“炮击金门”这一战略决策前，毛泽东曾将上述想法告诉周恩来，并征求他的意见。周恩来听后，表示完全赞同，说：“这是一招妙棋！打金门、马祖，既反击了国民党对大陆的骚扰，又减轻了中东人民的压力。真是一举两得呢！”接着，周恩来问：“主席，炮击金门可是个重大的军事行动，您看，应该由谁来具体指挥呢？”

叶飞将军

毛泽东的脑子里实际上并未考虑好适当的人选。听了周恩来的问话，他蹙眉、吸烟，周恩来不动声色。半晌，毛泽东将烟蒂捻灭，然后说：“恩来啊，我看叶飞能挑起这个担子！”

周恩来不禁哈哈大笑起来。因为在他询问毛泽东时，脑海里就已经想到了叶飞的名字。“主席，很巧噢，我们想到一块了，完完全全想到一块了。”

毛泽东一听也禁不住高声爽快地笑了起来。

这是一次痛快淋漓的交谈。交谈中，毛泽东决定由叶飞挂帅炮击金门。其实，确切地说，这是毛泽东与周恩来一起点了叶飞的将。这是一段至今在全党、全军中鲜有人知的珍闻逸事。

说起叶飞，笔者就想起一部叫《红日》的电影，一线总指挥就是叶飞，华东一纵司令。1947 年 5 月，沂蒙山上，炮声已隆隆，叶飞不定期在与人潇洒对弈。陈毅、粟裕的紧急命令到：一纵立即由总预备队改为主攻，从敌军结合部大胆穿插，把国民党第一“王牌”整编七十四师从“百万军中”剜割出来。激战三日，叶飞完成重任。陈、粟命令又到，授命叶飞统一指挥一、四、六、九等四个纵队，“无论如何在拂晓前拿下孟良崮，消灭七十四师。这样，我们全盘皆活。如拿不下，敌人 4 个兵团合围，我们就危急了！”叶飞咬牙横心破釜沉舟，午夜 1 时，下达总攻令，十几万部队漫山遍野猛扑而去，血战一昼夜，红旗插上了孟良崮，张灵甫与他的“王牌师”灰飞烟灭，直叫数十万合围敌军胆寒却步，南京“委座”黯然落泪。叶飞一盘未下完的围棋虽胜负莫测，华东战场的一盘大“棋”却已满盘赢定。此役在指挥上的大胆、高妙具有永恒的价值，已成为中国战争史上的经典之一。

据叶飞回忆：

我既没当过兵，又没上过军事院校，一当就是师长，从战争中学习战争。要说常胜将军，那是瞎吹牛，古今中外都没有的。一般指挥员，三仗里边，有两仗能打赢，一仗没有打赢就算不错了。打好了有经验，打不好有教训，认真总结，都是宝贵财富。

金门一仗，我就没有打好，麻痹、轻敌，无经验、不懂渡海作战的特点，损失很大！在福建，我就是想再打一次金门嘛，可以立军令状，再打不下，把我的头割去。等呀等，总算等到了 1958 年 8 月……

1958 年 8 月 20 日，我接到北京总参电话通知：立即到北戴河。

第二天，我坐飞机到达，直接前往毛主席住处。主席、彭老总、王尚荣，还有林彪，都坐在那里等我多时了。我咕咚咕咚喝干了主席事先给我备好的一杯温茶，就开始汇报炮击金门的准备情况，重点是炮兵的数量、部署和突然猛烈的打法。

毛主席听得很认真，一面听一面看地图，用铅笔做着记号。毛主席指挥作战，一般不代替第一线指挥员做太具体的军事部署，这方面，他完全信任自己的部下会做得很好，他只考虑战略问题，对战局发展趋势进行宏观预测把握，他的战略判断不但比他的敌人而且往往比他的同事都更深一层更远一步。国民党打不过我们原因很多，他指挥员不行是很重要一条，越高级指挥越不行，蒋介石就是典型的瞎干预，凡是他干预的作战几乎全失败。解放战争，我们就喜欢双方两个人出来指挥，我们这边是毛主席，敌人那边是蒋介石。

果然，我汇报完了，主席既没说“行”，也没讲“不行”，却突然提出

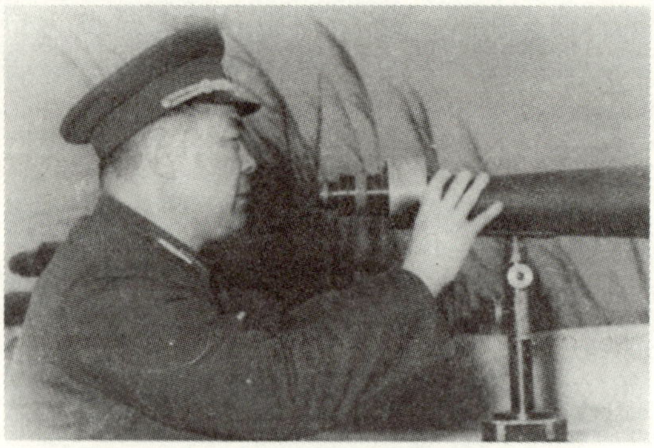

1964年3月，王尚荣在厦门观察金门岛

一个问题："叶飞，你用那么多炮打，会不会把美国人打死呢？"当时，国民党部队营一级都配设了美军顾问。我回答说："哎呀，那是一定会打到的呀。"主席又问："能不能不打到美国人？"我说："无法避免。"

主席不再问其他问题，也不做什么指示，只说："叶飞，你们累了，好好休息。"于是散会。我明白，他要做进一步的思考了。

晚饭后，王尚荣拿了一张条子给我看，是林彪写给主席的。林彪这个人滑头，他很会揣摸主席的心思，他知道毛主席在考虑会不会打到美国人的问题，所以向主席建议：是否可以通过正在华沙同美国人谈判的王炳南大使给美国人透露一点我将炮击金门的消息？我看后大惊，林彪聪明得也太离谱了嘛，告诉美国人不就等于告诉蒋介石了吗，简直莫名其妙！我问王尚荣："主席把这个条子给我看，有什么交代，是不是要我表态？"王尚荣笑笑："主席没说什么，只说拿给你看。"

夜间，我翻来覆去睡不着，我已经感觉到了将要开始的作战很复杂、很微妙，但我确实找不到既要开炮又不能打到美国人的妙方。掀开窗帘，毛主席房间的灯一直亮着。那个时代，一切相信毛主席，看着那灯光，我方稍稍心安。

第二天继续开会，毛主席不提林彪的条子，一上来就指着我说："叶飞，那好，就照你的计划打。"又说："叶飞，你不要回福建了，留在北戴河指挥。"总的印象，毛主席对打这一仗是反复思考，慎之又慎的。经过一夜长考，显然，他对战略、战术问题都想透了。

8月23日，炮击开始。完全是毛主席亲自指挥，前线的一举一动都要向他报告。我留在北戴河，好办也不好办。好办，每天与前线保持通话，一切执行毛主席命令就行了。不好办，稍有差错，就可能发展成为同美国的战争，福建、台湾海峡将变成第二个朝鲜战场，实在担当不起呀。

现在回想，毛主席的战略眼光高深、远大，这个仗到底打出一个什么结果来，他没讲。别说敌人一方根本不晓得，我们自己一方也不完全晓得。不光我不晓得，连彭老总、林彪、许多高级干部都不晓得。彭老总一直是竭力主张用武力打下金门的，他曾多次到厦门检查战略和鹰厦铁路修建情况，我知道他的想法。炮击开始，我当然也盼望毛主席早一点下达登陆金门的命令，当时想得简单，况且打下金门，对我而言，还有一层不同一般的意义嘛。

飞炮炸金门

福建前线，韩先楚司令员因病住院，叶飞政委在北京开会，福州军区由刘培善副政委、张翼翔副司令员主持工作，分工由石一宸在云顶岩指挥所实施现场指挥。

23日拂晓前，各部均已完成射击准备。参战的鱼雷快艇和航空兵于22日夜秘密进入战位。这时459门火炮、80余艘舰艇，200多架飞机，像猛虎、雄鹰、胶龙一样，都瞅准了金门岛各自的打击目标。

韩先楚将军

8月23日上午，统帅部下达了“一级战备”的命令，石一宸报告了刘、张首长以后，立即要炮兵卸下炮衣，擦拭炮弹，摇起炮身，装定好射击诸元，只等待开炮的命令了。其着重打击的目标是金门蒋军的指挥机关、炮兵阵地、雷达阵地和停泊在料罗湾的海军舰艇。

开炮的时间，规定是17时30分，但开炮以前必须有毛主席的命令。

此时此刻，从军区首长到前线部队，从北京统帅部到福州军区首脑机关，从炮战指挥所到第一线指战员，犹箭在弦上，只等一声令下，万炮齐鸣，威震海疆。

这时，石一宸坐镇指挥所，精神高度紧张，精力高度集中，他非常清

解放军炮击金门阵地

楚自己身上的担子有多重，责任有多大。云顶岩指挥所，是一座三面可以瞭望的钢筋混凝土巨型观察所，在他座位周围摆了十几部电话机，与各炮兵群、分群均是直达线，同时与各部位能够通播。有直达线，有迂回线，还有备份线路随时都可调用。当时有6位参谋帮助接转电话。

长期从事参谋工作的石一宸，临战前的紧张、繁忙，不知经历过多少次啦，但每一次与每一次的情况、心情都有不同。为了做到万无一失，他亲自将几种电话机试了又试，认为通话质量有保证，畅通无阻才放心。

石一宸回忆道：

当时我受命在云顶岩的指挥所指挥，后面的坑道里就是负责全面指挥的刘培善和张翼翔两位中将。我的周围摆了十几部电话，保证通信畅通无阻。我一直握着电话，与总参作战部部长王尚荣、副部长雷英夫保持直接联系。王、雷两位部长则直接与毛主席联系。我一直握着电话不敢松手，王部长说他也握紧电话不敢松手。

我记得下午15时就开始问："王部长，17时30分开炮的命令下来了没有?"

"没有。"王尚荣部长回答得很干脆。

隔了一段时间，我又问了一篇，还是"没有"。

一直问到17时，王部长也急了，他大声地用他的家乡话告诉我："老石，我比你还急，命令一来，我马上告诉你。"

坚守在第一线的指挥员们也是如此，一个劲地催问我，我也说："不要问了，拿好电话，听我最后一道命令吧。"

王部长不要我再催，可我还是忍不住地催问，一直催到17时20分，王部长的电话来了："毛主席命令，17时30分开炮。"

我立即向军区领导刘培善副政委、张翼翔副司令员报告，两位军区首长几乎同声说："准时开炮。"

17时30分，我下达了命令："开炮。"话音刚落，2万多发炮弹即从不同方向向金门蒋军阵地倾泻过去。其中，2600多发炮弹直接落在胡琏的指挥所。那天正好是星期六，台湾"国防部长"俞大维恰在金门巡视工作。金门防卫司令部司令胡琏为俞大维一行设宴款待，饭后正在"翠谷厅"附近散步聊天，突然炮弹从空中铺天盖地地落下来，他们还没有反应过来，3位中将副司令已被当场打死。俞大维和另一位中将参谋长被打伤。胡琏很狡猾，他走在最后，刚跨出坑道口，炮弹就落下来了，他三步流星地缩回到坑道里去了。

这时，料罗湾烟雾四起，水柱冲天，金门通向台湾的无线电台不断地呼喊告急："炮弹像下大雨一样，这里被打得没有一点办法……"此役共击毙国民党军官兵600余人，有线电话全部摧毁，人们被打得无处躲、无处藏，到处乱窜，金门一片狼藉！

对于这一天的惨相，石一宸拿出了一篇当时驻守金门的国民党军官吴克计写的文章——《我亲历了"八·二三"炮击金门》给我看，我看到文章是这样描写的：

"八·二三"炮击金门

8月21日，蒋介石及其儿子、时任"国防委员会"副秘书长的蒋经国亲临金门，登太武山顶观察。太武山为本岛主峰，高度仅253米。因岛上无巨川长流，全年降雨量稀少，无法兴建水库，使当地居民常年处在水源不佳的生活之中。农作物也只适于种植高粱、甘薯及小麦等杂粮。蒋介石观察良久，深感战局有一触即发之势，于当晚返台时，令"国防部长"俞大维暂住金门，主持防区作战计划。

翌日，金防部政治部主任兼金门县长柯远芬中将发动全防区官兵，立志愿，写遗书，并举行宣誓大会，以激发与金门共存亡的斗志。当时战斗气氛虽达高潮，而军民在心理上仍无准备，貌似沉着稳定。因此，8月23日，大伙用过晚餐，一如往常，走出掩蔽部（办公室）到野外散步，舒散一天的疲乏。这已成为全体防卫官兵的习惯。

我正在野外500米处一片荒草坪上做深呼吸，忽然发现一发炮弹在太武山顶爆炸。隔约10秒钟，又一发炮弹在北坑道上方爆炸。一般散步官兵浑无所察，以为我军在爆破坑道，未予理会。我却感觉情况有异，似炮兵轰击目标前的定点试射，即以最快的跑步，欲离现场，然为时已晚。紧接着大陆团头、莲荷、厦门等地数百门重炮，集中目标，向太武山侧的翠谷——防卫部开始轰击。炮声震天，地动山摇，整个金门笼罩在一片硝烟之中。我军猝不及防，死伤惨重。在此雷霆万钧、弹片横飞的情况下，谁也无能为力帮助谁，要避免死亡的伤害，就得靠自己，即看谁有沉着应变的能力和善于利用地形地物就地卧倒，这便是我当时幸免于难的原因。

炮击一小时后，在暂时停止的刹那间，我以短跑的速度奔回办公室。正当同仁们为我庆幸时，又闻防区上空有人民解放军战机及运输机的沉重声音，同时也闻我高炮防空部队炮火轰击声。依当时情况判断，大陆此举，显然对我万分严重，便随即带了个人武器装备，站立掩部门口向空中监视。不料副主管卧伏在床底大声呼叫，令我回掩蔽部就地卧倒。此虽善意，我却有不同看法：在此严重关头，全防区电话网路已被破坏，情况混乱不明，仍然为自己安全打算，令人不可思议。设若当时情况如我所料，解放军在一小时炮击后，来一次两栖登陆作战，再使用空降部队，占领太武山等重要据点，而我们仍然躲在掩蔽部地下室不知抵抗，不就等于瓮中之鳖么？所幸解放军未作此打算——嗣后确知原本就无登陆解放金门的计划，意在作"打而不死"的周旋，是不幸中的大幸。但随后又以2小时30分钟的炮击，使金防部数栋住宿楼房及翠谷餐厅夷为平地，三名副司令官（赵家骧、吉星文、章杰），数十名中级干部及士兵当场阵亡。"国防部长"俞大维及司令官胡琏，提前10秒钟离开了餐厅，侥幸活命。

8月24日，蒋军炮兵向我开炮，以掩护其海军舰艇抢滩登陆，卸载军用物资和抢运伤员到台湾。对此，我们又组织了36个炮兵营、6个海岸炮兵连、1个快艇大队、2个护卫艇中队，对金门蒋军进行第二次打击。

石一宸说，我们发射炮弹3万多发，打得蒋海军舰艇纷纷向外逃窜。人民海军预先准备的6艘鱼雷快艇在岸炮火力掩护下，从待机位置迅速进入金门海域，迎头碰上敌军的两艘大型运输舰，一艘中型运输舰，我鱼雷快艇冒着敌人的密集炮火，直插敌人舰群的纵深，贴近敌舰放射鱼雷，一艘被击伤，另一艘被击中下沉，舰上蒋军官兵在浓烟烈火中跳海逃生。

蒋军海上吃亏，便想从空中进行报复。25日下午，蒋军空军出动F－86型飞机48架，飞临金门以东上空，企图引诱人民空军出海。在罗裳山指挥的空军司令员聂凤智，此前曾亲自指挥歼击航空兵一个大队起飞待击，在空中没有发现目标，随即返航。机长刘维敏由于技术故障落在大队机群后面，在漳州以东发现4架敌机，在无僚机掩护的情况下，与敌机展开激烈的空战。鏖战8分钟，他一人击落敌机两架。正当他低空飞行追赶另一架敌机时，我高炮部队误为是敌机，将该机误击，刘维敏不幸牺牲。

这是开战以来，空、炮协同的一个重大失误。为此，空军司令员刘亚楼上将，炮兵司令员陈锡联上将，亲自赶到漳州，现场研究和解决空、炮协同问题。最终制定了空、炮协同四原则，提高陆、空协同作战的能力。

蒋军连吃败仗后，于25日停止了海上运输，后金门告急，又改为夜间运输。8月26日，中央军委指示：要严密封锁大、小金门，大小二担，使其舰船不能海运，飞机不能空投。于是，石一宸又调进两个远程炮兵团，加强封锁料罗湾的蒋军炮火，从地面、海上、空中严密封锁，切断金门蒋军的一切补给。在东海舰队彭德清副司令员的指挥下，又击沉蒋舰两艘。至此，运送金门的物资不及平时的5%，金门敌人少粮缺弹，处境日益艰难。

叶飞前线亲自指挥，只打蒋舰不打美舰

物以稀为贵，民以食为天，在大陆观察镜中，曾看到两个以上单位的守军士兵不畏炮火，争抢空投物品的滑稽场面。而且，草绿色的弹药箱一般不抢，抢的都是黄色、白色的食品箱食品袋。

照理，合乎逻辑的作战行动便是挥师渡海，夺取金门了，福建前线从士兵到将军，都在兴奋地、半公开地议论着这个话题。人们自然而然把目光朝向刚从北戴河飞返厦门前线的叶飞，希望从他的一句话甚至一个眼神中获得令人鼓舞振奋的答案。

叶飞没有答案。离开北戴河之前毛泽东对他没有什么交代。这似乎很难理解，但事实就是这样。毛泽东和中央的同志正全身心地投入对钢产量和“大跃进”的讨论。临行前，只有总参作战部长王尚荣说了些“前方打得很好”之类的鼓励话，最后一句嘱咐：“这是一次政治仗、外交仗，一切要听主席、军委的，前边不能出一点差错。”他记住了。

叶飞不露声色。他明白，此次渡海攻金的可能性已经很小，否则，军委必须早做安排部署。然而，下面一片摩拳擦掌热火朝天的情绪依然感染

着他，激励着他，他比谁都更盼望将五星红旗插上金门这一天哩。是啊，9年了，一个抗日战争都打完了，满头乌丝一半白，金门竟然还在胡琏手里，没有这个道理嘛！得承认，金门确实不好打，但决不会比当年打莱芜、打孟良崮、打济南、打淮海、打黄维、黄百韬、邱清泉、杜聿明更难吧，只要毛主席一声令下，我……

毛泽东的命令终于来了。不但黑头发黄皮肤的敌人和黄头发白皮肤的敌人没想到，连自己人都大吃了一惊：这是什么意思？

9月2日下午15时13分，敌驱逐舰“信阳”号、“丹阳”号和猎潜舰“柳江”号、“北江”号驶来金门海域，位于镇海角东南12海里，据悉旗舰上有国民党海军总司令梁序昭和副总司令黎玉玺。梁、黎二位来得好！坐镇天界寺东海前指的彭德清当即决策：首先以两个大队共18架鱼雷轰炸机进行突袭，对“信阳”、“丹阳”二舰投下18条533毫米航空鱼雷；再以鱼雷艇第11、第41两大队共24艘鱼雷艇，并第72、第73猎潜艇大队8艘猎潜艇，在海岸炮和航空兵掩护协同下，对敌舰队进行连续攻击。24艘鱼雷艇共48条鱼雷，完全有把握致敌于毁灭性打击。彭德清要求：不战则已，战则必胜。不论付出多大代价，只要将梁、黎击毙，就是我方的胜利。

预案报至厦门前指。叶飞同意。

预案报至东海舰队。陶勇同意。

预案报至北京、北戴河。前线翘首以盼。

答复来了：不同意。

接着，又来了第二道命令：9月4日、5日、6日，暂停炮击三天。

到口的肥肉不吃，按照逻辑推理，攻金就更没戏了。显然，北戴河有另外的思路和考虑。

命令是用电话传达过来的。9月3日21时45分，北京，总参作战部部长王尚荣一字一句叙述。厦门，福州军区副司令员张翼翔拉长脸记录。

张翼翔：为什么不准打了？海上还要不要封锁？请你发个电报来，这么大的事，口说无凭啊。

王尚荣：这是主席的战略考虑，我现在还不能详细告诉你，总之，前线可不能乱放炮啊。

22时21分，叶飞签发的命令迅速传达：从4日零时开始，各炮群、岸炮群，须严格执行中央军委、毛主席的命令，不准打炮，敌人打我们也不准还击，也不准打冷炮，违犯者军法处置！

夜半，北京电示：

福州军区，前指并告空司、海司：

蒋军炮兵4日、5日、6日、7日4天均向我猛烈炮击。今日（7日）蒋军舰艇在美国军舰的掩护下，继续增援金门；美国军舰已侵入我领海线内，这是美蒋在我国宣布关于领海声明后的非法行动。为了惩罚蒋军的暴行和打击美帝凶焰，按照有理、有利、有节的原则和中央指示现决定：

一、我厦门前线炮兵，应于明日（8日）对金门蒋军重要的军事目标进行一次惩罚性的炮击，要打得准，打得狠，炮击规模应较8月23日为大，预定打3万发左右。

二、对美国军舰掩护蒋舰艇侵入我国领海的行动，我外交部发言人已对美国提出警告。若美国军舰再来，我将再次警告。经过两次警告之后，如美舰再侵入我领海掩护蒋军舰艇行动，我即集中炮兵和海军的力量，对停泊料罗湾的蒋军舰艇进行轰击；但仍不打美国军舰。

以上的两项决定，请你们即作切实准备。你们准备工作完成后，应立即报告军委，以便请示中央作出最后决定。

中央军委

1958年9月7日24时

打是要打的，但必须把握打之火候，打之分寸。叶飞与将军们细细品味，都说还是毛主席的点子好，明天可以一试。

据叶飞回忆：回想起来，指挥9月8日那天炮击的紧张程度并不亚于打孟良崮，大凡作战，对胜负只要有个六四开或五五开的把握，就豁出命把部队拉上去干了，生死存亡就那么一锒头。9月8日炮击，事前却很难想象会打出一个什么结局来。那不是一个一般性的“胜”、“负”问题，而是很复杂的政治斗争、外交斗争。你想想，42个野战炮兵营，6个海岸炮兵连，480多门大炮，两三万发炮弹，随便哪一门大炮走了眼，或有一发炮弹偏了向，都可能给毛主席部署捅大娄子，都可能突然出现另外一种结局来，说严重点，爆发中美战争的可能性也不是没有的呀……

贯彻军委电示的高级军事会议一直开到8日凌晨2时许。会议集中研究了“只打蒋舰，不打美舰”的战术操作问题，结论：只要情况如昨，美蒋舰各成队形，保持一定距离，美舰停泊在他们所承认的3海里之外，我们就可以做到“挑柿子专拣软的捏”。

叶飞最后强调：各级均要很好理解主席、军委的意图。不打美舰绝不是怕美国，双方在朝鲜较量了3年，是怎么回事都清楚嘛。目前，我们同蒋介石集团主要是军事斗争，同美国主要是外交斗争，这是既有联系又有区别的两个问题。对美国，我们退避三舍也好，先礼后兵也好，总之，必须有理、有利、有节，讲究斗争策略。因此，“只打蒋舰不打美舰”是一个死命令，万万不可违背，在座各位都要向我立军令状，我向军委立军令状！

散会，决定就在指挥所支个行军床眯一觉。吩咐作战参谋：有情况立即叫我。

叶飞忙中偷闲，睡了一个囫囵觉，晨6时许，他被叫醒。镇海角海军雷达站发现60海里之外美国海军第72特混编队，仍以重巡洋舰“海伦娜”号为首，6艘驱逐舰相伴相随。

9时，又于东碇岛以东海域20海里处，发现台湾海军编队，也是7艘，“维源”已不在其列，而增加了“太”字号、“永”字号各1艘。

北京要求，每一小时向总参报告一次美蒋联合舰队的位置、编队情况。

10时，敌编队驶进料罗湾。仍是昨天的布局，蒋舰居前，美舰环卫侧后，那阵势，很自然地让人想起“狐假虎威”的成语。

叶飞直接与北京总参作战部部长王尚荣通话。

叶：今天到底打不打？

王：坚决打。

叶：只打蒋舰不打美舰，方针没有改变吧？

王：不变。敌不到料罗湾不打。到达料罗湾，要等北京的命令才能开火。

叶：有个重要问题还要请示，我们不打美舰，但如果美舰向我开火，我们是否还击？

王：没有命令，不准还击。

叶飞极为吃惊，深恐电话传达有误，铸成大错，又问：请再说一遍，是不是如美舰向我开火，我也不予还击？

王：对，这是主席的指示！

叶：明白了，我严格执行。

放下电话，低头思考，在屋内缓缓地踱了几个来回，开始口授作战命令。作战处长飞快地做着记录。说到中途，戛然而止，一把又抓起电话机，为了准确无误，万无一失，他决定亲自给各炮群指挥员直接下达命令。

——没有命令，不准擅自开炮！

——只打蒋舰，不打美舰！

——美舰开火，也不还击！

叶飞非常了解部属们的“大炮脾气”，作为军人，要让他们在战场做到“打不还手”，那真是难为他们了。因此关于第三条，他反复强调了多次。下面纷纷追问：对美国佬如此客气，什么道理？没有什么道理，这是命令，是纪律。总之，今天无论出现什么情况，都不许轰击美舰，违犯者，军法从事！然后，将敌舰队队形、美蒋舰各自位置、相互距离、航速、预计卸载时间，一一详细通报。

待一切就绪，如释重负般吁出一口长气。通信员递过一条凉毛巾：首长，您擦擦汗。才发现，额头、两鬓，细密的汗珠已连成了片。

不挪窝，就那么挺直了腰杆在作战室端坐着。面前两部电话机，一部通北京，一部通各炮群。他觉得今天自己必须亲自来当这个大传令兵才放心才保险，待一会儿，毛泽东在千里之外的命令，将通过自己的耳朵和嘴，传达到前线每门火炮。

今天的美台联合舰队与昨天唯一不同的是，它没有表现出一点谨小慎微和犹疑彷徨。昨天闯关平安无事，今天自然驾轻就熟，各舰规范展开、占位。排水量1095吨的“美乐”、“美珍”从容出列，分别在双打街、沙头附近岸滩卸载，像两只在牛群呵护下放心到岸边饮水的小牛犊，保镖在后，何惧之有。

中国人的特性是，一家人关起门吵，还有个重修旧好和睦安宁的盼头，硬要扯进来一个帮腔助阵的，这个家便从此鸡犬不宁了。很遗憾，蒋老先生忽略了这一点，他满以为找几个壮汉撑腰，这个家便无人再敢作对吭声，平静便是永久的了。

作战，最怕就是所获取的信息是虚假和不确实的。

12时43分，毛泽东在北京说：开火！

同一时刻，叶飞在厦门说：开火！

最先开火的是位于莲河方向的海岸炮第149连。4门130毫米海岸炮进行齐射，把一发发33.6公斤的弹丸抛向1.9—2.2万米外的料罗湾。

按照炮兵术语，射击距离已达105至116加贝（一加贝185.3米）。炮弹在这样的距离上若想命中一条军舰，与一名神枪手希望击中500米外的一只麻雀难度相等。

149 连打了 7 分钟，弹着点非远即近，不理想。

叶飞在云顶岩上叫“暂停”，改由位于围头方向的海岸炮第 150 连开练。

150 连火慢功，边打边修正，射击精度从 1 加贝缩小至 1/2 加贝、1/4 加贝，10 分钟后，首发命中，接着命中第二发、第三发，直至第八发。

满载汽油弹药的“美乐”终于起火，它拖着长长的美丽的黑红相间的尾巴夺路而走。刚刚离岸，几声震撼整个海湾的巨响，“美乐”被弹药自爆的火球所吞噬，舰体被炸成两截，舰尾沉入海中，舰首翘出水面，九十一名水兵的魂灵随着烈火浓烟飞向天外。

金门被打疼了。位于大金门旧城古坑、鹊山、115 高地左侧的榴炮对大陆岸炮进行压制射击，4500 颗炮弹尖鸣呼啸，越海而来，从云顶岩上望过去，围头、莲河方向我方阵地上，爆光闪烁、硝烟滚滚。几乎同时，大陆近 400 门火炮开始反压制射，21700 发炮弹，从不同方位跳跃升空，前仆后继，相聚金门岛。料罗湾，以那条狭长的海岸线为界，滩头，一片金灿灿的黄沙被炮弹翻犁了一遍；湾内，万顷碧蓝蓝的大海被爆炸洒在了半空。

消沉多日的金厦海峡，再度高奏“血火交响曲”。

“美珍”号亦中弹负伤，它以一种不规则的歪斜动作，迅速撤至外海。

很难理解，在“信阳”舰上如坐针毡的黎玉玺，为何叫骂着逼迫已经驶出大陆火炮射程的“美珍”重返岸滩作卸载尝试。

14 时 53 分，“美珍”不顾死活又转向驶进料罗湾。大陆数十门火炮忽喇振作起来，立即瞪起黑洞洞的眼睛盯住遥远海面那一叶孤舟，必欲置之死地而后快。

“美珍”又一次中弹，它不再理睬黎玉玺“活见鬼”的命令，做出好汉不吃眼前亏的决断，拔腿开溜，冲出弹雨。这一回，它说啥也不肯靠近“信阳”了，而是一头扎进“海伦娜”那安全可靠的臂膀。

征询一台湾友人看法，他认为：黎玉玺当年不单单是想表现台湾海军的英勇无畏忠诚赤胆，而是考虑到舍不得孩子套不着狼，铁了心肠把“美珍”往火坑里推，看你美国佬救也不救。

炮声一响，叶飞的心便提到了嗓子眼。作为战役指挥员，此刻，别的都顾不上想了，最担心的还是“海伦娜”上那 9 门 203 毫米重炮会作何反应。那些玩意儿可是真家伙，目标一旦被它捕捉，三发齐射同时打一个点，我军最坚固的工事目前恐也难以承受它巨大的破坏力啊。这是对我最最现实的威胁。

叶飞手把一架40倍望远镜，“美乐”、“美珍”挨打的好戏不看，就那么目不转睛盯住“海伦娜”上那9根黑粗黑粗的“大烟筒”。

镜头里，一幕意外、奇特的滑稽戏发生了，炮火连天时，“海伦娜”率领6艘美国驱逐舰整齐划一作180度转向，调转舰首向料罗湾以南12海里处退去，退到他们认为更安全一些的位置，停下来。“美乐”起火爆炸，它们不动。“美珍”再陷重围，它们仍然不支。仿佛它们不是被请来“护航”，而是赶来看热闹似的，看自己的被保护人如何惨遭痛殴。

侦听也收到台湾与“信阳”舰的明语通话。台湾问：美国朋友呢？“信阳”答：早他妈跑啦。台湾说：美国佬真不是东西。“信阳”说：第七舰队混蛋。

叶飞会意地笑了。他突然感到，今天这一仗，真比过去打一个歼灭战还要惬意，还要痛快。今天这是道道地地的打狗欺主嘛。打得可够重的，主子竟然不管不问装没看见，这说明了什么呢？能说明的东西太多太重要了，应该马上把详情向北京向毛主席报告。他想，这会儿，毛主席一定也在会意地笑，为自己战争经历中的又一佳作。

叶飞说：9月8日，美蒋我三方各有图谋，都在斗智。毛主席的真正意图是在试探所谓美蒋“共同防御条约”的效力究竟有多大，美军在台湾海峡的介入究竟到了什么程度。经过这么一次较量，就把美国的底摸清楚了。他看似凶恶强大，其实也怕同我们打仗，所谓的美蒋“共同防御条约”也是有一定限度的，只要涉及他自身利益，要冒和我军直接冲突的危险，它就不干了，就只顾自己，不顾别人了，如此而已。

蒋军被我们打瘫了

蒋军用运输舰运输的计划破产以后，9月13日，蒋军用中型登陆舰拖带小型登陆艇，登陆舰停在外面，用登陆艇直接抢滩卸载军用物资，此计遭我炮火猛烈打击后失败。

9月14日，蒋军又改用大型运输舰装载水陆两用输送车，在我炮火射程之外泛水，直接抢滩卸载，空投也增加了运输机的架次。此法缓解了金门的急需。台湾当局以为此计可行，于是想继续进行。我们遵照中央军委的指示，夜间对料罗湾进行零炮射击，以增强全面封锁的效果。从9月16

日至9月20日，我炮兵共击伤蒋军运输艇7艘，击沉水陆输送车10余辆，海军击伤其猎潜艇一艘，空军又击落击伤F－86型飞机各一架，封锁效果相当好。金门叫苦，台湾告急，从10月1日起，每日出动运输机120架次之多，昼夜不停地运。我军决定用歼击航空兵，采取“老鹰抓小鸡”的办法，专门打蒋军的运输机。10月3日，国民党空军大白天出动运输机39架，在两批16架F－86型机的掩护下空投。我立即起飞歼击机3批24架在漳州上空牵制敌人的战斗机，另由闽南机场悄悄起飞一个中队在围头东南专门打敌人的运输机。飞行副团长曹明双指挥全中队低空高速进入，实行抵近攻击，一举击落C－46型运输机两架，因此蒋介石亲自下令，停止白天空投。

金门被围困封锁，蒋军三番五次地改变运输方式，但无济于事。时至深秋，台湾海峡风大浪高，海运更加困难。但金门物资奇缺，蒋军只好不惜一切代价加强海运，同时也增加空投架次。根据情况的变化和上级的指示，我远程火炮和新增的海岸炮均阵地前推，增大对料罗湾的火控范围，并在蒋军便于登陆的滩头，设置移动拦阻与不动拦阻的“火墙”，一旦发现海运，立即打炮封锁。

自9月21日至10月5日，炮兵每天击中的目标，少则30至50个，多则70至80个，整个金门不是阵地中弹起火，就是营区落弹冒烟，装备物资损耗极大，人员亦受到重大伤亡。半个月内，我摧毁蒋军工事241处。蒋军躲不胜躲，防不胜防，军心浮动，士气沮丧，而且物资奇缺，不但大、小二担，就连大、小金门都被我们打瘫了。

石一宸说，他派去大担实地侦察的侦察员回来报告：“我接近大担，找敌人的哨兵找不到，便直接摸到连长的坑道里去了。往日见面，他神气得很，这次躺在铺板上有气无力地向我打招呼，他们连糙米都吃不饱，有一股子霉味，饭后他从坑道的低洼处舀了一缸子渗透的水给我喝。他们终日不见太阳，都快成‘白毛女’了。这位连长什么都没说，在那里直摆手……”看来敌人确实被我们打瘫了。

对此，一位亲历了“八·二三”炮击金门的国民党军官这样描述：

“炮击的第二天，政治部夜间作战室才在金防部政治部主任兼金门县长柯远芬中将调派下组编完成。可见，台湾方面对解放军炮击金门并未料及在8月23日发生。作战室主任为柯远芬，副主任督导官王志仁及梁醒汉少将，成员8名，由各处室调来，我是其中之一。

8月26日，蒋经国乘运输舰再临金门，协助“国防部长”俞大维及胡琏司令官，并赴小金门及大担、二担岛最前线据点慰问官兵。其后在48天的激烈炮战中，前来金门巡视5次之多。此间，柯远芬白天赴金门县政府主持战地政务，夜晚回政治部主持作战汇报工作，日夜不休往返于金门及乡村小道上，直至炮战结束奉调回台。

炮击金门：每分钟发射1500发炮弹，炮管打红了

作战室任务为夜间联系作战工作。除王、梁副主任年事已高，可轮流值夜班，各成员均不得轮流，也不得请人代替。因此，我们白天要按时上班，处理个人公务，每晚8时还要进入作战室，不眠不休值班9小时，即使瞌睡连连，也只能伏案假寐。如此四天四夜下来，我们无不感到神魂颠倒、精疲力竭，精神及肢体已到了崩溃的边缘。再这样下去，就算没被打死，也要饿死。”

美国人傻眼了

我大规模炮击和封锁金门，给蒋军以沉重打击。蒋介石根据“共同防御条约”的规定，要求美国履行条约保护金门、马祖。美国推辞不得，急调他的第七舰队一部，集结于台湾海峡地区。至9月初，美国在台湾海峡已集结各种飞机430余架、舰艇60余艘。

我们已经沉重地打击了金门蒋军，减轻了美国对中东人民革命斗争的压力。中央军委决定从9月4日起，停止炮击3天，以观各方动态。同日宣布中国领海宽度为12海里，一切外国军用船舶和飞机，未经中国政府许可，不得进入中国领海及其上空。

9月4日，杜勒斯发表声明，大意是美国军队将负责保护金门、马祖；并宣称不承认中国领海12海里的规定。

针对美国的挑衅行为，周恩来总理立即发表时局声明：中国政府有权对盘踞在沿海岛屿的蒋军给予坚决的打击和采取必要的军事行动，任何外来干涉，都是侵犯中国主权的罪恶行为。美国政府如果继续对中国进行侵略和干涉，把战争强加于中国人民头上，必须承担由此产生的一切严重后果。

在我停止炮击的3天中，台湾急忙向金门运输补给，并要求美军为其护航。9月7日，蒋海军副司令黎玉玺及美国顾问，率领2艘运输舰、5艘作战舰和美国的2艘巡洋舰、5艘驱逐舰驶进金门海域。11时，运输舰进入料罗湾港口，在金门守军炮轰厦门的掩护下，靠岸卸货。14时45分至19时担任护航的4艘美国军舰侵入金门、厦门的领海线以内活动。中国外交部立即发表声明，向美国政府提出警告。中央军委根据有理有利有节的原则，决定于9月8日对金门再次进行一次惩罚性打击。8日上午，国民党的两艘运输舰在美舰的掩护下驶向金门，美舰也侵入中国领海内活动。12时43分，我集中42个炮兵营连同所有的海岸炮兵，突然对料罗湾的蒋军舰艇及金门岛上的重要军事目标，进行第三次大规模炮击。美国军舰仓皇撤至料罗湾外12海里处徘徊观望，始终没有向我开炮。当时，我们已经做好了迎击美舰的准备。如果美舰向我开炮，我立即予以还击。这次炮击持续到18时，我共发射炮弹2万多发。等我停止炮击时，美舰也向东溜走了。

9月11日，美国的4艘军舰，再次掩护蒋军的运输舰、作战舰共11艘驶向金门海域。遵照周总理的指示，再次进行惩罚炮击。14时45分，我以40个炮兵营、6个海岸炮兵连对金门进行第4次炮击。美舰同上次一样，迅速逃往公海。18时，我停止炮击，共发射炮弹2.5万余发。

9月8日、11日的两次炮击，使台湾对金门的运输补给再度发生严重困难。同时，又一次在世人面前揭露了美国干涉别国内政的可耻行径，遭到了世界舆论的严厉谴责。

“打而不登，封而不死”，
美国人自己套上绞索

金门炮战，经过4次大打、83次中打和上千次零炮射击，大小金门被全面封锁，海运与空运连遭失败，蒋军固守金门困难重重，美国也搞得狼狈不堪，进不得，也退不得，在这种情况下，蒋介石仍极力要求美国履行“共同防御”条约，以对付我军。而美国政府则害怕在这里越陷越深，想

急于脱身，因而向蒋介石提出了撤退金门、马祖的问题。美国国务卿杜勒斯公开声称：“蒋介石在金门、马祖等岛上驻扎军队是‘愚蠢的’、‘不明智的’，也是‘不谨慎的’。”美国总统艾森豪威尔立即表态支持杜勒斯的声明。但蒋介石并不同意，他说：“我无接受义务”。双方矛盾逐步加深。看来美国已经自己把一根绞索套在了自己的脖子上。

我国防部长彭德怀发表告台湾同胞书

台、澎、金、馬是中國的一部分，不是另一个国家。世界上只有一个中国，沒有两个中国。建議举行談判，实行和平解决。美国人总是要走的，不走是不行的。

由毛泽东亲撰、以彭德怀名义发表的《告台湾同胞书》

面对台湾海峡的斗争形势，是解放金门好？还是把金门留下来？从军事上讲，解放金门已不是问题，条件已经成熟。但毛主席在错综复杂的形势面前，高屋建瓴，提议把金门留下来，以便和美国作斗争。因为当时美国已开始劝说台湾当局从金、马撤军，搞“沿海岛屿中立化”。美国企图利用台湾和澎湖列岛在历史上曾被日本割占的事实，推行“划峡而治”的阴谋，把台湾从祖国分离出去。在这一新的形势下，毛主席决定以民族大义为重，暂缓收复金、马。

10 月 5 日，毛主席指示福建前线，10 月 6 日、7 日，不打炮，蒋军向我打炮，也不还击，观察两天，再作道理。接着中央军委指示：对金门“打而不登，封而不死”。并指出：“在目前宜减轻对金、马的军事压力，使他能生存下去，促使其守而不撤。当然又要使其处于紧张状态，拖住美国不得脱身。在必要时，仍可组织大打。总之临机应变，主动在我，以利统一解决台、澎、金、马问题。”这是一个重要的战略转变。开始，很多同志不理解，后来经过学习，慢慢地明白了。实践证明，这一决策是完全正确的。

10 月 6 日，毛主席亲自撰写的《告台湾同胞书》，以国防部长彭德怀的名义发表，指出“我们都是中国人。三十六计，和为上计”，“美国人总有一天会抛弃你们的”，“建议举行谈判，实行和平解决”，并宣布暂停炮击7天。

停炮期间，金门蒋军赶紧装运物资。可停炮期一到，金门蒋军又紧张起来。我国防部又下命令，再停止炮击两个星期，并告金门蒋军可以无顾虑地补充物资，以利固守。但美国人不得护航，如有护航，立即开炮……

10月18日，美国宣布杜勒斯准备在21日到台湾与蒋介石会谈，美国海军舰艇竟然放肆地入侵金门海域，为蒋军护航。为表明中国人民是不好惹的，中国政府是说话算数的，我于10月20日16时恢复炮击。杜勒斯提心吊胆地到了台湾，劝说蒋介石从金、马撤军。蒋介石却愤怒地说：“在我活着的时候不会撤军。”杜勒斯此行碰了一鼻子灰，他劝说蒋介石撤军的目的是企图托管台湾，进一步制造“两个中国”。这是一个阴谋，幸未得逞。

10月25日，毛主席再次撰写《再告台湾同胞书》，指出“中国人的事情只能是我们中国人解决。一时难以解决，可以从长计议”，宣布“逢双日”不打炮，让金门等岛屿“得到充分供应”，“以利你们长期固守”，“一致对外”。

文告的发表，将台湾当局寄人篱下、仰人鼻息的处境大白于天下。也宣告了中国人自己解决台湾问题的原则立场。从此，金门炮击战进入打打停停，停停打打的新阶段，成为中外军事史、政治史上的奇观。美国“划峡而治”的分裂图谋被最终挫败。

毛主席的战略意图，台湾方面也心领神会。多年后，一位国民党军官吴克计撰文说：

“人民解放军经过对金门48天的激烈炮击，向全世界宣布新方针：以后的炮击是单（日）打双（日）停；在单打双停之后，又宣布重点炮击；直到最后宣布即兴炮击。我当时理解‘即兴’，是想打就打，见到有利目标即打。其实不尽然，及至在双乳山领略到绝不寻常的怪异事情，才对新方针似有新的感悟。

“双乳山是一座仅有标高50米的小山，地处金防部至金门城的中心点，由两个圆圆的小山峰并列而耸立，形同妇女双乳得名。此山依傍在纵贯水泥马路旁，仅驻一个步兵连。由于北面地形平坦，废弃农作物多，部队养鸡之风甚炽，在这里饲养了很多鸡，似乎只只都有灵性，具有趋吉避凶的本能。

“有一天，我因公赴金门城，很快完成任务后即返回政治部，以便参加午餐盛会。不料车抵双乳山还有50米处抛锚，无法行动，便由驾驶兵原地修理，我坐在车上无所事事，以观察双乳山地形地物打发时间。忽然间，发现双乳山以北地区200余只土鸡，唧唧喳喳，如疯似狂地向双乳山以南斜坡地飞奔而去，并在斜坡上如人一般就地卧伏，纹丝不动。在我大惑不解之际，从莲荷炮兵群发射的炮弹，如沉雷一般着地爆炸，使我联想到大批土鸡飞奔而逃的原因所在。

“此种怪异现象，令人无法理解，却对解放军每一主动宣传，有了心领神会之妙。当下，两岸在金门互相打炮，已演化成一种象征性交火，解放军有意识地打在金门空旷无人的地头、滩头或无工事的山头，以尽量不伤人。此次40多分钟的炮击，800余发炮弹，我与驾驶兵毫发无损，连大批土鸡也毫毛未伤，这标志金门炮击已由军事斗争为主转入以政治斗争、外交斗争为主的新阶段。这种炮击，其实是保持大陆与台湾联系的一种方式，对美国人则有牵制作用。再回头看48天大规模的激烈炮战，是人民解放军对台湾当局武装袭扰祖国大陆的惩罚，对蒋介石的一个教训，因此是一种自卫的性质，是用战争的方式进行和平的忠告。我切实地感受和体会到了许多艺术和智慧的表现，可以说意味无穷。”

“炮弹金门钻进，美国冒出”

大规模的炮击以后，人民解放军又两次炮击金门。至1959年1月9日，中央军委指示福建前线部队“今后单日不一定都打”，至此，金门炮战基本结束。此后，解放军对金门打炮，都打到无人的海滩上，金门守军回击时也心照不宣，双方都打“和平弹”。1961年12月至1979年1月1日，双方的炮击又改打“宣传炮”（用大炮发射宣传品）。

通过“金门炮战”，祖国大陆帮助蒋介石顶住美国要求其从金门和马祖撤军的压力，挫败了美国搞“两个中国”的阴谋。中国共产党深谋远虑，以打打停停，半打半停，时打时停，打而不登，封而不死，攻而不取的奇特战争方式，争取台湾国民党当局的配合，使美国“划峡而治”、搞“两个中国”的阴谋无论在中美会谈还是台美会谈中均未得逞。

正如毛泽东在1959年2月2日召开的中央省市委书记会议上讲话时指出的：台湾“可以10年、20年不去进行改革，还是三民主义，搞特务、反共，尽他去搞，只要你这个葫芦是挂在我的腰上，不挂在美国的腰上”。

因此，这次炮战是祖国大陆和台湾隔海武装冲突的最高点，也是由军事冲突转向冷战对峙的转折点。

中国政府通过维护领土和主权完整的军事行动，迫使美国政府改善与中华人民共和国的关系。美国在台湾海峡进行军事恫吓、搞“两个中国”的阴谋破产后，不得不同意恢复一度中断的中美大使级会谈。在中美两国没有外交关系的情况下，会谈成为双方保持接触和交换意见的渠道，对后来两国关系的改善起到了积极的促进作用。台湾方面在1978年回顾“8·23炮战”时称，炮战“最大的后遗症”就是美国“表示愿意重开停止已久的华沙谈判”，因而种下美国与中国“直接接触的祸根”。

炮击金门严惩了国民党当局“反攻大陆”的嚣张气焰。此次炮战是海峡两岸长期对峙中规模最大的战争，至1958年12月底，人民解放军共击沉蒋军各型舰艇23艘，击落、击伤敌机34架，毙伤中将以下官兵7000余人，迫使台湾国民党当局此后不敢再对祖国大陆轻举妄动。

“8·23”炮战以后，福建前线还进行了另一次大打。那是1960年6月，艾森豪威尔窜到台湾与蒋介石会谈的时候打的。当时，美国的武装力量侵占我国领土台湾已经10年了，美舰入侵我国海域达180次，每次我方提出严重警告，美国总统艾森豪威尔都置之不理。1960年6月17日，艾森豪威尔访问台湾，公开支持蒋介石。针对美国公然干涉中国内政的可耻行径，中央军委决定：6月17日，艾森豪威尔到达台湾前夕；6月19日，艾森豪威尔离开台湾。在这两个时间段，对艾森豪威尔进行炮击示威。我炮击前对金门军民预告，让他们注意防炮。17点20分，一组红色信号弹腾空而起，反对美国总统的示威炮击开始了，各炮兵阵地爆发出雷鸣般的巨响。

石一宸在指挥部看到一份简报，上面记载：金门蒋军上报说，这次炮战打得比“8·23”还厉害，但弹着点都在滩头、水际和阵地之间，部队没有伤亡。艾森豪威尔对此十分恼火，言不由衷地说“中共不加选择的炮击”，还莫名其妙地提出所谓的“抗议”。

奋战在炮战前沿阵地上的解放军战士说得好：“我们的炮弹从金门钻进去，从美国那边冒出来了！”讲得真切又幽默。

艾森豪威尔历时9天的远东之行，日子很不好过。到日本不受欢迎，到菲律宾挨了臭鸡蛋，到台湾吃了两次“炮弹”，回到冲绳碰到80万人的反美大示威。他这9天真是出了丑、丢了人，一路上担惊受怕。连美国的《纽约时报》也惊呼“美国在远东大丢面子”，“是最严重的打击”。

台湾国民党当局在军事反攻祖国大陆的幻想被金门炮战击碎后，仍死不改悔，顽固坚持反共立场，拒绝中国共产党和中国政府一再发出的和谈信息，并在美国的唆使与支持下，利用50年代末60年代初大陆经济困难、中苏两国关系紧张、中印边境冲突、美国介入越南战争等，加紧对大陆进行挑衅，掀起一股股“反共复国”的逆流。

1958年11月23日，台湾当局和美国联合发表的“蒋杜联合公报”中，台湾当局宣布原则上“放弃使用武力收复中国大陆”，同意实现“重返大陆”的主要手段是实行“三民主义，而不使用武力”。

1958年12月初，蒋介石又提出“光复大陆以三民主义为主，以军事为辅”、“以政治为主，军事为从，以主义为前锋，以武力为后盾，以大陆为本战场，以台湾为支战场”的方针。

1960年9月，国民党八届三中全会通过了所谓“反共建国纲领”。

1962年11月，八届五中全会又通过所谓“光复大陆指导纲领”，叫嚣综合政治、军事、经济文化各种力量，推翻中共政权。

从1958年9月至1964年6月，台湾军用飞机侵入祖国大陆领空233次，共404架次。

从1962年10月到1965年9月，美蒋连续派海军舰艇骚扰中国大陆沿海，同时还向大陆派出“反共突击队”，进行颠覆活动。

1967年初，蒋介石下令进入全面戒备状态，同时向马祖和台湾东部地区等前沿阵地增派3个轻装步兵师，以增加反登陆力量。

1969年3月，国民党举行“十全”，通过了“积极策进光复大陆案”，宣称对大陆要“以文化战、思想战、政治战来配合军事战”。

台湾国民党当局大陆政策的调整，是国民党“军事反攻大陆”政策失败的重要标志，不切实际的所谓“政治光复大陆”政策也是注定要破产的。但大陆政策的调整，客观上减少了两岸激烈的军事冲突。两岸间激烈的军事对峙，在岛内政局和社会上引起强烈反响：一方面社会各界纷纷质疑台湾当局隔绝两岸间来往和极权统治的正当性，并发生一系列的政治事件；另一方面也成为蒋介石转移民众视线、加强对内控制的理由和机会。

石一宸将军说：

金门炮战已经过去40多年了，我现在回想起来，就像吃福建的橄榄果一样，值得回味。的确，当年炮击金门的情况是非常复杂的，比如：为什么选在8月炮击金门？后来为什么“打而不登”？开始是严密封锁，后来为什么又“封而不死”？炮战后期，为什么打炮前先告诉对方？后来又出了“单日打双日不打”的新鲜事，还有我们实行的“绞索政策”等，当时就有很多人“不懂”。现在恐怕还有人既理解不了，也接受不了。如此明确地把自己的战略意图和日期告知对方，这在中外战争史上大概史无前例。我把这段历史讲出来，希望能引起人们去思索。我更希望的是，两岸能尽早实现统一，台海永远和平，让历史的悲剧不再重演。

第三次“台海危机”：痛击“反攻大陆”

1962 年上半年，蒋介石集团企图以军事反攻大陆，引发了台湾海峡的第三次危机。毛泽东以高超的斗争艺术，不仅化解了这次危机，而且粉碎了台湾当局随后对大陆进行的军事袭扰活动。

蒋介石落井下石

1958 年炮击金门之后，毛泽东根据形势的发展，从实现国家统一这一中华民族的根本利益出发，进一步提出了关于台湾问题和对台工作的总设想。即周恩来总理归纳的“一纲四目”。

然而，蒋介石集团从反共立场出发，顽固地坚持“反攻复国”的反动政治主张，拒不接受大陆方面的上述主张。在 1960 年 9 月召开的国民党八届三中全会上，蒋介石发表了《党的基本工作和发展方向》的演讲。会议通过“反共建国纲领”、“促进反共爱国人士团结合作决议”。上述纲领、决议，要求在“行政院”、“司法院”、“立法院”、“考试院”、“监察院”等“五院”工作的国民党党员，加速“光复大陆”。

在此期间，大陆发生了“天灾人祸”。1958 年的“大跃进”、1959 年的“反右倾”，加上三年自然灾害和苏联政府背信弃义地撕毁合同，中国国民经济发生了严重的困难。与此同时，在美国、英国的支持下，印度统治集团在策动西藏农奴主叛乱、干涉中国内政后，又不断侵犯中国边境。中国人民击退了印度统治集团挑起的反华浪潮，并在中印边境进行了自卫反击战。就在此时，台湾当局错误地估计形势，企图利用中国大陆出现的暂时困难和不利的国际环境趁机实现其“光复大陆”的野心。经过 1958 年“八·二三”炮击以后，国民党深感军事手段反攻大陆的计划难以实现，需要改变策略。于是，确定反共的“总体战”策略，以大陆为“主战场”，台海为“支战场”，把大陆的反革命叛乱与台海战争结合起来。

从 1962 年初开始，台湾国民党当局便进行战争动员，从各个方面积极准备对大陆沿海地区进行大规模军事冒险行动的部署。1962 年 1 月 1 日，蒋介石发表元旦文告，鼓吹全面动员，迎接“复国”战斗，强调“反共的力量是精神大于物质，反攻的步骤是政治先于军事”。扬言大陆同胞“争取自由，反对暴政”的时机已经来到，以“三民主义战胜共产主义”有绝对把握。提出了“革新、动员、战斗”的政治口号。接着，成立以蒋介石、陈诚为首的“最高五人小组”（又称“反攻行动委员会”），作为窜犯大陆的决策机构。3 月间，蒋介石下令“征兵动员”，强迫台湾青壮年入伍，勒令原定退伍的军人无限期地延长服役期。4 月，通过“国防特别预算”，决定从 5 月 1 日起，在 14 个月内征收相当于 6000 多万美元的“国防临时特别捐”，成立“战地服务局”，开设“战地政务班”，为登陆后准备“党政干部”。

5 月 21 日，“副总统”兼“行政院院长”陈诚宣布，台湾当局将把从大陆逃到香港的灾民接运到台湾。次日，“行政院”成立“大陆逃港难胞专案小组”。6 月 9 日，台湾“外交部”声称，将尽力协助从大陆逃到澳门的难民。

在美军的参与下，国民党军队不断进行以窜犯大陆沿海地区为目标的作战演习。例如，1962 年 3 月间，美蒋海军进行了“联合侦察演习”和布雷、扫雷的“混合演习”。4 月至 5 月间，进行了商用、民用船舶紧急装载兵员演习。6 月间，又在台湾南部进行了陆海空联合登陆作战演习。

美国政府积极支持台湾当局的军事冒险行动。自 1962 年春以来，美国政府的重要军政人员不断到台湾活动。美国的一些负责官员认为，进犯中国大陆的“时机已经成熟”，并且鼓吹“现在就动手”。1962 年，美国对台湾的军事援助比过去两年有所增加，大量的美国军火和军用物资不断运到台湾。

美国不仅支持台湾当局进犯大陆，而且在军事上从来没有停止对中国的武装挑衅活动。美国的军舰、飞机不断地侵犯中国的领海、领空。从 1958 年 9 月到 1962 年 4 月 27 日，侵犯中国领海的美国军舰达 761 艘，144 次；侵犯中国领空的飞机达 334 架，161 次。美国总统肯尼迪上台后的 15 个月内，侵犯中国领海、领空的美国军舰分别达 52 艘、40 次，飞机 64 架次。其中，1962 年 3 月，美国第七舰队的 38 艘军舰大编队通过台湾海峡对中国进行军事威胁。4 月至 5 月间，美国军舰多次侵入青岛海域。6 月 11 日，两次侵入福建平潭以东海域。6 月 12 日，又两次侵入青岛以南海域。

针对蒋介石进犯大陆的狂妄企图，中央军委于 1962 年 5 月间向全军发出紧急指示。6 月 11 日，中共中央发出准备粉碎国民党军队窜犯东南沿海地区的指示，要求全党、全军、全国人民提高警惕，从各个方面做好准备。在总参谋部的统一部署下，人民解放军进入紧急战备状态。此次备战，仅海军参战的兵力，便有各型舰船 186 艘、飞机 156 架。在全国，特别是在东南沿海各省及其纵深地区，当地的人民群众和民兵也积极行动起来，随时支援和配合解放军作战，以便随时迎击国民党军队的进犯。

与此同时，中华人民共和国中央政府对美国支持台湾当局策划进犯大陆的活动给予彻底揭露和严正警告。6 月 23 日，在波兰华沙和美国政府代表的谈判中，王炳南大使对美国的行为予以揭露并警告说："美国政府是在玩火，蒋介石一旦向大陆挑起战争，其结果绝不会对美国带来任何好处，美国政府必须对蒋介石的冒险行动和由此产生的一切后果负完全责任。""我们可以断定，蒋介石窜犯大陆之日，就是中国人民解放军解放台湾之时。"6 月 24 日，《人民日报》发表社论，评论美蒋合谋进犯大陆。同年 7 月、10 月，国务院副总理兼外交部长陈毅两次正告美国政府，"中国人民是不可侮的，任何窜犯中国大陆，侵犯中国边疆和颠覆中国的罪恶行为，都必将继续受到严厉的回击"。

从 1958 年 1 月到 1962 年 9 月，中国政府对美国派遣军舰、飞机的侵犯行为多次提出警告，把美国侵犯中国领海、领空的罪行一笔笔记录下来。同时，提醒中国人民和全世界一切爱好和平的国家和人民，必须对美国所坚持的侵略政策和战争政策提高警惕，决不能让它的企图得逞。

中共中央经过分析研究，认为蒋介石虽然反攻大陆的决心很大，但关键要看美国是否支持，而美国的战略重点在欧洲，决不会因台湾问题影响全局。因此，确定了以美国来制止台湾军事行动的方针。经过外交努力，终于迫使美国放弃对台湾当局实施军事反攻的支持。6 月 27 日，美国总统肯尼迪在记者招待会上说：第一，迄今为止，他不知台湾方面有任何"反攻大陆"的声明或意向，没有接到任何有关此事的报告。第二，台湾当局未就此事向白宫提出任何磋商，没有就双方所受之条约约束有过任何接洽。但是，他根据美国和台湾"共同防御条约"的精神，重申美国对防卫金门外岛的政策，即一旦大陆进攻金门、马祖，美军将与台湾国民党军协同作战。

至1962年6月底，由于我们对蒋介石的反攻阴谋进行了及时揭露和全面军事准备，台湾当局不得不放弃了大规模的军事冒险行动。但是，台湾当局并不甘心就此罢休，于是改为小股武装登陆袭扰、海上袭扰、空中窜扰等三种主要形式。人民解放军则进行了相应的打击。

毛泽东："包围歼灭"

美国出于战略和策略的需要，对台湾武装袭扰活动给予支持。1962年8月，美国国防部长麦克纳马拉在美国参议院作证时称，由于台湾当局牵制中共相当数量军队于台湾对岸，故必须继续执行对其重要军援计划。

1962年秋，台湾国民党军经过精心策划和准备，搜罗、挑选了一批特务、军官、惯匪首领和大陆土改时的逃亡地主、反革命分子，编成"反共救国军"，经过专门训练后，开始执行窜扰计划。

针对台湾当局组织的袭扰活动，毛泽东确定的军事对策是"放上陆来打，断其退路，包围歼灭，同时在海上把其输送船打掉"。在具体措施上，确定建立和组成海上、海岸、陆地和隐蔽斗争四道防线，各道防线明确分工，相互配合，形成从海上到陆地，从前沿到纵深，从公开到隐蔽的军民联合作战部署，使其无隙可乘。

台湾小股武装特务袭扰大陆沿海地区，最初多在广东沿海一带，1963年后逐步向北扩展到福建、浙江，甚至出现在山东半岛南侧沿海，而且次数越来越多。从1962年10月到1965年1月，台湾当局曾连续派遣武装特务40股，先后分5次窜犯大陆，但都没有逃脱被歼灭的命运。

第一次，从1962年10月至12月，台湾当局妄图在广东沿海建立所谓"游击走廊"，为进一步窜犯大陆的军事冒险创造条件。这支武装特务是根据美蒋特务机关"中美联合情报中心"和"国防部情报局"共同制定的计划进行活动的。这个计划以"海威"、"班超"为代号。国民党武装特务从11月1日至12月6日，先后分9股由台湾高雄乘船出发，偷渡到广东沿海的海丰、惠阳、电白、台山登陆。广东地区的公安机关、解放军边防部队在广东民兵和人民群众的密切配合下，全部、干净、彻底地歼灭了这9股武装特务，总计172人，并缴获一批美制电台和武器。

第二次，蒋介石集团为了建立所谓"游击根据地"，继续动员，拼凑装备，从1963年6月21日至28日，先后派遣6股特务对广东、福建、浙江沿海地区袭扰。这些武装特务登陆后，即被沿海地区军民歼灭，共歼灭武装特务62人，击沉运送特务的机帆船1艘。

第三次，从1963年6月29日到10月24日，沿海地区军民连续歼灭9股偷偷登陆和空降的武装特务90人，击沉运送武装特务的机帆船1艘。

第四次，从1963年11月到1965年6月，广东、福建、浙江沿海地区军民连续歼灭9股武装特务74人，缴获和击沉运送武装特务的船只11艘。

第五次，从1964年7月到1965年1月，蒋介石集团派遣武装特务窜犯大陆，先后有7股武装特务在江苏、广东、福建和浙江沿海地区进行骚扰活动。沿海地区军民全歼来犯者，共击毙、俘获196人，缴获和击沉运送武装特务的船只8艘。

抓大股，反小股

石一宸说，福建省是打击台湾派遣来大陆的武装特务的主战场。福建省漫长的海岸线上，是经常出现敌情的地方。福建海岸线5个守备师的兵力，常年处于戒备状态。在漫长的海岸线上，在海防工事里，成千上万的指战员眼睛紧紧盯着台湾海峡，一旦有一点风吹草动，或者发现一点蛛丝马迹，作战部门和一线部队指战员便高度警觉，战地指挥员们马上会想到敌人会不会从我们防地上钻进来？是不是从某个角落爬上来呢？

那个时候，台湾蒋军认为，派遣小股武装特务进行所谓“特务游击战”，本小利大，是“反攻之当前目标”，也是影响美国对华政策的“重要一着”。台湾当局的这一行动，得到了美军的资助，美国驻台湾军事顾问团专门成立了“游击小组”，参与策划、指导和训练。

在福州军区召开的一次作战会议上，石一宸在讲话中指出：“反小股作战是一种特殊的作战，过去没有这方面的作战经验。在沿海地区，小股匪特出没无常，我军全线都要戒备。如果情况不明，敌人上来了没察觉；如果工作失误，小股匪徒钻进来了没有抓住，不仅受到损失，还会造成极坏的影响。”

讨论中，不少人提出，天天准备小股敌特爬上来，却又摸不准它们在什么时候什么地点出现，部队是常备不战，搞得既紧张又疲劳。应该有一个妥善的解决办法！于是提出了“抓大股，反小股”的战术原则。

敌人曾开展过“一人一事一物运动”。为了扰乱大陆沿海的安定，派人乘坐橡皮小船，从沿海守备哨所空隙里钻进来，抓一个人，偷一支枪，或者窃取一份文件，甚至从沿海陆地上拔一棵小树回去邀功，大吹大擂说他们“登陆成功了”，于是开会，颁奖，扩大“国军”影响。

这样的事，时有发生。

令石一宸难忘的是在厦门东海岸发生的“前埔事件”。

几名武装敌特趁着暗夜大风天气，从守岛哨所翼侧窜了进来，冲进前埔村，抓了一个人准备带走，幸遇该村公安人员，名叫叶中央，与敌枪战，勇猛搏斗，打跑了敌人。叶中央负了伤，成了战斗英雄。守厦门东岸的第31军93师一线连队的哨所却没有发现，这是严重的失职，受到上级的严厉批评。此事报到北京后，罗瑞卿总参谋长非常生气，声言“准备撤销这个连的番号”。

在部队里“撤销番号”，是一件有损荣誉的大事。这个师的师长、政委非常难过，哭着做检讨。

惊动了总参谋长的事情，应该说是一件大事了。石一宸立即赶赴厦门东岸前埔村。

他没有按常规到厦门首先听取师、团干部的汇报，而是直接去了前埔哨所亲自测试，以定究竟。

这天夜晚的暗度与风力、风向与前一天一模一样，石一宸令几名干部伪装敌特从原路爬上来，他趴在哨所观察，结果既看不见也听不见。

有了亲身体会，他觉得不应该忽略客观情况，应注重因果分析。

石一宸回到93师师部时，师里还有些人在那里哭鼻子。他说：“在前埔没有抓住敌特，是失职行为，应认真检讨，吸取教训，不能再发生类似事件。”

在场的干部都以沉闷的心情频频表态，接受批评。石一宸最后说：“前埔事件由于我们失职，有它的必然性，但暗夜风大浪大，距离又远，经我亲自试验，确是听不见、看不见，就是说也有一定偶然性，要认真总结经验教训。

后来得知，石一宸的这两句话传到罗瑞卿总参谋长那里，他又生气了，严厉批评“什么必然性、偶然性？”并指责石一宸不该袒护第93师。

“前埔事件”发生后，福州军区对加强与巩固海岸防御一事，专门做了研究，对千里海防线上守备部队提出了新的要求，要弥补监控哨所之间的空隙，不给敌特留空子。事实证明，当时和后来，国民党军队上百人的

石一宸将军和友人在一起

大股窜犯大陆几乎没有，而小股是经常的、不断的。所谓小股，多是一两人，三四人，常常利用夜暗，风声中偷偷在沿海登陆进行破坏活动。

既然把“抓大股，反小股”作为巩固边海防作战的战术原则提出来，福州军区领导是非常重视的。沿海守备部队加强了巡逻、监控措施，规定了制度，从哨所至团、师严格值班纪律。而重要的是建立健全了民兵组织，把沿海民兵营、民兵连真正武装起来，发了武器，并派人帮助训练，从闽北到闽南，民兵组织建立了自己的指挥系统和监控哨所，犹如天罗地网，密不可攻，在抓捕窜犯大陆的敌特中起了巨大作用。

可以说，在福建千里海防线上形成了一道坚固的钢铁长城。

斩断海上运输线

看到窜犯东南沿海地区的国民党武装特务有来无回，台湾当局决定采取新的军事行动：一方面对大陆出海渔民进行抓捕和“反共心战”活动；一方面派出海军舰艇输送武装特务，对大陆沿海渔业生产进行骚扰。对此，人民解放军采取隐蔽待机手段，在海上予以坚决打击。其中，进行了两次英勇的海战。

第一次海战，即“八六”海战。1965 年 8 月 6 日凌晨，国民党军舰窜入广东省南澳岛和福建省东山岛附近渔场进行骚扰和破坏。人民解放军南海舰队某部迅速出击，以高速护卫舰 4 艘、鱼雷快艇 6 艘，攻打国民党海军小型猎潜舰“章江”号，将其击沉。接着，又迅速组织高速护卫舰 3 艘、鱼雷快艇 5 艘、炮舰 1 艘，追歼国民党海军大型猎潜舰“剑门”号，形成兵力、火力、速度等方面的绝对优势。此外，还采取隐蔽的方法接近“剑门”号进行打击，将其击沉。经过 3 小时 43 分钟的激战，击毙国民党军巡防第二舰队司令胡嘉恒以下官兵 170 余人，俘获“剑门”号中校舰长王韫山以下 33 人。

由于国民党海军舰艇在这次海战中遭到沉重打击，台湾国民党海军总司令刘广凯被蒋介石秘密撤职。人民解放军海军的损失是：护卫舰2艘、鱼雷艇2艘受轻伤，舰长吴广维等4人牺牲，28人负伤。国防部对南海舰队参战部队予以通令嘉奖，授予麦贤得“战斗英雄”称号，授予海军第611号护卫艇“海上英雄艇”称号、第119号鱼雷艇“英雄快艇”称号。8月17日，毛泽东、刘少奇接见了击沉国民党军舰的部队代表。

第二次海战，即崇武以东海战。1965年11月13日下午，国民党军护航炮舰“永昌”号和大型猎潜舰“永泰”号，由马公起航，企图驶往乌丘。人民解放军东海舰队某部按照上级的命令，做好战斗准备，组成海上编队到预定地点待机。11月14日凌晨，在福建崇武以东海域，人民解放军海军一举击沉“永昌”号，击伤“永泰”号，俘获国民党海军官兵6名，取得了海上作战的又一次胜利。

以上两次海战，给台湾国民党当局的海上袭扰活动以沉重打击。在崇武以东海战之后，台湾方面对大陆的海上军事袭扰明显减少。

空中袭扰一败涂地

1958年“八·二三”炮击金门后，人民解放军夺取了沿海地区的制空权，制止了国民党军对沿海地区的轰炸。后来，国民党军装备了美国生产的性能先进的飞机，又继续对大陆进行袭扰活动。人民解放军遵照毛泽东“全力以赴，务歼入侵之敌”的指示，防空作战由过去的反轰炸、反侦察为主，转入到反侦察、反袭扰为主。

国民党军为加强对大陆的侦察袭扰活动，于1958年和1959年先后装备RB－57D型、U－2型高空战略侦察机和RF－101型超音速战斗侦察机。这些美制飞机速度快、升限高、续航时间长、装有先进的电子干扰和照相侦察设备，可在黑夜、低空等复杂条件下执行任务。国民党军不仅对沿海地区进行袭扰，而且时常窜入大陆纵深地区进行战略侦察，有时一次跨越十几个省，甚至窜入北京、兰州等腹地。相对于台湾国民党军，人民解放军的航空和防空装备还比较落后，因此防空作战更加困难。能否有效制止国民党军的侦察活动，不仅在军事上，而且在政治上都有重要影响。人民解放军空军和防空部队，认真研究国民党军飞机活动的特点和规律，探索新战法，发挥现有防空作战兵器的最大效能，打击国民党军的侦察袭扰活动。

从1960年起，人民解放军防空部队把打击台湾国民党军RF－101型侦察机作为主要目标，群策群力，制定了以快制快的作战方案，加强观察报知、指挥、射击等快速反应训练，提高技术、战术水平和应变能力。1961年8月2日上午，在福州机场上空以高射炮击落国民党军RF－101型侦察机1架。此后，国民党军飞机改变战术，采取低空飞越海峡，高空快速照相，迅速退出的手段进行袭扰。针对这一新的特点，人民解放军在沿海地区增加高炮火力，指定飞行技术较高的航空兵拦截。1964年，人民解放军研制成功歼－6型飞机后，迅速装备部队，成为东南沿海拦截国民党军侦察机的主要防空作战武器。从1964年12月至1967年，人民解放军使用歼－6型飞机先后击落RF－101侦察机2架，击落F－104型战斗机1架。

打击国民党军夜间侦察，是防空作战的难点。毛泽东提出，要地防空与机动防空相结合，变被动为主动。于是，中央军委和空军总部决定：在国民党军飞机夜间可能袭扰的方向和必经航线上，部署高炮群，进行伏击。针对打击夜间袭扰的国民党军飞机的难点，着重进行预警、截获、射击等三关的技术训练。1959年5月29日晚，人民解放军使用米格－17型飞机在粤桂边界地区击落国民党军R－17G型飞机1架。1960年后，国民党军夜间又改用P－2V型侦察机。为对付国民党军飞机较强的电子干扰能力和快速机动能力，人民解放军防空部队采取了组织雷达伴动、以探照灯部队照明、在战术上多点设伏的手段。1961年11月6日夜，人民解放军在辽东半岛以高射炮击落国民党军P－2v型侦察机1架。1963年6月20日和1964年6月11日夜，又击落国民党军P－2V型侦察机2架。

在防空作战中，人民解放军还注重武器装备的更新，增强作战能力。1959年初，国民党军使用RB－57D型和U－2型高空战略侦察机对大陆纵深实施侦察，人民解放军空军和防空部队虽然多次迎战，但都因高度不够，未获战果。据此，毛泽东指示迅速组建地空导弹部队，加快地空导弹的研制和引进。同年4月，人民解放军地空导弹部队完成组建。1959年10月7日，一架国民党军RB－57D型飞机窜入大陆后，飞至北京东南通县上空，人民解放军地空导弹部队首次开战，将其击落，开创了中国和世界防空史上第一次使用地空导弹击落战机的先例。

国民党军高空战略侦察机对大陆的侦察、袭扰活动，通常以小编队或单机进行，活动范围几乎遍及全国大部分省区。人民解放军导弹部队少，广泛实施大范围的机动作战，便成为精兵制敌的重要手段。

人民解放军年轻的地空导弹部队，在全国十几个省区机动设伏，给国民党军飞机以有力的打击。1962年9月9日，地空导弹第二营在南昌附近设伏，成功地击落国民党军U－2型高空战略侦察机1架。周恩来听到这个消息后，高兴地说："这是一个伟大的胜利！"毛泽东等中央领导亲切接见了有功人员。1963年11月1日和1964年7月7日，该营在江西省广丰县和福建省漳州地区机动设伏，又击落国民党军U－2型飞机2架。在中国原子弹、导弹研制进入关键阶段后，美国指使国民党军加强对大陆西北地区的战略侦察，并在飞机上加装先进的电子侦察设备和电子干扰设备。人民解放军地空导弹部队改进抗干扰装置，加强训练，提高了应变能力。

1965年1月10日，在内蒙古包头上空击落U－2型飞机1架。在短短的几年中，地空导弹部队官兵历尽艰辛，克服重重困难，转战24万余公里，先后击落国民党军战略侦察机6架（其中U－2型飞机5架），受到毛泽东等中央领导的高度赞扬。地空导弹部队第二营被国防部授予"英雄营"称号。

人民解放军空军和防空部队在反侦察、反袭扰作战中，给国民党军以有力的打击。从1959年至1967年底，共击落窜入大陆的飞机14架、击伤2架，保卫了沿海和内地的空中安全。在人民解放军的沉重打击下，自1968年后，国民党军完全停止了空中袭扰活动。

粉碎国民党军窜犯袭扰活动，是20世纪60年代初期和中期人民解放军作战的重点。毛泽东从准确判断国际风云入手，针对台湾当局"反攻大陆"的猖狂叫嚣，果断地确定了军事打击的正确方针。根据毛泽东的对台军事斗争思想，人民解放军充分加强战备措施，以每战必胜的绝对优势兵力，坚决打击各种武装窜扰活动，从而粉碎了国民党当局"反攻大陆"的企图，保障了东南沿海地区和整个大陆的正常生活秩序。

在大陆军民连续不断的沉重打击下，台湾国民党当局对大陆的袭扰活动不得不有所收敛。第三次台海危机以大陆大获全胜而结束。

亲历过三次台海危机，将军晚年仍念念不忘两个字——统一。老人深情地对笔者说："我一生经历战事无数，亲眼看到两岸兄弟残杀，心里真不是滋味。我不想打仗，不要战争，我要和平。我真希望两岸关系向前发展，祖国和平统一早日实现。"

徐淡庐见证曹聚仁沟通国共高层

徐淡庐（1917～2005），重庆市渝北区沙坪镇人。1935年在重庆参加抗日救亡运动，1938年加入中国共产党。他以经商和新闻记者职业为掩护，长期从事统战和情报工作，为新中国的建立作出了贡献。解放后，受中央派遣，随军进入西藏，为西藏的和平解放和民族团结作出了卓越的成绩。50年代中期后，他先后担任过中共中央调查部办公室副主任、中共中央统战部办公室副主任、中共中央对台工作领导小组办公室副主任等职。

“谜一样的人物”曹聚仁，由于其一生充满着传奇色彩，在过去整整半个多世纪以后的今天，仍扑朔迷离，至今还没有人能够真正解开其身上的谜团。特别是他晚年曾为两岸和平统一奔走一事，更是众说纷纭，莫衷一是。

曹聚仁是中国现代著名作家、学者、记者和爱国文人。1956年到1959年，曹聚仁曾先后6次从港澳返回大陆为两岸和谈牵线，受到毛泽东、周恩来的接见；也曾与在台湾的蒋介石、蒋经国父子“畅谈”国共第三次合作的事宜。笔者曾采访了一位曹聚仁为两岸和谈奔走时的重要历史见证人——徐淡庐。曹聚仁回大陆期间，徐淡庐负责接待曹聚仁，并曾数次陪同曹聚仁访问了庐山、溪口和东北等地。且看原中共中央调查部办公厅副主任徐淡庐亲历的曹聚仁大陆行的幕后故事。

宁做“无冕王”，不入蒋经国幕僚

曹聚仁（1900～1972）究竟何许人也？曹聚仁的女儿曹雷说：“纵观父亲的一生，他是一个既简单又复杂，甚至有些固执古怪的人。在风起云涌潮涨潮落的年代，像他那样独往独来，自辟一径而又持守始终的知识分子，并不多见，可谓凤毛麟角。”

曹聚仁是浙江浦江人，1916 年在浙江省立第一师范读书，1921 年在上海爱国女中任教。青年时期，他的同学、同事、朋友中间，有的加入了国民党，有些成为共产党人，原来大家相处都不错，没想到一夜间就反目成仇，彼此残杀。血淋淋的现实对他刺激很大，使他觉得政治太残酷太可怕，因而决心不参加任何党派。到了晚年，他说："我一生，不愿介入政治纷争，又从来没有远离过政治漩涡，像屠格涅夫笔下的罗亭，盼望着有一场风暴，风暴真的来临，却又胆怯滞步了。"用不愿下海湿衣而又一直倚岸观潮来形容他，十分贴切。

曹聚仁青年时就爱好文学，喜欢写作，后来终于以新闻为业，辛勤笔耕了一辈子。曹雷说："这些年我一直在整理父亲留下的文稿，面对着他数千万言的文章著作，我感到惊愕：父亲几乎是不停笔地在写啊！这些文字记录了他生活的时代、历史，记录了他的经历、思想，留下了他的真诚与坦白。他是把他的灵魂无保留地披露在读者面前了，既不夸大，也不掩饰。对于一个记者和作家来说，要做到这一点并不是容易的。如果说，要从父亲那里继承些什么的话，也就是这一个'真'字吧。"

曹聚仁的新闻、文学生涯使他有机会结识了中国政坛、文坛上的许多风云人物。20 年代，他为邵力子主编的《国民日报》"觉悟"副刊撰稿，与邵先生建立了深厚的友情。30 年代，他与鲁迅先生相识并成为挚友，曹聚仁后来撰写的纪念、评论鲁迅的文章，已成为鲁迅研究不可或缺的史料。抗战爆发后，曹聚仁曾在浙江金华中国旅行社采访过周恩来以及在皖南采访过叶挺、陈毅将军等，结交了一些共产党方面的朋友。

抗战爆发，国共合作，曹聚仁倍感振奋。他一扫往昔的沉闷彷徨，以高昂的热情奔走呼号，宣传抗日。作为中央社的特派战地记者，他完全忘记了个人的安危，哪里战斗最激烈，他就到那里去。上海八百壮士坚守四行仓库，曹聚仁也在其列，发出了一篇又一篇第一手战况消息。台儿庄会战，曹聚仁采访李宗仁指挥部，第一个将战役大捷的消息报告于世。曹聚仁的报道、文章真实地反映了抗战前线及敌后的情况，他也因此而成为当时中国的知名记者。

后来，曹聚仁帮蒋经国办报，与蒋经国相识相交，结下友谊。本来，曹聚仁如果六根不净，凡心未泯，这是一个加入"太子党"，在仕途上求发展的好机会，但不管谁来劝说，他均坚持"平生只做无冕王"的原则，坚拒参加国民党。他称自己"并非清高，秉性使然"。也因为曹聚仁与蒋经国的这层关系，他在五六十年代，奔走两岸，为祖国统一至生命的最后一刻。

曹聚仁写的《蒋经国论》一书

那么，曹聚仁眼中的蒋经国是个怎样的人呢？这集中体现在他写的《蒋经国论》一书中。曹聚仁与蒋经国从开始接触到合作共事有数年之久，对蒋经国的生活、思想均有相当程度的理解。蒋经国自己就说过：“知我者，曹公也。”著名作家江南（真名叫刘宜良）写《蒋经国传》就多次向曹聚仁请益。曹慨然相助，把自己亲身经历的情况毫无保留地告诉他。今天我们从刘著中就可看到曹聚仁提供的素材。曹在自己著作中自然有很多翔实的史料。

曹聚仁在赣州的几年一直处于“客卿”地位。名为参议，实是虚衔。这身份决定他写作时可以保持超脱、客观的态度，同时曹的自由主义思想甚浓，他自己说：“我的文章也是‘有话便说，百无禁忌’的。”这就说明他的《蒋经国论》立论与同类著作相比显得公允、客观。

曹聚仁文史贯通，文笔洋洋洒洒，如行云流水。故此书问世后有很好的反响。

1956年7月，曹聚仁从香港回到内地。同年10月，毛泽东在中南海居仁堂接见他。谈话中谈到《蒋经国论》。毛泽东要他回港后寄几本《蒋经国论》来给他看看。可见此书之被推崇。

曹聚仁撰写的《蒋经国论》分为三大部分。（一）一代传奇人物蒋经国。（二）留学苏俄深悟民主政治。（三）抗战胜利带来的内战危机。

曹聚仁笔下的蒋经国，是这样的人：

说起来，经国也正是哈姆雷特型的人物，他是热情的，却又是冷酷的；他是刚毅有决断的，却又是犹豫不决的；他是开朗的黎明气质，却又是忧郁的黄昏情调。他是一个悲剧性格的人，他是他父亲的儿子，又是他父亲的叛徒！

这并非文学的性格分析，而是有事为证的。曹聚仁说：“我们不要忘记经国正是中国人。”“……他想自成一种政治势力，宁愿替自己的父亲摇旗，不想替中共呐喊，那是显然的。”“经国格外把父亲的地位捧得高，喊起来‘委员长’、‘主席’、‘我们的领袖’，和其他部属，用着同样的口吻！蒋先生的生辰，那热烈庆祝的情况，不仅是空前的，而且是绝后的。”他终于赢得了父亲对他的注意，“他也还是中国人，终于变成了政治急色儿。”

曹聚仁还写道：“在冰天雪地的北国，把蒋经国陶养成一种坚忍的性格，从我们这个因循敷衍的社会看来，他是有些怪僻特立的。”他举例，有次蒋经国应广西大学之请去演讲，自己驾车，途中抛锚，他偏要自己修理，修不成还不肯换车，“终于给他修成功了。这样不肯走阻碍少的方向去的脾气，正是他的性格的一面……”

他时常为大自然所迷醉，愿意过隐居的生活，却又是爱在扰攘的红尘中打滚，以斗争为快意。这是哈姆雷特的悲剧性格。

经国这个人是不会居敬存诚，却也不善于玩弄权术的。观人察质，必先察其平淡，而后求其聪明。经国为人，聪明则有之，平淡则未也。

对于蒋氏父子，曹聚仁这样比较：

经国回国以后，蒋先生要他孤立着过活，养成一种不可测的神情。其实，蒋先生自己的神秘就是有限得很，他处处在玩弄自己的左右，事实上，倒是他的左右在玩弄他、包围他。

经国是吃过（洋）面包的人，比之蒋先生没吃过（洋）面包、喝过海水，自然高明得多。蒋先生不会演说，不会招待新闻记者，使人畏而不能使人敬，要做民主国家的领袖就差那么一大截。

对于蒋经国的功过，曹聚仁恰如其分地秉笔直书：

“熊式辉治江西10年，还是乌烟瘴气，什么事都办不通。这位专员，倒在半年中树立了规模，挂出新赣南的招牌。那时候的专员，就是没有官僚作风，敢作敢为，谁都刮目相看。”他喊出了“人人有饭吃，人人有衣穿，人人有屋住，人人有工做，人人有书读”的口号，一时间许多有志青年都被吸引到这里来，老百姓也奉他为神明。然而他这些做法的真正目的何在呢？曹聚仁写道：有一天晚上，他酒喝醉了，才吐露他的胸怀：“政治上的事就是彼此耍来耍去的耍，谁耍赢就是谁行！”原来新赣南的政治口号，只是政治敲门砖，实现他的政治野心的基石，并不在实现一种政治理想。

曹聚仁以为：“在赣南那一段时期的经国，瑕不掩瑜，中华民国几十年的政治史，就不曾有过这样一个为国为民的地方官。”“一个人总有他的黑暗面的，经国那些缺点，比之那些有缺点而无优点的人们，又高出多了。”

把蒋经国从神还以人的本来面目，曹聚仁直言：

在赣南，以至离大陆前在上海，蒋经国都曾被看成神。但曹聚仁给他还原成人。从私生活方面看，蒋经国有男女私情的弱点。不过，他对于男女私情，属于泛神教那一型，他并不比其他要人更荒唐，也不比其他要人不荒唐。所以，曹聚仁说："将来写史传的人，倒是很好的史料。显然他也是一个人，并不是一个神。"

曹聚仁说蒋经国不安于平凡，依旧落在庸俗的窠臼。比如他虽厌恶官僚主义，但他"主政的第三年，赣州城里和某县城里，已经出现'经国路'的街名了……他就下令痛切地告诫了一番，这么便过去了……专员也在染缸里过得久了，久而不觉其为官僚主义了"。

曹聚仁还实事求是地指出："且说经国的左右，一开头就有了派系的斗争……就那一个小圈子说，也未能人尽其才……"

从这些方面，曹聚仁把蒋经国由神还原成人。

首赴北京，邵力子机场迎接

1956 年 7 月 1 日，曹聚仁走过罗湖桥，踏进国门。

过深圳、抵广州。在他梦境中永远萦怀的祖国，让人刮目相看。"一别 5 年半，这个在我的记忆中，留着凌乱喧哗印象的小镇（指深圳——笔者注），而今就给齐整广大的走廊与屋宇所代替。"广州"在治安方面是'安居'……在'生活'方面，大家安于'朴素'的生活，可以说是'乐业'了"，是曹聚仁初进国门时的印象。

曹在广州休憩两日，7 月 4 日直飞北京，下午 5 时半飞机降落西郊机场。邵力子到机场迎接，这位"和平老人"已满头白发，苍老得多。

邵力子先生在海峡两岸都是名人。他早年乃清末举人，曾经在国共两党都涉入颇深。1906 年 10 月他留学日本，参加孙中山的同盟会。1921 年加入上海共产主义小组，同年加入中国共产党。1925 年任黄埔军校秘书长。1926 年退出中国共产党。此后历任国民党甘肃省政府主席、国民党中央宣传部部长。1949 年作为国民党政府和平谈判代表团成员，到北平与中国共产党进行和平谈判，在国民党政府拒绝签订和平协定之后，脱离国民党政府，留在北平。中华人民共和国成立后，他曾担任中央人民政府政务院政务委员，第一至第三届全国人大常委，第一至第四届全国政协常委。

曹聚仁与邵力子

邵力子跟曹聚仁是老朋友。1921年，曹聚仁来到上海，在爱国女中任教，同时为邵力子主编的《国民日报》副刊《觉悟》撰稿，得到邵力子的提携，有过许多交往。曹聚仁称邵力子为老师。

虽说作为老朋友，邵力子到机场迎接曹聚仁在情理之中，然而，邵力子当时还身兼“和平解放台湾委员会”的秘书长，这一敏感身份去迎接曹聚仁，有着外人莫知的关系。

跟邵力子一块来机场接曹聚仁的那个人显得颇为神秘。他从来不在公众场合露面，不在媒体前曝光。他的名字在当时几乎不为人们所知，除非台湾国民党当局的情报机关关注着他。他便是从事中共秘密工作多年的徐淡庐。

1956年夏，徐淡庐被任命为中共中央调查部办公厅副主任。徐从未做过这项工作，于是去找李克农汇报。

据徐淡庐回忆：

李克农曾对他说：“你徐淡庐要离开情报部门，除非三条：一条是你犯了大错误；二条是你死了；三条是中央调任。否则你不要走。现在中央要成立中共中央对台工作领导小组办公室，你当副主任。另外，李克农副总长办公室，你也当副主任。本来你可以当主任的，现在已有一个主任了。现在有个重要工作安排你做。你以中央统战部办公厅副主任的名义，具体负责接待从香港来的记者曹聚仁。”

徐淡庐说：“当时毛主席、周总理为了加强中央对台工作领导，专门成立了领导小组。李克农曾对我说，中共中央对台工作领导小组，我当组长，你当办公室副主任。主任请个挂名的。小组成员有公安部部长罗瑞卿、总政的甘泗琪上将，另外还有廖承志、徐冰、章汉夫、章洋石。小组设立第二层的相关领导，有中央统战部秘书长童小鹏、中央调查部副部长罗青长、总政联络部部长杨斯德、安全部副部长凌元、中宣部的姚榛、侨委的吴济生。王宏儒任第一副主任，杨荫东当时担任过对台处处长。”

就这样，接待曹聚仁的工作落到了徐淡庐的头上。

徐淡庐跟曹聚仁不相识。在机场，徐淡庐对曹聚仁自我介绍说是中共

笔者采访徐淡庐

中央统战部办公厅副主任，从此，曹聚仁一直称他为“徐主任”。自从在北京机场认识之后，他成了曹聚仁与北京方面联络的秘密通道。后来曹聚仁前往北京，或者到中国内地各地，常由徐淡庐陪同。

邵力子和徐淡庐出现在北京机场，表明北京方面对曹聚仁的破格重视。北京方面所看重的，并不仅仅是曹聚仁的特派记者的身份，是他们曾经详细研究了曹聚仁与蒋经国的密切关系……

出机场后，车行北京市区，仿佛在梦境。“我在香港，虽是住了5年，总觉得是流落在异乡；而今仿佛到了母亲的怀抱中了。”曹给妻邓珂云的信中如是说。

抵京后，曹聚仁住东交民巷的新侨饭店，北京安排一个套间，规格很高。

曹聚仁这次是以新加坡工商考察团随团记者身份来的，采访自然是他的主要任务。到京后，他除了到西直门附近马相胡同的弟弟曹艺家看望母亲外，其余时间都进行广泛的采访活动。北京高层并没有立即接见他，有让他先看看北京之意。他写信给新加坡的李微尘，说：“我到了北京，政府明白告诉我：可以随便访问什么人，可以到任何地方去看看。他们叫我不要专说好的一面，缺点很多，可以老实不客气写出来。我的访问，完全我自己做主，并没有人陪我去；而被访问的客人，也并没有别人在座。（我相信决无录音机一类的设备）……”

从7月5日到12日的一周里，曹聚仁先后访问的几位，都是未经被访者的同意而直接闯进去的。马寅初、张东荪、储安平等均因这样或那样的原因未能晤见。晤谈的有梁漱溟、章士钊、周作人、徐凌霄、梅兰芳等。他在什刹海附近的小铜井胡同一号梁宅见到梁漱溟，暌违10多年重晤，谈及彼此别后情况，以及海外故旧的消息。梁问及学人钱宾四的情况，曹说钱在一次演讲时给塌下来的屋顶压伤，幸已康复。梁为之愕然不已。曹对梁的印象是：“他那哲人的神情，以及‘先天下之忧而忧，后天下之乐而乐’的胸怀还和先前一样。”

在东四八条胡同，曹聚仁访问了章士钊。“这位有志于做王者师的政论家，他不久就要到香港去，而且要住一些日子。”这次晤见大概未及细谈。章答应送曹一把扇面，写着他自己做的诗。在八道湾，曹聚仁见到了知堂老人——周作人，也看到鲁迅当年写《呐喊》、《彷徨》的几间房子。那天还谈到了鲁迅的作品。曹说他最喜欢《在酒楼上》。周作人同意他的说法，并说这是最富有鲁迅气氛的小说。曹聚仁说他已经写了《鲁迅评传》，自知并不是一个适当的人，因为适当的人没有写就只好自己来“谬妄一番”。他说他已把鲁迅从神龛中拉出来，还他一个平凡的真实的人。周作人对这并没有异议。

曹聚仁还访问了沈从文教授。这位士兵出身的文学家，海外盛传他在新中国成立后的“悲惨遭遇”。曹聚仁的访问记力言其非。“现在他还是做他的教授，同时，也在《北京日报》、《人民日报》的副刊上写稿。记者看他神情，也很愉快似的，并没有什么自卑的怪僻。”其实他只是看到了沈从文的表面，没有理解沈的内心凄苦，他更不知道沈从文一度有自杀之念。

一边是曹聚仁登门拜访，另一边到新侨饭店来看曹聚仁的人也络绎不绝。曹聚仁的侄女曹景漩、曹景滇（都是曹艺之女）回忆道：“来看伯父的人真是多极了。邵力子先生差不多每天都来。还有一次，我见到夏衍先生来看伯父，手里还捧着一包香蕉……”“伯父的朋友真多，而且各界人士俱全，有作家、演员、新闻界的同行……甚至清室的后裔。有次老舍先生来看伯父，后来我们还一起乘电梯下去的，最有意思的是曾相伴慈禧太后的荣龄公主也常到新侨饭店来，那时她已 70 多岁了，风华不减当年。”

这些日子，曹聚仁有时一人有时带着侄辈们，先后去了东安市场、天桥、八大胡同、卢沟桥、琉璃厂。在琉璃厂买了把纸扇。扇上绘着几条金鱼，他给侄辈们讲了庄子的“非鱼知鱼乐”的典故。在琉璃厂和东安市场的旧书摊上，曹聚仁发现胡适、陶希圣、陈公博、林语堂的书都可买到。“这是说在北京，学术思想自由研究的空气是存在的。他们并不曾焚书坑儒，消灭异端。”曹聚仁把这信息传到海外。

初到北京一周，曹聚仁如鱼得水，获益良多。

周恩来设宴颐和园，首放国共和谈信号

据《周恩来年谱》记载：“1956 年 7 月 13、16、19 日先后由邵力子、张治中、屈武、陈毅等陪同，三次接见曹聚仁。”

北京高层领导一周中三次接见，足见对曹聚仁的重视，特别是7月16日在颐和园夜宴，促使曹聚仁的人生道路产生新转折：由出世到入世，由自由主义转向爱国主义。

7月16日傍晚，曹聚仁应周恩来总理之邀，赴颐和园餐叙。从新侨饭店出来，出西直门经西郊公园，向西北驶去。一路古木新株、浓荫交拱。驶近八大处，见有三辆车从车旁掠过，那是周总理的车子，超前驶去在园中候客。

那天下午，几位陪客先到了颐和园，他们是邵力子与夫人傅学文、张治中。他们先在园中游览。据邓珂云说，这天她和小儿子曹景行也在颐和园，只是没有参加宴会。

曹聚仁进颐和园时，周总理和陈毅副总理已早5分钟到达。在玉澜堂略事寒暄，周恩来建议泛舟湖上。主客3人在玉澜堂前上了游艇。他们乘坐的游艇，颇像太湖、西湖上的画舫，平底方头，像一所积木房子；舫小，陈设简陋。艇中挂着几个电筒作临时照明用。这时夕阳衔山，斜晖抹在湖上，浮光耀金，湖上偶有几艘游艇擦船而过，但游客不知艇上有总理在。

游艇在碧波中慢慢行进，一会儿到了逍遥亭。主客舍舟登岸，进听鹂馆（清室帝后听戏的地方）。宴会就设在这里。

邵力子夫妇和张治中已先在，都过来相见。宴会开始，座中6人，边吃边谈，尽兴而谈，有时也幽默几句，大笑一阵。那晚饮的是茅台酒，倒入杯中泛起滚圆的珠泡。可惜客不善饮，主人酒量好又健谈。

席上，曹聚仁说起往事。1939年，周恩来为消除新四军与第三战区国民党军队之间的矛盾，以军委会政治部副部长的身份来到东南。此行周恩来还有一个任务是送叶挺到新四军军部去。曹周两人曾在金华中国旅行社有短暂会见。1943年在重庆又有一次会见。主人中的陈毅，曹聚仁与他1938年初识于南昌，以后相处很熟，曹聚仁常到新四军办事处去闲谈。

那天，曹聚仁称赞周恩来是“政治外交上的隆美尔”。隆美尔是第二次世界大战中的德国陆军元帅。隆美尔善于捕捉稍纵即逝的战机，敢于力排众议，果断发起进攻。英国首相丘吉尔曾评价隆美尔说：“尽管我们在战争浩劫中相互厮杀，请准许我说，他是一位伟大的将军。”曹聚仁还推崇陈毅是“了不起的人物，上马能武，下马能文；既是将军，又是诗人”。

已经6年未同丈夫见面的夫人邓珂云，带着小儿子曹景行赶往北京，与曹聚仁一起住在新侨饭店。曹景行后来回忆说：“那年我才10岁，跟着父亲在北京见了邵力子、屈武等很多人。”曹景行还说，大人们在谈话，邵力子陪着曹景行母子游览颐和园。在张治中、邵力子、屈武、夏衍等人请曹聚仁吃饭时，大家谦让着，都不肯坐主座，10 岁的曹景行堂而皇之地坐上了那个位置。

周恩来问及曹聚仁入京后的观感，要他多看看多谈谈，不妨老老实实批评批评。曹当时的心态是，不作面谀之辞，也不想作好或坏的按语。只因袭当年谭延闿的旧话：开国自有开国的气象。

曹聚仁之子曹景行

话题转到台湾问题。

曹聚仁就周恩来在 6 月 28 日一届人大三次会上所作“和平解放台湾”的演讲，问道：“你许诺的和平解放的票面有多少实际价值?”

周恩来回答：“和平解放的实际价值和票面完全相符合，国民党和共产党合作过两次：第一次合作有国民革命军北伐的成功；第二次合作有抗战的胜利。这都是事实。为什么不可以第三次合作呢?”

周恩来又继续说：“台湾是内政问题，爱国一家，为什么不可以来合作建设呢？我们对台湾，决不是招降，而是要彼此商谈，只要政权统一，其他都可以坐下来共同商量安排的。”

周恩来还郑重说到中共的政策：说过什么，要怎么做，就怎么做，从来不用什么阴谋，玩什么手法的，中共决不做挖墙脚一类的事。

周恩来问曹聚仁海外华侨对和平解放台湾有什么看法，他说：“由于国共间的政治矛盾，增加了华侨间的精神负累，这一矛盾能解消，当然是国人之福。”周恩来脸色莞尔，说到在万隆会议上所提出的和平共处五大原则，其中一条是“不干涉各国内政”。在海外的共产党、民盟、民革，早在 1951 年就解散组织，停止活动。华侨应当遵守当地政令，服从当地法律。中共不会违背自己的诺言，干涉各国的内政。……

主与客谈话时，陪客也时有插话。

邵力子目视曹聚仁，说：“你有许多条件，又有海外地利之便，这工作要多做些。”邵力子是要曹聚仁多做些促成国共第三次合作的工作。陈毅说：“曹先生不会推辞吧?”

“哪里，哪里，聚仁身为炎黄子孙，义不容辞。”

“要得，要得!”陈毅点着头。

晚宴结束，主宾6人，重又泛舟昆明湖。

湖上水光月影，夜色朦胧。舟中继续闲谈。话题曾谈及信远斋的酸梅汤和陶然亭公园的近事。信远斋的酸梅汤是当年北京人爱吃的祛暑饮料，一度被禁产，周总理过问后重新生产。陶然亭原为一片芦苇的臭水沟，经整治已成广袤十数里的大公园。建园之初，一度迁走赛金花墓和两座共产党员的殉情男女的坟墓。周总理觉得这一来陶然亭的诗意就消失了。“政治的尺度，就是难于这么恰到好处，非大匠不能免于‘过’与‘不及’的。”这是曹聚仁当时的内心独白，表明他对周总理的敬意。

轻舟荡漾，夜风吹拂。主客谈兴犹浓，时间却在悄悄溜走，已经3个小时。

主客归城，月色正明。车经一丛墓冢，周恩来以手遥指着耶律楚材的墓说：“这是创建北京的宰相，600年前的政治家。”

曹聚仁说：“他这个600年后的政治家，就在5年之中，扩展了比600年来的建设还要多的新北京。周氏这一群人，乃是旋转乾坤的人……”

这次宴会经过，曹聚仁以《颐和园一夕谈——周恩来会见记》为题发表在1956年8月14日《南洋商报》第三版。接着印尼华侨主办的《生活周刊》也在9月8日刊发他写的更为详细的报道《周总理约曹聚仁在颐和园一夕谈》，正式向海外传达了周总理的国共和谈设想。

“国共可以第三次合作”，曹聚仁传出的重大信息，在海内外引起强烈震动。

7月29日，曹聚仁离北京去上海。同日，中共中央发出《关于加强和平解放台湾工作的指示》，文中说：“目前对和平解放台湾的工作，应采取多方影响，积极并且耐心争取的方针，工作重点应放在争取台湾实力派及有代表性的人物方面。”这就是通过各种线索，采取多样方法，争取蒋氏父子、陈诚为首的台湾高级军政官员，以便台湾将来与大陆和平统一。

北京放出了“国共第三次和谈”的气球，等待台北的回应。他——曹聚仁担当中间的接线人。

毛泽东亲自接见，周恩来信守承诺

曹聚仁于1956年8月初回港，未及一月又匆匆北上，9月底，再到北京，赶上10月1日的国庆观礼，和夫人邓珂云上了观礼台。

他自己说："从北京回到香港，迎接从东京回到香港的星马贸易代表团。"可匆匆北上又是何因？罗青长说："周总理很重视曹聚仁，就建议让毛泽东主席接见曹聚仁一次。"

曹聚仁曾说："国共两党中，只要榜上有名的人几乎都认识，但引以为憾的是，我不止一次地向别人介绍毛主席，而自己却无缘亲睹这位伟人的风采。"

他终于如愿以偿。他得到通知，毛泽东要接见他。地点是中南海居仁堂。

这是1956年10月3日下午。许多党和国家的主要领导人出席了欢迎印尼总统苏加诺的大会，唯独毛泽东没有出席，他在等着曹聚仁。

毛泽东与曹聚仁作了长谈。谈些什么，曹聚仁没有告诉别人，只是在和家人的谈话中或他的文章中零星地透露点滴。

毛泽东问他："你这次回来，有什么感想？你可以多看看，到处走走，看我们这里还存在什么问题，不要有顾虑，给我们指出来。"

曹坦率地讲了自己的观感。事后告诉曹艺："我没有顾虑，想到的全讲了。"

曹又说："想不到，我的著作主席差不多都看过。我说我是自由主义者，我的文章也是'有话便说，百无禁忌'的，主席认为我有些叙述比较真实，而且态度也公正，又叫我不妨再自由些。"

毛泽东在谈话中表示，"如果台湾回归祖国，一切可以照旧。台湾现在可以实行三民主义，可以同大陆通商，但是不要派特务来破坏，我们也不派'红色特务'去破坏他们。谈好了可以签个协议公布，台湾可以派人来大陆看看。公开不好来就秘密来，台湾只要与美国断绝关系，可派代表团回来参加人民代表大会和政协全国委员会。"

这番话显示北京最高层通过曹向海峡彼岸放出可以第三次合作的试探性气球。

毛泽东又问起了蒋经国在赣南的一些旧事，还要曹回去后把他写的《蒋经国论》寄来。

曹聚仁又和毛泽东谈到古今治乱兴亡之迹，说到成吉思汗的大业，就因为第二代的继承问题安排得不好，便如沙滩上的宝塔一下子坍掉了。曹因此提起毛泽东的《沁园春·雪》中的词句："江山如此多娇，引无数英雄竞折腰。惜秦皇汉武，略输文采；唐宗宋祖，稍逊风骚。一代天骄，成吉思汗，只识弯弓射大雕。俱往矣，数风流人物，还看今朝。”曹说：“当年的抱负，如今都成为事实了。”毛泽东笑着连连说：“那只是做词而已！那只是做词而已！”对此，曹聚仁有自己的看法。他认为，“事实上，他是走向超过成吉思汗的道路了。因为毛氏是懂得辩证法的，世间的最强者正是最弱者，而最弱者却是最强者。”曹聚仁联系到国共关系，他说：“从这一角度看去，毛氏是从蔑视蒋介石的角度转而走向容忍蒋介石之路。他们可以容许蒋介石的存在，而且也承认蒋氏在现代中国史上有他那一段不可磨灭的功绩的。在党的仇恨情绪尚未全消逝的今日，毛氏已经冷静下来，准备和自己的政敌握手，这是中国历史又一重大的转变。”

那天，曹告别毛泽东，走出中南海时，毛泽东亲自送他上汽车，还给他关了车门。

这是殊荣，这是礼遇！士为知己者用，后来曹全身心投入两岸工作，鞠躬尽瘁于此，我想和这遭际不无关系。

当晚，曹聚仁抑制不住自己的兴奋，把接见的情况告诉曹艺，两人痛饮鲜红的杨梅酒（浙江人最爱吃的一种酒）。

10 月 7 日，由张治中、邵力子、徐冰、屈武、童小鹏、罗青长陪同，周恩来又宴请曹聚仁。话题又涉及台湾问题。曹聚仁问，台湾回归后，对蒋介石如何安排。周恩来回答：“蒋介石当然不会做地方长官，将来总要由中央安排的。台湾还是他们管，如果辞修（陈诚的字）愿意做台湾的地方长官，蒋经国只好让一下做副的，其实辞修、经国都是想干些事的。辞修如愿到中央，职位当不在傅宜生（傅作义）之下。经国也可以到中央。”

周恩来又说：“我们现在已不公开宣传反蒋，至于下面小报说几句，我们也管不了。这就为和谈制造气氛。我们的手总是伸着的。蒋介石前天对外国记者说还要我们缴械投降，为了应付美国人，可以说反共的话，这我们完全理解。我们劝他们约束一下，不要派人来搞破坏活动。去年‘克什米尔公主号’事件就是他们收买周驹搞的，弄得名声很不好。今年又想来搞中共‘八大’。这样不得人心，将来不好向人民交代。我们不破坏他们，希望他们内部团结，不发生内乱，希望台湾整个归还祖国怀抱。他们的一切困难可以提出，我们是有诚意的，我们可以等待，希望他们也拿出诚意来。”

周恩来作这番谈话时，还指示有关部门领导人通知地方政府，对蒋（介石）陈（辞修）的祖坟加以保护，对其家属注意照顾。

有了毛、周的这些承诺，5 天后（10 月 12 日）曹聚仁就返回香港。

关于曹聚仁的第二次北京之行，据曹聚仁夫人邓珂云的笔记记载："不久，聚仁第二次回北京，我一人去京，仍住新侨。这次毛主席接见了他。10 月 1 日上午，我们被邀请参加国庆典礼。我们登上了来宾观礼台。"

12 月 9 日，周恩来总理访问印度时在加尔各答举行记者招待会。周恩来说："中国政府正在尽一切努力来争取和平解放台湾，并且努力来争取蒋介石。如果台湾归还中国的话，那么蒋介石就有了贡献了，而且他就可以根据他的愿望留在他的祖国的任何一个地方。曾经有一位记者问我们是否会给蒋介石一个部长的职位。我说，部长的职位太低了。"周恩来虽然没有说出这个记者的名字，当是指曹聚仁。

受蒋介石父子之托，曹聚仁考察庐山、溪口

1956 年的两次北京之行，似乎给曹聚仁注进了新的血液，他变成了另外一个人。他说："而今我决定收起了'自由主义'的旗帜（并不是别人要我收起，而是我自觉的，心中明白自己的浅薄无知，觉得应该收起的）。对于邦国大计，还是听从先觉者的领导不错。政治上的事就是要切切实实去做，而且按部就班做通了才对，弹高调也没有用的。"他还说："我认为，我们在建设大业中，应放弃个人的自由主义观点……我们决不能做'马尔塞尔'。"

他不仅是这样说，而且有具体行动。1957 年，他穿梭往返于香港——北京，有 6 次之多。这当然也由于台北有了回应。

台北派蒋经国赣南新政时的亲信王济慈与曹聚仁联系作传话的信使。

台方还表示在适当的时候将有专人访问大陆。1957 年春天，台湾"立法委员"宋宜山（宋希濂之兄）到北京作试探性访问。

曹聚仁于 1957 年 4 月曾回北京，时间不长。公开活动是：4 月 16 日，出席欢迎伏罗希洛夫的国宴，与毛泽东同席。大致在 4 月下旬回香港。

真是风尘仆仆、席不暇暖。5 月 5 日曹聚仁又到北京。邓珂云从上海赶来相聚。在等待周恩来接见期间，曾于 5 月 28 日下午 3 时，到北京北郊功德林战犯管理所访问国民党的旧将领杜聿明、王耀武、康泽、宋希濂、黄维等 5 人。宋希濂一进门就和曹聚仁握手，他们原本相熟，在"八一三"淞沪前线上曾见面。杜聿明谈锋很健，与之相反，王耀武沉默寡言。

当曹谈起抗战时曾在江西吉安和王耀武相晤，他已无法忆起。曹把他的家属在香港的情况告诉他时，他才面露笑容。黄维的肺结核病未愈，说话很少。详细报道这5人的生活、学习情况的通讯发于1957年6月6日《南洋商报》。文中特别写明："记者访问他们时，并无任何人在旁监听或偷听；招待记者的一位同志，他只把一壶茶、几只茶杯、一包香烟放在桌上，便掩门出去，让我们可以畅所欲谈。"

日理万机的周恩来终于接见了曹聚仁，估计在6月间，所谈内容缺文献记载。"总理接见后，我们就离京……目的是到庐山和溪口与老蒋有密切关系的两个地方。"邓珂云说。

1957年6月，徐淡庐（中）与曹聚仁（右一）在庐山留影

曹聚仁这次庐山、溪口行，乃受蒋介石、蒋经国父子之托。中共中央调查部办公厅副主任徐淡庐全程陪同。

徐淡庐回忆：

我陪同曹聚仁夫妇从北京出发到庐山、溪口访问，我都记了日记，并拍了照片。日记与照片我都还保存着，你们可参考。当时为什么要去庐山、溪口呢？那时准备修整这些地方。蒋介石回来的话，他愿意到庐山原来的地方居住也可以，所以去看看那里的情况怎样。到溪口去住，更不用说。我们看了蒋介石在庐山居住过的"美庐"和溪口蒋介石的故居、蒋母墓地都仔细看了。后来曹聚仁回香港以后，专门有报告写给蒋氏父子，照片也寄去了。其中几张照片还是我的相机拍的，曹聚仁自己的相机没有拍好照片。

曹聚仁一行出京后，即乘火车先到汉口。“记者到达汉口的下午，便和徐君一同去看刚合龙的长江大桥。在记者记忆中，似乎钱江大桥的长度比这条大桥还长些；后来到钱江大桥看一看，长江大桥却比钱江大桥长得多。”曹聚仁这样说。当时大桥尚未通车，桥顶正在装修。

翌日，曹聚仁一行即离汉口乘长江轮东下，直抵九江，住花园饭店。这住处饶有历史意义，当年蒋介石上庐山时就住在这里。

次日晨即上庐山，以往到牯岭除步行外即乘肩舆，而今已辟公路，大小汽车均可直达。时为春夏之交，牯岭为避暑胜地，这时游人不多。当晚下榻于河西路442号别墅。这幢别墅为美式风格，隐于牯牛岭东坡的松林里，院落宽敞，隔河相望就是蒋介石的美庐别墅。1946年美国总统特使、五星上将马歇尔调停国共纷争时即住于此。让曹聚仁住这里，可见招待规格甚高。

在庐山，曹聚仁整整住了7天。他们参观河东路180号的美庐，几乎用了一天的时间，拍了很多照片。蒋介石的手迹摩崖石刻“美庐”二字、美国人赠送的镂空象牙雕（长达123厘米，底部直径11厘米）、宋美龄绘制的风景油画、宋用过的钢琴等，无一不进入他的镜头。他们还参观了庐山大厦、仙人洞、花径、含鄱口并在黄龙潭瀑布前留影。

下山回九江后，又从庐山南麓去看海会寺（当年蒋介石练兵之处）、白鹿洞、栖贤寺、归宗寺，又驱车到星子县，途中看到鄱阳湖广阔的湖面。北京高层曾拟议，如蒋介石回来可住庐山，并可拥有他的舰船，泊鄱阳湖。曹聚仁深表赞同。

从星子县回九江，庐山之行就结束了。曹聚仁一行复乘轮船到上海。在上海，陈毅邀曹聚仁在友谊馆（现上海展览馆）长谈，在沪西徐家汇一家宾馆（现西郊宾馆）共进午餐，并请曹全家住在上海大厦12楼。

在上海住约半月，曹聚仁开始浙江之行。此行凡6日。先乘火车到杭州。杭州未逗留多时，即经萧山、绍兴、嵊县、奉化到达宁波，又沿着原路再回杭州。此行重点游览绍兴与溪口两地，其余为路经之地。

在绍兴参观鲁迅的故居、百草园、鲁迅纪念馆等处。他曾赋诗数首：如“台门败落无新旧，百草园中剩废垣。佳话争传孔乙己，投枪触处有啼痕!”他还去咸亨酒店，在当街的曲尺柜台边饮酒，扮演一下孔乙己的角色。

离绍兴后去奉化溪口。溪口是蒋介石的故乡，也是曹聚仁3次旧游之地。此次重访受台北之托详细观察、拍照。进溪口镇前门，风光依旧，武水汤汤地流着。左边文昌阁和10年前景况一样。阁旁那所洋楼原先是军政要员的招待所，而今住着部分士兵。溪口镇上并无多大变动。蒋氏故居丰镐房门庭依旧，内部打扫整洁。王太夫人老屋外榴花红似火，柏树青翠可人。蒋经国母亲毛夫人，依旧葬在她殉难的广场上，墓后是溪口小学。镇上的干部要他们去看看自力谋生的蒋氏舅父。这位舅父很有趣，曾用过一种名片，右角上印着“蒋委员长舅父”字样，而今已不用这种名片。他在卖烧饼、油条，生活也还过得去。出了镇向雪窦寺、妙高台途中，弯向蒋母墓道。那是蒋介石母亲王太夫人的墓园，从山脚的石牌坊拾级而上，夹道的松树，苍翠欲滴，直到山亭，一切都如往日。园中石碑、祭房，一无变动。在蒋母墓园，曹聚仁拍了两卷胶片。雪窦寺、妙高台只是匆匆一瞥。妙高台上那副对联仍在，只是因岁月侵蚀，字迹不像过去那样鲜明。曹聚仁吟诵道：“台前飞瀑长留，激浊扬清，淡泊能明高士志；窗外孤峰特立，居高临下，鞠躬须识老人心。”溪口之行，给曹聚仁留下的印象是：“只是保持着10年来的老样子，并没有多少建设，也没有什么破坏。人民对于蒋母坟，也就是当做一处墓园看待就是了。政府也并不叫人民怎样仇视蒋氏的故迹。”这一点他如实传到台北。

这次曹聚仁从5月初到北京，7月14日回香港，共70多天。

陪同曹聚仁庐山、溪口之行的徐淡庐，在日记中详细地记述了每天的行程，现摘录如下：

6月11日上午7时半，由京乘火车陪同曹（聚仁）邓（珂云）夫妇往庐山。

6月12日中午抵汉口，看了长江大桥，全长1670公尺。晚至武昌看川剧团的《幽闺记》。

6月13日，傍晚7时许到了九江。

6月14日，九江招待所接待太好，早餐中、西并上，未免过分。我说真如你说草头（指蒋介石——笔者注）果能来此，多有意思。曹说，他（蒋介石）来就会当上宾了。

6月15日，上午游黄龙寺、黄龙潭、乌龙潭。人工湖正在挖掘中。

6月16日，大雨不停，也学作诗。

6月17日，雨后大雾，罩着人似难透气，又领略一次“不识庐山真面目”之意境。都不甘闷坐室中，去蒋介石住宅看看，正在修理中，颇为零乱，原有陈设已移存他处。庐山大厦颇具气魄，石阶两旁杉柏齐立，大都如伞状。雨后一派清新之气，大有行云奔驰，山腰绿丛中红房点缀，庐山真美，我等不思归矣。蒋介石所办臭名远扬的庐山训练团即设在大厦内。曹说，不少国民党高级官员的妻女都在香港沦为舞女和娼妓。我说，这是反动统治阶级的必然下场，想当年何等威风，正所谓“数风流人物还看今朝”。我告曹出去应向某些人谈谈今日的庐山是何等模样！

6月18日，今日天气很好，早点毕，立即出游，有怕雨的心情。仙人洞确有宁静气氛。大天湖王阳明题有词句，寺庙只余石屋两间，多数建筑均被日本鬼子所毁。诗文甚多，我看“朝耕白云晚种竹”是佳句。客人注意寺庙在解放前后的对比，对新闻事业资本主义经营方式的盈亏津津乐道。他对报纸所载批判章伯钧、储安平等人的反动言行不愿发表意见，但又表示对整风问题将作若干万字的报道。我观他不读《人民日报》社论，写通讯十分粗浅，抵庐山当晚买了几张风景照片寄给《南洋商报》也算交卷。下午游著名的含鄱口，居高临下，鄱阳湖尽收眼底，堪誉气象万千。

6月19日，招待所背山而筑，爬至山顶叫牯牛岭，登一石亭可窥著名的牯岭全豹。山前山后时在云雾中隐现，有时拨云阳光熠熠，有时雾自山下急速缭绕迎面弥漫，对山有西藏似的经塔，山巅与塔尖露于云雾中，好似悬在半空，真幻景象交呈，使见者眼花缭乱。

6月20日，上午于大雨中离牯岭返九江。晚观黄梅戏《拜月记》，比之川剧各有长短，嫌黄梅略粗。

7月2日，车过嵊县经新昌逐渐在山谷中行驶，抵溪口因食居都不便，又续往宁波，到时已暮色苍苍。

7月3日，早上自宁波转回溪口，一小时就到了。来不及去雪窦寺、妙高台等地，只看了蒋氏父子的母亲住地、墓地，以及武岭学校旧址等处。溪口沿武溪设镇，长长一条街，据说有千多人口。我们在区委会休息，有的到奉化开会，有的下乡搞生产，只留一指导员看家。文昌阁已半毁，墓庐室内已毁，墓园都完好，蒋氏老家和武岭学校被公安军第二预备学校占用了。曹聚仁说，学校是研究农业的，可惜，应保留。还说，张恺回来仍可搞这项工作。区指导员说，已先后有人来此看过，包括邵力子等人也曾以视察为名来此，引起群众的顾虑，谣传蒋光头又要回来。蒋介石的侍从还有几人住此。一天多来已是晴天，但又热点，我们在区委稍事休息又登上回程。在嵊县吃午饭，在绍兴喝午后茶时雨又下起来了。

7月14日在广州住了3天，我是第4次到此。工作进行的尚称顺利，事毕，归心似箭。

7月14日至16日，曹（聚仁）7时10分南去，我8时27分北上。

致信蒋经国，报告“奉化之墓庐依然”

曹聚仁从北京回香港后第5天，即7月19日，写了一份书面报告送往台北，这是给蒋经国的一封信。曹聚仁在报告中称：

聚仁此次从5月5日北行，遵命看了一些地方，本月14日方回香港，先后两个半月。这一段时期有着这么重大的政治变化，也不知尊处意向有什么变动？我的报告是否还有必要？因此，我只写了一封简短的信，向钧座报告，我已经回来就是了。

目前，国际情势如此复杂，聚仁殊不愿做任何方面的政治工具，我个人只是道义上替台从奔走其事，最高方面如无意走向这一解决国是的途径，似乎也不必聚仁再来多事了。诵于右任先生读史诗“无聊豫让酬知己，多事严光认故人”之句，为之惘然。依聚仁这两个月在大陆所见所闻，一般情况比去年秋冬间所见的更有进步，秩序也更安定些。聚仁所可奉告台座者，6月13日，我和朋友们同在汉口，晚间且在武昌看川剧演出，社会秩序一点也没有混乱过。海外谣传，万不可信。聚仁期待台座早日派员和聚仁到大陆去广泛游历一番，看看实情如何？千勿轻信香港马路政客的欺世浮辞。

周氏再三嘱聚仁转告台座，尊处千万勿因为有什么风吹草动，就意志动摇，改变了原定的计划。以聚仁所了解，最高方面千万勿认为时间因素对台方有利。这一因素对双方同样有利，或许对大陆比台方更有利些，聚仁为了国家民族，才来奔走拉拢，既非替中共作缓兵之计，也不想替台方延长政治生命。说老实话，中共当局不独以诚恳态度对我，也耐着性子等待你们的决定，希望最高方面在不必弄机谋时玩权术，要看得远一点才是。（“台座”指蒋经国，“尊处”指蒋介石。——笔者注）

谈到庐山，曹聚仁向蒋经国报告：

美庐依然如旧，中央训练团大礼堂，今为庐山大厦，都为山中游客文化娱乐场所。这一广大地区，自成体系。

聚仁私见，认为庐山胜景，与人民共享，也是天下为公之意。最高方面，当不致有介于怀？庐山内部，以海会寺为中心，连缀到白鹿洞、栖贤寺、归宗寺，这一广大地区，正可作老人悠游山林，终老颐养之地。来日国宾住星子，出入可由鄱阳湖畔，军舰或水上飞机，停泊湖面。无论南往南昌，北归湖口，东下金陵，都很便利。聚仁郑重奉达，牯岭已成为人民生活地区，台座应当为人民留一地步。台座由台归省，仍可居美庐，又作别论。美庐景物依然如旧。（“台座”指蒋经国，“老人”指蒋介石。——笔者注）

曹聚仁与夫人 1957 年摄于庐山

谈到溪口，曹聚仁在给蒋经国的信中这么写道：

溪口市况比过去还繁荣一点……在聚仁心目中，这一切都是继承旧时文化体系而来，大体如旧。尊府院落庭园，整洁如旧，足证当局维护保全之至意。聚仁曾经谒蒋母墓园及毛夫人墓地，如照片所见，足慰老人之心。聚仁往访溪口，原非地方当局所及知，所以溪口政府一切也没有准备。政治上相反相成之理甚明，一切恩仇可付脑后。聚仁知老人谋国惠民，此等处自必坦然置之也。惟情势未定，留奉化不如住庐山，请仔细酌定。

曹聚仁在致蒋经国的信中，依然有话直说，并无遮掩：

中共政权获得人民支持至如何程度，聚仁尚无法提出民意测验的统计数字。但毛主席、周总理的威望，还在胜利的初期老人所得万众拥戴之上，这一份威望足以弥补中共本身的缺点而有余。全国人民对政府不无怨言，但人民都相信毛主席、周总理关心他们的生活，一时的困难与错误，毛主席一定会有办法的。

曹聚仁居然对蒋经国说毛泽东、周恩来的威望在“老人”（蒋介石）之上，这也表明他跟蒋经国确实是莫逆之交。曹聚仁明确指出：

聚仁希望老人不要把东欧的纠纷和中共内部矛盾混为一谈，在共产集团中，中共乃是一个安定的力量，并不是促成纠纷的因素。老人总以为中共听命于莫斯科，这是一种错觉，今日的中共，乃是远东的盟主。美国有如战国时代的齐国，苏联则如当年的秦穆公，中共则是当年的晋文公。我们希望太平洋上的盟主转到中国手中来，中共的成功也就是老人的成功，我们对历史该有新的交代。

聚仁认为我们应该面对现实，承认中共担当建国的总工程师，我们不仅要断了“再革命”的念头，而且要帮着消弭海外那些存着“彼可取而代之”的野心家。我们不要期待国际大变动的局面，即算世界大战不能避免，我们也要争取一个与民休息的建设机会。聚仁以为我们的心理上，似乎不妨这么说：中共的成功，就是我们的成功。我们可以帮助中共来求进步的。

今日解决台湾海峡问题，除了和平谈判以外，是否还有其他途径可寻，看来是不会有的了。

报告的最后，曹聚仁表明他的心迹：“聚仁决不考虑个人出处问题，严光还是严光，事成之后决不居功，愿以新闻记者终其身。今日或者近于做豫让，为了国家民族的前途，当然不惜献身的。我的话说得很切直，希望在最高方面善为之辞。”

昭昭之心，可见日月。他的话确实感人。对于曹聚仁的直言，台湾来人转达了“老人奖惜之意”。也就是说，不仅蒋经国看重曹聚仁，连蒋介石也嘉许曹聚仁。

台北的反应在 10 天后，通过王济慈传给曹聚仁。王传达蒋经国的意见时，附带讲到蒋介石看到曹聚仁在庐山、溪口所摄的照片非常感动。“老人瞩聚仁多向大陆巡游，增加彼此了解。”“他嘱聚仁耐心等待，老人并未切断联络线。”

“只听楼梯响，不见人下来。”这就是 1957 年两岸和谈的局面。

金门炮战突发，两次故意泄密

回香港半年后，1958 年 2 月，曹聚仁又一次到北京。他在北京度过了春节，女儿曹雷亦趁寒假进京团聚，这是自 1950 年曹聚仁赴港后，父女俩相聚最久的一段时间。2 月 24 日，曹聚仁再次见到新任外长陈毅。对这位抗战时期即已相识、“上马能武，下马能文”的元帅，曹聚仁一直心怀赞佩，他也知道陈毅对他的评价——一个“爱作怪异之论”的人，但并不如公羊传所说的“非常”，也还“可喜”。对此评价，执自由主义姿态的曹聚仁觉得：“一个在朝执政的人，总是走着正常的路，不会行险以侥幸的。”

3 月 15 日，曹聚仁随陈叔通、邵力子一行 27 人，到安东（今丹东）迎接志愿军回国。在安东的一天一夜里，曹聚仁被狂欢的浪潮深深地感动着，他心头有一确信的念头："中国的军队确乎打了胜仗！"在凯旋的歌声和欢呼声中，他写下了《鸭绿江感事诗》四首：

莫说兴亡事，江流映日红；西风七十载，今日又东风！（其一）

亮甲光芒闪，白衣护凤凰；天山试一箭，余事更辉煌。（其二）

平壤王师尽，东沟海舰湮；马关余一笑，楼角墨痕新。（其三）

同唱凯旋歌，回环欢舞多；五星飘荡处，横槊止新戈！（其四）

曹聚仁此次北行所关心的另一件大事是要了解几个大右派分子的终局，告诉海外人士他所见的反右真相。早在到京第二天，他便发出了《右派分子的终局》的报道。他原打算一到北京即去采访罗隆基，但他考虑到这个报道必引起多方关注，极可能会对罗本人带来压力，也许还是不看他的好。所以直到 4 月 7 日下午，他才决定访问罗隆基。当时，罗住在遒兹府二十号——前北大校长、此时已定居台湾的蒋梦麟的旧宅。对于这类访问，曹聚仁不一定听被访者议论，倒时常进到他们的书房，看架上的书籍和摆设，由此了解他们的日常生活。在这篇《访罗隆基先生》的报道末尾，曹聚仁写道："海外朋友，对于今日留在北京的罗氏，也当体会得'非复吴下阿蒙'也。"但不知写下此句时，他是否想到 8 年前，是艾思奇关于一块砌不进整堵墙的砖头的说法，让他决定离沪赴港的。

对于大陆的反右运动，曹聚仁当时是从人类历史进程的角度去理解的。在运动之初，一位朋友以沉重的口吻问他："你看，将来的演变，该是怎么样？"他说他也说不出来。但他又紧接着告诉朋友死于法国大革命狂潮却仍坚信人类无限进步的启蒙思想家康多塞（现译孔多塞）的故事，并说："我们也许会碰到像康多塞这样的遭遇的，但社会还是进步的，康多塞并未因此而对人类的进步有所失望呢！"

这年夏天，台湾海峡形势突然紧张。这应证了 1958 年 1 月 14 日，王济慈到香港和曹聚仁晤谈时的推断——和谈既不成，局势必然会有新演变。不幸而言中。新演变发生在 1958 年 8 月。

1958 年 8 月 23 日，福建厦门前线，人民解放军万炮齐发。厦门对岸的大金门岛、小金门岛及其所有港口、海面，全在解放军的远程大炮射程内。硝烟弥漫，炮声隆隆，短短一小时就落下 2 万颗炮弹。

金门岛上的国民党官兵吓得晕头转向，到处乱奔。金门总指挥官胡琏和美国总顾问，刚从地下指挥所走出，炮声一响立刻缩了回去。如果炮轰推迟5分钟开始，胡琏与美国总顾问算是死定了。不过在阵地上活动的两个美国顾问，后来还是葬身在炮火中。台湾的“国防部部长”俞大维头部和手臂被炸伤。另外，驻守金门的三个副司令赵家骧、章杰、吉星文一同丧生。这次炮战中还击沉、击伤大型运输舰一艘，使台湾、金门的海运一度中断。

这就是震惊世界的金门炮战。

炮战开始于下午5点30分，奇怪的是：一家早晨出版的报纸发了一个消息。标题是：

台峡战火重开配合杜勒斯访台　华沙谈判可能无限期休会

这张报纸远在新加坡，历史悠久，早在1929年就问世，它是《南洋商报》。

这样重大的军事行动，自然是最高机密，怎会在一家海外报纸上率先曝光？是谁向外透露了最高机密？

奇怪的事继续发生。炮战延续了6周。1958年10月6日，北京突然发表了国防部文告（即《告台、澎、金、马军民同胞书》），作出停火7天的决定。这文告是在10月6日发表的，而《南洋商报》有关的专讯却提早在10月3日就从香港转到新加坡。10月5日发出独家消息：

避免两败俱伤　国共酝酿直接谈判

明日起一周内停止炮击轰炸与拦截补给金马船只

香港第三方面分析此举将奠定未来直接谈判基础

据已公开的有关资料披露，《南洋商报》的这篇专讯有这样一段话：“据此间第三方面最高人士透露，最近已有迹象，显示国共双方将恢复过去边打边谈的局面。据云：在最近一周内已获致一项默契，中共方面已同意从10月6日起，为期约一星期，停止炮击、轰炸、拦截台湾运送补给物资在金门、马祖的一切船只，默契是这些船只不由美舰护航。”

是谁能从北京军方最高层一而再地获得最高机密？是谁泄漏军情？

这两则消息都冠了“本报驻香港记者郭宗羲”之名，当时海外媒体都曾跟踪追寻郭宗羲，然而在香港《南洋商报》办事处，只有个办事员郭旭，他不是写新闻的。当面问他，他说：“这是曹聚仁从大陆把稿传到香港，再由我传到新加坡。”他还说：“郭宗羲这个名字还是当年《南洋商报》的总编辑李微尘起的（李微尘后任新加坡政府外交部部长）。如果问商报是不是有个驻港记者叫郭宗羲，那当然没有。”他又说：“据我推测，毛周为什么肯将这么机密的消息告诉无党派的曹聚仁呢？这恐是中共方面有意让曹聚仁以‘第三势力’的身份，出一把力以促进国共两党的秘密和谈……”

郭旭最后这句话是推测，但接近事实。曾任中共中央统战部秘书长、国务院副秘书长兼总理办公室主任的童小鹏回忆道：“8 月的一天，毛泽东接见了香港来大陆了解情况的记者曹聚仁，并谈了话。关于炮击金门行动让曹转告台湾，曹在《南洋商报》上透露了此事。”

原中共中央调查部部长、中共中央对台工作领导小组办公室主任、国务院副秘书长兼总理办公室副主任罗青长说：“1958 年‘8·23’金门炮战前几天，毛泽东主席接见了曹聚仁，将金门炮战的底细，主要是打给美国人看的，以避免美国人插手使台湾划海峡而治，让曹聚仁设法传递给蒋氏父子。曹聚仁也答应将消息传给蒋经国。周总理和我们也等着曹先生把消息传递给台湾。当时曹聚仁可能没有与蒋经国直接联系上，或者出于别的什么原因，但他为了执行毛主席交给的特殊任务，在迫不得已的情况下，后来在新加坡《南洋商报》以记者‘郭宗羲’的名义，发表了金门炮战的消息。”

曾任新华社香港分社台湾事务部部长的黄文放说：“在炮打金门之前，毛泽东已先透过四个渠道通知蒋介石，后来又找来《南洋商报》驻香港的代表曹聚仁，让他在炮战 4 天前就先透露这个消息。……后来炮战发生，证实了曹聚仁的‘独家新闻’。各国驻香港的特务情报机关，都急着要找曹聚仁进一步了解状况，害得他搬了好几次家。”

金门炮战是针对 1958 年以来台湾海峡出现的紧张形势（美国竭力推行“两个中国”，企图制造“划峡而治”的事实。蒋介石坚持“反攻大陆”，不断骚扰我沿海地区）而作出的战略行动。毛泽东亲自制定了“直接对蒋，间接对美”的方针。毛泽东亲自部署作战时，曾问叶飞：“能不能避免打到美国人?”叶飞回答：“无法避免。”林彪捉摸毛的意图，出了一个主意：“让正在华沙同美国进行大使级谈判的王炳南，给美国透露一点消息。”毛泽东没有采取林彪的建议，这就需要一个适当的人用适当的方法泄漏天机。

曹聚仁被选中。1958 年 8 月的一天，曹聚仁从香港到北京。毛泽东在北戴河开会，听到曹抵京，即回到北京。

童小鹏说：“我去新侨饭店通知曹，告诉他明日上午 10 时，主席接见。”……这就有了第一次的“泄密”。

炮击金门后，吓坏了台湾当局与美国人，他们一时弄不清北京的意图。以为这是中共攻台的序幕。美、台双方匆匆进行抵御准备。蒋经国亲到金门前线鼓舞士气，美方迅速提供几种先进武器装备。从地中海运来美国海军的浮动船坞，可以使补给艇在公海上卸货。还提供给金门守军一批榴弹炮，这种巨型榴弹炮口径大、射程远，还能发射原子弹。美空军还提供响尾蛇空对空导弹。

炮击近两周，9 月 4 日美国人终于表态，杜勒斯发表声明，暗示愿意同北京重开谈判（即华沙谈判），果然 9 月 15 日华沙谈判复会。北京既然弄清美国底牌，就决定“边打边谈，以打促谈”。接着北京又向台北提出重新谈判的呼吁。

9 月 8 日、10 日连续两天周恩来接见曹聚仁，要曹即回香港转告台方。周恩来在 9 月 10 日这样说：“……我们准备以 7 天的期限，准其在此间由蒋军舰只运送粮食、弹药和药品至金门、马祖，但前提条件是决不能由美国飞机和军舰护航，否则我们一定要向蒋军舰只开炮，内政问题应该自己来谈判解决，可以告诉台方，应该胆量大点，学学西哈努克的做法，美国可以公开同我们谈，为什么国共两党不能再来一次公开谈判呢?”到 9 月底，美国人进一步退却，表示要从金、马脱身。北京也即改变“打金、马”的决策，认为金、马“还是留在蒋介石手上好”。10 月 6 日，北京公开宣布停止炮击一周。曹聚仁又抢先发了这一消息。

这一阶段，曹聚仁频繁往返于大陆与香港之间，毛、周频繁接见他。10 月 13 日，周恩来陪同毛泽东接见曹聚仁。毛泽东说：“只要蒋氏父子能抵制美国，我们可以同他们合作。我们赞成蒋保住金门、马祖的方针，如蒋介石撤退金门、马祖，大势已去，人心动摇，很可能垮。只要不同美国搞在一起，台、澎、金、马要整个回来，金、马部队不要起义。”周恩来也说：“美国企图以金门、马祖换台湾、澎湖，我们根本不同它谈。台湾抗美就是立功。希望台湾的小三角团结起来，最好是一个当‘总统’，一个当‘行政院长’，一个将来当‘副院长’。”在这次毛、周接见后的 3 天中，15 日和 17 日周恩来又两次接见曹聚仁，足见对其倚重。

徐淡庐回忆说：“曹聚仁在江西赣南时代，与蒋经国很熟，曹聚仁与蒋经国那一批人也很熟。曹聚仁曾对我说，有一位与蒋经国十分亲信的王济慈曾来澳门来看过他。我们将情况向毛主席、周总理作了汇报。毛主席定了假戏真做的原则，毛主席就是让曹聚仁去宣传。金门炮战开始后，毛主席、周总理、陈毅副总理都接见了曹聚仁，让他赶快回到香港收集海外对金门炮战的反映。中央派我到广州蹲点，等待曹聚仁的消息，让他将消息告诉我，由我打长途给总理办公室。头一篇《告台湾、澎湖、金门、马祖军民同胞书》发表以后，周总理让童小鹏打长途电话给我，赶快收集香港反映，准备发表第二篇。两天之内送去。总理说要材料。派交通去香港收集材料，来来去去，最少也要10天。那可不行，没办法，两天之内绝对办不到。曹聚仁也没有新的消息提供过来。我们在广州实在得不到什么情报，于是想了一个办法。将香港所有的报纸，包括进步和反动的都收集起来。廖承志领导的侨委，有一条线设在广东。每一天派交通员将报纸取到，我便向童小鹏打电话。我报告总理，我也没办法，别的情报部门也拿不到消息，只能是报纸上的公开材料。总理说这也很好，明天飞机头一班送到北京。这样，我就解决问题了。后来回到北京后听说，我们花了那么多钱，在广东设了那么多情报部门，许多事情都办不了，为什么不设立秘密电台呢？童小鹏也对我说，还是你有办法，总理很高兴。总理也看了我写的报告。说徐淡庐的材料写得不错，观点也比较好。总理说这份材料别人写不出来，只有徐淡庐才能写得出来。徐淡庐这个人谨慎的很，他怕别人说出风头，故用广东省委调查部的名义。周总理说，是我派他去广东的，赶快让他打电报来。当时在广东设了许多情报部门。当时我给周总理写了报告，认为对曹聚仁虚实难定。听说周总理在我写的报告中'虚实难定'上画了圈。后来我与曹聚仁又回到了北京。到北京后，周总理让我向他当面汇报。那天，我等了很久。陈毅对我说，他要请总理去一个地方，你再等一等。结果总理对我说，我们出去一下就回来。结果到吃晚饭的时候，总理才回来，我就向他汇报。那次向周总理汇报时，我酒喝多了，记录稿也没记得很好，还好童小鹏也在，作了一些补充。我记得费彝民有一次向周总理汇报台湾问题，也说到曹聚仁的一些情况。我在日记中曾对此有概略记载：'逾一年（指1957年6月访问庐山、溪口那次——笔者注），曹某又到北京，1958年9月11日我又陪他5赴广州，因气候关系被阻宿长沙，12日始到。稍停他去港，我留穗，住一月左右，京、穗、港，我作了一个联络员，时紧时松，有忙有闲。在此期间发表了著名的《告台湾同胞书》，

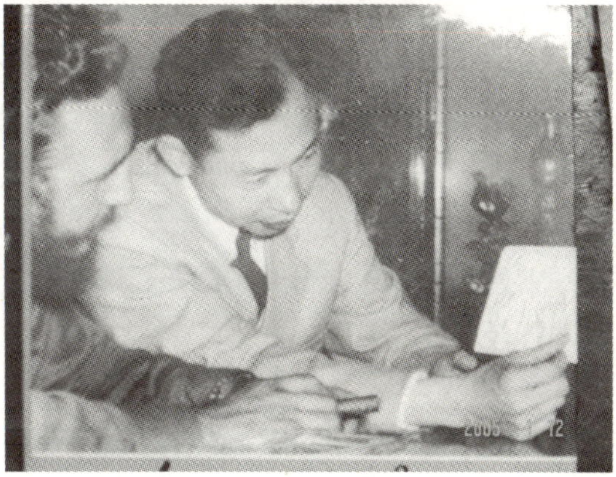

徐淡庐在大使馆工作时的照片

炮击金门，震动中外，政治风云时有变幻。我的工作有表扬，也有批评，可贵者数次面聆总理教言，毕生难忘。小鹏同志的诚恳、直率，印象殊深。在穗过国庆节以后，曹来，才同返北京。’我还记得陈老总（陈毅）对我说，他对王济慈讲，希望蒋经国派个代表团来，派人来谈判，国共和谈，让徐淡庐去当代表团的理事长，周总理看了笑了笑说，不是徐淡庐，是汪淡庐，王淡庐。毛主席与曹聚仁谈了话，有意识让他透漏过去。我对曹讲第三次国共合作，尽管可以放心，派人来谈。曹聚仁当时确实提出过一个意见，说在金门举行国共谈判。我们是准备让蒋经国到金门来。曹聚仁说，北京派人去最好，如果不去，他去金门会见蒋经国。”

值得特别一提的是，曹聚仁通过在大陆的所见所闻，尤其是这番接见后，终于放弃了他一生中坚执的自由主义旗帜。他在《北行二语》的《引言》中写道：“新环境对我的影响，却以这一回为最大。过去那几回，我看了许多使人兴奋的建设大业，只是兴奋而已，并不曾改变我个人的观点，我还以为个人保留‘自由主义’的立场是不错的。这回，我不仅仅是兴奋，而是变更了我的观点；我认为，我们在建设大业中，应放弃个人的自由主义观点。”“而今我决定收起了‘自由主义’的旗帜，（并不是别人要我收起，而是我自觉的，心中明白自己的浅薄无知，觉得应该收起的。）对于邦国大计，还是听从先觉者的领导不错。政治上的事，就是要切切实实去做，而且按部就班做通了才对，弹高调也没有用的。”

热线冷而未断，曹聚仁最后一次回大陆

世事悠悠，白云苍狗，倏忽就变化万端，确实难以逆料。

1958 年年底，曹聚仁还沉浸在因“金门炮战”所发的两则独家消息而带来的兴奋中。1958 年 12 月 18 日，曹聚仁在给曹艺的一封信中说：“我在南洋商报所发的电讯，恰到好处，也轰动了世界，这也是你们所想不到的。上回，就因为所发的电讯，把杜勒斯也吓坏了。这两个月，我一人住了四所房子，倒苦了我了。”这“四所房子”就是前面说到的“狡兔三窟”之意。

曹聚仁绝没有想到进入 1959 年后，海峡两岸间的热线冷了下来并且中断。是年 11 月他回香港后，直至 1972 年去世，就没有再来过大陆。

1959 年大陆局势剧变，8 月初“庐山会议”上彭德怀受到错误批判，开始“反右倾”，党内的路线斗争浮到面上。1958 年兴起了“大跃进”运动、大炼钢铁、思想改造运动……海外谣言纷起。

曹聚仁是这年 8 月回大陆的。党内忙于路线斗争也就无暇再顾及对台工作。曹到北京后，有关方面就安排他到东北走了一圈。回京后，曹参加 10 周年国庆盛典。

这次曹聚仁夫妇来京，又是徐淡庐全程陪同。

徐淡庐回忆：

“曹聚仁于 1959 年七八月间来北京正好赶上庐山会议，主要领导毛主席、周总理等都去参加了。曹聚仁为两岸和谈的有关工作，要等周总理回来才能谈。开始，曹聚仁在北京和天津采访。那时只有陈毅留在北京坐镇。1959 年 8 月 14 日，陈毅副总理找我谈话，让我陪曹聚仁夫妇去东北采访，越远越好，担心曹聚仁对最近政治的觉察。我在该天的日记中写到：‘正准备看文件，只一小时陈毅副总理叫去谈话，急赶往中南海，陈和杨奇清已坐着谈了。我先作了简单的汇报后，陈即对我此次任务作了重要指示。陈老总一贯谈话单刀直入，鞭入肺腑，而且襟怀宽坦，诚挚感人。每次受教都留下深深印象。初次到他的居地，平房、客室小得出奇，陈设亦简，比起我们的部长们差之甚远。身为元帅、政治局委员、副总理兼外交部部长，尚且如此俭朴，不失老一辈无产阶级革命家本色，我一辈子也学不完。归程中思潮起伏，深为自责，自己最近对工作有抵触情绪，这是很不对的，应该立即纠正，好好完成任务。原来近日陈老总在北京看家，成为暂时总负责人了。’”

徐淡庐陪曹聚仁夫妇去东北访问之前，已于 8 月 3 日起 10 余天陪同曹聚仁夫妇参观天津不少地方。

对此，徐淡庐在日记写道：

8 月 3 日，陪曹、邓来天津参观，算是第二次跟这一对打交道。孟秋江（天津市委统战部副部长）出面接触。

8 月 4 日，曹下决心要找宫白羽为《循环日报》写剑侠小说。

8 月 5 日，客人说，艾（指美国总统艾森豪威尔）、赫（指苏联总书记赫鲁晓夫）互访将会影响到中、美之间的关系。晚秋江来谈日程。

8 月 7 日，参观塘沽新港。

8 月 9 日，我写了给两个部（指统战部和调查部）的报告和日记。

徐淡庐晚年仍然读书看报，关心国家大事

8 月 11 日，回到北京，首先到统战部汇报，子正同志说，都到庐山开会去了，要我立即写好书面报告送到庐山去批示，以定下步行止。为了写报告，直至晚间 9 时以后才回到家里。

8 月 12 日，又在一个部（指中共中央调查部，现为国家安全部）汇报。

8 月 13 日，去统战部安排去东北参观的事，并通知曹、邓定 15 日启程。

徐淡庐在陪同曹聚仁夫妇东北行的过程中，也每天写日记。笔者摘录部分内容如下：

8 月 15 日，在统战部午睡，同金城同志谈后，即同曹、邓乘火车赴沈阳。

8 月 16 日，午后逛市容，到北陵照相，倒有一番风景。晚未陪看戏，太疲乏了。

8 月 17 日，上午看第一机床厂，下午看重型机器厂。曹还没有邓看得认真，但却喜欢东问西问，如有无文盲、待遇、房租和工厂负责人的出身等，还注意打听城市人民公社的情况。晚间省委统战部部长陈北辰请客人（曹聚仁）便宴。晚饭后还赶着去看了一场评剧《小白蛇与真假驸马》。

8 月 18 日，上午参观电缆厂。邓（珂云）对我说，曹问我是否还去西藏。曹的雄心很大，还想去西北、西南和西藏。

8 月 19 日，曹见我有日本著关于世界观的转变一书，认为很好，要买一本仔细看。下午经东陵去抚顺，一转眼 4 年半前来过，听了市委统战部郭洪林同志的概括介绍。晚看影片《上甘岭》、《画中人》。

8 月 20 日，上午看一个露天矿和石油厂，下午看大伙房水库。

8 月 21 日，第二次到鞍钢。

8 月 22 日，上午看大孤山采、选矿。曹说，共产党有组织能力。晚参加延安歌舞团同此间艺人、歌舞和剧团的联欢晚会。

8 月 23 日，曹对总理返京消息颇关心，试探参观日程有无改变。又注意新华社讯关于刘主席宴胡志明主席未注明地点。晚看延安歌舞团演出

《赤卫军》。

8 月 24 日，上午统战部的同志陪我一人去逛公园。我感到一个省级歌舞团有这样出色的演出，对客人来说也无愧的了，曹也叹服。

8 月 25 日，又继续我们向东的旅程。下午 7 点抵哈尔滨。

8 月 26 日，上午参观量具器厂。晚省委统战部负责人张瑞麟设便宴招待，宴毕观评剧《追鱼》。

8 月 27 日，上午看亚麻厂。下午近 4 点才去看革命烈士馆，客人似稍有触动。临时通知参加庆祝八中全会胜利闭幕的群众大会。

8 月 28 日，上午看锅炉厂。下午郊区看综合性的新法人民公社。晚张瑞麟来陪客人欣赏地方戏二人转（花园会）和鹿皮影。分别与张、毕同志谈了一下此次接待工作的收获。一致认为很好，小地方不够妥当，那是有关部门的同志今后应该注意的。明日去长春，客人仍有留恋之意，这就表明工作好。

8 月 29 日，在赴长春的火车上也睡了一小时。但总理的报告已发表，忍不住读完才算稍微心安。在车上督促曹读总理的报告。晚间省委统战部部长宋任远同志来说活动日程。

8 月 30 日上午只看了搪瓷厂。宋任远宴请，市委一书记以长春市政协副主席名义出席。晚看玻利维亚的芳达西亚歌舞团演出。

8 月 31 日，上午看第一汽车厂。晚上读八中全会内部重要文件，加上罗（青长）与我通长途电话时告诫我不要喝醉了酒胡讲，并表示担心，这使我长久不能入睡了。

9 月 1 日，整天整夜想到部里很担心我酒后失言而甚不安宁。同曹谈了一次，将他写给北京的信发出了。晚到吉林。吉林市委统战部部长是一位女同志，名叫贺高杰，四川老乡，13 岁就跑到解放区去了。上午到小丰满。晚看埃及影片《七月的风云》。

9 月 3 日，三大化工厂的规模实在很大。下午看鹿场。晚贺高杰宴请，饭后看罗马尼亚影片《在松林的后面》。

9 月 4 日，上午贺高杰一家（爱人关鹤童，吉林市副市长）陪游江南公园。中午出发，晚 9 时又返回沈阳。

9 月 5 日，同北京通了一次电话，大连不去了，决定 8 日乘晚车回京。

9 月 6 日，又开始参观活动。上午看西郊大青人民公社。下午参观变压器厂。晚看沈阳歌舞团演出《蝶恋花》。

9 月 7 日，我们仍不安于寂寞，看了东北工业学院。晚陈北辰、张盘新两部长来为客人（曹聚仁）饯行，我将活动情况做了简单说明，总的来说是好的，他们同意。晚看宽银幕影片《上尉的女儿》。

9月8日，下午4个小时完成了23天参观活动的报告，可以松一口气了。

9月9日，上午平安回到北京，结束了25天到东北各地的参观活动。

从此以后，徐淡庐再也没有接待过曹聚仁，因为曹聚仁再也没有回大陆。徐淡庐说："过去由于政治原因，我严守秘密，对曹聚仁为两岸和谈奔走一事，我一个字也不敢向外界透露。现在的形势很好，各界对曹聚仁曾为两岸和谈奔走的历史都很关心。由于工作上的关系，我与曹聚仁有过一段特殊的交往。现在我的身体又如此不好，如果不将这段历史向有关部门和后人说清楚，我对不住曹聚仁先生，也对不起国家。我希望有关部门要重视对曹聚仁的研究和宣传，这符合老一辈无产阶级革命家毛泽东、周恩来、陈毅生前对曹聚仁极其重视的历史事实。"

曹聚仁从东北回南方时路经南京，"主要不是为了归沪，恐怕是为了返港，可能有些新闻工作以外的事要赶着回去办"（夏衍语），不能下车去看望当时住在南京曹艺处的老母。母亲思儿心切，由曹艺陪同去下关车站接车。秋夜苦寒，白露凝霜，车又晚点，老母望眼欲穿，待见面，因车将开行，相见仅8分钟，拉手告别。而这一别，成了永诀。后来他赋诗一首："迷茫夜色出长栏，白发慈亲相对看；话绪无端环如茧，泪澜初溢急于汍；抚肩小语问肥瘦，捻袖轻呼计暖寒；长笛一声车去也，四百八秒历辛酸！"

这是充满感人的亲子之情的诗篇。

徐淡庐晚年仍然读书看报，关心国家大事1959年11月，曹聚仁自上海回香港，从此没有再回大陆，更没有和北京高层见面。

1958年，曹聚仁与女儿曹雷摄于上海

频频由港返大陆的曹聚仁，为什

么会突然终访呢？近年来有关曹聚仁研究的著作，对这一问题或语焉不详，或未作解答，或解答不完善。据曹艺回忆，曹终访的原因和江青有关。不知是1958年抑或1959年，毛泽东接见曹聚仁，曾和曹共进午餐，时江青也在座。因已多次接见，曹不再像前几次见面时那样拘谨，他本性又非常洒脱，宾主既相得，加上书生本色，心直口快，在席上滔滔不绝，谈起30年代上海文化界的一些逸闻与掌故。那天他说起蒋介石50寿辰，上海影剧界有人争抢祝寿演出，殊不知当年的蓝苹（即江青）就是争抢者之一。曹聚仁说漏了嘴，没有想到这触及江青最忌讳的丑史。事后周恩来知道了这事。为了保护曹聚仁，周恩来通过费彝民（大公报社社长）转告曹聚仁，以后不接通知就不要回来。这足见周恩来有预见，江青是会害人的。

进入20世纪60年代初，大陆“大跃进”运动导致经济建设受挫；中苏分裂，苏联索债；人祸加天灾，1960年起连续大饥荒……两岸和谈热线虽未完全中断，却也冷了下来。曹聚仁的大陆报道虽然还在写，与真实却隔了一层。这一点他自己也觉察到。他在《万里行记》的“前记”中，谈到徐霞客是他所心向往之的前贤，“看了他的游记，那么笃实，觉得我的报道，多少近于浮夸，要想传世，还差了一大截”。他这种勇于自剖的精神值得称道。

接着曹聚仁在公私两方面遭遇了困难。从公而言，办报失败。《循环日报》是政府和党在海外宣传的外围报纸之一，创刊于1959年10月，属侨务委员会，由廖承志领导。在香港，原由新华社香港分社负责指导，后孟秋江来港任《文汇报》社社长，乃与《晶报》同归孟秋江指导。曹聚仁任《循环日报》专栏主笔，并兼《晶报》专栏特约撰述。曹聚仁在该报全力以赴，力求把这张报办好。哪知事与愿违，办了3年半停刊，赔了150万元。从私而言，《循环日报》的停办，使他的经济陷入困境。雪上加霜的是《南洋商报》因政治形势的变化，解聘曹聚仁，固定的薪水就拿不到了，这使他生活更困难。加上身体又日坏。艰难困顿之情在多封家书中流露。“本来我应该回国去了，但兹事体大，北京和那边都不让我放手。”“我在做我的事，一直在拖着，因为世界局势时有变化。别人也只是挨着。做过婆婆的，要他做媳妇是不容易的。我只是做媒的人，总不能拖人上轿的。”“我也希望身体能好过来，我真的不想死去。”凄苦之情，溢于言表。

他只能等待着。好在两岸和谈热线虽冷但未断，这是因为蒋氏父子还有隐衷，需保持这种若即若离状态。蒋介石鉴于美国人的不可靠，随时都有被抛弃的可能，加上台籍同胞不满他的统治，他虽喊着“反攻大陆”，其实色厉内荏，“8·23”炮战中也领略了解放军武力的强大。

因此最好的办法还是两岸和谈。蒋经国更愿打“大陆牌”。这不仅因为他留学苏联，了解共产党，还因为民族大义是众心所归，蒋经国注意到了这一点。正因如此，也就有了后来的“柳暗花明又一村”。

“明月依然在，何日彩云归”

时光如流水，这一等又是多少年!

“山重水复疑无路，柳暗花明又一村。”曹聚仁焦急等待的一天，终于来了！那是1965年。距曹聚仁首次回大陆已整整10年。

这是一个意想不到的成果。

曹聚仁有位朋友叫王方，曾在香港杂志《七十年代》上发表一篇《记一次中国统一的秘密谈判》。写这篇文章的时间是1978年4月21日。该文提供了一个秘闻。

王方的文章一开头就说：“这是一次实现中国统一的差不多已成功了的谈判；不过北京与台北都从未对此发表过一个字。我因为在人事安排方面，曾帮了负责谈判的三位主角之一的一些小忙，承他（指曹聚仁——笔者注）告诉我谈判经过与双方同意的条件。现在三位主角中两人已归道山，只蒋经国尚存。可是，蒋经国在今天的地位与立场，决不会承认此事的。天下政治家的否认，本来与恋爱中女孩子的撒娇一样，口中说‘不’，心中却在说‘是’!”

王方接着说，国共“曾两度合作，为国家民族建立了大功：一次是北伐，一次是抗战”。他断言：“因此第三次再度合作，使台湾、大陆和平重归统一，金瓯无缺，也是情理中的事。”以下就是该文的核心：

“14年前，大约在1965年，大陆‘文化大革命’发生前，蒋介石外受美国各种约束，内受台湾籍同胞反对其统治的压力，使这位刚愎的老人颇有意与中共谈判统一。蒋经国奉命，与以前他在赣南任行政督察专员时，曾以师友相视的当时居留香港、而与北京当局有一定关系的历史学者与老作家曹聚仁先生接洽。经过了一段时间的酝酿与筹备，蒋经国在极秘密情况下，派了一条小船，专程来港迎接曹聚仁先生前去台湾。曹先生登岸的是一个冷落的小港口，登岸以后，立刻坐直升机前往台中日月潭的蒋氏官邸。”

与王方所说有不同说法的是：“蒋经国移樽就教，坐了一艘军舰，开到香港海外，接他上去商谈”。曹艺回忆与此相同。曹艺还说到，曹聚仁秘密去台北前，曾安排他们的胞妹曹守三（她住澳门）先去探明意向，她回港后不久，遂有G公（即蒋经国）的专程接驾。蒋经国亲来并非纯为接驾，主要和曹商谈相关重要问题。准备工作做得充分就可加快谈判进程，因曹不能久留，时间一长总是不妥。再说蒋经国也要摸清北京意向，同时也要向曹交老先生的底。这个说法合情合理。

香港——台湾，一衣带水，很快就到目的地。过海时不仅风平浪静，而且也没有碰上美军舰艇。先兆就很吉祥。自然是平安到达。

曹住进日月潭宾馆，略事休息。日月潭是“台湾八景”之一。这是一个很大的天然湖，湖中有一个小岛，北面半个湖宛似日轮，南边的湖形同上弦月。湖上水光潋滟，碧波荡漾，千年老树倒映水中……与杭州西湖可媲美，又别具妩媚。不过，曹在1946年曾来过，此刻也无心观赏。

翌日，蒋氏父子接见。甫见面，曹出示毛泽东给蒋的一首《临江仙》词，其中有“明月依然在，何日彩云归”，道出毛“国共再携手，一笑泯恩仇”的诚意。老人说了奖勉的话，小先生说了“今后还要仰仗”。

谈话时，始终只有他们三人。

曹充分发挥他的史才识见，经过几次商谈，说得老人有所松动，很快得出了结论。在谈正务之余，曹聚仁和蒋经国也谈家常。曹雷说，父亲临终前“在医院时，父亲还曾讲起，有一次和蒋经国会面时谈到各人的孩子，我父亲说了我们的情况。蒋经国却叹息自己的儿子不争气，不学好，母亲说这次谈话地点是在日月潭”。

根据王方回忆，曹聚仁和他谈到双方同意的统一条件是：

一、蒋介石偕同旧部回到大陆，可以定居在浙江以外的任何一省区，仍任国民党总裁。北京建议拨出江西庐山地区为蒋介石居住与办公的汤沐邑。

二、蒋经国任台湾省长。台湾除交出外交与军事外，北京只坚持农业方面必须耕者有其田，其他内政完全由台湾省政府全权处理。以20年为期，期满再行洽商。

三、台湾不得接受任何军事与经济援助；财政上看困难，由北京照美国支援数额照拨补助。

四、台湾海、空军并入北京控制。陆军缩编为4个师，其中1个师驻在厦门、金门地区，3个师驻在台湾。

五、厦门与金门合并为一个自由市，作为北京与台北间的缓冲与联络地区。该市市长由驻军师长兼任。此一师长由台北征求北京同意后任命，其资格应为陆军中将，政治上为北京所接受。

六、台湾现任文武百官、官阶、待遇照旧不变。人民生活保证只可提高，不准降低。

这6项条件无疑是圆满的。曹作为牵线搭桥的人，至此可说功成有望。完成使命后，曹聚仁被礼送回香港。

对于这段秘史，台湾涵碧楼纪念馆得到了印证。著名作家叶永烈到台湾参访时特意到涵碧楼纪念馆寻找史料，他是这样写的：

曹聚仁先生

我曾多次前往台湾。在国民党中央党部，我拜访了国民党的党史研究室，希望从蒋经国的“大溪档案”中，查阅曹聚仁的相关档案。令我惊讶的是，国民党党史研究室的研究人员居然不知曹聚仁其人！

其实，这也从一个角度反映出，当年台湾当局对于密使曹聚仁的保密工作做得十分到位。

2003年1月，我来到日月潭畔，下榻于著名的涵碧楼。

蒋介石非常喜欢日月潭，游日月潭必住涵碧楼。1949年，蒋介石下令翻新、改建涵碧楼。从此，涵碧楼成为蒋介石的行宫。

日月潭旅游局告诉我，涵碧楼有一个专门的纪念馆，收藏蒋介石在涵碧楼的史料。我赶紧回到涵碧楼，希望能够参观这个纪念馆。我前往涵碧楼总台，这才得知，这个纪念馆如今由于乏人问津，“门虽设而常关”。总台小姐笑道，难得还有像先生这样的人，会对蒋介石仍感兴趣！

于是，总台小姐派人打开尘封已久的纪念馆，让我参观。一进纪念馆，迎面便见到蒋介石、蒋经国在涵碧楼的大幅照片。蒋介石在台湾有10个行宫，他最喜欢的行宫便是涵碧楼。纪念馆里按照当年的原样，复原蒋介石在涵碧楼的办公室。据说，内中的桌椅都是原物，清一色的红木家具。那红木太师椅上，铺着大红绣金缎垫。

我注意到，纪念馆里的档案透露，1958 年 8 月 23 日，当毛泽东下令炮轰金门的时候，已经预感到海峡两岸局势紧张的蒋介石，正住在涵碧楼思索对策。当金门急报传到涵碧楼，蒋介石在涵碧楼紧急召开高层会议，商量对策。

在纪念馆里，我的眼睛忽然一亮，因为在那里见到一个熟悉而富有神秘色彩的名字——曹聚仁！

我在涵碧楼纪念馆的《风云际会涵碧楼——两岸关系滥觞地》说明词中，见到这么一行字：

民国四十五年（引者注：即 1956 年）七月，蒋公亲点香港作家曹聚仁前往北京，周恩来在颐和园与曹见面，提出“第三次国共合作”，“只要政权统一，其他问题都可以坐下来共同商量安排”的构想。

这说明词清楚表明，选择曹聚仁为“密使”，乃是“蒋公亲点”。

我在涵碧楼纪念馆又见到这么一段说明词：

民国四十五年（引者注：即 1956 年）十月三日下午，毛泽东在中南海怀仁堂接见曹聚仁，毛对蒋的态度，已从蔑视转向容忍，并承认他在中国现代史上的作用，并有“准备和自己的政敌握手”的想法。

我还注意到涵碧楼纪念馆的说明词中，有这么一段不寻常的话：

民国五十四年（引者注：即 1965 年）七月二十日，蒋介石、蒋经国父子在涵碧楼，听取曹密访北京报告，形成一个与中共关系和平统一中国的谈判条款草案，当时称为“六项条件”。其中第一条即为蒋介石仍为中国国民党总裁，可携旧部回大陆，也可以定居在浙江省以外的任何一个省区；北京当时建议以江西庐山作为蒋介石的“汤沐邑”，意即台湾最高长官在中国内地的起居与办公之地。

所谓“汤沐邑”，原本是周朝的制度，诸侯朝见天子，天子在自己直属领地上赐以供住宿以及斋戒沐浴的封邑。北京方面建议给蒋介石以“汤沐邑”，不言而喻，只有深谙中国文史的毛泽东才会用这样的特殊语言。

台北日月潭涵碧楼纪念馆的说明词证实，曹聚仁此行的准确日期是 1965 年 7 月 20 日。“蒋介石、蒋经国父子在涵碧楼，听取曹密访北京报告，形成一个与中共关系和平统一中国的谈判条款草案，当时称为‘六项条件’……”，看来王方所说是属实的。

为着实现这些条件，曹聚仁仍在奔走着。在王方的回忆里也曾谈到："曹聚仁先生因第五条规定的那位师长兼市长人选，必须北京与台北双方都能接受的陆军中将，颇难挑选。原来内定的人，年老逝世。他要我征求一位朋友同意，出任国共桥梁的要职。所以他特别邀我去，告此一切。我当然很乐于为促成国家统一而尽一点力，立刻就动身到那个朋友居住的城市，征求他的意见。这位朋友是一位文武全才，品格尤其廉洁高超。1949年后，他一直居于海外恬淡清苦地生活，虽历经蒋介石等多次邀请，始终不愿重作冯妇。经过我一再劝以大义，他也同意了这个工作，并曾与曹聚仁先生面谈过几次。"

这足见曹聚仁确实费了一番心力。无奈"谋事在人，成事在天"。正当"和议"即将实现时，大陆发生了史无前例的浩劫，即"文化大革命"。消息传到台湾，蒋氏父子由疑虑到改变决心，祖国统一的谈判亦告中断了。

真是"为山九仞，功亏一篑"。但曹聚仁仍像海岸灯塔中的守望人，在港澳坚守岗位，等待新时机。

但曹聚仁最终没能等到这一天。1972 年 7 月 23 日，曹聚仁因罹患癌症，病逝于澳门镜湖医院，终年 72 岁。他的夫人邓珂云在侧。临终，曹聚仁曾反复自语："我有很多话要向毛主席、周总理说。"病故后，周恩来总理特批曹聚仁长女、次子前往澳门奔丧。

在病重之际，曹聚仁还念念不忘自己肩上的重任，他曾致函联络人费彝民，忧心自己身后的两岸搭桥人，还自称自己是"海外哨兵"。不妨抄录如下，以为曹聚仁奔走两岸费尽心力之佐证。

彝民我兄：

弟老病迁延，已经五个半月，每天到了酸痛不可耐时，非吞两粒镇痛片不可，因此仍不敢乐观。酸痛正在五年前开刀结合处，如痛楚转剧，那就得重新开刀了。医生说，再开刀便是一件严重的事，希望不至于如此。在弟的职责上，有如海外哨兵，义无反顾，决不作个人打算，总希望在生前能完成这件不小不大的事。弟在蒋家，只能算是亲而不信的人。在老人眼中，弟只是他的子侄辈，肯和我畅谈，已经是纡尊了。弟要想成为张岳军（指张群——笔者注），已经不可能了。老人目前已经表示在他生前，要他做李后主是不可能的了。且看最近这一幕如何演下去。

昨晨，弟听得陈仲宏先生（指陈毅——笔者注）逝世的电讯，惘然久之。因为，弟第一回返京，和陈先生谈得最久最多。当时，预定方案，是让经国和陈先生在福州口外川石岛作初步接触的。于今陈先生已逝世，经国身体也不好，弟又这么病废。一切当然会有别人来挑肩仔，在弟总觉得有些歉然的！

叨在知己，略尽所怀。即颂年祺！

弟曹聚仁顿首

(1972年) 1月12日

罗青长肯定曹聚仁沟通两岸高层

曾经是毛泽东主席、周恩来总理接见曹聚仁时负责接待工作的当事人之一，原中共中央调查部部长罗青长回忆：

曹聚仁是通过费彝民介绍来大陆采访的。在我的印象中，曹聚仁对毛泽东十分佩服，与周总理、陈毅副总理都很谈得来。在1955年万隆会议之后，1956年周恩来总理在全国政协会议上提出解放台湾有两种方式，一是武力方式，一是和平方式，争取用和平方式解放台湾，在这种情形下，曹聚仁于1956年7月来到北京，周总理很重视曹聚仁，还和陈毅副总理在颐和园请曹吃饭。毛泽东主席也接见曹聚仁一次，目的是将我们的对台政策通过曹聚仁传给台湾当局，台湾当局主要是蒋介石、蒋经国父子和陈诚三个人。我们知道曹聚仁与蒋经国过从甚密，曾为他办过《正气日报》。毛主席十分重视曹聚仁，毛主席讲政治性"试探气球"。

当年曹聚仁来北京居住新侨饭店及外出参观采访，都是我具体安排的。当时中央对对台工作十分重视，专门成立了中共中央对台工作领导小组，是毛泽东主席、周恩来总理直接负责的，具体的事务性工作由我负责。曹聚仁回香港后，将他去台湾和蒋经国见面的经过、怎么谈的内容用复写纸写成报告向我们汇报。周总理、陈毅副总理和中央统战部的徐冰部长都对他很重视，认为他是台湾当局派来刺探、了解我们对台政策底细的，而且我们在香港指定联系人——《大公报》社社长费彝民与他联系。我们对曹聚仁这位老朋友，以及他的老朋友马树礼、宦乡都很熟悉。我与曹聚仁也常见面。台湾当局一方面想摸清共产党的底，另一方面又怕被别人知道。这不是曹聚仁的原因，而是蒋氏父子不可能让曹聚仁，也不可能让任何人公开插手，不留文字，这种心理状态是可以肯定的，蒋氏父子心胸很狭窄。

罗青长还谈到曹聚仁在澳门逝世前后的情况。他说：

晚年曹聚仁

曹聚仁先生在香港、澳门生活比较清苦，后来患了癌症，我们委托费彝民照顾曹聚仁，也是周总理的意见。中央对曹聚仁先生的生活，从经济上也给予了一些帮助。我和周总理都知道曹聚仁的病情。让他定居澳门养病、治病，也是周总理的决定，认为在香港特务比较多，在澳门可进可退，当时澳门的知名人士何贤、马万祺，都是全国人大代表或是政协委员，常来北京。曹聚仁住院的澳门镜湖医院院长为柯灵，与著名老作家柯灵是同名同姓，30 年代的老党员。根据周总理的意见，我具体安排邓珂云去澳门照料病重的曹聚仁。曹聚仁逝世后，又及时安排曹聚仁女儿曹雷、儿子曹景行去奔丧。周总理安排曹聚仁的家属去澳门照料和奔丧送别，很不简单，当时去港澳很不容易，费了很大的周折。曹聚仁在澳门逝世后，周总理委托费彝民主持公祭，有关悼词和曹聚仁家属的答谢词，都经周总理过目同意，突出曹聚仁在解放后，曾从事爱国工作，有所贡献。在我的记忆中，在曹聚仁家乡曾经立过一个不太大的墓碑，这事是由我主管的，墓碑碑文是周总理定稿的。周总理当时说，曹聚仁盖棺论定，称得上是“爱国人士”，并亲自为其墓碑拟写碑文：“爱国人士曹聚仁先生之墓”。周总理认为曹聚仁生前为两岸和平统一事业而羁留港澳，未能回到大陆，应将其骨灰送到他家乡浙江兰溪安葬，让他叶落归根。曹聚仁为两岸和平统一事业奔波的“爱国人士”，是完全可以肯定的。

曹聚仁走了爱国之路，毛泽东主席、周恩来总理、陈毅副总理都希望曹在两岸关系上有所作为，但由于各种原因，包括蒋介石他们只想了解共产党对台的底细，没有诚意，也不愿声张，因此曹聚仁的努力没有成功，这是他力所不能及的，最后在澳门善终，为两岸和平统一大业贡献了毕生精力，这种爱国精神是值得肯定的。周总理在当时肯定曹聚仁是“爱国人士”，这很不容易，那时还是“文革”中期，周总理自己的处境也很艰难。

曹艺认为他胞兄曹聚仁奔走海峡两岸是历史事实，他以为曹聚仁是“现代鲁仲连”、“现代东方但丁”。曹艺生前回忆：

1956年曹聚仁首次回北京，当天就到我的寓所，并把母亲及一家老小接到新侨饭店叙居几个日夜，一切费用都由接待部门包下。我问哥，是谁让他回来，所为何事，怎会受到政府如此破格接待。哥这样回答：“五六年来，在香港写了不少文章，出了几本书，毛主席都看到了，挨了右边左边的谩骂与攻击，毛主席也注意到了，指示周总理派人来动员我，要我回来看看真相。周总理太忙，他不可能看那么多书报的。你知道我是个既不能令，又不受命的绝物，但是士为知己者死，北京既如此重视我的通过和平谈判来统一祖国的建议，则我当然愿意俯首甘为孺子牛了。今后回到香港去效法灯台守的生活，步武但丁走过的道路，我既不受台湾派遣，也不是北京的密使，只受中华民族的指挥，听从人民牵着鼻子走。”

曹艺还说到李光耀任新加坡总理前，有到北京参观、学习的意愿。曹首次到北京时和周总理谈及此事。周总理表示欢迎。没多久，曹聚仁就陪同李光耀来北京并同住新侨饭店。基于此事，曹艺说：“说明曹聚仁多次晋京，并不是专门为奔走和谈的。对北京、对台湾都不曾担任任何职务，也没有受过什么俸禄，到两地，都受过贵宾上客的优待，只望事有成就。对于事成之后，两地当局都未许过给以什么利禄，他自己也从不曾有过什么要求。他只求后半生能有个安静环境，让他读书，写完几种文史哲学著作。”

马树礼先生是曹聚仁生前好友，曾任台湾国民党中央党部秘书长、国民党第十三届“中央评议委员会主席团”主席、“大陆工作指导小组”召集人、国民党“总统府”资政。他也回忆了曹聚仁为两岸曾做过事。他说：“记不得是哪一年，好像那时他已到澳门住了，我忽然接到聚仁兄一信，信里隐约含蓄地谈到国家前途问题，但并无一字提到经国先生，我把原信送给经国先生看，后来经国先生在见面时口头告诉我，信是看到了，他要我不必回信，他也没有把信退还给我，可能是毁了，不然倒是今日最好的纪念品。”

曹聚仁对自己奔走两岸的行为又是怎样看的呢？他在回忆录《我与我的世界》中写道：“许多年前，我曾以但丁自比，并非我会那么狂妄，会以但丁的天才及其伟大成就自比，而是以但丁的立身处境自况。但丁的心中，对于社会革命与国家统一这两种工作的先后轻重，常是彷徨苦闷，不知应当把那一方面看得重要些？后来，他终于为谋国家统一而努力了。这是我走的路子。”

在曹聚仁诞辰105周年时，程思远、童小鹏、罗青长、张岱年、季羡林、刘吉、方汉奇等纷纷为纪念曹聚仁题词，充分肯定了曹聚仁的爱国行为和在新闻、文学等方面的成就。

全国人大常委会副委员长程思远先生题词：“学习聚仁先生治学精神，为弘扬中华文化作贡献。”“此对弘扬爱国主义，树立治学楷模，具有重大意义。”

原国务院副秘书长兼总理办公室主任、中共中央统战部副部长童小鹏题词：“曹聚仁先生为祖国统一事业奔波的爱国主义精神值得学习和发扬。”

原中共中央对台工作领导小组办公室主任兼总理办公室副主任、中共中央调查部部长罗青长题词：“为祖国统一大业，贡献了毕生精力。”“周恩来总理生前对曹聚仁先生的评语：‘爱国人士曹聚仁先生’。”

原中国社会科学院副院长刘吉题词：“爱国爱书，学人典范”。

学界泰斗、北京大学著名教授季羡林题词：“聚仁先生是鲁迅先生的朋友，著作等身，在中国文坛上功不唐捐，中国学人会永远怀念他。”

1994年11月3日，著名老作家柯灵先生在信中写道：“曹聚仁先生对中国进步文化贡献甚多，值得后人纪念研究。”并为纪念曹聚仁先生亲笔题词：“曾闻涛声惊永夜，漫托鸦鸣作直言。”

北京大学著名教授张岱年题词：“博学贯通古今，直言垂范；坚持爱国之志，晚节可风。”

著名老报人冯英子先生题词：“行万里路，无愧记者；写百本书，不负此生。”

中国新闻史学会会长方汉奇称赞“曹聚仁的成就是多方面的。他既是一位名教授，名记者，名编辑，名作家，也是一位著名的社会活动家”。“曹聚仁的一生，是多姿多彩的一生。这种多姿多彩，使他具有多方面的学识和素养，成为具有多学科交融的通识的专家。”“在20世纪的学术史、文学史、新闻史和政治活动史上，曹聚仁无疑都是一个值得纪念的大师级人物。”

曹聚仁胞弟曹艺生前给曹聚仁研究会发起人柳哲的信中对先兄这样评价：“我认为曹聚仁以一个海外孤臣‘灯台守’的心情，奔走海峡两岸，呼吁祖国统一，是为了自己是中华民族之子孙，自甘情愿，为民族利益而尽一个书生之责的千古一人，并非台北的特使，也非北京的密使。”

童小鹏在周恩来身边见证两岸风云

童小鹏（1914~2007），福建长汀人。1930年，他16岁时投身革命。参加过五次反“围剿”和二万五千里长征。一直随周恩来在西安、南京、武汉、桂林、重庆等地八路军办事处负责秘书、机要工作。曾任中共中央南方局秘书处长、秘书长，中共代表团副秘书长。1947年3月，他回延安后，先后任中央城工部、中央统战部副秘书长、秘书长。1958年至1966年任国务院副秘书长兼总理办公室主任。“文化大革命”初任中央办公厅副主任，“文化大革命”中被下放干校。1973年回中央统战部，1977年任中央统战部副部长。1982年退居二线，任中央党史资料征集委员会副主任。童小鹏是中共第八、十一次全国代表大会代表，第二、三届全国人民代表大会代表，第五、六届全国政协常委。2007年7月18日在北京病逝。

一次偶然的机会，我得知原总理办公室主任、中共中央统战部副部长童小鹏在北京治病，正住在中央统战部大院内。于是就提出访问他的请求，88岁高龄的童老欣然同意，讲述了在周恩来的直接领导下，他所亲历的对台工作，见证了当年波诡云谲的台海风云。

见证对台政策的调整

上个世纪五十年代初期，我们的对台基本方针是武力解放台湾。后来由于国内国际形势发生了新的变化，我们的对台政策及时作出调整，提出了和平解放台湾。

1955年4月，周恩来率中国代表团赴印度尼西亚参加万隆会议。行前毛泽东和党中央确定“可相机提出在美国撤退台湾和台湾海峡的武装力量的前提下和平解决台湾的可能”。会后，经过苏联、英国、印度等国的斡旋，1955 年 8 月 1 日，中美两国在日内瓦正式举行了大使级会谈，中美之间开始有了外交上的接触。这为我们和平解放台湾创造了必要的外部条件。

1955 年 7 月 30 日，周总理在一届人大二次会议上再次指出愿意采取和平方式解放台湾。

到了 1956 年，我们的对台方针政策又有新的发展。1 月 25 日，毛泽东在第六次最高国务会议上提出准备进行第三次国共合作。根据这一精神，1 月 30 日，周恩来在全国政协二届二次会议上正式宣布对台基本方针，号召“为争取和平解放台湾，实现祖国的统一而奋斗”。

周恩来总理还身体力行，亲自做国民党上层人士的工作。

童小鹏回忆：1956 年 3 月 16 日，周恩来总理在中南海西花厅接见李济深的前卫士长马坤时说，如果你到了台湾，请你向蒋介石和你的其他朋友转达几句话。你可以向他们说，蒋介石是我的老朋友，他认识毛泽东，也认识我。我们同他合作过两次。最后一次谈判是在南京。那次谈判破裂后，打了 3 年内战，至今还没有结束，但是我们从来没有把和谈的门关死。任何和谈的机会，我们都欢迎。我们是主张和谈的，既然是和谈，我们就不排除任何一个人，只要他赞成和谈。周恩来总理还说，蒋介石还在台湾，枪也在他手里，他可以保住。主要的是使台湾归还祖国，成为祖国的一个组成部分，这就是一件好事。如果他做了这件事，他就可以取得中国人民的谅解和尊重，而这件事也会像你所说的那样载人历史。

童小鹏说，“为了加强对台工作，中央决定成立对台工作领导小组，周恩来直接领导对台工作。小组的工作由李克农、罗瑞卿负责，徐冰参加，罗青长、凌云和我做具体工作。建立了对台工作办公室，办公地点设在中南海。那时我还在中共中央统战部当秘书长，先前就已经接触了对台工作。1958 年 4 月，我调到总理办公室后，直接在周恩来的领导下继续参加对台工作。”

由于党和政府采取了一系列和平解放台湾的措施并取得了成效，逐步影响到台湾内部，引起了美国的不安。毛泽东指出：“台湾只要同美国断绝关系，归回祖国，其他一切都好办。”美国不愿看到中国的统一和强大，继续插手台湾问题，企图制造“划峡而治”的事实。在美国的唆使下，台湾当局也坚持抱着“反攻大陆”的幻想，不断出动军队，以金门、马祖为基地，对大陆沿海地区进行骚扰活动。

1958 年 7 月，美英相继出兵侵略黎巴嫩、约旦，中东局势骤然紧张。蒋介石则以“中东地区当前的爆炸性局势”为由，在台湾发布特别戒严

周恩来的风采

令，美国也下令第七舰队处于战备状态。平静几年的台湾海峡又出现了危机。

童小鹏说：“当时我正随周恩来在上海视察工作，接到黄河花园口出现百年不遇的大洪水。周恩来立即中断视察工作，7 月 18 日亲赴黄河岸边现场指挥抢险，一直工作 18 个小时没有休息。随后，他立刻赶到北京，同毛泽东及中央政治局常委们研究处理台湾海峡危机。”

1958 年 8 月 23 日，在毛泽东的领导下，周恩来亲自组织了炮打金门的重大军事行动。用炮火与台、澎、金、马保持“联系”，维持中国内战的态势，利用金门、马祖这个包袱，拖住美蒋，粉碎美蒋达到“划峡而治”的计划。毛泽东在炮打金门的前几天还接见了香港知名记者曹聚仁，让他把我们主要是对美不对台的底细转告蒋氏父子。

虽然海峡两岸在军事上又交了火，但祖国大陆并没有放弃争取和平解放台湾的种种努力。我们通过各种渠道，采取各种办法，继续开展对台工作。

陪同总理接见特赦战犯

确定了争取和平解放台湾的基本方针后，如何处理好国民党战犯就被提上重要的议事日程。周恩来根据毛泽东主张对国内战犯“一个不杀”的原则，最早于 1956 年 1 月提出了“可放十几个战犯看看”的意见。毛泽东经过考虑，认为特赦释放时机尚早，但同意并确定了实行特赦释放这一大方针。

根据周恩来指示，公安部于 1956 年初就把 200 多名被俘的国民党高级将领集中在北京功德林战犯管理所进行改造管理，开始允许这些战犯与家属自由通信，还可以接待亲友来访。

“当时我是总理办公室主任，在周恩来直接领导下，也参与了改造处理国民党战犯的一些具体工作。”童小鹏谦虚地对笔者说，脸上的笑容很慈祥。

根据周恩来的指示，改造工作采取多种办法。首先组织他们成立学习委员会，学习党的政策，开展讨论，进一步清理思想；同时组织他们到全国各地参观，看看新中国社会主义建设取得的伟大成就；还坚持思想改造与劳动改造相结合的方针，安排他们参加一定的劳动。周恩来除了在物质生活上关心他们外，他还在思想改造方面花了不少心血。曾先后委托原国民党高级将领和爱国民主人士张治中、程潜、邵力子、章士钊、傅作义等人到关押国民党战犯的功德林去看望他们，做耐心的说服和开导工作。这些都取得了很好的效果。黄维起初思想很顽固，不参加思想改造，后来患了心脏病，有关部门想方设法为他治病。黄维很受感动，随后就消除了抵触情绪，还积极参加一切改造活动。

童小鹏生平图片展览

经过几年的学习、劳动和教育，功德林的国民党高级将领思想已有了很大转变。鉴于此，1959年9月14日，毛泽东代表党中央向全国人大常委会建议，在庆祝中华人民共和国成立10周年的时候，特赦一批确实改恶从善的战争罪犯、反革命罪犯和普通刑事犯。9月17日，二届人大九次常委会讨论通过了毛泽东的建议。同日，国家主席刘少奇发布特赦令。

童小鹏说：我记得《人民日报》还发了题为《改恶从善，前途光明》的社论。这一举动在国内外引起了巨大反响。

最高人民法院根据国家主席令，于1959年12月4日特赦首批战犯33人，其中原属蒋介石集团的30名。到1964年4月，又先后特赦释放了5批战犯，加上这一次特赦的共6批296人。

周恩来一直关心他们的生活、学习和工作情况。遵照周恩来的指示，

1959年12月14日，中央统战部组织安排周恩来在西花厅接见首批特赦的11名人员。

童小鹏回忆道：

这个事是我具体负责的。下午3时，周恩来在国务院副总理陈毅、习仲勋的陪同下来到西花厅，陪同接见的还有中央统战部副部长徐冰及著名民主人士张治中、邵力子、傅作义、章士钊、屈武等，我和罗青长也参加了。溥仪因住在他五妹家，单独用小车去接他，迟到了几分钟。当他赶到时，徐冰指着他诙谐地给大家介绍说："这位是清朝末代皇帝溥仪，他是抚顺管理所第一批特赦的。"溥仪当时身穿一套蓝色棉制服，戴着一副深度近视眼镜。徐冰介绍完，他转身向大家频频点头致意。在座的大都是第一次见到溥仪，没想到这位就是3岁就登基的"小皇帝"。

1963年11月10日，周恩来与溥仪夫妇交谈

11人中，除了溥仪、陈长捷、卢浚泉外，都是黄埔军校的毕业生，也是曾任黄埔军校政治部主任周恩来的学生。当周恩来出现在大家面前时，这些人既惊喜万分，又感到十分羞愧，觉得对不起当年的黄埔老师，真不知该说什么好。周恩来同他们一一握手表示祝贺。当他走到一位头发花白的老者面前时，叫了声"曾扩情"。这位黄埔军校第一期毕业的"扩大哥"，曾经在政治部任少校科员，跟随周恩来参加过第一次东征，他想不到时隔30年周恩来不忘他的名字和面容。他泪流满面，抬起头来半晌才说了一句话："周先生，我走错路，对不起你！"当周恩来走到溥仪面前时，和他拉起了家常。溥仪说到了他过去的罪行，表示要继续反省。周恩来说："溥仪先生，你在清末登基时才3岁，可以不负责任，但伪满时代你要负责任。"溥仪激动地流着眼泪说："周总理……"再也讲不出话来了。

周恩来挥手示意大家坐下，以他那特有的炯炯有神的目光环视一周，询问了每个人的身体健康状况和家庭情况。当听到杨伯涛介绍说，他的妻子没有追随胡琏的第18军逃往台湾，而是自食其力抚养子女上学。周恩来点头微笑，连连称“好”。周恩来又询问了杜聿明的年龄和健康情况。杜聿明回答说：“已经55岁，身体健康。”周恩来说：“还年轻嘛，还可以为国家做不少事情。”杜聿明听了周恩来勉励自己的话，非常内疚地说：“学生对不起老师，没有跟老师干革命，走到反革命道路上去，真是有负老师的教导。”周恩来说：“你过去是有罪的，认识了，愿意改就好嘛！说起来，这不能全怪你们，我也有一定责任。你是黄埔的学生，我当老师的没有把你们教育好，走上了另外一条路。”杜聿明非常感动，心情激动地一再表示要改造自己，戴罪立功。周恩来还寄语杜聿明向台湾传话说：“海峡两岸人民的心是连在一起的，我们是一家人……希望蒋介石、陈诚、蒋经国团结起来，反对美帝国主义。”

周恩来与大家分别交谈后，郑重地说：“政府对战犯实行特赦是赦人不赦罪。就是说，你们经过教育改造，有悔改表现，实行特赦，已经不是犯人，是公民了。但过去的罪行是不能赦免的，要作为教训，继续改造自己。”

如何改造自己呢？周恩来对他们谈了4个问题：即立场问题、观点问题（包括劳动观点、集体观点、群众观点）、工作和生活问题、前途问题。这些问题都非常富有针对性和教育意义。在谈到工作和生活问题时，周恩来还特地嘱托要做好妥善安排。

周恩来最后说：“爱国一家，不分先后，来去自由。你们愿意的话，可以留在北京，想去台湾也可以。回去后想再来也可以，要到别的国家也可以。”

周恩来讲完后，章士钊就说：“在共产党和毛主席领导下的新中国，对各位进行特赦，这在我国历史上是第一次，希望大家要按总理的讲话指示去办。”

接见一直持续到下午5点才结束。这11人依依不舍地向周恩来鞠躬告别，愉快地离开了西花厅。

这次接见，对这些特赦人员的思想震动很大。此后，中央统战部根据周恩来的指示，除安排周振强赴浙江原籍、杨伯涛到湖南原籍探亲外，随即把散住其他旅馆的8人都集中住到崇文门内的崇内旅馆。溥仪也从其五妹家迁过来和他们一起组成一个学习小组。这期间，中央统战部派了专人指导他们进行政治学习，还组织他们参观了北京的名胜古迹和工农业生产情况。以后还为愿住外地和亲属团聚的曾扩情、卢浚泉、陈长捷、邱行湘这4人做了妥善安置，行前还为他们在全国政协礼堂举行欢送宴会。自愿留在北京的溥仪、杜聿明、宋希濂、王耀武、郑庭笈5人，以及回原籍探亲后又返北京的周振强、杨伯涛2人，经过一段时间的政治学习和劳动锻炼体验生活后，1961年3月经中央同意，全国政协常委会通过，即都被任命为全国政协文史资料研究委员会专员，正式参加国家机关工作，获得了新生。

周恩来对后来的几批特赦战犯也同样很关心。1963年11月10日，中央统战部又安排了一次接见活动。

童小鹏回忆：

我又具体负责安排这次的总理接见。这次接见的是康泽及前四批特赦的留京人员及家属40多人。陈毅副总理及张治中、傅作义等爱国民主人士，中央统战部副部长徐冰，北京市委统战部部长廖沫沙，陪同周恩来接见，我和罗青长也一同参加。

下午4时，周恩来等一行来到人民大会堂福建厅。大家就座后，陈毅首先说："总理很惦记各位，特邀请大家来这里见面谈谈。总理为此亲自打电话通知我，要我来参加。我也是政协副主席，对各位也负有责任，很愿意来参加这次集会，和大家见见面。"他谈到台湾最近放出一些流言蜚语，说特赦人员还没有得到真正的自由，表态说："请大家不要有顾虑，把话讲出来，以便采取措施。"杜聿明等人立即表示："我们的生活、行动都很自由，一切统由自己安排，没有任何人干预，请两位总理放心。"

周恩来夫妇与陈毅夫妇游桂林

周恩来接着讲话，说明了接见的缘由。他说近两年由于国内国际的事情较多，没有机会同大家常见面，现在前三批特赦释放人员的工作已得到安置，第四批人员集中学习参观也即将结束，有几位要离开北京回家乡去，因此，找这个机会见面谈谈。

周恩来谈古论今，旁征博引，从西太后讲到蒋介石，形象地说明了我党统战政策是在总结历史经验教训的基础上提出的，是有利于民族和人民的大团结的。

周恩来还进一步解释陈毅提到的“自由”二字。他说：“大家对于陈毅副总理提出的‘自由’这两个字，要有正确的理解……对于‘自由’问题，陈毅同志提了出来，提得很及时，我希望大家多多考虑，最好多学点马列主义哲学理论，从根本上解决这个问题。”

周恩来随后介绍了有关台湾的情况，并又一次强调了立场问题的重要性。谈话中再次表达希望蒋氏父子和陈诚团结一致共同对美、早日回到祖国怀抱的真诚愿望。接见结束后，周恩来还邀请全体人员合影留念，并在新疆厅设宴招待了大家。

这些特赦释放人员，都很感激党和政府的宽大政策，认为党和政府给了他们第二次生命，表示要继续学习、改造，为祖国建设和统一大业贡献余生。我们通过这些人把党的对台方针政策传到社会各界，传到港、澳、台以至海外，产生了不可低估的影响。

1964年，根据党中央的决定，全国政协特邀了杜聿明、溥仪、宋希濂、范汉杰、王耀武、廖耀湘6人为全国政协委员。党和政府的宽大与信任，使他们受到了巨大的鼓舞，他们利用广播、书信和撰写文章等各种方式为祖国统一大业而积极工作。侨居海外的特赦释放人员也不忘周恩来的嘱托，积极为统一大业奔走呼号，发挥了特殊的作用。

我们对战犯“一个不杀”，并给予宽大释放，使台湾当局感到意外，阵脚大乱，不敢面对这一人心所向的现实。台湾当局封锁消息，称是中共的“统战阴谋”，可等到有些特赦释放人员回到台湾与亲人团聚，其宣传也就不攻自破。

我们考虑到，美国一直干涉中国内政，插手台湾问题，从根本上说是美国为了其自身的利益，而绝不是为了台湾人民。因此，从民族的长远利益出发，对台工作的指导思想也要不断地调整和发展，并对蒋介石表现出合作的诚意和灵活性。

周恩来亲自做台湾上层工作

进入六十年代后，美国的对华政策有了改变。美国一方面加强与中国政府的接触，另一方面又向台湾当局施加政治、经济压力，继续推行“两个中国”的政策，美蒋矛盾加深扩大。毛泽东认为这是我们开展对台工作的好时机。1960 年 5 月 22 日，毛泽东经与周恩来研究商讨后，在中央政治局常委会上确定了对台的总方针是：台湾宁可放在蒋氏父子手里，不能落到美国人手中。我们可以等待，解放台湾的任务不一定我们这一代完成，可以留给下一代去做。毛泽东还提出了对台的具体政策，周恩来将其归纳为有名的“一纲四目”。

“一纲”：台湾必须统一于中国。

“四目”：（1）台湾统一于祖国后，除外交必须统一于中央外，台湾之军政大权、人事安排等悉委于蒋介石。台湾可以派人来参加中央政府的领导工作，中央政府不派人去台湾担任领导职务。

（2）台湾所有军政经济建设一切费用不足之数，悉由中央拨付。

（3）台湾的社会改革可以从缓，一俟条件成熟并尊重蒋介石的意见，协商决定后进行。

（4）双方互约不派遣特务，不做破坏对方团结之举。毛泽东讲，你不派白色特务，我不派红色特务。

为了把中共和谈的诚意和信息传递到台湾，我们通过与国共两党高层都有深交和影响的张治中、傅作义、李济深、邵力子、章士钊等民主人士，分头寻找线索和渠道转达。

童小鹏回忆：

1962 年，有一次，周恩来邀请张治中、傅作义、屈武等在钓鱼台吃饭。席间谈到台湾问题，周恩来希望他们写信给台湾当局，告诉他们不要轻举妄动。后来屈武给于右任写了信，张治中、傅作义给蒋经国、陈诚等人分别写了信，转达了周恩来的意思。

对于中共的一片诚意，蒋介石也曾派了一些人来。周恩来分析，这是蒋介石的一种政治手腕，想刺探我们的高级情报，摸我们对台政策的底牌。有一次派了四个人，三个到北京，一个留在香港。毛泽东和周恩来也会见了其中几个人，并说这些人带来了各种消息，真真假假，假假真真，不论是真是假，是虚是实，一时也判断不清，只要我们心中有数，以假当真，假戏真做，最后弄假成真。

我们建议和平谈判解决台湾问题，虽一时难以实现，但也确实对台湾产生了影响，两岸关系有了相当的缓和与发展，并达到了“促蒋拒美划峡而治”和“联蒋抗美”的目的。毛泽东指示，解决台湾问题要靠实力派，主要是指蒋氏父子和陈诚，但蒋陈之间也有矛盾，我们做了些工作化解。蒋介石第三次连任“总统”，我们捎了话，表示赞成，支持蒋，促进他们内部团结。

1961年下半年，美国邀请陈诚访美，企图在是否从金门、马祖撤退的问题上离间陈诚和蒋氏父子的关系，扩大他们之间的矛盾，实现“两个中国”的目的。毛泽东、周恩来经过分析，决定以促进他们之间的团结来击破美国“拉陈抑蒋”的阴谋。

童小鹏摄影作品

周恩来明确表示：“我们希望蒋介石、陈诚、蒋经国团结起来反对美帝国主义。”他认为陈诚“还有些民族气节，看来不会被美国牵着鼻子走”。陈诚赴美前，周恩来请人提醒台湾当局要加强内部团结，即蒋、陈的团结，把军队抓在手里，美国就不敢轻举妄动了。周恩来申明：只要他们一天能守住台湾，不使它从中国分裂出去，那么，我们就不改变目前对他们的关系。希望他们不要过这条界。

8月，陈诚访美。美国国务院将1955年以来中美大使级谈判的记录拿给他看，想以此进行拉拢。陈诚看后对人说：“中共拒绝美国一切建议，而坚持美舰队及武装力量退出台湾的做法，不受奸诈，不图近利，是泱泱大国风度。”

鉴于陈诚思想的发展，周恩来进一步抓紧了争取台湾的工作。1963年初，周恩来请张治中、傅作义致信陈诚，阐明台湾的处境与前途，说明今日反台者并非中共实为美国，而支持台湾者并非美国实为中共。中共这样做是为了维护国家主权与领土完整之不可侵犯性。谈到对台湾的政策时，信中除重述过去对台湾回归祖国后的建议外，并作了更具体的说明。不久，周恩来又请有关人士转告陈诚："台湾归还祖国以后，可以行使更大的自治权利，除外交以外，军队、人事均可由台湾朋友自己来管。"周恩来表示，过去送去的一些信件虽然大都是以个人名义写的，但政府是支持的，我们个人在政府中担负的工作可以变更，但对台湾政策是不改变的。

周恩来代表中共表达的和谈诚意和提出的具体建议对台湾当局深有影响。陈诚表示说，他要对历史作交代。只要一息尚存，决不会接受"两个中国"。

1963 年 7 月。周恩来获悉陈诚提出辞职的消息后，于 9 月约见张治中、傅作义商议此事。周恩来分析陈诚辞职不外三个原因：美国压力、内部矛盾或真的有病。他说："不管台湾形势如何，我们的政策只要老小合作。"

年底，周恩来出访亚非 14 国期间绕道广东，会见去台湾的有关人士，希望他转告陈诚及台湾当局，美国正采取更多的行动，要把台湾变成一个独立政治单位，而国共两党可以在反对"两个中国"问题上形成统一战线。我们不会因自己强大而不理台湾，也不会因有困难而拿原则做交易。如果单从我们方面看，台湾归回祖国固然好，即使暂缺那也无损于祖国的强大地位。我们是从民族大义出发，是从祖国统一大业出发。今天祖国的四周边界问题已解决，唯独东南一隅尚未完满，这个统一大业应该共同来完成。

1965 年 3 月，陈诚病逝。陈诚是个有民族气节的人，他留下的遗言中，既没有提"反共"，也没有提"反攻"。他向蒋介石进言：对中共不能反潮流；不能为外国动用台湾的兵力；不能信任美国；不能受日本愚弄等。陈诚的这种态度说明他还是有爱国心的，也说明周恩来争取他支持祖国和平统一大业的一片苦心没有白费。台湾的国民党右派想在陈诚的遗言中，加上"反共反攻"一类的内容，陈诚夫人不同意。她找到蒋介石，蒋介石同意不修改。这说明，蒋介石当时的态度也是耐人寻味的。

陈诚去世后，周恩来继续坚持不懈地对台进行争取工作。他不止一次地讲到：对台工作急是无用的，今后可能会拖下去，我们这辈子如看不到祖国统一，下一代或再下一代总会看到的，"我们只要播好种，把路开对了就行"。

周恩来南海绝密之行

原南海舰队司令员吴瑞林同志生前有一篇回忆文章，讲述的是 1963 年他接受任务为周恩来总理的一次护航行动。各大媒体对此事炒得沸沸扬扬，更增加其神秘感。事隔40多年后的今天，童小鹏披露了曾经一度被媒体热炒的“秘密”。

据吴瑞林回忆：

1963年底，海军通知我和东海舰队司令员陶勇前往北京，参加一个重要会议。会议结束后，时任总理办公室副主任的罗青长同志突然到我的房间。他说：“我来向你传达一个重要任务。总理要去视察珠江口，还有两位首长同总理一起去，再就是童小鹏同志和我，还可能有广东省公安厅厅长或副厅长，人数不多。”

我问：“需多少时间?”他说：“5天以内。”我回到舰队以后，分头打电话通知有关人，并作周密安排，决定将一条大登陆舰先到内零丁洋等岛进行训练，实际上是对香港进行观察警戒，一条中型的登陆舰放在三灶岛进行训练，实际是对澳门进行观察警戒。另外两条扫雷舰、两条猎潜舰和一条巡逻艇，做好出海的一切准备工作。在一天半之内，黄埔港来了个大整顿，到处充满了迎接外宾的节日气氛。

第5天，总理按时来视察黄埔，与总理同来的有陈毅副总理、张治中先生，他们由陶铸同志陪同从新州乘船到达黄埔，我到新州将他们接过江来。到了舰上，总理向大家招手致意，然后与陶铸同志、王副司令员等握手告别。

天将黑时，舰艇来到了零丁洋锚地抛锚。第二天，吃完早餐，总理等上岸到万山要塞防区，晚上又回到舰上。总理用了两个多小时的时间，把5条舰都看完了。回来之后，总理登上了指挥塔，看到了香港、澳门的夜景。总理说：“你选择的这个锚地好啊，既看到了香港，又看到了澳门，两者都看得清清楚楚，我很感兴趣。”看完之后，总理下到舰长室（临时作总理的寝室）。

总理说：我来时，毛主席要我向你传达一个任务，就是要你们准备执行“援越抗美”的任务。中央一些领导同志曾研究过，以后中央还要召开会议正式研究讨论。

毛主席指出两个方向：一个方向是海南岛西部和北部湾，目的是迂回越南配合南越的正面进攻，这个范围小一点，预计顶多是美国两个师，吴庭艳三四个师，蒋介石三四个师，美国亦有可能出现两个到三个航空母舰来掩护其进攻。大约共有十万人吧。

另一个方向，是范围大的，美国对我国再来一次局部战争，美国可能来六七个师，蒋介石、吴庭艳各来十多个师，在湛江登陆，湛江有军港，有商港，有飞机场，有铁路，可以直达柳州，使其向我进攻的条件具备，可直接威胁我三线后方。估计它会如此。此外，蒋介石可能在东南沿海登陆，香港的英国人亦可能来配合，我们也不怕，毛主席决心已下，再来打一场战争，打了再建。毛主席已下了这个决心。中央领导同志都同意了毛主席这个意见，所以毛主席指示，南海舰队要进入全面的备战。

总理又说：你将战斗准备的重点放在海南岛西部和北部湾。在北部湾就是你们这个舰队，再加上广西的韦国清，对此你可先不传达，钦州五个县划给广西，对此中央已决定了，这样打起仗来就更方便了，其他战备问题你都可向舰队其他领导同志传达。若敌人在湛江登陆，打大一点的局部战争，中央拟组建北部湾战略指挥部，机构还是你们这个机构，指挥机关还是这个指挥机关，由吴瑞林任总指挥，韦国清任政委。

第二个问题，中央决定要东海舰队搬出上海到浙江去选点，要南海舰队搬到湛江。中央决定拿出3000万元作为搬运费，每个舰队给1500万元人民币，各建20多万平方米的营房足够了。此项作为国家建设的重点项目。三大材料由国家调拨。

总理接着又说："这次我来，所讲的这些都是毛主席要我向你讲的。就是这些了。你向舰队常委传达以后，你和王政柱同志的工作重点就要放在南海舰队的全面备战和舰队搬家的问题上了。可以及时向我们报告请示。"

这天晚上，海上风平浪静。第二天上午9点钟了，总理还没有醒来。童小鹏主任说："可以叫总理起床了，总理已经多睡了一个小时啦。"总理醒来，看了看表，高兴地说："我多年来都没有睡过这么多个小时啊。"总理起来后，和大家合影照相，然后下舰告别。

直到31年后的1995年春节，罗青长在和吴瑞林见面时才透露了总理这次绝密之行的目的。原来当时周恩来总理与张治中副委员长到广东省边境，与两位能沟通国共两党关系的人进行秘密会晤。在这次重要的秘密边境会晤的几天里，南海舰队在附近的海域里进行了小分队军事演习，以掩护会晤的顺利进行，也确保了周总理一行的安全。

这次会晤沟通了当时的台湾当局（蒋介石、陈诚、蒋经国）与大陆，在都主张只有一个中国的问题上，事实上达到了默契，使国共两党有了一定基础的共识。当时由于高度的保密，中央未对吴瑞林同志说明此行的详情。在回顾完这段历史后，吴瑞林同志很欣慰地说，他这才知道 1963 年 12 月的护航使他有幸完成了一项重要的政治使命。

对于这次周恩来的秘密会晤，曾经在原国家安全部部长罗青长回忆吴瑞林的文章中得到证实。1997 年冬天，北京改革出版社出版了一本《最可爱的人》，这是一本专为南海舰队司令员吴瑞林所编的纪念文集。就在这部纪念文集中，有一篇特别令人注目的文章，题目是《他曾为周总理护航——回忆吴瑞林同志二三事》。此文约有 5000 余字，作者就是罗青长。

1963 年 12 月 14 日，周总理访问亚非 14 国

他写道："1995 年春节，我去吴瑞林家中看望他，老战友见面，分外高兴，促膝长谈，一起回忆当年一起工作与战斗的情景……1963 年 12 月初，周恩来总理与张治中副委员长到广东省边境，与能沟通国共两党关系的人进行秘密会晤，我当时任中央对台办主任，参与了此次鲜为人知的活动……"

罗青长的话言简意赅，三言两语就说明了这桩纷传多时的重大事件确有其事。罗青长在谈到周恩来赴南海的起因时这样说："为了保卫总理的安全，并使会晤不被干扰，我奉命去找当时任广州军区副司令员兼南海舰队司令员的吴瑞林同志，向他传达并说明了此行的重要性及保密要求，他当即表示，对中央赋予的使命坚决执行，并立即部署。"

在谈到周恩来到广东以后的情况时，罗青长说："会晤前夕，周总理、张治中副委员长顺访了广东省的一些地方，在参观了黄埔军校旧址后，来到了黄埔港，并由吴瑞林陪同，检阅了南海舰队部分官兵。随后，周总理、张治中副委员长登上了海军的一艘护卫舰，开始了秘密的航行……在从广州到边境的预定会晤地点，海上要有一天多的行程。为了照顾好周总理的休息，吴瑞林同志令护卫舰低速行驶，使发动机噪音减小到最低程度。恰好当天夜晚，海面上风平浪静。第二天到达目的地后，周总理精神百倍地对大家说：'这一晚是几年来睡得最安稳的一夜。'登岸后，周总理还向全舰官兵亲切致谢……"

对于这段历史真相，作为亲历者童小鹏自然知情。他说："1963 年，我随周恩来率中国政府代表团出访亚非欧 14 国。在广州停留时，周恩来于 12 月 7 日乘海军南海舰队兵舰视察珠江口前线部队。经有关部门安排，周恩来秘密会见了一位特殊的客人——香港文化界知名人士张稚群。张正准备去台湾，周恩来要他转告台湾当局，美国正准备采取更多行动搞"两个中国"，而国共两党可以在反对"两个中国"的问题上取得一致。我们不会因自己强大而不理台湾，也不会因自己有困难而拿原则去做交易。我们是从民族大义出发从祖国统一大业出发考虑对台政策的。"

见证李宗仁"叶落归根"

正是多方面的工作，也促成了国民党前"代总统"李宗仁先生于 1965 年 7 月回归祖国。这是当时轰动整个世界的大新闻，也是国共关系史上的重大事件。

蒋介石跑到台湾后，名为国民党"代总统"的李宗仁则借口就医滞留香港，并从香港去了美国。1954 年，他被蒋介石免去了所有职务，李宗仁成了流落异国他乡的平民。

1955 年 4 月 23 日，周恩来在万隆亚非会议上发表声明，呼吁中美两国坐下来谈判，讨论缓和远东及台湾地区紧张局势问题。周恩来的讲话，使李宗仁倍感兴奋，萌发了"叶落归根"的念头。6 月 11 日，李宗仁在纽约发表了《对台湾问题的具体建议》，指出"台湾是中国领土完整的一部分"，"在中国人之间，如果假以时日，没有不能解决的事。经过一段和平共处的时间，就可以召开一个全国会议，由自由中国人士与中国共产党试行解决他们之间的一切问题"。

对李宗仁态度、立场的变化，我们已经注意到。此后在周恩来的直接领导下，有关部门便开始了争取李宗仁归国的秘密工作。

1956 年 5 月，经李济深出面邀请，李宗仁的秘书、曾任"总统府"秘书长的程思远第一次到北京。5 月 13 日，周恩来在中南海紫光阁宴请了程思远，并提出欢迎李宗仁方便的时候回来看看，我们将给予各种方便和协助，保证来去自由。

时隔 3 年多后，1959 年 9 月 24 日，建国 10 周年前夕，程思远第二次到北京，周恩来又在紫光阁接见了他。童小鹏说："当时我和罗青长也陪同接见。这次程思远带来了李宗仁的一封信，表示愿将收藏的一批名画古董献给国家。在给李济深的另一封信中，李宗仁第一次向中共表达了'落叶归根'的愿望。"

周恩来对此非常重视，在接见程思远时说："李宗仁回国的时机目前尚未成熟，将来我请你到欧洲去同他谈谈再说。"当时李宗仁在美国已被监视，周恩来出主意，让李宗仁到欧洲再绕道回国。周恩来还对程思远说，你转来德邻先生的信，他自愿将珍藏的字画古董献给国家，这是他爱国主义精神的表现，政府考虑接受。

李宗仁说他在当北平行辕主任时，有 12 箱字画古董，花了 11 万美元购买的。周恩来便要中央调查部派人将这批字画古董从香港接回，并召集故宫博物院的文物专家鉴定，结果仅值 3000 美元，大部分是赝品，并报告了周恩来。童小鹏说："总理说我们给 3 万美元吧。当时我和罗青长都感到已够大方了。但周恩来报告了毛泽东后，毛泽东说这叫'投石问路'，我们的统战工作要讲策略，就给了 12 万美元。"李宗仁得知后说，共产党不简单，是识货的。1960 年春，李宗仁派他的夫人郭德洁到香港，收受了这笔外汇。

正当我们积极着手准备迎接李宗仁归国的工作时，1964 年 2 月，李宗仁在美国一家报纸上发表了一篇文章，文中说希望美国政府能随法国一样和中国建交；但他又讲朝鲜战争是中国发动的，这一观点立即在国际上产生了不好的影响。

但李宗仁很快认识了错误，我们也给予谅解。经过一段时间后，1965 年 2 月，毛泽东在一份文件上批示：

总理：

似应欢迎李宗仁回国，去年向美报投书问题，无关大局，不加批评，因为他已自己认错了。

1965 年春，周恩来提出：李宗仁回国的时机已成熟。住在美国新泽西州的李宗仁得到信息后，6 月 13 日离美飞瑞士。周恩来得知后，要程思远速来京商议李宗仁回国的具体问题。他嘱托国务院秘书长周荣鑫、中央统战部部长徐冰、全国政协秘书长平杰三和童小鹏向程思远转告有关安排意见：

（1）政府发给李宗仁先生一笔回国旅费，由程思远带往瑞士面交；

（2）同时发给程一笔旅费，请他去瑞士把李接回。

程到苏黎世后，将有负责此事的同志同他联系，帮助他解决有关问题。程思远离京后立即飞瑞士见李宗仁，开始实施回国的行动计划。

7 月 13 日，李宗仁摆脱了台湾国民党特务的纠缠跟踪，飞离苏黎世，前往巴基斯坦卡拉奇。7 月 16 日，改乘巴航班机飞广州。7 月 18 日，李宗仁夫妇一行飞抵上海，受到周恩来、陈毅、彭真、贺龙等党和国家领导人的盛情迎接。李宗仁最后实现了“叶落归根”的夙愿。

周恩来亲自迎接李宗仁归国

争取李宗仁归国的成功，是我们党确定和平解决台湾问题方针后做了大量工作的结果。这件事对台湾当局是一个很大的刺激和震动，同时也促进了对台工作的进一步开展，影响深远。

1966 年“文化大革命”开始后，对台工作也同样受到冲击和破坏，原来那些领导对台工作以及做具体工作的同志大都被打倒。童小鹏说：负责对台工作的罗瑞卿、杨尚昆被“打倒”，徐冰、孔原“靠边站”，罗青长被“造反派”挂在“孔原黑线”上挨批斗。我也于 6 月调到中办任副主任，1967 年 1 月，被“造反派”夺权“靠边站”，我所从事的对台工作也一度中断。”

参加四届人大筹备工作

1969 年 1 月，童小鹏到“中办五七干校”去劳动改造。1973 年 8 月，童小鹏回到中央统战部，参加中央统战部的三人领导小组，领导中央统战部系统（包括人大、政协机关、民委、宗教）的业务工作和“批林批孔”。

童小鹏于 1958 年 4 月从中央统战部调到国务院总理办公室，至此已 15 年。事隔 15 年之后，童小鹏又回到中央统战部，房屋设备依旧，人事已变动了不少。1973 年 1 月，中央统战部下放湖北沙洋“五七干校”劳动的干部全部调回，都各回原处室。当时还实行“军管”，军管小组组长刘友法是 1968 年从海军政治部来的。童小鹏说：“原来全国政协的副秘书长李金德是在 1972 年最早结合的老干部。他们两人有矛盾，中组部就把我调去组成三人小组，同志们简称‘刘李童’。”

童小鹏拍摄的毛泽东在开国大典上唯一的彩色照片

李金德是随徐海东长征到陕北的，抗战时期和童小鹏一起在国统区做机要工作，是老战友。1972 年 9 月童小鹏还在京待命的时候，他就约童小鹏去参加爱国老人、原国务院华侨事务委员会主任何香凝的追悼会，第二天《人民日报》发表参加追悼会的人员名单，其中也有童小鹏的名字。照 70 年代初期林彪反革命集团垮台以后全国形成的一个惯例，《人民日报》上发表中央领导人参加的政治活动新闻，同时报道参加者的名单，基本上就等于宣布这些同志已经“解放”，从“牛棚”里出来工作了。所以童小鹏的名单见报后，许多老朋友都打来电话向他表示祝贺。

据说，早在 1972 年 9 月周恩来总理就认为撤销中央机关军管组的条件已经成熟，要以各部的党的核心领导小组来恢复中央机关的正常领导体制。但是，这个意见没被毛泽东采纳。

周恩来一直很重视对台工作，尽管对台工作因“文革”而一度中断，但周恩来总是想办法去保护那些搞对台工作的同志，保护那些跟台湾当局能说得上话的上层爱国民主人士，想逐步恢复对台工作。他指示中央统战部军代表和李金德找廖承志商量，起草报告报中央逐个批准恢复统战活动和对台工作。比如，1973 年 2 月底，由全国政协出面，召开纪念台湾人民反蒋斗争的“二二八”座谈会，邓颖超讲话；3 月 12 日，纪念孙中山逝世 48 周年；4 月初，中央统战系统军管组组织在京部分上层爱国人士 120 余人，分别到中南（河南、湖南、广东）和华东（江苏、浙江、江西、上海）等地参观。

1973 年 8 月 24 日至 28 日，党的十大在北京召开。十大之后，党中央即着手筹备召开第四届全国人民代表大会。9 月 12 日，周恩来即照毛泽东主席的委托，主持召开中央政治局会议讨论四届人大的各项准备工作。会议商定，除发出准备召开四届人大的通知外，在政治局内设立组织工作、宪法修改和政府工作报告起草等三个工作小组，周恩来在担任整个筹备工作领导的同时，兼任政府工作报告起草小组组长。照毛泽东的安排，十大选出来的中央副主席王洪文要帮助患病的周恩来做具体组织工作，但王洪文上台之后却紧跟江青，和江青、张春桥、姚文元搞在一起，结成“四人帮”，阴谋篡夺党和国家的领导权，所以不但没有帮周恩来多少忙，倒是不时配合江青、张春桥、姚文元鼓噪什么“评法批儒”、“蜗牛事件”、“风庆轮事件”等，制造事端，攻击周总理和邓小平等老干部。

在筹备四届人大的组织工作中，王洪文也曾召集中央组织部、中央统战部的军代表研究参加四届人大的爱国人士、民主党派代表名单。由于他们极左的思想没有转变，大多数的爱国人士、民主党派代表都还没有“解放”，有的关在监狱，有的去“干校”劳动。所以王洪文他们排来排去，可以参加人大的只有十几个科学家一类的人。在极左思想影响下，国务院有关部门安排参加活动的爱国人士名单也都寥寥无几，周恩来看了很不满意，退回到各有关部门再议。

10 月 11 日，中共中央为召开四届人大发出《通知》，《通知》转述了毛泽东的意见：“无产阶级文化大革命，已经 8 年。现在以安定为好，全党全军要团结。”11 月，又传达了毛泽东“要把国民经济搞上去”的指示。

10 月中旬，中央通知叶剑英、邓颖超出面，同在京的党外人士协商四届人大的爱国人士的人选问题。周恩来也指示中央统战部要派领导干部参加四届人大的筹备工作，推荐党外人士参加。刘友法不了解民主人士情况，由童小鹏和李金德参加。

周恩来清楚地看到：四届人大整个筹备工作的关键在于班子配置、干部安排。“四人帮”也十分清楚这个问题，他们频频向主持中央工作的周恩来发难；邓小平一复出，“四人帮”攻击的目标又增加了邓小平一个。周恩来对“四人帮”的阴谋早有警觉．他抱着重病支撑工作，并花很大一部分精力去处理“四人帮”制造的许多麻烦，尽可能地稳定政局，尽快让一大批在“文革”中受冲击或“靠边站”的、久经考验的老干部重新出来工作，不让党和国家的领导权力落到“四人帮”一伙人手里。

对于老一代的领导人，周恩来在取得毛泽东的同意、支持下，积极安排邓小平出任中央政治局委员、中央军委委员的职务，亲笔草拟中共中央关于邓小平的任职通知。同时指示有关部门给“文革”中大批受迫害的当时还在“审查”的党政军高级干部落实政策。他想方设法让老一辈领导人董必武、朱德、陈云、邓小平、李富春、徐向前、聂荣臻、乌兰夫、谭震林、李井泉等在公开场合露面和见报，实际上等于为他们恢复名誉和扩大影响。1973年春季，他致信毛泽东建议抓紧“解放”干部，由中央组织部和解放军总政治部提出方案名单和材料，报告政治局审查通过。得到毛泽东同意后，他抱病主持政治局会议，讨论通过将要“解放”的部队的将军和党政高级干部的审查结论。

童小鹏摄影作品

据当时列席政治局会议的总政一位同志回忆：政治局会议一般在下午7点半召开，一次会议通常讨论四位同志的审查结论。每次会议总是“四人帮”发难，尤以江青、张春桥为甚。这样，会议往往到半夜还结束不了，经常要到次日凌晨3点才结束。许多老干部和部队的175位将军，就是在周恩来和朱德，叶剑英等人的力争之下，挫败了江青一伙设置的种种障碍得到“解放”的。叶剑英在“过桥”短诗中写道：“一匹复一匹，过桥真费力。多谢牵骡人，驱骡赴前敌。”那个“前敌”便是阴谋在四届人大夺取政治领导权力的“四人帮”了。

王洪文同中央统战部军代表拟议四届人大统战方面的代表名单才排了十几个人的事也报到中央了，毛泽东感到不满意，告诉周恩来说，像侯宝林、荣毅仁就应该让他们出来。周恩来根据毛泽东讲话精神，要统战部提名。我们便在文化艺术界、工商界找出一些人来。但那时这些人不是还没有“解放”就是还有“问题”未弄清，需要我们去调查清楚，并帮助他们落实政策。比如政协副主席沈雁冰（茅盾）是著名文学家，新中国成立后曾任文化部长、全国文联副主席、中国作家协会主席等职务，“文革”中却以“反革命嫌疑”的罪名被拘捕入狱。童小鹏说：“在筹备四届人大期间，我向有关负责人打听过这事，总说不清楚。我当面报告周恩来，他要我向公安部军管组负责人调查，要他们迅速审查结案。”公安部认真一查，便发现是一起冤假错案：有一个反革命分子与沈雁冰同名，“造反派”就以茅盾历史上脱离过党组织为由，把“反革命”的罪名栽到沈雁冰头上，经过康生批准逮捕入狱。问题查清后，周恩来立即报中央批准予以释放，让其参加政治活动，《人民日报》见报后，算恢复了名誉。

周恩来通知各部门，要经过调查研究，陆续为受“文革”祸害而蒙冤、“靠边”的上层爱国人士澄清问题，提出实事求是的审查结论。这些审查结论报周恩来审核，经毛泽东批准，终于从文化艺术界、民主党派和工商联各方面选出沈雁冰、夏衍、胡子昂、胡厥文、李烛尘等100多名代表，使民主党派和无党派爱国人士的代表人数达到237名。这个数字比第三届人大时党外人士的代表名额还少100多名，但那时“四人帮”一伙还在台上，在“左”的思想还占主导地位的情况下，能做到这一步已是很不容易了。可以说，这是为后来的恢复和落实统战政策开了一个好头。

四届人大筹备过程中，在一次工作会议上，周恩来看到童小鹏坐在会议厅的后排座位上，他特意点了童小鹏的名：“童小鹏，你老坐在后面。怎么不讲话？”“刚才李金德讲了，我没什么补充的。”童小鹏赶紧回答，“总理所以点我的名，是对我的鞭策和鼓励，他很清楚我在中央统战部工作过，情况比较熟悉，要我多动脑筋，大胆发表意见。”

“四人帮”利用筹备四届人大的机会，加紧篡权活动，阴谋组阁夺权。10月18日，“四人帮”秘密派王洪文飞长沙向毛泽东诬告周恩来和中央其他领导人。王洪文说：“北京现在大有庐山会议的味道”；“总理现在虽然有病，住在医院，还忙着找人谈话到深夜，几乎每天都有人去；经常去总理那里的有小平、剑英、先念等同志”；“他们这些人在这时来往得这样频繁和四届人大的人事安排有关”。妄图阻挠邓小平出任第一副总理，实现由他们组阁的阴谋。毛泽东当即批评了王洪文，对王洪文说，你回去要多找总理和剑英同志谈，不要跟江青搞在一起，你要注意她。20日，毛泽东指示唐闻生、王海容（两人都是毛泽东的翻译）回北京转告周恩来和王洪文：总理还是总理，四届人大的筹备工作和人事安排问题，要总理和王洪文一起管。建议邓小平任党的副主席、第一副总理、军委副主席兼总参谋长。毛泽东还指示唐闻生、王海容转告王洪文、张春桥、姚文元，叫他们不要在江青后面批东西。又在江青的信上明确批示：“不要由你组阁（当后台老板）。”当江青托人向毛泽东提出要王洪文当全国人大常委会副委员长时，毛泽东立即尖锐指出：“江青有野心，她是想叫王洪文做委员长，她自己做党的主席。”这说明，毛泽东晚年在这个问题上头脑是清醒的。

在周恩来的坚强领导下，四届人大的筹备工作顺利完成，1975 年 1 月 8 日至 10 日，中共十届二中全会由周恩来主持在北京召开。会议讨论了四届人大的筹备工作。会议决定将《宪法修改草案》和《关于修改宪法的报告》、《政府工作报告》以及全国人大常委会、国务院成员的候选人名单提请全国人大讨论。会议追认邓小平为中央政治局委员，选举邓小平为中央副主席、中央政治局常委。

1 月 5 日至 11 日，四届人大在北京举行为期一周的预备会议，全体代表讨论了大会的主要文件和其他准备工作。童小鹏照例负责大会党组秘书处工作。

童小鹏摄影作品

1 月 13 日，中华人民共和国第四届全国人民代表大会第一次会议在人民大会堂举行。出席会议的代表 2864 人。朱德委员长主持大会，张春桥代表中共中央作《关于修改宪法的报告》，周恩来代表国务院作《政府工作报告》。周恩来这时已患重病，身着略显宽大的深灰色中山装，面容清瘦，双目仍炯炯有神。他拿着邓小平主持起草的《政府工作报告》稿子，在主席台前的报告台上，用一种大家熟悉的声音，迟缓、沉着地向大会重申中国人民多少年来所企盼的实现“四个现代化”的宏伟目标。在场的代表尤其是那些久经磨难的老同志，有好多人已经很久没有见到患病住院的周总理了，此时此刻，他们眼见总理的病容，聆听总理的嘱托，无不为之动容；同时，也都深为总理的健康担忧。童小鹏从 1974 年 6 月总理第一次进医院动手术起，几次想去看他，给邓大姐打电话，她总是劝阻，说中央医疗小组不让人到医院看他。

虽然见面的机会难得，但从总理身边的工作人员、医护人员那里，童小鹏也能得知他的病况和他仍终日为党和人民的利益、为国家的长治久安与和平统一大业而奋力拼搏的情况。在担心他的病体的同时，更崇敬他那完全、彻底为人民服务的伟大精神。

周恩来在工作报告中重申了1964年在第三届全国人大会议上所作的《政府工作报告》中提出的我国发展国民经济的“两步走”设想：第一步，用15年时间，即在1980年以前，建成一个独立的、比较完整的工业体系和国民经济体系；第二步，在本世纪内，全面实现农业、工业、国防和科学技术的现代化，使我国国民经济走在世界的前列。他号召加强全国各族人民的大团结，首先把中国的事办好，争取对人类做出较大的贡献。他的报告集中反映了人民的意志和愿望，多次得到代表们长时间的热烈鼓掌。

大会通过了修改后的《中华人民共和国宪法》，批准了《政府工作报告》；选举四届人大常委会成员。朱德再次当选为委员长，董必武、宋庆龄等22人为副委员长。周恩来第四次被任命为国务院总理，邓小平等12人为副总理。

四届人大的胜利召开是以毛泽东为首的党中央为稳定我国局势，使政治经济生活逐步转入正常轨道所作的一次重大努力；大会根据毛泽东等老一辈革命家的建议，确立了以周恩来、邓小平为核心的国务院领导班子，挫败了“四人帮”抢班夺权的阴谋，不仅对当时的“全面整顿”有重要意义，而且对后来粉碎“四人帮”的斗争也关系重大。

四届人大会议使一大批高层民主爱国人士获得“解放”，重新出来工作，为日后粉碎“四人帮”后迅速开展对台工作奠定了组织保证。

参与全部特赦释放在押战犯

童小鹏说，1969年1月，他到“中办五七干校”去劳动改造。1973年8月，他重新回到中央统战部，参加中央统战部的三人领导小组，负责中央统战部的业务工作。

根据毛主席的指示，周恩来在紧张地进行四届人大筹备工作时，就在考虑特赦释放在押战犯问题。1974年12月12日，周恩来批示公安部开列全部在押战犯名单，以便在四届人大后特赦释放。同时又通知中央统战部、中央调查部配合公安部工作。中央统战部决定童小鹏参加此项工作。

1975年2月，在周恩来主持的一次国务院全体会议上，讨论了公安部上报的在押战犯293人名单。周恩来说，根据毛主席和党中央的指示，从1959年12月到1966年4月，全国人大常委会已决定特赦战犯6批，共296人，在国内外，特别是在台湾产生了很好的影响。为了进一步体现中国共产党和人民政府对已改恶从善的战犯的宽大政策，全部特赦释放在押战犯，对于发展革命统一战线、团结一切可以团结的力量、化消极因素为积极因素、加快社会主义建设和促进祖国统一，都有重要意义。经过讨论，大家对此一致同意。会后，周恩来即将在押战犯名单和国务院全体会议的意见报毛主席、党中央，得到批准后，即提交人大常委会审议。

在清理在押战犯时，发现其中有原国民党中将军长赵自立等25人本属不该关押的起义投诚人员，经报中央批准后，先将他们释放，落实政策。

同年3月17日，第四届全国人大常委会召开第二次常委会议，由朱德委员长主持，讨论国务院总理周恩来向人大常委会提出的对全部在押战犯实行特赦释放的建议。国务院副总理兼公安部部长华国锋在会上作了说明。经过热烈讨论，会议一致同意这个建议，并作出决定："对全部在押战争罪犯，实行特赦释放，并予以公民权。"

会后第二天，新华社正式公布了人大常委会的《决定》。第三天，最高人民法院宣布特赦释放战犯名单，发放特赦释放通知书。这是第七批特赦释放战犯（"文革"前已特赦释放过六批）。至此，在押战犯全部处理完毕。

根据毛主席的指示，对这次特赦释放的战犯，每人都给予公民权。周恩来指定由国务院副总理华国锋负责，召集公安部、中央统战部、中央调查部、中央对台工作领导小组、总政联络部、新华社等有关部门负责人，研究处理方案。并由这些部门派人组织临时办公室，负责具体工作。童小鹏说，他和中央统战部党派局副局长焦奇、干部局副局长刘小萍参加了"办公室"工作。

3月23日，中央统战部特请中共中央副主席叶剑英、国务院副总理兼公安部部长华国锋、最高人民法院院长江华、全国政协副主席沈雁冰接见并宴请了全部特赦人员。叶剑英发表了热情洋溢的讲话。他祝贺特赦人员光荣地成为中华人民共和国的公民，希望他们珍惜自已的晚年，继续努力学习，为人民做一些好事。叶剑英的讲话使特赦人员深受感动。

王秉鉞、陈士章、蔡省三等10名特赦人员要求去台湾与亲人团聚，当即得到批准，并负责把他们送到香港。而台湾当局害怕他们去台后会讲真话，露了他们的老底。于是就诬蔑他们是“间谍”、“统战工具”，不准他们赴台。他们在香港等待数月后，除在香港或美国有亲属的留港或去美投亲者外，其余的又回来了，我们都给他们安排了工作和生活。其中有一个叫张铁石的，因台湾当局不让他与台湾家属团聚，被迫自杀于香港富都酒店。

特赦释放了全部在押战犯后，周恩来又指示要对各地监狱中在押的其他国民党军政人员作一次调查清理。毛泽东和主持中央日常工作的邓小平先后批示，对所有在押国民党军、政、警、宪、特人员一律释放，安排就业。同年9月22日，在押的95名台湾当局派遣的武装特务和49名武装特务船船员，全部宽大释放。至此，从1962年10月至1965年9月间抓获的美蒋武装特务及武装特务船船员和国民党军政人员全部获释，并安排了适当工作。

举国同悲悼总理

1976年1月8日上午9时57分，中国人民爱戴的鞠躬尽瘁为人民的周恩来总理怀着对党和国家前途命运的关切，怀着祖国建设社会主义“四个现代化”的宏伟设想，离开了人世。

当晚10时，童小鹏和中央机关的许多同志按中央组织部通知到人民大会堂开会。与以往不同，这次通知事先没讲会议名称，也没提会议主题，童小鹏心里有些猜测，会不会与周总题病情有关？到大会堂河北厅时，一位熟人悄悄告诉童小鹏“总理今日上午已经去世”，童小鹏的心像给刀子戳了一下；脑子嗡嗡响，晕晕然。对童小鹏来说，周恩来不仅是党和国家的领导人，更是直接教诲自己40年的严师。虽然童小鹏对他的病情早已有所了解，但当童小鹏最怕听到的噩耗传来的时候，心里还是十分难受。周总理为人民利益艰苦奋斗了大半个世纪，得病后又在严重的病痛中同“四人帮”作斗争，带重病继续为国家操劳了三年多，他的音容笑貌时时浮现，可是，他已经走了，再也见不到了。童小鹏的脑子好像一片空白，总感到在他重病时候未能见他一面非常遗憾！赶来开会的人都不像以前那样互致问候，打招呼，说说笑笑，也许他们都听到小道消息了，开会前的会场气氛已经相当严肃了。

主持会议的中组部部长郭玉峰宣布开会。他沉痛地告知大家，周恩来

童小鹏拍摄的周恩来和邓颖超合影

总理已于上午逝世，随即请全体到会同志起立默哀。然后他传达了中央政治局会议刚作出的有关的“十项决定”，其中有：由中共中央、人大常委会、国务院发讣告，成立治丧委员会，安排两天在北京医院与遗体告别，告别后遗体送八宝山火化，之后三天在劳动人民文化宫供部分在京的干部、群众和外国使领馆人员吊唁，1 月 15 日在人民大会堂北大厅开追悼会以及全国下半旗志哀等。他好像已经意识到在场多数干部会认为这个治丧活动安排得太简单了，特地着重说明，丧事从简是邓颖超传达周恩来生前的意见，并希望将他的骨灰撒到祖国的江河、土地上，政治局是尊重周恩来的意见，又经毛泽东批准同意的。在会上，治丧委员们研究分工，指定童小鹏参加治丧委员会办公室秘书组工作。能为周恩来的治丧活动做事，不论做什么，童小鹏都愿意。

会议到下半夜 2 时才结束。开会的时候童小鹏很伤心，强忍着不让眼泪流出来，回到家里又不忍心叫醒紫非，免得她同童小鹏一样半夜悲痛，只悄悄躺到床上，终究因为想到几十年来同周恩来相处时候的无数情景，一夜都没有睡意。一大早，童小鹏便打开收音机，收听新闻广播。5 时整，中央人民广播电台在哀乐声中播发了《中共中央、全国人大常委会、国务院讣告》，向全中国、全世界人民沉痛宣布：“中国人民伟大的无产阶级革命家、杰出的共产主义战士周恩来同志逝世。”童小鹏即叫醒紫非一起听，两人都抑制不住内心悲痛，泪流满面，泣不成声。过一会，他们一起动手给邓大姐写了一封信。

大姐：

惊闻敬爱的总理不幸逝世，我们全家都感到无限悲痛。我们决心化悲痛为力量，努力学习马列主义和毛泽东思想，学习总理为共产主义事业奋斗一生的革命精神和无产阶级的高贵品质，不断革命，积极工作，永远跟着毛主席的无产阶级革命路线奋勇前进！

我们衷心希望大姐保重身体，并祝健康！

童小鹏、紫非

1976 年 1 月 9 日晨

周恩来逝世的消息，随着电波迅速传遍祖国大地及全世界。中央人民广播电台每隔 30 分钟重播一次，人民沉浸在悲痛的怀念之中。1 月 9 日上午，中央统战部的同志们一见面都噙着泪花，为敬爱的周总理逝世而感到十分痛惜！部务会议研究通知向遗体告别的爱国人士名单，列了 100 多名，但报上发表的仅 88 人。下午，童小鹏到东交民巷 14 号宾馆治丧委员会办公室上班，大家都以化悲痛为力量的心情紧张地工作。全国各地有许多组织和个人给治丧委员会发来电报、电话，恳切要求中央保留周恩来遗体或要求准许进京参加吊唁等等。从童小鹏内心来说，他们的建议和要求都不过分，合情合理；可是作为一个党员干部，必须坚决按照中央指示办事，童小鹏只能做好解释工作，逐一向打来电话的人耐心地宣传中央关于治丧的决定。

1937 年抗日战争爆发后，邓颖超离开北平到西安。这是她和童小鹏在一起

晚上 11 时 30 分，治丧委员会办公室的同志一起到北京医院太平间瞻仰周恩来遗体。灵堂还未布置好，我们先到旁边一个房间里，童小鹏看到北京饭店的理发师老朱正给周恩来最后一次刮胡子。朱师傅几十年为总理理发，这时边刮边哭，非常动情。听说，早些时候他就多次要求为周恩来理个发，修修面。但周恩来怕他看到自己的病容而难过，没同意。朱师傅讲起这些，更加伤心掉泪。

1月10日，向周恩来遗体告别仪式在北京医院举行。党和国家领导人、爱国民主人士和各界群众1万多人怀着极其沉痛的心情，向周恩来遗体告别。有许多人哭肿了眼睛，有些甚至晕倒，告别者的泪水洒湿了大厅的地毯。中央负责同志分别由治丧委员会同志陪同，在遗体两旁守灵。邓大姐忍受着内心的极大悲痛，从容镇静地站在周恩来遗体旁守灵。她献的花圈摆在遗体前面，飘带上写着“悼念恩来战友”、“小超哀献”。

这日天气寒冷，雪花给大地披上一层洁白的色彩。治丧委员会照上级指示，每日限额组织1万人参加告别，可是不少热爱总理的干部群众没接到通知也赶来北京医院。为了等候瞻仰遗容，人们彻夜排着长队，默默站立冰雪街头。不少曾在周恩来身边工作过的同志专程从外省市赶来，一再恳切要求进告别厅，最后见敬爱的总理一面。治丧办公室的几位同志事先估计到这一情况，并和参加治丧办的周家鼎（时任北京市委秘书长）、吴庆彤（时任国务院副秘书长）商量好，没有正式报告治丧办，由李庚奇、孙岳两同志分别组织他们集体参加告别活动，满足大家哀悼总理的革命情谊。

11日下午4时40分，冬日的夜幕开始降临北京。周恩来的灵车徐缓地从北京医院开出，灵车四周挂着黑黄两色的挽幛，上面缀着白花。灵车前面是两辆前导车，后面依次跟着邓大姐、王洪文、汪东兴和治丧委员会工作人员及部分老同志的座车。童小鹏坐罗青长的车，一起护送灵车到八宝山。在车内，我们看到从北京医院到八宝山几十里长街两旁站立着100多万自动赶来为敬爱的周总理送行的首都群众，其中有白发苍苍的老人，也有抱在怀里或骑在爸爸脖子上的娃娃，很多人胸佩白花，臂套黑纱口。在零下十几摄氏度的夜幕中，他们静静地伫立在长街路旁等候灵车通过。人们一望到缓缓而来的灵车，便不约而同地脱帽志哀。灵车到处，哭泣声响成一片。尽管人们的泪眼看不见总理的遗容，但多看几眼灵车，也是寄托无尽哀思的一种慰藉。

当日，目击此情此景的新华社记者曾经写下首都人民扶老携幼、泪洒长安街的悲壮情景，但被当时把持新闻舆论工具的“四人帮”全部砍去，百万人民十里长街送总理的报道被删得只字不留。

在八宝山，护送灵柩者又一次向周恩来遗体告别。周恩来穿着他最后几年经常穿的灰色法兰绒中山装，看上去依然是那样安详、沉着。邓大姐俯身在水晶棺盖上痛哭，我们几次劝她离开现场，她一次又一次回到周恩

周恩来

来的遗体前，久久不肯离去，在场的同志无不为这种场面泪流满面，甚至放声痛哭。最后总算把邓大姐劝住，几位同志陪她到休息室。

讲到火化总理时，童小鹏仍抑制不住内心的激动。他说："我和张树迎、高振普等人护送遗体到火化炉边。当火葬场的工人将遗体缓缓推入火化炉时，我也不禁号啕大哭，那是我 14 岁时失去母亲后的第一次大哭。"

夜晚 10 时半，火化结束，西花厅党支部书记、总理的卫士张树迎接过火化工人递上的骨灰盒坐到总理的红旗车上，在我们的陪同下，把骨灰送到劳动人民文化宫。返城途中，童小鹏透过车窗惊奇地看到：夜虽深，风虽紧，但伫立在数十里长街两旁的人群还在默默地等待着，等待着灵车的归来！

当周恩来的骨灰盒到达劳动人民文化宫大殿时，邓大姐在仪仗队的哀乐声中亲自迎接。她将骨灰盒抱在怀里，缓缓地一步一步登上大殿的台阶，再将骨灰盒安放在已经布置好的吊唁大厅里，然后，她同治丧办工作人员一起向骨灰盒三鞠躬。行礼毕，她仍依依不舍，在同志们再次劝说下才缓缓离牙。吊唁大厅又一次充满痛哭声。

吊唁大厅正中悬挂着周恩来的遗像，像前安放着他的骨灰盒，骨灰盒上面覆盖着中国共产党党旗，骨灰盒两侧的花瓶中插满鲜花，邓大姐送的花圈放在骨灰盒下，毛泽东、党中央及党和国家领导人送的花圈分列大厅周围。

看到吊唁大厅一切布置停当，治丧办的几位同志才离去。童小鹏回到家里已是 12 日凌晨 2 时，虽然几天来都没有睡觉，此刻还无睡意。想起 1940 年、1942 年在重庆先后给邓大姐的母亲和总理的父亲送葬的情景，又想起 1958 年受总理之托到重庆火化和深埋在渝逝世的同志和周、邓两家老人遗骨的情景，想不到今日又护送周恩来的遗体上八宝山，童小鹏不禁潸然泪下！

1月12日早晨7时，吊唁活动开始。参加吊唁的群众从早上5时多就在天安门广场排好队伍等候，抽泣声压过隆冬的风啸声。第一天吊唁活动有许多外宾参加，他们表情沉郁，穿着朴素，在花圈的前导下走向灵堂，向为中国革命、建设和为世界和平事业作出贡献的周恩来表示哀悼，有的外宾甚至走出劳动人民文化宫大门外还在流泪。列队进入吊唁大厅的每一个人都在周恩来遗像前深深三鞠躬，志哀后静静地离去，但也有许多人控制不住自己的感情，拿着已经被泪水湿透的手帕掩面而泣，个别的由于悲伤过度当场晕了过去。原来在周恩来身边工作过的同志，听到广播后，不少人自动赶来，赶不上告别仪式，这次都参加了文化宫的吊唁。

周恩来卓越的历史贡献和伟大的人格魅力，使他在全党、全国人民中享有崇高的威望，在世界上也享有崇高的声誉。在1月12日至14日3天里，参加吊唁的群众人数有8万多人，比计划安排的人数超过一倍还多；各国驻华使馆官员和在京外国朋友2000多人参加吊唁仪式；有40多个国家、政党送了花圈，130多个国家、政党发来了唁电、唁函。治丧期间，共收到国内外单位和个人唁函、唁电1.3万多封，花圈数千个，花圈款1万余元。

人们抬着周总理画像走向人民英雄纪念碑

14日下午5时30分，群众吊唁活动结束。7时，邓颖超大姐走进灵堂，捧出周恩来的骨灰盒，向治丧办的同志说："我现在捧着恩来同志的骨灰，向在场的所有同志表示感谢！"话音未落，全场悲声四起。接着，她捧着骨灰盒，在张树迎、高振普的搀扶下登车，我们陪同她将骨灰盒送到人民大会堂台湾厅暂放，准备第二天移到追悼会上。这个安排也是邓大姐对周恩来关心台湾，关心祖国统一的表示。

"四人帮"害怕中央机关和北京市群众自动举行悼念活动，他们要治丧委员会办公室通知各机关团体：不准自设灵堂，不准戴黑纱。许多同志听后引起反感，许多机关采用不同方式照样举行悼念活动。童小鹏也不管他什么通知，和中央统战部办公室的同志在礼堂布置了灵堂，用统战部名义献了花圈，童小鹏同紫非和儿、媳、孙子共送了一个花圈，全家都戴上黑纱。统战部不少同志也戴了黑纱，礼堂屋顶下了半旗。

在中央直接组织的吊唁活动之外，全国各地群众均有自发举行悼念周恩来的活动。在北京天安门广场，连日都可看到川流不息的群众，抬着精心制作的花圈，来到人民英雄纪念碑前。至中央追悼大会结束之日，至少有200万人来到纪念碑前鞠躬志哀，表示对周恩来最崇高的敬意。来到这里的人，有的宣誓，有的高唱国际歌，有的朗诵诗词，有的表决心，一圈又一圈志哀的人群，成千上万个花圈，汇成一股悲壮的哀思浪潮，纪念碑四周的长青树上挂满了洁白的小纸花，它表达了亿万人民对周恩来的颂扬和怀念。

1月13日，当代诗人郭沫若发表了《怀念周总理》的诗篇：

革命前驱辅弼才，巨星隐翳五洲哀。奔腾泪浪滔滔涌，吊唁人涛滚滚来。盛德在民长不没，丰功垂世久弥恢。忠诚与日同辉耀，天不能死地难埋。

从首都到全国的工厂、农村、机关、学校和军营，在天津、广州、上海、南昌、武汉、重庆、延安、南京……在周恩来战斗、工作过的各个地方，在人民共和国的大地上，人们都在同心哀悼！

按照中央政治局的安排，1月15日下午要在人民大会堂举行追悼大会。参加追悼会的5000多人的名单都是治丧委员会定的。名单上没有名字的紫非一再要求参加，童小鹏觉得十分为难。当日上午，从陕西潼关赶来的在重庆“周公馆”工作多年的蔺际成，坚决要求参加追悼会。后来童小鹏不得已同人民大会堂负责警卫的同志商量，征得他的同意予以特殊照顾，让童小鹏在追悼会前带紫非和蔺际成两人，进会场向周恩来遗像行鞠躬礼，礼毕即由边门出。为悼念周恩来，童小鹏走了一次“后门”。

当日下午3时整，追悼大会开始。大会由王洪文主持，邓小平代表中共中央和国务院致悼词。当他念到“全党、全军、全国人民都为失掉了我们的总理而感到深切的悲痛”时，全场呜咽之声四起，一分钟后他才继续念下去。许多老一辈革命家也同参加追悼会的广大群众一样，肃静地伫立在那里，不住地流泪。邓大姐坚强地忍着悲痛站立在一旁。

当晚7时，邓大姐带领我们到人民大会堂西大厅内的北小厅，向总理遗像默哀后，打开骨灰盒，用手捧起骨灰，说道：“恩来同志，你的愿望实现了，你安息吧！”同总理作了最后诀别。8时过，她目送治丧委员郭玉峰、罗青长和张树迎、高振普四人带着装着骨灰的四个白布口袋登上空军的飞机起飞。4个小时之后，撒骨灰任务全部完成，飞机安全返航，她才放下心来。

追悼会后，童小鹏一直盼望着能让他参加撒骨灰仪式，但没得到通知。童小鹏在总理身边工作几十年，总理重病住院他不能看望，这次又不能最后送总理一程，每想到此，童小鹏总觉得遗憾。

落实国民党起义、投诚人员政策

在抗日战争时期，我党对国民党军队特别对地方势力的军队进行了许多工作。在对日作战中，八路军、新四军和友军配合作战，取得多次胜利。

在解放战争时期，我党继续对国民党军队开展工作，号召他们掉转枪口反对国民党反动派和美帝国主义，取得了很大胜利，国民党军队陆、海、空军起义、投诚人员达到300多万，有许多政府、企事业、机关人员也参加了起义、投诚。

1999年，童小鹏等参观闽西革命历史博物馆

我们对国民党起义、投诚人员的政策历来就是“爱国一家，既往不咎，一视同仁，量才录用，妥善安置”，使他们各得其所，为社会主义建设贡献力量。这样做保持了社会稳定，对台湾也产生了很好的影响。

“文化大革命”中，林彪、江青两个反革命集团煽动极左思潮，到处实行“无产阶级专政”，对过去已经处理的问题重新“算账”，使不少起义投诚人员受到打击。许多人因历史问题被戴上“历史反革命”帽子，或被判刑、劳改、管制，或被开除公职，强令回原籍劳动，有的甚至被迫害致死，他们的家属子女受到株连，造成不幸后果。“四人帮”垮台后，许多起义投诚人员及其家属到处申诉要求落实政策。

为解决这个问题，1978年间，由童小鹏、统战部干部局副局长刘小萍和调查部、公安部、民政部、总政联络部等有关单位人员开会，交换意见，研究办法，认为应该按照过去政策落实，最后共同起草了一个《关于落实对国民党起义、投诚人员政策的请示报告》，报请中央批示。

1979年1月17日，中央以6号文件批转了这个报告，并加批语说：爱国一家，既往不咎，一视同仁，量才录用，妥善安置，是毛主席、周总理为我党制定的对起义、投诚人员的一项重要政策。当前，认真落实这项政策，不仅对恢复党的优良传统是必要的，而且对台湾回归祖国、完成祖国统一大业，有着重要意义。

为了落实中央6号文件，中央统战部又要童小鹏和有关单位在1979年12月1日至8日在北京召开一次落实起义、投诚人员政策座谈会。座谈会前，各省、市、自治区和中央党、政、军各部门已按中央6号文件要求建立工作机构，调查摸底，复查、处理一些人的具体问题。工作进展较快的山东省的大部分市、县已经基本落实，全省起义、投诚人员落实政策人数达到应落实人数的78%；哈尔滨市抓得更紧，应落实政策的工作已全部完成。已经落实政策的地方，起义投诚人员及其亲友、社会人士对三中全会以后的党中央继续坚持“既往不咎”的政策都表示拥护，称赞“共产党说话算数”。他们在国外的亲友不少，得知国内落实了政策都很高兴，对我们党和国家的感情更加贴近了。

座谈会由领导小组成员轮流主持，熊向晖、史怀璧、凌云分别就各自主管的业务有关问题发表了意见。会议结束前，童小鹏根据领导小组讨论的意见，作了小结发言，针对会上提出的有关起义投诚人员的界限、复查与错案的处理、对起义投诚人员的安置以及工资和工龄等四个问题和会后的传达贯彻发表了意见，希望到会同志回去向党委报告，请党委给予领导和支持，再接再厉，克服困难，争取早日完成任务，为促进安定团结、调动一切积极因素搞“四化”和实现祖国统一做出新贡献。

后记

我曾在《两岸关系》杂志上陆续发表人物专访文章，主要是一些部长级领导回忆历史上两岸发生的重大事件，得到了台办系统同仁的肯定和广大读者的认可。囿于杂志的篇幅，好多内容难以展开。于是，一些朋友建议我写书，将所采访的内容都写出来，作为历史保存下来。有人对我开玩笑说，“你这是在抢救历史，功德无量。”虽是戏语，可也有几分真实。因为我采访的这些部级领导，大都在80岁以上，趁他们健在，记录下他们亲历的涉台大事，对后人研究台湾问题，无疑有所裨益。

我以纪实的手法来写这本书，尽量做到史料性和可读性相结合，以我那有限的文采再现真实的历史，让读者在愉悦中了解历史上的台海风云。

对支持我的人们，我一直心存感激。我常常怀着一颗“感恩的心”，感谢国台办的领导和同事，尤其是宣传局的领导和同事对我的关心和支持。我特别要感谢海协会副会长张铭清同志，他平易近人，学识渊博，十分关心年轻同志的成长，他拨冗撰写的序言，文字练达、微言大义，为本书增色不少。我要感谢程思远、杨斯德、罗青长、贾亦斌、何振梁、童小鹏、石一宸、刘小萍、熊向晖、赵炜、耿文卿、乐美真、伍连连、章含之、庄炎林、陈佐洱、柴泽民、唐树备、陈云林、张一纯、林丽韫、吕正操等老领导的支持，他们积极接受我的采访，还提供了珍贵的历史资料和图片。

我还要感谢妻子的理解和支持，她默默地奉献，操持家务，为我解决了后顾之忧，让我全身心地投入研究和写作。

在本书付梓之际，我想起了“以史为鉴，可以知兴替”这句古话，如果本书能为读者带来知识性、趣味性和观赏性，能够引起读者关心台湾问题，关注祖国统一，那我就感到莫大的幸福了。

李立

2011年6月10日于北京